W0070635

Ostsee

Donau • Wien
Drau
Save

Karpaten

Schwarzes Meer

TALIEN
• Rom
THRAKIEN
Konstantinopel
Ionopolis
PONTOS
• Pompeii
Halys
• Hattuša
Hisarlık/
Olymp
Troia
Lemnos
Skepsis
KLEINASIEN
KOMMAGENE
Atarneus
Pergamon
Mazaka
Nemrud Dağı
EPIRUS
Korfu
Delphi
• Palermo
Kephallenia
Chios
Euphrat
Athen
Sizilien
Akademie Platons
Taurus
Anchiale
• Syrakus
Helike
Gespensterhaus
SYRIEN
Peloponnes
LYKIEN
Apameia
Maltu
Kap Tainaron
Thera
Rhodos
Olympos
am Axios
Zypern
Salamis
Kreta
LIBANON
Syrische Wüste
Mittelmeer
Jerusalem •
CYRENE
Alexandria
Grab der Kleopatra • **Festpavillon**
Nilelle
Sinai
Saqqara
ÄGYPTEN
Antinoopolis
Östliche
Wüste
Nil
Rotes Meer
Wadi
Hammamet
Medinet Habu
•Theben/Luxor

Martin Zimmermann

Die seltsamsten Orte
der Antike

Martin Zimmermann

Die seltsamsten Orte der Antike

Gespensterhäuser, Hängende Gärten
und die Enden der Welt

Mit Illustrationen von
Lukas Wossagk

C.H.BECK

Für Max, Jannis, Jakob, Helene, Antonia, Francesca,
Caterina und Viola

Das Register und ein kleines Literaturverzeichnis zu diesem Buch
finden Sie unter https://www.chbeck.de/go/zimmermann

Die erste und zweite Auflage dieses Buches erschienen 2018.

Mit zwei Karten im vorderen und hinteren Vorsatz
(© Peter Palm, Berlin) und 10 Zeichnungen

3. Auflage. 2019
© Verlag C.H.Beck oHG, München 2018
Satz: Janß GmbH, Pfungstadt
Druck und Bindung: GGP Media GmbH, Pößneck
Umschlaggestaltung: Nach einem Konzept von
Rothfos & Gabler, Hamburg
Umschlagillustration: Lukas Wossagk, München
Gedruckt auf säurefreiem, alterungsbeständigem Papier
(hergestellt aus chlorfrei gebleichtem Zellstoff)
Printed in Germany
ISBN 978 3 406 72704 7

www.chbeck.de

Inhalt

Einleitung

Die Antike war eine Blütezeit von Siedlungen unterschiedlicher Art. Ihre Zahl scheint beinahe grenzenlos gewesen zu sein. Als vor einigen Jahren Wissenschaftler an den Universitäten in New York und Chapel Hill in North Carolina gemeinsam begannen, diese in einer digitalen Karte zu markieren, benannten sie das Projekt nach dem Sternbild *Pleiades*. Der Name bezeichnet treffend, was man bei einem Blick auf die Karte mit mittlerweile nahezu 36 000 Orten – deren Zahl aber täglich weiterwächst – vor Augen zu haben glaubt: einen Sternenhimmel, bestehend aus unzähligen Punkten.

Wenn man sich der digitalen Karte nähert, erscheinen wie bei einem Blick durch ein Teleskop in den Nachthimmel immer mehr Punkte und Orte. Solch eine Annäherung an einzelne Landschaften etwa Griechenlands oder Italiens ist angesichts der Dichte der Städte, Städtchen und Dörfer überwältigend. Und dabei sind in der digitalen Karte nur die größeren Siedlungen berücksichtigt. Es fehlen all die Weiler und Gutshöfe, die bei einer Kartierung nicht mehr ein Sternbild, sondern gewissermaßen Sternennebel wie in fernen Galaxien ergäben.

Noch spektakulärer wäre gleichwohl der Eindruck, wenn man diachron durch die Zeiten gleiten könnte. Gründung, Entstehung, Zerstörung und Aufgabe von Orten waren in der Antike allgegenwärtig. Statt eines Nachthimmels mit festen Sternbildern sähe man ein Glitzern und Blinken von laufend neu entstehenden und verschwindenden Orten. Da es archäologische Zeugnisse und schriftliche Nachrichten darüber gibt, wann sie entstanden und wieder untergingen, könnten wir dieses Blinken und Glitzern recht gut rekonstruieren.

Man sollte sich das Bild der zahllosen Orte zudem vielfarbig vorstellen – genauso bunt wie man den echten Sternenhimmel in starker Vergrößerung etwa durch das Hubble-Teleskop sieht. So verschiedenfarbig sind in der Nahsicht antike Orte. Keiner gleicht dem anderen, alle haben sie ihre eigene, unverwechselbare Farbe, die durch den Naturraum, die Bewohner und ihre Geschichte geprägt ist. Natürlich gab es Gemeinsamkeiten. Daher vermochten die Menschen, andere Städte und Orte zu verstehen und sich in ihnen zu orientieren. So fand sich ein syrischer Seemann im 1. Jahrhundert n. Chr. problemlos in Massalia (dem heutigen Marseille) in Südgallien zurecht. Dennoch fielen ihm selbstverständlich die Besonderheiten in Stadtbild, Architektur oder Kleidung der Bewohner auf. Und diese Einzigartigkeit ist charakteristisch: Die antike Welt der Städte und Orte war in erster Linie eine Welt der überwältigenden Unterschiedlichkeit, Diversität und Variation.

Diese vielfältige Lebens- und Erfahrungswelt und ihre zeitgenössische Wahrnehmung sind Gegenstand dieses Buches. Es geht dabei um die gesamte antike Welt. Wir reisen in den Hindukusch, nach Indien, Mesopotamien, in die Türkei, nach Nordafrika, durch Europa, weit in den Norden jenseits der Shetland-Inseln und selbst in die Unterwelt. In dieser weiten antiken Welt kann man sich immer wieder von unbekannten und unerwarteten Orten überraschen lassen. Jenseits der prominenten Städte und Orte, die heute oft in Büchern vorgestellt werden und für eine recht homogene antike Stadtkultur stehen, gibt es zahllose, aus unserer Sicht sehr eigenartige Plätze. Sie weisen überraschende, bisweilen irritierende Besonderheiten auf, die sie markant vom vielfach Bekannten unterscheiden und ihnen eine individuelle Signatur verleihen, sie einzigartig und seltsam erscheinen lassen. Wer sie besucht, kann eine antike Kultur jenseits der gängigen Vorstellungen studieren und eine antike Welt bereisen, von der mitunter selbst Fachleute nicht wissen, dass sie existierte. Wir nehmen sie als merkwürdig wahr, da sie uns auf ganz ungewöhnliche Weise wie in einem Brennspiegel die andere Seite der Antike zeigen. Über diese Orte wissen wir aus Quellen, die uns einen tiefen Einblick in den Kosmos antiken Lebens gewähren und uns Zugänge in ferne Lebenswelten eröffnen, wie sie sich andernorts nicht finden.

Die Faszination, die von diesen seltsamsten Orten der Antike ausgeht, korrespondiert mit dem Interesse an seltsamen Orten in heutigen Städten und Landschaften. Die Neugierde auf Besonderes teile ich mit vielen Zeitgenossen, die mehr sehen und verstehen wollen, als ihnen handelsübliche Reiseführer und städtische Hinweisschilder über gängige Sehenswürdigkeiten verraten. Mir geht es darum, über den Alltag uniformer Stadtbilder hinauszugelangen. Mich locken Randzonen, Gegenwelten und kreative Räume, die zwar fester Bestandteil unserer Kultur, aber jenseits der eintönigen Fußgängerzonen heutiger Innenstädte mit der immer gleichen Ansammlung von Flagship-Stores zu finden sind.

Man kann versuchen, seinen Blick für das Besondere zu schulen – nicht nur, um wunderbare Erfahrungen zu machen, sondern um ein besseres Verständnis unserer Welt zu erlangen, wie es etwa Roger Willemsen in seinem Buch *Die Enden der Welt* oder Christoph Ransmayr in seinem *Atlas eines ängstlichen Mannes* gelungen ist. Man kann in seiner eigenen Umgebung und im Kleinen beginnen oder den Blick zurück in die Geschichte wenden. Dies hat in faszinierender Weise immer wieder der Osteuropahistoriker Karl Schlögel getan – als ein Beispiel sei nur auf sein Buch mit dem programmatischen Titel *Im Raume lesen wir die Zeit* verwiesen.

Seltsame Orte haben etwas mit der Eigenart von Denkmälern in Städten gemeinsam, wie der österreichische Schriftsteller Robert Musil 1935 in seinem *Nachlaß zu Lebzeiten* bemerkte: «Es gibt nichts auf der Welt, was so unsichtbar wäre wie Denkmäler.» Die Aufmerksamkeit «rinnt Wassertropfen-auf Ölbezug-artig an ihnen ab». Während wir jedes Geldstück auf der Straße sofort sähen, falle uns eine bronzene Erinnerungstafel an eine bedeutende Person erst auf, wenn wir «eines Tages nach einem hübschen Stubenmädchen ins erste Stockwerk schielt(en)». Überlebensgroße Standbilder dienten uns zur Orientierung im Raum, ohne dass wir sagen könnten, wen

Einleitung

11

sie darstellen. Denkmäler, so der Schriftsteller zuspitzend, «verscheuchen geradezu das, was sie anziehen sollten».

Auch dem Fachmann fällt es nicht leicht, für seltsame Orte in den alltäglichen Welten der Antike ein spezielles Sensorium zu entwickeln. Auch wir haben uns an die Bildbände zu antiken Orten oder Kompendien zu antiken Städten gewöhnt, die immer das Gleiche zeigen. Wie sehr diese Bücher, Bilder und Postkartenmotive unser aller Blick und Wahrnehmung lenken und beherrschen, lässt sich sehr schön in Rom, Athen oder den Ruinen von Pompeii beobachten. Man muss nur jene Orte identifizieren, wo sich größere Ansammlungen von Touristen mit Selfie-Sticks finden lassen: Solche Bilder, die man ‹Ich und die allseits bekannten Orte› nennen kann, sind im jährlich wachsenden Stadttourismus die visuellen Trophäen des Urlaubs und beliebte Posts in den sozialen Netzwerken.

Mich interessiert demgegenüber das ‹scharf gestochene Fragment› und die ‹tückische Einzelheit›, wie der Autor und Filmemacher Alexander Kluge es einmal ausgedrückt hat. Diese stehen im Zentrum auch dieses Buches. Das können kleine Plätze in einer Stadt sein, aber auch historische Phasen mit eigentümlichen Entwicklungen einzelner Städte, die es schaffen, unseren Blick auf allgemeine Merkmale antiker Kulturgeschichte zu weiten. Es können mitunter Plätze sein, welche die antiken Zeitgenossen alles andere als seltsam erlebten, und solche, die nie existierten, aber für sehr real gehalten wurden.

Die Suche nach dem Besonderen und Seltsamen ist beileibe kein Kulturmerkmal der Moderne. Menschen in der Antike haben ebenfalls, und zwar selbst im Alltag, den ‹besonderen› Ort gesucht. Man hat sich von solchen Orten erzählt, hat sie als interessierter Tourist besichtigt oder, wenn man ihm eine besondere Nähe zu einer mächtigen Gottheit zuschrieb, ihn als verzweifelter Hilfesuchender und Kranker aufgesucht. In der Einheit und vielleicht auch Gleichförmigkeit des Alltags hat man dem Besonderen, dem Außergewöhnlichen und Mysteriösen geradezu nachgespürt, um sich die ganze Vielfalt der Welt und des Götterhimmels zu erschließen. Die antike Literatur über berühmte und besondere Orte, von der uns nur wenige Fragmente erhalten geblieben sind, war entsprechend umfangreich.

Es ist nicht übertrieben zu behaupten, dass die antiken Menschen von seltsamen Orten und Gegenwelten geradezu besessen waren. Überall in den Städten und Landschaften sah man in Gräbern, an Felsen, in Grotten und Wäldern das Wirken von Göttern, Geistern und Dämonen. Die Werke der sogenannten Paradoxographen, die von Eigentümlichkeiten der Tierwelt, des Wassers und fremder Länder kündeten, waren eine begehrte Lektüre. Das Gleiche galt für die geographische Literatur, der man Verstörendes über Gegenwelten am Rande der bekannten Welt entnahm, wo angeblich Fabelwesen und Monster lebten, vor denen es den Leser gruselte und die ihn die Behaglichkeit der eigenen Existenz in seiner Heimat umso nachdrücklicher fühlen ließen. Die Zeitgenossen imaginierten sich in ihrer vertrauten Landschaft, in Quellen und in den Wäldern allerlei Mythen und ließen selbstverständlich in ihren Städten Heldentaten der Heroen einer fernen Vergangenheit spielen – noch heute können wir die Heiligtümer sehen, die sie ihnen dort errichteten. Oder man ließ sich über ferne Orte erzählen, deren exquisite Güter, die man vor allem bei festlichen Anlässen genoss, auf den Märkten von fremdländischen Händlern zu erwerben waren und deren Ursprung man sich am Ende der Welt vorstellte.

Belustigt las man Geschichten wie jene aus der kleinasiatischen Stadt Kyme oder Abdera, deren angeblich ganz besonders dumme Bewohner für gebildete Griechen und Römer so etwas wie bei uns die Bürger Schildas oder die Ostfriesen waren. Einzelne Statthalter, wie zum Beispiel Gaius Licinius Mucianus, nutzten um die Mitte des 1. Jahrhunderts n. Chr. die Zeit, in der sie in verschiedenen Teilen des Römischen Reiches stationiert waren, um in ihrem Verwaltungsalltag seltsame Orte zu suchen und zu beschreiben – vorzugsweise solche, welche die gängige geographische Literatur noch nicht kannte. Autoren wie ihm half es, dass *jede* Stadt irgendwelche seltsamen Plätze, Bauten und Orte hatte, deren Bedeutung

Einleitung

13

zwar zunächst einmal nur den Einheimischen bekannt und Gegenstand ihrer Plaudereien war, die aber von Fremdenführern dann durchaus stolz den Besuchern und Durchreisenden gezeigt wurden. Literarisch ambitionierte Statthalter waren ausgezeichnete Kunden für solche Führungen. Der Universalgelehrte Plinius der Ältere hat, als er für seine Naturgeschichte Phänomene aus Flora und Fauna der gesamten antiken Welt sammelte, solche Bücher exzerpiert und damit für uns zumindest in Teilen bewahrt.

Mit dem Hinweis auf die Vielfalt und Buntheit der Quellen habe ich etwas angedeutet, das mir bei der Arbeit an diesem Buch sehr geholfen und außerdem den akademischen Alltag versüßt hat: War doch die antike Geographie eine Disziplin, die sehr auf das systematische Sammeln, Kategorisieren und Ordnen der Welt angelegt war. Die Autoren solcher geographischen Überblickswerke verstanden sich jedoch jenseits aller Gelehrsamkeit als Literaten, die ihre Leser für ihren Stoff auch begeistern wollten. Die monumentalen Werke eines Strabon oder eines Plinius waren ebenso wie die Schriften vieler anderer bedeutender Autoren im besten Sinne *literarische* Texte, geprägt von einem ausgefeilten Stil, rhetorischen Kniffen und der Lust am Erzählen. Deshalb macht es noch heute Freude, sie zu lesen, einzutauchen in eine wahre Wunderwelt literarischer Bilder und unter kundiger Führung so manchen *garden of delight* zu betreten – wie der bedeutende Kollege Sir Ronald Syme einen solchen antiken Text einmal genannt hat.

Solche Texte zu den Wundern der Vergangenheit und ihren außerordentlichen Orten sind bisweilen in dieses Buch eingegangen. Und doch geht es mir nicht darum, die Literatur über wundersame Orte, die *mirabilia*, ab- oder weiterzuschreiben. Ich verstehe mein Buch als Einladung zu einer Rundreise durch die ganze antike Welt, auf der die heutigen Leser eine neuartige und faszinierende Orientierung in der Kulturgeschichte der Antike gewinnen können.

1.
Die Anfänge und
die Mittelpunkte der Welt

Alles hat einen Anfang. Das eigene Leben, ja selbst die Welt hat eine Geschichte, die irgendwo beginnt. Am Ausgangspunkt aller seltsamen Orte sollen daher jene stehen, an denen in antiken Kulturen Anfänge lokalisiert wurden. Es sind Orte, an denen man Ursprünge fand und Mittelpunkte der Zivilisation konstruierte, auf die alles zu beziehen war.

So erzählen alle Religionen von der Entstehung der Welt und ihren ersten Bewohnern. Vertraut sind die Schöpfungsgeschichte in der Bibel, die Vertreibung von Adam und Eva aus dem Paradies und die dunklen Ursprünge der Menschen bis zu ihrer fast vollständigen Vernichtung durch die Sintflut. Doch dies ist nur eine von zahllosen Geschichten – und sie ist nicht einmal originell. Das Paradies als Urbild der eigenen Geschichte war Traumbild auch anderer Kulturen – ebenso wie die Strafe der Götter, die Menschheit für ihr sündhaftes Verhalten zu ersäufen.

Auch erzählte man sich überall auf der Welt von Helden und Göttern, die einst gegen Monster kämpften, um die Welt der Menschen entstehen zu lassen. Der nordische Riese Ymir oder die japanischen Schöpfungsgötter Izanagi und Izanami seien stellvertretend für die zahllosen Fabelwesen und Götter genannt, die man allenthalben erfand, um über die Entstehung der Welt und eine verbindliche Ordnung menschlicher Gemeinschaften zu dichten. Die guten Götter, die man verehrte, mussten sich überall in solchen Mythen gegen Schreckensgestalten durchsetzen, um dem Menschen einen verlässlichen Rahmen für seine Existenz zu schaffen. So erstritten sich etwa Zeus gegen die Giganten oder der orientalische Gott Marduk, der das Ungeheuer Tiamat besiegte, ihren Platz im Pantheon, indem sie dramatische und wahrhaft gewaltige Kämpfe ausfochten.

Man beließ es aber nicht allein dabei, den Ursprung der Welt oder des Kosmos in solche Kampfszenen zu kleiden. Alle Kulturen der Welt konstruierten auch sich selbst eine über viele Jahrhunderte, sogar über Jahrtausende verlaufende Geschichte, die bis in ihre legendenumwobenen und mythischen Anfänge zurückführte. So reiht sich wie an einer Perlenschnur Episode um Episode zurück bis zur Entstehung der Welt oder wenigstens bis zur Gründung einer Gemeinschaft oder einer Stadt. Diese Geschichten halfen den Menschen, ihren eigenen Platz in einer unübersichtlichen Welt mit langer und weitgehend unbekannter Vorgeschichte zu finden und besser zu verstehen.

Interessanterweise beließ man es aber in der Antike nicht bei großen Werken der Dichtkunst und eindringlichen Erzählungen. Die Bilder, welche solche mythischen Geschichten von den Anfängen der Welt und der Gründung von Gemeinschaften vor dem inneren Auge entstehen ließen, wollte man ganz konkret und wirklich sehen. Schon antike Zeitgenossen brauchten für die Gründungslegenden einen Platz im Hier und Jetzt. Das Wort wurde Substanz und materialisierte sich in der Welt. Die Orte, die auf diese Weise entstanden, beglaubigten gewissermaßen die Schöpfungs- und Gründungsmythen. So hat man sie nicht nur mit beachtlichem erzählerischem, sondern bisweilen auch mit erstaunlichem architektonischem Aufwand gestaltet und ausgemalt. In Heiligtümern, die man an Ort und Stelle errichtete, wurden auch ganz und gar handgreifliche Zeugnisse von Göttern und Halbgöttern gezeigt, die an Schöpfung und Gründungsakten beteiligt waren – beispielsweise Werkzeuge, Kriegsrüstungen und Kleidung. Sie erinnern an die Reliquien in unseren Kirchen, und wir werden ihnen fortan öfter begegnen.

Noch heute kann man einige dieser Orte, in denen die Alten den eigenen Ursprung lokalisierten, bestaunen. Am Anfang soll eine Stadt stehen, die nur noch wenigen Spezialisten bekannt ist und deren Ruinen weitab aller Touristenpfade liegen – ein Siedlungsplatz im Südirak, ein in vielerlei Hinsicht wirklich seltsamer Ort.

Die Anfänge und die Mittelpunkte der Welt

Eridu – Urstadt der Menschheit

30° 49′ 33.77″ nördlicher Breite; 45° 59′ 41.11″ östlicher Länge

Am Montag, dem 14. April 2008, flog John Curtis, seinerzeit zuständig für die Altertümer des Nahen Ostens im British Museum in London, in Begleitung von Soldaten und Offizieren mit einem Merlin-Helikopter von der britischen Air Base in Basra Richtung Norden. Hier im Süden des Irak lagen die von den Briten im Irakkrieg 2003 kontrollierten Provinzen. Wegen dieser politischen Verantwortung und einer bis ins 19. Jahrhundert zurückreichenden archäologischen Forschungstradition startete das British Museum 2007 eine Initiative, deren Ziel es war, die alten Ruinen der Region zu schützen. Nicht zuletzt sollte festgestellt werden, welche antiken Plätze durch den Irakkrieg und die damit einhergehenden Plünderungen besonders gelitten hatten. Auf einer Konferenz in London präsentierten die Fachleute 2008 erste Bilder und Berichte. Sie empfahlen eine wissenschaftliche Expedition unter militärischem Schutz. So startete im Juni desselben Jahres von Basra aus ein 25-köpfiges internationales Team, unter ihnen auch Mitglieder des Deutschen Archäologischen Instituts zusammen mit irakischen Wissenschaftlern und Museumsdirektoren. Ziel der Gruppe waren am 5. Juni 2008 die 24 Kilometer voneinander entfernt liegenden antiken Städte Ur und Eridu. Die Wissenschaftler registrierten erleichtert, dass die antiken Stätten keine rezente Zerstörung oder Spuren von Raubgrabungen aufwiesen.

Die Fotos, die das British Museum von diesem Besuch in Eridu auf seiner Webseite veröffentlichte, zeigen einen von Erosion gezeichneten, im heutigen Zustand ziemlich trostlosen Siedlungshügel inmitten einer weiten, ausgedörrten Wüstenlandschaft. Nur einige Fahrwege liefern Hinweise darauf, dass von Zeit zu Zeit Menschen diese verlassene Gegend passieren. Dieser Anblick erfordert einige Phantasie, um sich vorstellen zu können, wie die antike Siedlung und die umgebende Landschaft einst aussahen. Dabei muss man gar nicht so weit in der Zeit zurückgehen, um sich ein anderes Landschaftsbild auszumalen. Eridu liegt nämlich zwischen dem See von Hammar im Nordwesten und den großen Marschlandschaften im Süden des Irak, unweit des Zusammenflusses von Euphrat und Tigris in der Nähe des Persischen Golfes. Diese Landschaft war bis 1991 eine äußerst wasserreiche und fruchtbare Region. Und das war sie schon in der Antike: Seit vielen tausend Jahren war sie Sinnbild der Fruchtbarkeit und galt als Vorbild für den in der Bibel geschilderten Garten in Eden. Diese Welt üppiger Vegetation und reicher Tierwelt erschien einst buchstäblich paradiesisch.

Erst seit den letzten Jahrzehnten leidet das Gebiet darunter, dass der Wasserstand des Euphrat wegen der neuen türkischen, syrischen und irakischen Staudämme, die gigantische Bewässerungsareale versorgen, immer weiter gesunken ist – mit unabsehbaren ökologischen Folgen. Wirklich dramatisch verschlechtert hat sich die Situation zudem infolge des ersten Irakkrieges, als die Bewohner der zahllosen Inseln in der Wasserlandschaft der Marschen einen Aufstand gegen die Regierung wagten. Doch die Unterstützung der westlichen Invasoren blieb aus, und das Regime schlug mit ungeheurer Brutalität zurück. Schreckliche Massaker an der Bevölkerung und eine gezielte Entwässerung des Marschlandes sollten die Schiiten vertreiben. «Das Paradies ist hier nicht mehr» titelte am 26. 11. 2014 die *Frankfurter Allgemeine Zeitung*. Nur ein Bruchteil der früheren Bevölkerung ist seit 2003 zurückgekehrt. Weder Flora noch Fauna haben die alte Artenvielfalt wieder hervorbringen können.

Die einstmals hydrologisch vorteilhafte Situation und die Anlage ausgeklügelter Bewässerungskanäle hatten im Zweistromland von Euphrat und Tigris seit dem 4. Jahrtausend v. Chr. die erste bedeutende Stadtkultur der Welt entstehen lassen, in der einige Städte, wie Uruk, besonders herausragten.

Eridu

Unter den vielen sumerischen Städten dieser reichen Landschaft nahm die Siedlung von Eridu allerdings stets eine Sonderrolle ein – ein seltsamer und schon für die Zeitgenossen wahrlich außerordentlicher Platz. Dies lag zunächst daran, dass dieser Ort außergewöhnlich alt war und auch schon damals so wahrgenommen wurde. Bei verschiedenen Ausgrabungen im 19. und 20. Jahrhundert konnte man die früheste Besiedlung in die Zeit um 5400 v. Chr. datieren. Aber nicht nur sein hohes Alter machte diesen Platz zu etwas Besonderem. Für die Alten war und für heutige Archäologen ist der in Eridu errichtete Tempel für den Gott Enki ein Faszinosum. Achtzehn verschiedene, übereinander gebaute Schichten und Bauphasen mit immer aufwendigeren Architekturen lassen sich rekonstruieren und müssen die Menschen über die Jahrtausende hinweg beeindruckt haben.

Wir können seine Entwicklung von einer kleinen Kultstätte des 6. Jahrtausends hin zu einem großen, überregional bekannten Tempel der sogenannten Ur-III-Zeit (um 2000 v. Chr.) rekonstruieren. Die Struktur dieses Kultbaus, der wegen der ständigen Aufstockungen als beeindruckende Zikkurat (Stufenturm) im Marschland weithin sichtbar war, lässt uns verstehen, weshalb Eridu auch in den Texten einer fernen Vergangenheit bereits eine prominente Rolle spielte.

Enki, der Herr des Heiligtums, galt als Gott der Weisheit, der einst Abzu, den Gott des Süßwassers, besiegt und so die Macht über das Wasser erlangt hatte, das man sich als gigantischen unterirdischen See vorstellte. In bildlichen Darstellungen des Gottes entspringen aus seinen Schultern der Euphrat und der Tigris. Nach anderen Varianten des Mythos soll Enki masturbiert haben, um mit seinem Sperma den Tigris entstehen zu lassen – ein drastisches Sinnbild der ungeheuren Fruchtbarkeit des Zweistromlandes. Im Tempelgebiet fanden sich Unmengen von Gräten, da man dem Gott ganz offensichtlich Fische aus den umliegenden Gewässern opferte. Wegen der überragenden Bedeutung des Wassers, vor allem aber wegen seiner unendlichen Weisheit stellte man sich Enki (gemeinsam mit den Göttern Anu und Enlil) zeitweise sogar als Gründer der Welt und als den Schöpfer der Menschen vor.

Dieser großen Bedeutung Enkis im sumerischen Pantheon verdankt Eridu seinen einst glänzenden Ruf: In Texten galt die Stadt mit Enkis Abzu-Tempel, wie man die Kultstätte in Erinnerung an seinen Sieg nannte, als erste und älteste Stadt der Menschheit. Jede städtische Zivilisation hatte nach sumerischer Vorstellung hier ihren Ursprung. Da der Ort die erste Stadt der Menschheit war, führten die dort regierenden Könige auch die sumerische Königsliste an. Laut den ersten Zeilen der im späten 3. Jahrtausend aufgezeichneten Liste soll überhaupt das Königtum, als es vom Himmel auf die Erde gegeben wurde, zuerst nach Eridu gekommen sein. Der erste König Alulim regierte daselbst 28 800 Jahre lang, sein Nachfolger Alalngar 36 000 Jahre und ihre drei Nachfolger brachten es gemeinsam auf stattliche 108 000 Jahre – Ären, mit denen man versuchte, die lange Periode der göttlichen Frühgeschichte bis in die eigene Zeit zu überbrücken. Unter dem ersten König, so weiß die Überlieferung, lebte zudem ein Wesen namens Adapa. Jener galt als Sohn Enkis, war zur Hälfte Mensch und zur Hälfte Gott. Er war es, welcher der Stadt Eridu die Zivilisation gebracht hat. Die abenteuerlichen und offenbar beliebten Erzählungen um Adapa spiegeln den Wasserreichtum der Region und spielen auf die Lage der Hafenstadt am Persischen Golf an. Mit Adapa verbindet sich interessanterweise auch die Suche nach der Unsterblichkeit des Menschen. Dieses große Thema der altorientalischen Literatur kennen wir nicht zuletzt aus dem berühmten Gilgamesch-Epos.

Die Texte zur mythischen Geschichte Eridus sind beeindruckend. Ihre Schöpfer versuchen konsequent, die Fäden in den Werken über die Entstehung der Welt mit jenen der Frühgeschichte der Städte zu verknüpfen. Eridu hat der sumerischen Königsliste und diesen Erzählungen zufolge bereits vor der großen Flut existiert, von der man in altorientalischen Religionen bereits lange vor ihrer Erwähnung im Alten Testament erzählte:

Eridu

- Die Götter hatten auf Initiative des Gottes Enlil beschlossen, die lärmenden, göttliche Sphären störenden Menschen wieder von der Erde zu vertilgen und deshalb eine Flut geschickt.
- Ins späte 2. Jahrtausend datiert ein Text, die sogenannte *Eridu Genesis*, die als älteste Erwähnung der sumerischen Flutgeschichte gilt. Diese haben nur Auserwählte überlebt, von denen ein Mensch namens Ziusudra (akkadisch: Upnapishtim) in Eridu lebte. Ihm gab der Gott Enki, ein Freund der Menschen, vor der Flut den Auftrag, sich ein Boot zu bauen, um so die Überschwemmungskatastrophe mit seiner Familie und ausgewählten Tieren zu überleben.
- Ein anderer Keilschrifttext lässt in Eridu bereits die Geschichte vom Garten in Eden spielen: Ein Weber oder Gärtner namens Tagtug wird von Enki dafür bestraft, dass er vom verbotenen Baum eine Frucht gegessen hat, was ihm ausdrücklich untersagt war.

Viele Mythen der Frühzeit, die später in das Alte Testament eingingen, wurden demnach mit der Urstadt Eridu in Verbindung gebracht. Manche moderne Wissenschaftler haben gar vorgeschlagen, auch den Turmbau zu Babel in dieser Stadt zu verorten, was aber unter Fachleuten zu Recht keinen Anklang fand. Die Zeitgenossen haben, wie die Mythen andeuten, durchaus realistisch gesehen, dass sich die politischen Gewichte im Zweistromland weiter nach Norden verlagerten. Es verwundert angesichts dieser Entwicklung nicht, dass im Mythos andere Stadtgötter, wie beispielsweise Inanna, die Hauptgöttin in Uruk, nach Eridu kamen, um das Wissen über die Zivilisation zu erlangen. Um diesen Vorgang, der den Aufstieg anderer Städte in anderen Regionen erklären sollte, den Zeitgenossen nahezubringen und plausibel zu machen, ersann man einprägsame Geschichten. Eine erzählt davon, dass Inanna bei einem Besuch in Eridu Enki so betrunken gemacht haben soll, dass es ihr ein Leichtes war, ihm die Tontafeln zu stehlen, auf denen die Geheimnisse der Zivilisation aufgezeichnet waren. Die

Geschichte um Inanna ist also ein Reflex der tatsächlichen Entstehung städtischer Kultur in diesem Jahrtausend mit den neuen Zentren nördlich von Eridu, allen voran der Metropole Uruk.

Der Anfang der altorientalischen Zivilisation aber lag nach der Vorstellung der Alten auf einem heute öden und verlassenen Hügel in einer staubigen, wüsten und von den modernen Zeitläufen besonders gequälten Region. Eridu wurde in einer komplexen Verflechtung von Architektur, die der Besucher sehen konnte, und dichterischer Imagination, die man ihm in Erzählungen nahebrachte, zum uralten Zentrum und Ursprung der altorientalischen Hochkulturen.

Doch wann verschwanden Eridu und die Mythen, die sich um diese Stadt rankten? Warum ist sie aus unserer Erinnerung fast völlig verschwunden? Als die dritte Dynastie von Ur, deren Könige ihre Stadt prächtig ausgestalteten, die Herrschaft an die Könige von Isin und Larsa (um 2000–1800 v. Chr.) verloren, wurde in Eridu kaum noch gebaut. Kult und mythische Bedeutung wanderten in einem Akt der Geschichts- und Erinnerungspolitik weiter Richtung Norden, wo sich neue Zentren etablierten. Eridu aber geriet im 1. Jahrtausend zunehmend in Vergessenheit und wurde nur noch gelegentlich erwähnt. Eine Nennung des Ortes unter Nebukadnezar II., König von Babylon, in der Zeit um 600 v. Chr. und ein Ziegel mit seinem Namen aus der Stadt selbst scheinen die letzten Schriftzeugnisse zu sein, die von diesem alten Platz künden. Während der Herrschaft der Perser und der nachfolgenden hellenistischen und römischen Reiche verschwindet der Ort schließlich ganz aus der Erinnerung. Griechische und römische Autoren kennen an der Mündung des Euphrat eine Siedlung, die bei einigen Teredon, bei anderen Iridotis oder Diridotis genannt wird. Es handelte sich um einen kleinen Handelsplatz für indische und orientalische Waren, die über den Persischen Golf verschifft wurden. Man wusste, dass Händler die Gewürze, Stoffe und Spezereien von diesem kleinen Stapelplatz weiter nach Norden und bis in das westliche Mittelmeer transportierten. Verschiedentlich wollten Exper-

Eridu

23

ten für antike Geographie in dieser kleinen Niederlassung die alte und – wenn man sich ihren Überlegungen anschließen mag – demnach später noch einmal wiederbelebte Ruine von Eridu identifizieren. Das aber scheint mehr als zweifelhaft, da die Ausgräber noch im 20. Jahrhundert an dieser Stelle keinerlei Funde der jüngeren antiken Epochen fanden. Die Spuren der alten Urstadt der Menschheit verlieren sich also um 600 v. Chr. im Wüstensand. Neue Zentren waren entstanden, und vermutlich hat die Verlandung der Region ihren endgültigen Niedergang befördert und sie der Vergessenheit anheimfallen lassen.

Hisarlık – eine Ruine wird Troia

39° 57′ 26.56″ nördlicher Breite; 26° 14′ 19.73″ östlicher Länge

Im späten 8. Jahrhundert v. Chr. war die Spätzeit Eridus gekommen. Kurz vor dem Verlöschen dieser alten Stadt machte sich im westlichen Kleinasien, unweit des heutigen türkischen Izmir, ein Dichter namens Homer daran, verschiedene alte mythische Stoffe, die mündlich überliefert und von Rhapsoden – wandernden Sängern – vorgetragen wurden, in ein großes Epos zu gießen. Im Zentrum stand eine Geschichte, die im späten 2. Jahrtausend v. Chr. spielte. Sie erzählte von der Entführung Helenas, der Gattin des griechischen Königs Menelaos von Sparta, durch den jungen Paris, der sie in die Burg des Königs Priamos, seines Vaters, nach Kleinasien brachte. Die Folge war ein zehn Jahre währender Krieg, den die Achäer, wie Homer die aus Griechenland angreifende Allianz nannte, und die Untertanen und Kampfgefährten des Priamos miteinander um die geraubte Helena führten. Am Ende des Krieges stand die Zerstörung der Burg, die den Namen Ilios trug. Die Überlebenden flohen und die siegreichen Helden kehrten in ihre Heimat zurück. Einige von ihnen wie der Held

Odysseus hatten auf ihrer Heimkehr lange Irrfahrten und Abenteuer zu überstehen.

Der Dichter, den die Griechen später Homer nannten, erzählte aber nicht einfach die aus späteren Texten zu rekonstruierende Geschichte und die daran anschließenden Mythen. Er konzentrierte sich auf 51 Tage des Krieges. In diesen Tagen hatte sich ein schwerer Konflikt zwischen Agamemnon, dem Anführer der Achäer, und Achill, einem der anderen am Kriegszug beteiligten Helden, entzündet. Indem Homer diesen Konflikt ins Zentrum seiner Darstellung rückte, zog er alle Register, um seine Dichtkunst zu entfalten. Nicht nur furchtlose Kämpfer werden in todesmutigen, endlos erzählten Kämpfen gezeigt. Auch allgemeine Aspekte der menschlichen Existenz, des gesellschaftlichen Miteinanders, des archaischen Adelsethos, der Rolle der Götter, des Verhältnisses zwischen Mann und Frau und vieles mehr werden thematisiert.

In diesem Kapitel aber soll es mit Blick auf seltsame Orte um etwas anderes gehen: Als Homer sein Epos verfasste, konnte er in der Westtürkei an vielen Plätzen uralte Ruinen sehen, die glänzend zu seiner Dichtung zu passen schienen. Tausend Jahre zuvor waren in der Region an verschiedenen Plätzen stark befestigte Siedlungen entstanden, deren Geschichte die Zeitgenossen des Dichters nicht mehr kannten. Die alten Siedlungen waren um 1200 v. Chr. zerstört worden und zu einem guten Teil in Vergessenheit geraten. Die Ruinen aber regten einige Jahrhunderte später zweifellos die Phantasie an. Mit ein wenig Vorstellungskraft konnte man sich ausmalen, wie vor den alten, halb verfallenen Mauern dramatische Kämpfe und Konflikte zwischen Helden ausgetragen worden waren. Die Bauwerke erinnern auch heute noch an mittelalterliche Burgen, wie man sie aus dem Auto oder dem Zugfenster und bei Wanderungen in vielen Regionen Europas vorüberziehen sieht, ohne genau zu wissen, welche Geschichte sie haben. Die antiken Burgen der Bronzezeit wurden jedenfalls schon von Dichtern vor Homer zu Schauplätzen abenteuerlicher Ereignisse gemacht, die sie den Zuhörern bei Festen in leuchtenden Farben vor Augen stellten.

Hisarlık

Homer hätte sich wohl nicht träumen lassen, welche Folgen seine Dichtung in der abendländischen Geschichte und Literatur haben sollte. Die Wirkung der homerischen Epen ist über mehr als 2500 Jahre hinweg beachtlich. Wie mit einem Paukenschlag beginnt die europäische Literaturgeschichte unvermittelt mit einem mehr als 15 000 Verse umfassenden Werk, der *Ilias*, dem bald darauf die *Odyssee* mit über 12 000 Versen folgte. In beiden Epen wird eine großartige Welt von Göttern, vor allem aber Helden entworfen. Diese grandiosen Schöpfungen schenkten den Griechen ab 700 v. Chr. mit einem Mal eine bis in die Zeit des 2. Jahrtausends v. Chr. zurückreichende Vergangenheit. Der Kampf um die Burg Ilios erschien den Zuhörern in dieser sogenannten archaischen Epoche wie die Urgeschichte der eigenen, der griechischen Welt. Da Homer zudem in seinem Schiffskatalog, der sich in der *Ilias* findet und in dem er die am Kriegszug Beteiligten auflistete, nahezu 200 griechische Poleis (Stadtstaaten) nannte, konnten die Bewohner nahezu der gesamten griechischen Welt in den Epen ihre Vorfahren finden und ‹identifizieren›. So wurden die Werke Homers damals zum Referenzpunkt aller Literatur und jeder Auseinandersetzung mit der eigenen Lebenswelt und mit der ‹Geschichte›. Statt von Ilios, wie Homer, sprach man nun von Troia. Homer hatte aber mit diesem Wort (oder der Form *Troie*) nicht die Burg, sondern die Landschaft gemeint, in der seine Erzählungen spielten – ein durchaus wichtiges Detail.

Alle Griechen wollten fortan an diesem neuen Troia-Mythos teilhaben und dort ihren Ursprung verorten. Auf der sicheren Seite in dieser mythographischen Konstruktion der Frühgeschichte waren die von Homer genannten griechischen Städte – fanden sie sich doch namentlich im Schiffskatalog erwähnt. Die anderen, die Homer nicht nannte, behaupteten, dass sie später durch Helden des Epos nach Beendigung des Krieges gegründet worden seien. So gelang es auch ihnen, sich in die homerische Tradition nachträglich einzuschreiben.

Da man in der Regel die Frühgeschichte einer Gemeinschaft

nicht rekonstruieren konnte, stellten die Epen somit ein glänzendes Angebot auf dem Markt für Gründungslegenden dar. Am Beispiel Roms kann man sehen, dass auch andere Kulturen und neue Mächte in diese Konstruktion eines die bewohnte Welt umspannenden Netzwerks von Troianern, die aus der zerstörten Heimat geflohen sein sollten, eingeflochten wurden. Die Römer nahmen dieses zunächst von griechischen Geschichtsschreibern formulierte Angebot gern an und erhoben es zur wirkmächtigen Staatsideologie. Der Stadtgründer Romulus galt als Nachfahre des aus Ilios geflohenen Helden Aeneas. Der römische Dichter Vergil schuf zu diesem Mythos das 19 v. Chr. posthum veröffentlichte Nationalepos, die *Aeneis*. Die Lektüre dieses lateinischen Epos und viele Neudichtungen veranlassten dann selbst im Mittelalter noch ganze Adelsgeschlechter, ihre Abstammung auf die homerischen Helden zurückzuführen. So wurde eine gut-troianische Herkunft zu einem Gemeinplatz europäischer und schließlich auch wahrhaft interkontinentaler Geistesgeschichte: Alle europäischen Königshäuser, alle Länder und selbst das gerade entdeckte Amerika führte man auf diese Heroen zurück. Selbst die intellektuelle Kaderschmiede der Universität Oxford verband ihre Gründung im 13. Jahrhundert mit Philosophen, die einst gemeinsam mit troianischen Flüchtlingen auf die Insel gekommen waren ...

Die ungeheure Wirkung des Troia-Mythos bis in die Neuzeit aber lässt sich vor allem damit erklären, dass bereits die Griechen die Ereignisse, über die Homer dichtete, für historische Wahrheit hielten. Dies galt auch für die Orte, die der Urvater aller europäischen Dichter beschrieben und gewissermaßen in einer historischen Landkarte eingezeichnet hatte. Noch für Strabon, einen Geographen des frühen 1. Jahrhunderts n. Chr., war es selbstverständlich, Homer als ältesten Vorgänger dieser Wissenschaft zu würdigen und seine Angaben zu Orten und ihrer Lage ernstlich zu prüfen und zu diskutieren. Sehr früh, schon im 7. Jahrhundert v. Chr. hat man sich auf die Suche nach den Orten gemacht, die Homer nennt. Besonders wichtig war selbstverständlich die Loka-

Hisarlık

lisierung jener Burg Ilios, in der angeblich Priamos geherrscht und welche die Griechen zehn Jahre lang belagert hatten, bis sie mit der von Odysseus ersonnenen List des hölzernen Pferdes erobert werden konnte.

Wohlgemerkt: Der Ort war dichterische Fiktion und existierte ebenso wenig wie die Stelle am Rhein, wo der Schatz der Nibelungen versenkt wurde oder wo die Lorelei mit einem goldenen Kamm ihr Haar geglättet und dabei so schön gesungen haben soll, dass die Rheinschiffer gleich reihenweise gegen die Klippen im Strom fuhren. Und dennoch war es für die Zeitgenossen im 7. Jahrhundert v. Chr. oberstes Ziel, eine Ruine zu identifizieren, die historischer Schauplatz der homerischen Dichtung sein konnte. Wie wir am Beispiel von Eridu gesehen haben, benötigte man für die Gründungsmythen einen konkreten Ort, den man sehen, besuchen und im wahrsten Sinne des Wortes anfassen konnte. In Eridu hatte man mit dem Tempel Enkis den Platz gefunden, der als Ausgangspunkt für die Ausgestaltung der mythischen Dichtungen und die Entfaltung der Erzählung dienen konnte. In der griechischen Welt musste man jedoch für die Dichtung überhaupt erst einen solchen Ort als Referenzpunkt finden. Eine zweifellos kuriose Situation!

Die Dichter, welche die Geschichten um Troia vortrugen, haben sich von alten Ruinen inspirieren lassen. Die Griechen identifizierten Ilios mithilfe der homerischen Dichtung. Die Landschaft, in der die Burg lag, hatten doch offenbar die Helden und Dichter einst *wirklich* gesehen, sodass ihre topographischen Eigenarten in den Versen beschrieben werden konnten. So wurde eine alte, bis in die Zeit um 3000 v. Chr. zurückreichende Ruine bei dem heutigen türkischen Ort Hisarlık zum Favoriten für den Schauplatz der Kämpfe zwischen Achill und Hektor, Menelaos und Priamos und wie all die anderen Helden geheißen hatten. Die homerische Burg des Priamos, so schien es, war gefunden. Seit ungefähr 1000 v. Chr. hatten sich dort tatsächlich Griechen niedergelassen. Im Zusammenspiel mit dem Dichter oder nach Entstehung der *Ilias* (das lässt sich nicht exakt rekonstruieren) gaben diese Bewohner entsprechend dem mythischen Namen, den sie der alten Burg beigelegt hatten, offenbar auch ihrem Ort den Namen *Ilion*. Sie behaupteten in der Folgezeit – und angesichts des literarischen Erfolgs des Epos sicherlich sehr engagiert und recht erfolgreich –, dass ihre Stadt Schauplatz der von Homer beschriebenen Ereignisse war.

Eine gezielte Visualisierung mythischer Traditionen war allen Städten gemeinsam, welche die Gründung durch troianische Krieger behaupteten oder im Epos genannt wurden. Sie errichteten allesamt den fiktiven Helden Gräber, Kultstätten und zeigten interessierten Besuchern Waffen und Gegenstände, die den Heroen einst angeblich gehört hatten. So präsentierte man beispielsweise in verschiedenen Orten die Werkzeuge, die der Schreiner Epeius benutzt hatte, um das Troianische Pferd zu zimmern. In Ilion bzw. Troia wurden in der Folgezeit weitere Antiquaria – Sammlungen von Altertümern – eingerichtet, um einfachen Touristen und bedeutenden Politikern oder gar Königen bei Besichtigungen etwas präsentieren zu können. So zeigte man beispielsweise die Lyra, auf der einst Paris gespielt haben soll, ein steinernes Brett, an dem die Krieger sich in Kampfpausen angeblich beim Spiel erholten, oder den Stein, an den man einst Kassandra gefesselt hatte, die ihre Mitbürger nervte, weil sie dauernd den Untergang der Heimatstadt vorhersagte. Auch konnten Fremdenführer den Spalt zeigen, in den die Schlangen verschwunden waren, nachdem sie Laokoon und seine Söhne getötet hatten, weil der Apollon-Priester die List der Griechen mit dem hölzernen Pferd durchschaut hatte. Doch damit der seltsamen Orte nicht genug: Im Umland konnte man gar «Soldatenunterkünfte, Stellungen der Schlachtreihen, Lageranlagen (...), Altäre, die dort errichtet wurden» (Artemidor, *Traumbuch* 4,47), vorweisen und anderes mehr. Man schüttete sogar Grabhügel für die Helden auf, die die Reisenden besonders rührten. Dass man für Achill und Patrokles, die laut Homer in einem Grab bestattet waren, versehentlich zwei getrennte Hügel errichtete, konnte einem im eifrigen Bemühen um ein ordentliches Touristenprogramm schon mal passieren.

Hisarlık

29

Beim heutigen Hisarlık entstand mithin ein wahrlich seltsamer Ort, der einzig dazu diente, dichterische Imagination und mythische Tradition zu visualisieren. So wurde das fiktive Zentrum griechischer und römischer Kultur, das einst Schauplatz eines großen, aber eben doch mythischen Krieges war, zum real erfahrbaren Ort mit musealem Charakter. Der Ort Troia konnte dank dieser lokalen Initiativen von Politikern, Feldherren, Königen und römischen Kaisern in der Folgezeit instrumentalisiert werden, um Politik und strategische Ziele unterschiedlicher Art ideologisch zu unterfüttern. Einige Beispiele mögen genügen: Der Perserkönig Xerxes stilisierte sich zu Beginn des Perserkrieges (480 v. Chr.) mit einem Opfer von 1000 Rindern für die Stadtgöttin Athena Ilias angeblich zum Troianer, der sich an den Achäern, den Griechen, rächen wollte. Athen erklärte sich nach den Perserkriegen zum neuen Sieger über die Troianer und beanspruchte, im Attisch-Delischen Seebund Führungsmacht unter den Griechen zu sein. Alexander der Große drehte zu Beginn seines gewaltigen Eroberungszugs im Jahr 334 v. Chr. gewissermaßen den von Xerxes aufgenommenen Spieß einfach um und zog mit den Waffen Achills gen Osten. Wie nachhaltig und wirkmächtig der Troiamythos war, beweist, dass die Römer ihrerseits eine Abstammung von den Troianern behaupteten, und Caesar sowie der erste römische Kaiser Augustus ihr Geschlecht über den Troianer Aeneas auf Venus zurückführten, was letztlich ihre Personen überhöhen und so ihre außerordentliche Machtstellung in Rom legitimieren sollte.

Was nun aber die berühmte Burg selbst und den Schauplatz des Krieges betraf, so waren die Besucher Ilions doch regelmäßig enttäuscht von dem, was da zu sehen war. Da konnten sich die wortgewandten Fremdenführer noch so anstrengen. Das bescheidene Städtchen passte schlecht zu den Bildern, die viele nach der Lektüre Homers und anderer Texte über den Untergang Troias im Kopf hatten und die sie sich vor Ort *in natura* wollten bestätigen lassen. Das geht übrigens heutigen Touristen vor Troia meist nicht anders – zumal sie auch noch die grandiosen Kulissen der Hollywoodproduktionen wie etwa *Troy* von Wolfgang Petersen aus dem Jahr 2004 vor ihrem geistigen Auge haben. Der griechische Autor Lukian (etwa 120–180) brachte diese enttäuschende Erfahrung in seinem satirischen Text *Charon oder die Weltbeschauer* auf den Punkt: Der berühmte Fährmann der Unterwelt, Charon, besichtigt unter Führung des weitgereisten Götterboten Hermes die berühmtesten Orte der Welt und bittet seinen Führer, ihn nach Troia zu begleiten. Hermes zeigt sich jedoch zögerlich. Er begründet dies mit der Furcht, Charon könnte angesichts der spärlichen Überreste nach Rückkehr in die Unterwelt Homer erdrosseln, da er in seinem Epos so maßlos übertreibe (Lukian, *Charon oder die Weltbeschauer* 1–7,23).

Andere Autoren und Zeitzeugen erfreuten sich gerade an den Trümmern, den zerfallenen Mauern Troias und den versiegten Flüssen der homerischen Epen. Mit regelrechter Ruinenromantik schwelgten sie in zerfallenem Gemäuer und sannen über Vergänglichkeit und die Vorzüge der Dichtung nach. Für antike Autoren wie Lukan (39–65) und Arrian (etwa 85–146) war das verfallene Troia Anlass, ihr eigenes literarisches Können hervorzuheben wie überhaupt die führende Rolle der Dichtung zu betonen. Nur Texte seien wirklich in der Lage, Vergangenheit zu schaffen und die Erinnerung daran zu bewahren. Ohne die Dichter verschwänden Städte ebenso wie bedeutende Männer, denn die verwesenden Körper und zerfallenen Mauern blieben ohne Worte stumm.

Die Ratsherren von Ilion haben sicherlich immer wieder über die Erweiterung der musealen Objekte und den Ausbau angeblich mythischer Plätze beraten. Sie mögen solchen Einwänden von Dichtern entgegnet haben, ohne die Beglaubigung der schriftstellerischen Überlieferung durch Verdinglichung fehle ihnen die letzte Wahrheit. Fragen nach Authentizität der Objekte wurden wohl bisweilen gestellt, aber letztlich war den Besuchern und Gläubigen, die Reliquien bestaunten, ihre Beantwortung nebensächlich. Man wollte einfach den Mythen im konkreten Objekt einen realen Bezugspunkt geben, sie in der erfahrbaren Wirklichkeit verankern und ihnen so unmittelbare Präsenz verleihen.

Hisarlık

Trotzdem war schon in der Antike die Gleichsetzung der Burg bei Hisarlık mit Troia vielen suspekt. Der bereits erwähnte Geograph Strabon, der selbst aus Kleinasien stammte, hat diese kritischen Stimmen in seinem Werk zu Wort kommen lassen. Andere antike Autoren wie Demetrios aus dem Ort Skepsis bringen einfach die eigene Stadt ins Spiel als den ‹wahren› Schauplatz des troianischen Krieges. Wieder andere Schriftsteller bezweifelten die Lokalisierung mit dem Argument, Homer und andere Autoren hätten doch gesagt, das Troia komplett zerstört worden sei – wie könnten denn dann noch in Ilion Reste erhalten sein und Menschen wohnen? Wieder andere Orte nahmen aus Prestigegründen und in Konkurrenz zu Ilion für sich in Anspruch, das echte Troia zu sein. Strabon selbst lokalisierte das echte Ilion ca. 5,5 Kilometer (30 Stadien) von dem Ort entfernt, den man zu seiner Zeit Troia nannte. Die Bewohner des heutigen Ilion hätten aus reiner «Ruhmsucht, weil sie wollten, dass ihre Stadt die alte sei, denen, die von den homerischen Gedichten ausgehen, viel Kopfzerbrechen bereitet, denn diese Stadt ist offensichtlich nicht die homerische» (Strabon, *Geographie*, 13,1,25).

Alle diese gelehrten Diskussionen schmälerten die Bedeutung des Ruinenplatzes bei Hisarlık nicht. Als im 19. Jahrhundert Heinrich Schliemann verlauten ließ, er habe bei Hisarlık das antike Troia entdeckt, war die Resonanz entsprechend groß. Als Schliemann gar behauptete, er habe den Schatz des Priamos gefunden, und seine Frau im Schmuck der Helena präsentierte, nahm der Jubel kein Ende. Das Problem war und blieb aber, dass es einen Schatz des Priamos ebenso wenig gegeben hat, wie den Schatz der Nibelungen. Rasch wurde die Diskussion darüber, ob der Troianische Krieg und Troia selbst historisch sind, wiederbelebt. Schon bei den Wissenschaftlern der ersten Ausgräbergenerationen, die in Hisarlık arbeiteten, zeigte sich, dass sich auch die Gelehrten der Moderne der Gravitationskraft des Mythos so wenig entziehen konnten wie die antiken Zeitgenossen. Die Epen Homers und ihre Wirkungsgeschichte waren einfach derart eindrucksvoll, dass man sich die Dichtung ohne realen historischen Kern nicht vorstellen mochte.

Einen weiteren Höhepunkt erreichte die Grabungs- und Deutungsgeschichte ab dem Jahre 2001, als mit großer medialer Aufmerksamkeit der ‹neue Kampf um Troia› ausgetragen wurde. Kontrahenten waren der Archäologe Manfred Korfmann und sein althistorischer Kollege Frank Kolb an der Universität Tübingen. Korfmann glaubte mit einigen wissenschaftlichen Kollegen unterschiedlicher Disziplinen, die endgültigen archäologischen Beweise für die Existenz des großen Troia, von dem Homer erzählt, gefunden zu haben ... Halten wir einfach fest, dass auch bei Wissenschaftlern gelegentlich die wahren Abenteuer im Kopf stattfinden – und dort einst wie heute mitunter auch die Heimat sehr seltsamer Orte ist.

Das Adyton in Delphi – der Nabel der Welt

38° 28′ 56.23″ nördlicher Breite; 22° 30′ 4.42″ östlicher Länge

Seltsam scheint uns vieles, was wir nicht sehen können, wie das Troia Homers. Seltsamer aber noch sind Plätze, die wir nicht sehen dürfen. Und um solch einen Ort handelt es sich bei dem verborgenen Raum im Apollon-Heiligtum in Delphi – dem Adyton. Er lag in der Cella, dem Hauptraum des Tempels, und war so geheim, dass es keine wirklich verständliche Beschreibung des Ortes aus der Antike gibt. An diesen Platz begab sich die Pythia, die Priesterin des Apollon, und empfing auf einem Dreifuss sitzend den Orakelspruch des Gottes. Vermutlich wurde sie in diesem Adyton durch die Gase Äthan, Methan und Äthylen, die der Geologe Jelle de Boer dort nachweisen konnte – und die vielleicht in einem bedenklichen Verhältnis zum Sauerstoffgehalt in diesem Raum standen –, in eine Art Trance versetzt. Der Dichter Lukan (*Bürgerkrieg*

Das Adyton in Delphi

5, 150 ff.) weiß, dass Priesterinnen durchaus Angst vor dieser etwas unheimlichen Orakelkammer hatten und von den Priestern mit Gewalt dort hinein gezwungen wurden. Möglicherweise durch die Gase ziemlich benommen, gab die Pythia den angeblich gottgegebenen Orakelspruch an die Priester weiter, welche ihre wahrscheinlich schwer zu verstehenden Lallworte umformulierten. Anfangs in Versen, später in Prosa präsentierten diese Mittelsmänner sodann die schriftliche Fassung ihrer Interpretation des göttlichen Spruches demjenigen, der das Orakel befragt hatte.

Im Zeitraum vom 6. bis zum 4. Jahrhundert v. Chr. standen das Apollon-Orakel und die geheimen Vorgänge in jenem Adyton in der gesamten antiken Welt hoch im Kurs. Privatleute wie Könige ferner Reiche zogen zu dieser prominentesten Quelle der Weisheit in der gesamten griechischen Welt. Auch für den bedeutenden Philosophen Platon (428–348) stand außer Frage, dass alle Bereiche der griechischen Zivilisation im Orakel von Delphi – und mithin in dem unheimlichen Adyton des Tempels – ihren Ausgangspunkt hatten: Die Gesetzgebung, der Bau von Heiligtümern, die Bestattung der Toten und jede Stadtgründung erfolgten allein mithilfe der Pythia (Platon, *Staat* 427 C), die man zu all diesen Dingen um Rat fragte. In reich ausgestatteten Schatzhäusern, die Apollon geweiht waren, dankten die Städte und Herrscher dem Gott für seine Hilfe. Jeder Besucher konnte sehen, zu welchen Investitionen die Bittsteller bereit waren, um ihren Erfolg im Krieg oder bei politischen Streitfällen zu dokumentieren.

Das Orakel von Delphi lässt sich in eine Reihe von überregional bedeutenden Heiligtümern einordnen, die in Griechenland, Kleinasien und auch in Ägypten zu finden waren. Delphi war zudem Mitglied jener vier panhellenischen, allen Griechen seit archaischer Zeit (etwa zwischen 700 und 500) besonders wichtigen Heiligtümer. Zu ihnen zählen als prominente Orte Olympia und Nemea mit ihren Zeustempeln sowie Isthmia bei Korinth mit dem Poseidonheiligtum. Seit der hellenischen Frühzeit kamen an diesen Orten die Griechen zusammen, um sich vor allem in Wettkämpfen zu messen; doch wurde an diesen Stätten auch regelrechte Diplomatie gepflegt bis hin zum Arrangement politisch erwünschter Ehebündnisse. Die Orte symbolisierten demnach auf unterschiedliche Weise die Zusammengehörigkeit der Hellenen. Und ausschließlich Hellenen war es erlaubt, an den Spielen teilzunehmen, während Fremde nur zuschauen durften.

Delphi und Olympia hatten ein international herausragendes Renommee, wobei die Olympischen Spiele ohne Zweifel der bedeutendste panhellenische Wettbewerb waren. Innerhalb dieses Kreises von Orten mit besonderer Strahlkraft war aber dank des Orakels im Adyton die ungeheure religiöse und auch politische Bedeutung des Heiligtums in Delphi geradezu mit Händen zu greifen. Jeder Zeitgenosse wusste freilich nur zu gut, welche Spielräume die Priesterin und die Priester bei der Formulierung der Orakelsprüche hatten und welche politischen Manipulationsmöglichkeiten damit verbunden waren. Daher hatten sich die griechischen Poleis früh darauf verständigt, dass Delphi niemals Beutegut eines militärisch Überlegenen werden durfte – sonst wären alle Orakelsprüche für die Dauer seiner Dominanz in dessen Sinne eingefärbt worden. Sie schufen daher einen gemeinsamen sakralen Bund, den sogenannten Amphiktyonen-Rat. Er hatte über die Priester und das Heiligtum zu wachen.

Die zentrale Bedeutung Delphis und der Geschehnisse im Adyton wurden recht früh im Mythos gespiegelt. Die Geschichten, die man um seine Anfänge konstruierte, weisen vertraute Züge auf sie haben ihre Ursprünge zweifellos in Mesopotamien, wie sich unschwer erkennen lässt. Der oberste griechische Gott Zeus soll nämlich über die moralische Verkommenheit der Menschen derart verärgert gewesen sein, dass er wie sein altorientalischer Kollege Enlil am Ende des sogenannten Eisernen Zeitalters eine Sintflut über Griechenland hereinbrechen ließ. Prometheus, im griechischen Mythos Verbündeter der Menschen und vorausschauender Kulturbringer, warnte (vergleichbar mit dem menschenfreundlichen sumerischen Enki) seinen Sohn Deukalion vor dieser Flut

Das Adyton in Delphi

und forderte ihn auf, ein Boot zu bauen. Mit diesem Boot überlebten Deukalion und seine Gattin Pyrrha die Überschwemmung. Sie strandeten schließlich am Parnass, dem rund 2500 Meter hohen Bergmassiv, auf dessen Südwestseite Delphi liegt. Als letztes Menschenpaar mussten sie die Menschen nun neu erschaffen. Themis (eine uralte Gottheit, die für Sitte und gute Ordnung zuständig war) oder – nach anderen Versionen – Zeus, rät den Überlebenden, die Knochen ihrer Mutter über die Schultern zu werfen. Doch nach antiken Vorstellungen war es ein unvorstellbares Sakrileg, sterbliche Überreste zu berühren! Der kluge Deukalion deutet den Spruch richtig: Es geht um die Knochen der Erdmutter Gaia, sprich: um die Steine der Erde. Gesagt, getan. Deukalion und Pyrrha werfen fleißig Steine über die Schulter und die Menschheit entsteht neu; es wird «ein hartes Geschlecht, in Mühsal erfahren», wie der römische Dichter Ovid später schreiben wird (Ovid, *Metamorphosen* 1,415). Während die arkadische Stadt Lykosoura von sich behauptete, älteste Stadt der Menschheit zu sein, von der man einst gelernt hatte, Städte zu bauen (Pausanias, *Beschreibung Griechenlands* 38,1 f.), waren dort, wo Deukalion und Pyrrha tätig wurden, die Menschen nach der Sintflut neu entstanden.

Ein solch bedeutender Ort forderte selbstverständlich jene antiken Schriftsteller heraus, welche die Mythen aufschrieben, variierten und kunstvoll weiterentwickelten – die sogenannten Mythographen. So erzählt eine andere Geschichte, dass hier die Urmutter Gaia einst aus dem Schlamm der Sintflut das Schlangenungeheuer Python geboren hat. Die Gattin des Zeus, Hera, soll diesen Python aus Eifersucht gebeten haben, die schwangere Geliebte des Zeus, Leto – die spätere Mutter von Artemis und Apoll –, zu verfolgen. Python verfehlte glücklicherweise Leto, aber Letos Sohn, der Gott Apoll, tötete den Python aus Rache für dessen Nachstellung, und fortan übernahm die Priesterin Pythia die dem Ungeheuer innewohnende Wahrsagekraft und verkündete ihre Seherspruch.

Der Gott Apollon beseitigte gewissermaßen die schreckliche Unordnung, für die das Monster Python stand – ein vielen Ursprungsmythen eigenes Bild von der Entstehung der Ordnung aus dem Chaos. Zugleich legte der Göttervater Zeus fest, dass dort, wo dies geschehen war, auch die Mitte, der Nabel (*omphalos*) der Welt sei. Angeblich war nämlich bereits in Urzeiten ein phallusförmiger Stein auf die Erde gefallen und in Delphi eingeschlagen. Und unter diesem Brocken soll dann Apollon das von ihm getötete Schlangenungeheuer Python bestattet haben.

Bald darauf soll Zeus von den beiden Enden der Welt im Osten wie im Westen zwei Adler (oder Schwäne oder Krähen) auf die Reise geschickt haben. Dort, wo sie sich nach gleichlanger Flugzeit träfen, sollte – so die Idee des Göttervaters – dann auch der geographische Mittelpunkt der Erde sein. Und siehe da – die beiden Adler landeten justament auf dem Kultstein Omphalos in Delphi. So überrascht es nicht, wenn der Philosoph Platon schreibt, der Gott Apollon gebe «in der Mitte der Erde, auf ihrem Nabel sitzend, seine Deutung» (Platon, *Staat* 427 C). Gemeint sind damit die Weisheitssprüche der Pythia, die aus dem Adyton orakelt. Doch bereits einhundert Jahre früher bezeugen der Dichter Pindar (etwa 522/18– 446 v. Chr.) in seinen Oden, aber auch Anspielungen in Tragödien, dass die Vorstellung von Delphi als Nabel der Welt griechisches Allgemeingut war.

Dieser Mythos von der Festlegung des Erdmittelpunkts durch Zeus wurde selbstverständlich von den Zeitgenossen in einem realen Monument anschaulich gemacht. Daher stand in der Cella des Apollontempels seit archaischer Zeit der Omphalos, von dem sich marmorne Kopien noch in späterer Zeit erhalten haben. Der konische Stein war mit zwei goldenen Adlern, eben jenen Vögeln des Zeus, und einem *Agrenon*, das sind netzartig geflochtene Wollgirlanden, geschmückt. Dieser Stein blieb bis in die römische Kaiserzeit erhalten und wurde Besuchern gezeigt. Damals aber war die Benennung als Nabel der Welt freilich bereits reine Metapher geworden: inhaltlich deckte sich seine Botschaft längst nicht mehr mit den geographischen Kenntnissen der Zeit. Das war im 6. Jahrhundert v. Chr. noch ganz anders; damals hatte der Geschichts-

Das Adyton in Delphi

schreiber Hekataios aus Milet noch für seine berühmte Weltkarte Griechenland und innerhalb Griechenlands Delphi als Mittelpunkt der gesamten Welt angeben können. Mit den Perserkriegen in der ersten Hälfte des 5. Jahrhunderts v. Chr. und mit der Einbettung dieses Volkes in die erweiterte Oikumene der Mittelmeerwelt durch den Vater der Geschichtsschreibung Herodot war dies unmöglich geworden. Dies galt umso mehr, als Alexander der Große auf seinem Eroberungszug nach Osten die Grenzen der bekannten Welt zwischen 334 und 324 v. Chr. nochmals weiter hinausschob. In der Folgezeit wurde zudem die Geographie zu einer zunehmend mathematischen Wissenschaft, die völlig neue räumliche Bezüge erschloss, bis schließlich der bedeutende Geograph Ptolemaios im 2. Jahrhundert n. Chr. eine Gesamtdarstellung der bekannten Welt publizierte, welche der Vorstellung von einer Mitte in Griechenland noch einmal jede Grundlage nahm.

In Delphi selbst waren bereits im 4. Jahrhundert v. Chr. im 3. Heiligen Krieg (356–346) die goldenen Adler, die am Omphalos angebracht waren, gestohlen worden – ein Sinnbild für den Verlust der alten Bedeutung des Ortes. Als im 2. Jahrhundert n. Chr. der Schriftsteller Plutarch selbst Priester in Delphi wurde, war er nach unserer Kenntnis die letzte prominente Person, der die einstige Bedeutung des griechischen Nabels der Welt noch sehr präsent war. Viele Griechen seiner Generation schauten wehmütig auf die alte griechische Glanzzeit zurück, als der im Adyton erhaltene göttliche Orakelspruch noch als ein Indiz für die nicht hinterfragte, göttlich festgelegte mythisch-geographische Mitte verstanden werden konnte. Doch eine kulturelle Vormachtstellung des Adyton in Delphi konnte man, da allenthalben neue, überregional leuchtende Zentren entstanden, auch ganz woanders lokalisieren und beanspruchen – beispielsweise in Alexandria, später in Antiochia, Byzanz und schließlich in Jerusalem. Ganz zu schweigen von Rom, das sich allein aus machtpolitischen Gründen als das neue Zentrum der Oikumene verstand. Während so das Adyton in einer verblassenden Erinnerung von einem Ort mit Weltbedeutung auf einen seltsamen Ort der Vergangenheit reduziert wurde, entwickelten gerade die Römer ganz neue Vorstellungen von einem lokalen Zentrum, das eine Keimzelle der Weltordnung oder Zivilisation sein könne.

Eine kleine Erdgrube in Rom

41° 53′ 33.9″ nördlicher Breite; 12° 29′ 04.5″ östlicher Länge

Als 1999 der umgebaute Reichstag in Berlin Sitz des Deutschen Bundestages wurde, erwarb der Bund Kunstwerke deutscher Maler und Bildhauer, um das neu bezogene Gebäude mit ‹Kunst-am-Bau› zu schmücken. Insbesondere ein Projekt entfachte damals einen Sturm der Entrüstung. Es handelte sich um eine Installation des Künstlers Hans Haacke, die in den nördlichen Innenhof gebaut werden sollte. In einem langen von Hölzern gerahmten Viereck sollten in Neonlichtbuchstaben die Worte ‹Der Bevölkerung› eingeschrieben werden. Jeder Abgeordnete sollte neben diesen Schriftzug in das Geviert einen Zentner Erde aus seinem Wahlkreis schütten. Aus dieser Erde sollten unkontrolliert Pflanzen wachsen.

Die Absicht Haackes bestand darin, den Schriftzug der Installation mit der Inschrift ‹Dem deutschen Volke› auf dem Giebelfeld des Reichstags in einen Dialog zu bringen. Für die Neonbuchstaben wurde daher die gleiche Schrifttype gewählt, die 1916 Peter Behrens für die Inschrift im Giebel entworfen hatte. Nach Ansicht des Künstlers war der Begriff des Volkes in Deutschland historisch belastet. Das Wort ‹Bevölkerung› schließe hingegen mehr Personen ein als nur die deutschen Bürger. Er berief sich dabei auf Bertolt Brecht, der 1935 im Exil geschrieben hatte: «Wer in unserer Zeit statt Volk Bevölkerung […] sagt, unterstützt schon viele Lügen nicht.»

Eine kleine Erdgrube in Rom

39

Diese Argumentation wurde mit großer Entrüstung aufgenommen. Im Kern ging es um die Frage, ob im deutschen Bundestag ein Kunstwerk aufgestellt werden kann, das den Vorrang des deutschen Volkes, mithin der Staatsbürger in Frage stellt. Nach heftiger Debatte wurde am 5. April 2000 mit denkbar knapper Mehrheit von zwei Stimmen das Projekt in namentlicher Abstimmung genehmigt und im September desselben Jahres eingeweiht. Seit dem 11. Juli 2000 werden täglich um 14.00 Uhr und um 20.00 Uhr aktuelle Fotos auf die Internetseite *derbevölkerung.de* gestellt. Auch kann man auf der Webseite verfolgen, welche Abgeordneten Erde mitgebracht haben – und demnach auch welche nicht. So emotional der Streit um Volk und Bevölkerung auch ausgefochten wurde, so lässt sich doch festhalten, dass die dem Kunstwerk zugrunde liegende Idee so ganz neu nicht war …

Der antike Autor Plutarch berichtet im 2. Jahrhundert n. Chr. über ein eigentümliches Ritual, das der mythische Gründer Romulus beim Gründungsakt der Stadt vollzogen haben soll. Unter Anleitung von gebildeten Männern aus der Landschaft Etrurien, die sich in heiligen Satzungen und Aufzeichnungen auskannten, hob er zunächst beim *comitium*, einem Versammlungsplatz vor dem später errichteten Senatsgebäude auf dem Forum Romanum, eine Grube aus. In diese Grube warf er Erstlinge von allem, was man laut Plutarch für gut und notwendig hielt. Darauf nahm jeder der umstehenden Männer, die als erste Gefährten mit ihm die Stadt beziehen wollten, «eine Handvoll Erde aus dem Lande, woher er gekommen war, und warf sie darauf, und dann rührte man alles durcheinander» (Plutarch, *Romulus* 11). Um die solcherart gefüllte und als Zentrum markierte Grube zog Romulus einen Kreis, der die Stadtgrenze festlegte. Entlang dieser Linie zogen ein Ochse und eine Kuh einen Pflug. Die Schollen sollten nach innen fallen und waren geweiht. An den Stellen, wo man Tore plante, hob man den Pflug an, um an diesen Stellen auch unreine Dinge hinein- und heraustransportieren zu können.

Plutarch beschreibt in diesem Text einen alten etruskischen

Stadtgründungsritus, der im 7. Jahrhundert v. Chr. vom ersten in Rom herrschenden etruskischen König durchgeführt worden sein mag. Doch mich interessiert, wie unschwer zu erraten ist, etwas anderes an dem Ritual, und zwar die von den Männern aus ihren Heimatländern in die Grube geworfene Erde. Die Szene ist selbstverständlich erfunden, denn aus welchem Grund sollten die Männer um Romulus Erde aus ihrer Heimat mit sich tragen. Plutarch spielt mit diesem eigentümlichen Ritus auf etwas an, das zum Grundverständnis der Römer gehörte. Die Bevölkerung Roms bestand von der Stadtgründung an aus Menschen, die unterschiedlicher und sogar unklarer Herkunft waren. Was einst gutes römisches Selbstverständnis war, würde heute mancher Politiker vielleicht als «durchmischt und durchrasst» bezeichnen. Ja, Rom bestand von Anfang an aus Ausländern und Fremden.

Da die Römer keine Informationen darüber hatten, was sich in ihrer Frühgeschichte abgespielt hatte und wer die frühen Bewohner der Siedlung am Tiber waren, sind diese später aufgeschriebenen Vorstellungen umso bemerkenswerter. In anderen Gründungsgeschichten wird – dies sei zumindest am Rande erwähnt – das frühe Rom um die sogenannte *Roma quadrata* lokalisiert. Es handelt sich um einen abgezirkelten Platz auf dem Palatin, also jenem Hügel oberhalb des Forums, auf dem in historischer Zeit senatorische Villen und später die Kaiserpaläste standen. Hier gingen die Auguren, eine für die Deutung des Vogelflugs zuständige Priesterschaft, in einem heiligen *Auguraculum* ihrer Tätigkeit nach. Ein Augur soll zur Zeit des Romulus von diesem Platz aus die Ausdehnung der frühen Siedlung festgelegt haben. Jedenfalls wurde der Platz, dessen exakte Lage man heute nicht mehr kennt, von den Römern vor dem Apollontempel lokalisiert. Diesem Tempel war das Haus des Augustus, des ersten römischen Kaisers (27 v. Chr.–14 n. Chr.) benachbart, der nach Beendigung der römischen Bürgerkriege als neuer Romulus gefeiert wurde. Diese räumliche Nähe der uralten *Roma quadrata* und des ersten Kaiserpalasts war nicht zufällig.

Eine kleine Erdgrube in Rom

41

Die Überlieferung ist also ziemlich verwirrend. Plutarch nennt eine Grube am *comitium*, also in der Senke des Forums, als Zentrum der frühen Stadt. Die übrigen Erzählungen lokalisieren das frühe Rom und die *Roma quadrata* auf dem Palatinhügel, und so sah man das auch noch in der Kaiserzeit. Diese Verwirrung kann unterschiedliche Gründe haben: Fehler in den Vorlagen, die Plutarch verarbeitete, oder schlicht inkonsistente Erklärungen und Lokalisierungen verschiedener mythischer Geschichten im realen Stadtbild. Doch diese Verwirrung sollte uns nicht verunsichern. Entscheidend ist die heterogene Zusammensetzung der römischen Bevölkerung, und von der weiß lange vor Plutarch auch schon der römische Geschichtsschreiber Livius. Er hat in seinem Geschichtswerk, das bei der Gründung der Stadt einsetzt und bis um die Zeitenwende reicht, diese Ausgangssituation als bekannten Teil der Gründungsgeschichte Roms nacherzählt: Romulus habe, um die Stadt mit Einwohnern zu füllen, eine bei Stadtgründungen übliche Maßnahme ergriffen. An einem am Ende des 1. Jahrhunderts v. Chr. für Livius noch sichtbaren Hain habe Romulus eine Freistatt eingerichtet. Dort konnte sich «eine Menge dunkler Gestalten und Leute von niedriger Herkunft» einfinden: «Hier suchten alle möglichen Leute aus den Nachbarvölkern, die ein neues Leben beginnen wollten, Zuflucht, wobei es nichts ausmachte, ob einer Freier oder Sklave war; und das war der erste Ansatz zu der beginnenden Größe» Roms (Livius, *Römische Geschichte* 1,8).

Kaiser Claudius (41–54) kann uns als Zeuge dafür dienen, dass die Römer die Integration vieler Fremder und Ausländer als grundlegenden Charakterzug ihrer politischen Gemeinschaft seit der Stadtgründung ansahen. Als Claudius nämlich im Jahr 48 n. Chr. beschloss, den römischen Senat durch gallische Senatoren zu ergänzen, brach eine Welle der Entrüstung auf Seiten der italischen Senatoren los. Ihrer Ansicht nach waren die gallischen Römer, die alle bürgerrechtlichen und finanziellen Voraussetzungen für den Senatorenstand erfüllten, immer noch Fremde, halbe Barbaren.

Ihre Aufnahme in den Senat mache aus dem ehrwürdigen Gremium eine Versammlung von Ausländern (*alienigenati*). Glücklicherweise ist die Originalrede, mit der Claudius diese Vorwürfe entkräftete, erhalten. Sie ist heute in Kopie auf einer antiken Bronzetafel im Museum von Lyon, dem antiken Lugdunum, nachzulesen. Die Gallier der Region hatten selbstverständlich ein besonderes Interesse daran, eine Kopie der kaiserlichen Stellungnahme öffentlich zu präsentieren. Der Standpunkt des Kaisers, der sich selbst in Geschichtsschreibung übte, ist klar: Claudius' Argumentation zieht eine historische Linie von der Stadtgründung Roms bis in seine eigene Zeit. Rom sei groß geworden, weil es von Beginn an Fremde und sogar Ausländer (*alieni* und *externi*) integriert und ihnen sogar die Macht übertragen habe. Bedeutende Männer, sogar römische Könige, seien als Flüchtlinge und Vertriebene aus dem Ausland gekommen. Tarquinius Priscus sei um 600 v. Chr. Sohn eines Griechen und einer verarmten Etruskerin, der König Servius Tullius sei im 6. Jahrhundert v. Chr. Sohn einer Kriegsgefangenen im Ausland gewesen. Die Aufnahme der Gallier in den Senat stehe mithin in bester historischer Tradition. In ähnlichem Tenor gibt der Historiker Tacitus im 2. Jahrhundert n. Chr. die von ihm in Länge und im Aufbau stark abgewandelte Rede wieder. Auch Tacitus erwähnt in seiner Argumentation die Gründung Roms durch Romulus und spitzt die Darstellung des Livius noch zu. Bereits Romulus habe beim Stadtgründungsakt soviel Weisheit (*sapientia*) besessen, die fremden Völker «am selben Tag als Feinde und dann als Bürger zu behandeln» (Tacitus, *Annalen* 11,23 f.).

Die von Plutarch etwa zur gleichen Zeit überlieferte Handlung, bei der die Männer unterschiedlicher Herkunft Heimaterde gemeinsam in die Gründungsgrube warfen und vermengten, ist folglich ein fiktiv konstruiertes, aber sicherlich den Geist der Situation treffendes, rituelles Sinnbild für die Argumentationen von Claudius und Tacitus. Beide sind sich darin einig, dass die Größe Roms und seines in der Kaiserzeit über zweihundert Jahre stabilen Weltreichs auf der römischen Integrationskraft beruhte. Dieser Einsicht ging freilich

Eine kleine Erdgrube in Rom

ein langer Lernprozess voraus. In der Zeit der Republik hatte sich die Führungsschicht vor allem darauf verstanden, die unterworfenen Gebiete zur persönlichen Bereicherung auszupressen – mit oft dramatischen Folgen für die Bevölkerung. Beginnend mit Caesar und mit Nachdruck fortgesetzt von Augustus, Claudius und anderen Kaisern haben viele Städte und Gemeinden in den Provinzen fortan einen besonderen, verbesserten Rechtsstatus erhalten. Er sicherte den Mitgliedern der lokalen Führungsschicht das römische Bürgerrecht zu, wenn sie Ämter bekleideten und im Stadtrat saßen. Dies war die Grundlage für einen möglichen Aufstieg in der Reichsaristokratie, die sich aus dem Ritter- und Senatorenstand zusammensetzte. Auf diese Weise wurden die einst Unterworfenen Schritt für Schritt zu einer Reichsbevölkerung geformt und zusammengeführt. Diese Entwicklung spiegelte sich auch in einem Prozess der Verstädterung. Infolge der Möglichkeit politischer Teilhabe am römischen Staat erstrebten die Provinzialen einen ähnlichen Lebensstandard, der in Architektur und urbaner Lebenskultur Ausdruck fand.

Aus Sicht der Römer hatte diese Form der Integration noch eine andere Seite. Die mächtigen Männer der römischen Politik, die im Senat saßen und als Statthalter in den Provinzen tätig waren, verstanden diese Politik der Einbindung in erster Linie als Herrschaftsinstrument. Tacitus bringt dieses Denken auf den Punkt: Er lobt seinen Schwiegervater Agricola, da er als Statthalter Britanniens die Entstehung städtischer Zivilisation und römischer Kulturtechniken vorangetrieben habe. Es sei Instrument der Herrschaftssicherung, denn «die Unerfahrenen (nannten) es Kultur, wo es doch nur ein Stück Knechtschaft war» (Tacitus, *Agricola* 21). Dieser Passus bei Tacitus ist übrigens meisterhaft von Albert Uderzo und René Goscinny in dem Asterix-Heft *Der Kampf der Häuptlinge* wiedergegeben: Dort muss sich Majestix als Gegner der Römer gegen den Häuptling Augenblix durchsetzen, der dafür plädiert, das gallische Dorf in eine römische Siedlung mit Aquädukt, Atriumhäusern und Toga tragenden Bewohnern zu verwandeln. Majestix behauptet sich selbstverständlich.

Die Anfänge und die Mittelpunkte der Welt

Trotz der praktischen Bedeutung und des Erfolgs der Integrationspolitik finden sich bei vielen Autoren reichlich fremdenfeindliche Äußerungen. Sie störten sich vor allem daran, dass die Stadt Rom Schmelztiegel aller Völker geworden und die echten Römer nicht mehr im Stadtbild zu erkennen seien. An allem wollen die Syrer, Griechen oder Gallier teilhaben und verdrängen dabei die Einheimischen – so manche Autoren der hohen Kaiserzeit. «Hat es denn gar nichts mehr zu bedeuten, dass unsere Kindheit die Luft des Aventin atmete und mit sabinischer Feige genährt wurde?» (Juvenal, *Satiren* 3, 82–85), fragt ätzend der Dichter und mokiert sich über ausländische Schleimer, die bei Festessen den Gastgeber loben, «wenn der goldene Nachttopf mit seinem gewölbten Boden einen Furz gut hören ließ» (ebenda 111). Damit ist buchstäblich verdeutlicht, welche Töne sich gegenüber den Fremden vernehmen ließen.

Eine wirkliche politische Repräsentation haben die Provinzialen, die ja Teil der neuen Reichsbevölkerung wurden, in Institutionen oder gar bei Festen Roms nicht erhalten. Im Gegenteil! Bei großen Feierlichkeiten und Prozessionen, wie beispielsweise den Kaiserbegräbnissen, sind alle stadtrömischen Gruppen und in Form von Bildern die großen Männer der römischen Geschichte vertreten. Die Provinzbewohner und ihre Lokalpolitiker fehlen jedoch. Sie werden der römischen Herrschaftsideologie entsprechend und aus heutiger Perspektive demütigend in Form von Personifikationen unterworfener Völker gezeigt. Die Römer selbst, zumindest das Establishment, verstand solche Feste als Inszenierung der Stadt Rom, als einen Hort der Tradition und als mächtiges Zentrum des Reiches. Zu gewaltig waren über viele Jahrhunderte die militärischen Erfolge, die sie zu schier unbezwingbaren Herren der Mittelmeerwelt gemacht hatten.

Kaiser Augustus versinnbildlichte diesen Zentrumscharakter unmissverständlich in einem Monument am Rande des Forums, unweit des Saturntempels. Hier errichtete er 20 v. Chr. den Goldenen Meilenstein (*miliarium aureum*), an dem alle römischen Straßen fortan ihren Ausgangs- und Endpunkt hatten. Rom verstand sich als Haupt der Welt (*caput orbis terrarum*) – eine Bezeichnung, die der Geschichtsschreiber Livius dem Stadtgründer Romulus als Zukunftsvision in den Mund legte (*Römische Geschichte* 1,16). Schon wenigstens zweihundert Jahre früher war der Mythos entstanden, man habe einst auf dem Kapitolshügel einen Schädel (*caput*) gefunden. Er habe nicht nur dem Hügel seinen Namen (*caput* – Kapitol) gegeben, sondern die Finder auch überzeugt, dass ihre Stadt einst Haupt der Welt werde.

Aus dieser Metapher spricht unverhohlen der römische Machtanspruch. Rom wollte nicht wie Eridu als Keimzelle der Zivilisation verstanden werden, nicht wie Troia Ausgangspunkt und mythischer Bezugspunkt aller Gemeinschaften sein oder wie Delphi zentraler Ort göttlicher Lebenshilfe und Wegweisung. Rom wollte herrschen. Man reihte sich zwar in die Troia-Mythen ein, erhob jedoch zugleich den Anspruch, im Reigen troianischer Gründungen den ersten Platz einzunehmen. Im Vesta-Tempel am Forum brannte nicht nur das ewige Herdfeuer der Stadt, sondern hier bewahrten die Priesterinnen auch das Palladion auf – eine kleine Holzstatuette der troianischen Pallas Athena, die Aeneas angeblich einst auf seiner Flucht mit sich geführt hatte. Da Rom in dieser Erzählung Zielpunkt der troianischen Geschichte war, war der Vorrang vor anderen literarisch untermauert.

Man könnte wegen eines kleinen Bauwerks verlockt sein, diesen Machtanspruch gemildert zu sehen. Lange wurde vermutet, dass Rom an die machtpolitisch neutrale Behauptung Delphis anknüpfte und den jüngeren Anspruch übernahm, Nabel der Welt zu sein. So wird einem heutigen Besucher des Forum Romanum ein steinernes Monument gezeigt oder in Reiseführern empfohlen, das Nabel Roms (*umbilicus urbis*) genannt wird. Es ist unmittelbar neben dem Triumphbogen des Kaisers Septimius Severus zu sehen. Der Tourist war fasziniert. Rom war selbstverständlich in seinen Augen Zentrum und Nabel der Welt.

Archäologen und Philologen haben aber längst erkannt, dass

das Monument erst im frühen 4. Jahrhundert n. Chr. als *umbilicus* erwähnt und konstruiert wird. Die Überreste der Mäuerchen sind spätantik. Man hat zudem beobachtet, dass kein Text beide Monumente, Meilenstein und Nabel, nebeneinander nennt, sondern immer nur eines von beiden. Die Autoren bezeichneten offenbar mit unterschiedlichen Begriffen dasselbe Monument. Ein frühmittelalterlicher Reiseführer aus dem 8./9. Jahrhundert (*Itinerarium Einsiedlense*), der den christlichen Pilgern die Wege zu Kirchen und antiken Monumenten erklärt, kennt zum Beispiel allein den *umbilicus*, aber nicht den Meilenstein. Es handelt sich bei dem *umbilicus* demnach um einen erst im 4. Jahrhundert n. Chr. errichteten Unterbau für den Goldenen Meilenstein des Augustus. Der alte Machtanspruch wurde demnach in einer Zeit im Wortsinn untermauert, als mit Konstantinopel ein neues, zweites Rom im Osten entstanden war und die Christen Jerusalem als Haupt und Nabel der Welt exponierten.

Die kleine Grube im Zentrum Roms hat uns in ein kompliziertes Geflecht und Nebeneinander von Erzählungen geführt, mit denen die Anfänge des Römischen Reiches erklärt wurden. Die Herkunft des Romulus reichte nach Troia. Die von den ersten Bewohnern deponierte Heimaterde verdeutlichte die von Beginn an typische Mischung der römischen Bevölkerung. Mit der Expansion des Reiches und dem Zuzug Fremder, mit der Anwesenheit von Hunderttausenden von Sklaven, von denen viele freigelassen und damit römische Bürger wurden, erhielt sich auf Dauer der Wunsch, das ursprünglich Römische von den anderen zu unterscheiden. Über all dem lag die ideologische Überzeugung, dank göttlicher Vorsehung zur Herrschaft über die Oikumene (den bekannten Erdkreis) ausersehen zu sein. Dieses Geflecht, bestehend aus mythischen Erzählungen, einer offensiven Integrationspolitik und dem bisweilen äußerst brutal durchgesetzten Herrschaftsanspruch, enthält erheblichen sozialen wie politischen Sprengstoff.

Umso erstaunlicher ist es, dass die ersten beiden Jahrhunderte nach Christus die längste Friedenszeit in der europäischen Ge-

Eine kleine Erdgrube in Rom

schichte waren. Es liegt nahe, diesen seltsamen Ort einer Grube mit durchmischter Erde durchaus als Sinnbild für den Erfolg des Reiches zu nehmen – nämlich als den ideologischen Grund dafür, dass die Beherrschten bereit waren mitzuwirken. Die antiken Geschichtsschreiber und sogar der Kaiser Claudius lagen nicht falsch in ihrer Einschätzung, Roms Stärke bestehe in der konsequenten Einbindung von Fremden in die politische Verantwortung.

2.
Geisterstädte

Die Anfänge der Welt waren in vielerlei Hinsicht Geisterstädte. Es waren imaginierte Orte mit einer Topographie, die in erster Linie auf dem Papier beziehungsweise auf einem Papyrus existierte. Die Erzählungen von Göttern oder Halbgöttern in Eridu, in Troia, in Delphi oder im frühen Rom spielten an Orten, von deren einstigem Aussehen man rein gar nichts wusste und deren Landkarte man sich deshalb herbeiphantasierte. Die Dichter und ihre Leser lokalisierten diese Geschichten in ihrer alltäglichen Welt, indem sie in der Stadt bestimmte Orte als Schauplätze entsprechender Geschehnisse reservierten. Dies schmälerte ihre Bedeutung nicht, denn es handelte sich um verbindliche Erinnerungsorte, welche die eigene Frühgeschichte im Raum symbolisierten.

Um diese Plätze herum lärmte das antike städtische Leben. In antiken Städten war das Leben der Bewohner vor allem *öffentliches* Leben. So mischten sich visuelle Eindrücke, Stimmen, Gerüche und Töne aller Art zu einem überwältigenden Gesamtbild urbaner Kultur. Antike Städte sprachen buchstäblich alle Sinne an. Der Alltag mit seiner Geschäftigkeit, das Handeln auf dem Markt wie die Debatten in den Versammlungsstätten ergaben zusammen mit dem Geschwätz an den Hausecken und den öffentlichen Brunnen ein vielfältiges Stimmengewirr. Neben diesen Klängen prägten Gerüche das Erleben der Stadt: Rauch von den Altären, der Duft der Garküchen und Bäcker, aber auch der Gestank von Unrat und Kot in den Straßen oder der Uringeruch der Gerbereien vermengten sich mit dem Qualm der privaten Feuerstellen zu einem ortstypischen und täglich wahrgenommenen Geruchsbild. Dem Fremden wie dem Bürger präsentierte sich die Stadt zudem in ihrer Architektur, welche sichtbar Bedeutendes von Unbedeutendem trennte und so urbane Akzente setzte. Das reiche Haus setzte sich vom armen ab, auf öffentlichen Plätzen versuchte man, zeitgenössische

Baustandards und Reichtum im Bauschmuck sowie teure Architektur zu dokumentieren.

Diese Welt der Töne und Gerüche, der Bauwerke und des wohlgefügten Miteinanders seiner Bürger war freilich prekär und war – dies gehörte zum festen Erfahrungsschatz der Zeit – immer von Zerstörung und Untergang bedroht. Dieser konnte von einer Sekunde auf die nächste eintreten, etwa infolge eines Vulkanausbruchs wie in Pompeii (79 n. Chr.), einer militärischen Eroberung oder nach Ausbruch eines Bürgerkriegs. Dann legte sich Verwesungsgeruch über Ruinen, und die Zerstörungen konnten Ausmaße annehmen, die den Bewohnern jede Hoffnung auf Wiederherstellung ihrer alten Stadt nahmen. Überlebende verließen den Ort des Grauens und versuchten mit der Habe, die sie tragen konnten, andernorts einen Neuanfang. Bisweilen boten Nachbarstädte Hilfe an und organisierten die Unterbringung der Flüchtlinge in öffentlichen und privaten Häusern, ja boten gar die Einbürgerung an. Die Tempel, öffentliche Bauten und Häuser zerfielen, und wilde Tiere und Pflanzen eroberten den wüsten Ort. Hirten weideten auf den einstigen Straßen ihre Ziegen und Bauern pflanzten Getreide auf dem alten Marktplatz, der herrenloses Ackerland geworden war. Andere kamen mit Ochsenkarren und plünderten bearbeitete Steine – erstklassiges Material für neue Bauvorhaben. Der Zerfall konnte so weit fortschreiten, dass – wie etwa über die alte makedonische Königsresidenz Pella festgehalten – die Zeitgenossen nur mehr einige Dachziegel der ehemaligen Residenz auf der Erde fanden.

Neben einem solch abrupten Ende einer Stadt sah man vielerorts auch schleichende Auszehrungsprozesse von Siedlungen. Die wirtschaftliche Grundlage, die Kultivierung des Landes und der Verkauf der Güter reichten nicht mehr aus, um alle zu ernähren und einen auch nur noch bescheidenen Profit zu erwirtschaften. Die Zahl der Bewohner war zu gering geworden, um die Stadt wirksam zu verteidigen. Da es in solchen Fällen in der Antike keine Zentralregierung gab, die helfend einsprang, begannen zunächst einzelne Familien abzuwandern und ließen ihre leeren

Häuser zurück. Dieser Prozess entwickelte eine Eigendynamik, die schließlich keine Ressourcen für öffentliches Leben mehr ließ, das ja komplett von den Bürgern finanziert werden musste. Tempel zerfielen, das Rathaus hatte kein Dach mehr, das Theater wurde nicht mehr bespielt. Schließlich wohnten nur mehr wenige Familien in einer Ruinenstadt, die zum ärmlichen Dorf geworden war, bis auch dieses verschwand.

Es gibt zahlreiche antike Texte, die sich mit Ruinen befassen und sie als typisches und verbreitetes Zeitphänomen reflektieren. Ihr Interesse am Verfall, dem Auf und Ab der Kulturen sowie den Wendungen des Schicksals ist überaus aktuell. Solche verlassenen und zerstörten Orte finden derzeit als *lost cities* und *lost places* weltweit besondere Aufmerksamkeit. Zahlreiche Bücher bilden diese verlassenen und aufgegebenen Orte ab. Es gibt heute eine regelrechte Fangemeinde, die sogenannten *urban explorers*, die verlassene Städte und vor allem leerstehende Gebäude besuchen, fotografisch dokumentieren und in Internetforen teilen. Dabei befolgen sie feste Regeln, eine Art Ehrenkodex, der es ihnen verbietet, diese Orte zu verändern oder etwas wegzunehmen.

Diese Gegenwart von Ruinen und *lost cities* war den antiken Zeitgenossen derart vertraut, dass Philostrat um 200 n. Chr. ganz allgemein über verlassene Marktplätze sprechen kann, «so wie sie in früher bewohnten Städten übrigbleiben, mit Fragmenten von Stelen, Resten von Mauern, Sitzplätzen, Türpfeilern und Hermesbildern, teils von Menschenhand, teils von der Zeit zerstört» (Philostrat, *Vita des Apollonius* 6,4). Jede Stadt hatte ihre verfallenen Gebäude und Ruinen aus alter wie neuerer Zeit. Aber darüber hinaus gab es vollständig verlassene, zerstörte Städte zu hunderten auf der hispanischen Halbinsel, in Gallien, Italien, auf dem Balkan, in Griechenland, Kleinasien, im Nahen Osten, Nordafrika und den nördlichen Ländern Europas. Jedermann sah und kannte solche *lost cities*, passierte sie auf Reisen, las von ihnen in antiker Literatur und Geschichtsschreibung. Ruinenstädte lagen nicht selten in Sichtweite blühender Nachbarstädte. Misserfolg und Erfolg der

Stadtgründung waren für Reisende und Bewohner der einzelnen Regionen in der Antike gewissermaßen mit Händen greifbar und schufen ein für unser Verständnis verstörendes Landschaftsbild. Einige besonders seltsame *lost cities* werden wir auf den nächsten Seiten kennenlernen.

Etemenanki – ein Teich in Babylon

32° 32′ 10.49″ nördlicher Breite; 44° 25′ 15.07″ östlicher Länge

Inmitten der Ruinen der alten Stadt Babylon, im heutigen Irak gelegen, befindet sich ein kleiner Sumpfteich. Er ist der traurige Überrest eines Bauwerks, das eine ungewöhnliche Geschichte und Wirkung in der abendländischen Kultur hatte. Als Alexander der Große auf seinem Zug in diese Stadt kam, lag der Großteil der einst glänzendsten Stadt Mesopotamiens in Ruinen. Ein kurzer Blick auf die Geschichte der Stadt hilft zu verstehen, warum Alexander angesichts des desolaten Zustands dennoch den Plan fasste, hier die Königsresidenz seines neuen Weltreichs zu errichten.

Die alte Metropole war im späten 3. Jahrtausend v. Chr. entstanden. Spätestens seit dem 2. Jahrtausend, als dort mit Hammurapi (18. Jahrhundert v. Chr.) einer der bedeutendsten Herrscher Babyloniens residierte, galt Babylon als neues Zentrum des Kosmos. Das war die Stadt des Marduk, des höchsten Gottes. Babylon war ihm einst laut des lokalen Weltschöpfungsmythos, den das Epos *Enuma Elisch* überlieferte, samt Tempel mit dem Namen Esagil von den Göttern geschenkt worden. Sie dankten ihm damit für die Beseitigung des ursprünglichen irdischen Chaos und für die Schaffung der Ordnung.

Die Stadt hatte für damalige Verhältnisse gigantische Ausmaße. Eine 18 Kilometer lange Mauer mit acht großen Toren umgab diese Großstadt Babyloniens. Sie galt in ihrer Gesamtheit nach dem Niedergang der alten Städte im Süden als neues Abbild der irdischen Welt, weshalb man die Stadtteile nach den bedeutenden alten Zentren benannte. So gab es auch ein Viertel mit Namen Eridu, dessen mythische Kraft demnach in den Norden gewandert und ganz bewusst an diesen neuen Ort versetzt worden war.

In der Stadt wurde schon vor Hammurapi der Tempel Esagil für Marduk und der 200 Meter entfernt stehende, gleichfalls mit Blick auf Marduk angelegte Stufenbau errichtet, der den Namen Etemenanki tragen sollte. Bezeichnenderweise wurde er in dem schon erwähnten Stadtteil Eridu aufgeführt. Wir sehen, dass sich die Menschen auch bereits vor Jahrtausenden nicht der Wirkmacht uralter Traditionen entziehen konnten. Man verstand die beiden Bauten als sakrale Achse, die Himmel und Erde fest miteinander verband. Diese Zikkurat Etemenanki hatte gigantische Ausmaße. Auf einem 91 mal 91 Meter großen Sockel stand ein siebenstufiger Lehmziegelbau, der mit seiner eindrucksvollen Höhe von mehr als 80 Metern als höchstes Gebäude die Stadt überragte.

Der Anspruch, Zentrum der Welt und Bindeglied zum Himmel zu sein, der solcherart in grandioser Architektur von den Babyloniern visualisiert wurde, rief natürlich Widerstand hervor, sobald neue Mächte ins Spiel kamen. Als das Assyrische Reich Babylon mehrfach angriff und eroberte, folgten Jahrhunderte der Stagnation. Der assyrische König Sanherib verwüstete im Jahr 689 schließlich die Stadt, vor allem den Tempel des Marduk und die Zikkurat – ein Zentrum des Kosmos jenseits seines Reiches wollte er nicht dulden. Seine Nachfolger begannen freilich, da sie den Ort als Zentrum reaktivierten, mit dem Wiederaufbau beider Komplexe. Babylon konnte sich aber besonders nach dem Ende des Assyrischen Reiches (612) unter Nebukadnezar II. (604–562) von der Zerstörung erholen und sogar zur prächtigsten Stadt Mesopotamiens werden. Von dieser Entwicklung legt noch heute das prächtige Ischtar-Tor im Pergamonmuseum in Berlin, das jener König einst hat errichten lassen, Zeugnis ab.

Doch diese späte Blüte währte gerade einmal zwei Generationen. Der Perserkönig Xerxes (519–465) hat schließlich den Tempel und den ihm spirituell verbundenen Turmbau nach einer Rebellion abermals komplett zerstören lassen. Auch er wollte und konnte den alten Anspruch, hier das mythische und sakrale Zentrum der Welt zu lokalisieren, nicht akzeptieren. Zudem war die Zikkurat bei der Verteidigung der Stadt strategisch wichtig; ließ sie sich doch auch als militärische Burg und Aussichtsturm nutzen.

Die Beschreibung der grandiosen Stadt, die der griechische Geschichtsschreiber Herodot später im 5. Jahrhundert v. Chr. auf Papyrus notierte (Herodot, *Historien* 1,179–184), kann nach dieser Zerstörung eigentlich nicht mehr auf Autopsie beruhen. Er hat offenbar ältere Quellen eingearbeitet oder vielleicht Zeugen befragt, die ihm von dem früheren Glanz Babylons erzählten. Immerhin vermittelt er uns auch in seiner übertriebenen Schilderung einen Eindruck davon, wie die Stadt einst ausgesehen haben mag, zumindest aber welche unglaubliche Strahlkraft sie für die Einheimischen und erst recht für einen Griechen besaß, der aus der kleinteiligen Poliswelt der Ägäis mit ihren wenige Hektar großen Städtchen und mithin aus der Provinz anreiste.

Als Alexander im Jahr 323 Babylon zum Zentrum des neuen Weltreichs ausbauen wollte, entschloss er sich, auch den Tempel des Marduk und die zugehörige Zikkurat wiederaufzubauen. Alles sollte in alter Pracht erstrahlen. Zunächst gab er angesichts des aktuellen Zustands den Auftrag, den alten Schutt, der von der Zerstörung des Xerxes noch übrig war, bis zu den Fundamenten abzutragen. 10 000 Mann waren mit dieser Aufgabe zwei Monate lang beschäftigt. Ein für Babylon folgenreicher Befehl: Als Alexander kurz darauf starb, war zwar ein Großteil des Schutts beseitigt und am Tempel zaghaft gebaut worden. Mit dem Neubau der Zikkurat hatte man aber noch nicht einmal begonnen. Hier war nur mehr ein Fundament, umgeben von einem tiefen Graben, zu sehen.

Alexanders Plan, Tempel und Zikkurat zu erneuern, führte paradoxerweise dazu, dass zumindest der Turm bis auf wenige Reste endgültig aus der Ruinenstadt verschwand. Die Männer Alexan-

Etemenanki

ders hatten ganze Arbeit geleistet. Sie waren so gründlich vorgegangen, dass erst 2200 Jahre später die Suche nach dem literarisch
überlieferten Turmbau Erfolg haben sollte. Erst im Jahr 1880 kamen bei Grabungen Reste des Lehmziegelunterbaus zum Vorschein,
wobei die Ausgräber nicht erkannten, dass es sich um die Zikkurat
handelte. Und selbst die zu dieser Zeit immer noch vorhandenen
Lehmziegel verschwanden offenbar zu einem guten Teil rasch und
wurden in Bauernhäusern der Umgebung verbaut. Was vom Turm
blieb, war ein viereckiger See. Erst 1913 erkannte der Assyriologe
Bruno Meissner die Bedeutung des kleinen Sees und lokalisierte
dort die einstige Zikkurat von Babylon – eine Hypothese, die durch
Nachgrabungen bestätigt werden konnte. Die architektonische
Rekonstruktion des Monuments gelang schließlich mithilfe der sogenannten Esagil-Tafel (heute im Louvre, Paris). Diese bereits im
19. Jahrhundert entdeckte Keilschrifttafel, die jemand im 3. Jahrhundert v. Chr. in der nahe gelegenen Stadt Borsippa beschriftet
hatte, enthielt verlässliche Maßangaben zur Höhe und Breite der
zerstörten Zikkurat. Archäologische und philologische Forschungen ließen auf dieser Grundlage das Bauwerk in Modellzeichnun-
gen wiedererstehen.

Besucht man heute die Ruinen von Babylon, dann sieht man
immer noch als Ergebnis der abgebrochenen Baumaßnahmen
Alexanders einen mit Wasserpflanzen bewachsenen Tümpel. Babylons Ruinen leiden wie andere antike Orte des Irak zudem bis
heute darunter, dass die irakischen Bauern gern die alten Lehmziegel abtransportieren, um sie als Mineraldünger auf ihre Felder
zu streuen – eine seit der Antike übliche und auch von römischen
Agrarschriftstellern empfohlene Praxis. Zerbrochene Keramik-
gefäße und Lehmziegel, so die Autoren, bieten ideale Nährstoffe.

Die Ruinen von Babylon haben über solche Plünderungen hinaus in den letzten Jahrzehnten eine besondere Leidensgeschichte
erlebt. Dies kann uns nach dem Kapitel über Eridu nicht überraschen. Saddam Hussein hat wie seine irakischen Landsleute in
Babylon den historischen Referenzort für die Geschichte der eige-

nen Zeit gesehen. Bilder auf Banknoten, Briefmarken und öffentlichen Postern zeigen die Stadt als Urstadt des Irak. Er initiierte die
Rekonstruktion verschiedener Baukomplexe, wie des Königspalas-
tes. Er selbst ließ sich in Babylon in Tradition von Nebukadnezar
einen neuen Palast auf einem künstlichen Hügel unweit des antiken Babylons bauen.

Als die Amerikaner 2003/4 den Irakkrieg begannen, stürmten
sie diesen Palast. Bilder dieses militärischen Erfolgs gingen um die
Welt. Zugleich entschlossen sie sich, in Babylon eine ca. 150 Hektar große Militärbasis einzurichten – inmitten der antiken Stadt.
War es politisches, gegen die Propaganda Husseins gerichtetes Kal-
kül? Eher nicht. Es war Unwissenheit und Ignoranz gegenüber historischen Ruinen der Antike. Die Schäden, die dieses amerikanische und schließlich von polnischen Soldaten genutzte Camp
anrichtete, sind erheblich, wie Dokumentationen belegen. Sie zeigen wiederum, dass bei aktuellen militärischen Konflikten diese
Zeugnisse der alten Hauptstädte der Welt keinerlei Rolle mehr spielen – selbst dann nicht, wenn es sich um Orte des kulturellen Welt-
erbes der UNESCO handelt.

Doch kehren wir zur Antike zurück: Der Geograph Strabon,
der Historiker Diodor und andere waren sich darin einig, dass
schon zu ihrer Zeit Babylon weitgehend verschwunden war.

So waren es nicht die Bauwerke, sondern die Legenden und
Mythen, die man mit der Stadt verband und welche die Erinnerung
an Babylon konservierten und bis heute wachhalten. Und eine
herausragende Rolle kommt dabei letztlich den biblischen Geschichten zu, die Babylon in aller Munde weiterleben ließen. Der
Turmbau zu Babel im Alten Testament (*Genesis* 11,1–10) wurde mit
dieser Stadt assoziiert. Man ist sich heute in der Forschung weitgehend einig, dass die Zikkurat tatsächlich die Geschichte vom
Turmbau angeregt hat. Die Hybris der Menschen, ihr Versuch, den
Himmel zu erreichen, und die daraufhin von Gott veranlasste
Sprachverwirrung blieben mit der Stadt verbunden. Auf zahlreichen Gemälden wurde der Turmbau imaginiert und verewigt, un-

Etemenanki

ter denen das berühmte Bild von Pieter Bruegel dem Älteren aus dem Jahr 1563 eine besonders nachhaltige Wirkung entfaltete. Babylon wurde aufgrund anderer biblischer Geschichten Synonym für eine Stadt der Hoffart, des Lasters, der Sünde und der Lüste. Die Ruinen der einstigen Großstadt gaben vielleicht die Anregung, Rom und das Römische Reich in der Offenbarung des Johannes im Neuen Testament mit dem Titel ‹die Hure Babylon› zu belegen. Das Bild ist eindeutig: So wie einst Babylon als Gegner Gottes im Alten Testament dem Untergang geweiht war, so sollte Rom als Gegner der Christenheit bald an der eigenen Sündhaftigkeit scheitern und untergehen.

Doch das ist eine andere Geschichte. Die Zikkurat mit Namen Etemenanki war da längst verschwunden. Die Enten auf dem kleinen Teich, der davon übrig blieb, haben über mehr als 2200 Jahre lang nicht verraten, worin und worauf sie eigentlich schwammen.

Helike – die Stadt im Meer

38° 13′ 17.54″ nördlicher Breite; 22° 8′ 39.40″ östlicher Länge

Mit großen Augen lauschte ich im norddeutschen Neumünster als Viertklässler dem Lehrer, der uns vom Untergang Rungholts erzählte. Am 16.–17. Januar 1362, so erfuhren wir, ereignete sich an der Nordseeküste Schleswig-Holsteins eine gewaltige Sturmflut. Viele Meter hohe Wellen verschlangen eine ganze Stadt. Schon im Mittelalter weckte das dramatische Ereignis Ängste, doch die Nachrichten über die Katastrophe von Rungholt blieben über Jahrhunderte unheimlich, und christliche Autoren deklarierten die Katastrophe als Strafe Gottes, mit der eine sündige Gemeinde ausgelöscht werden sollte. Feiernde Bauern hatten angeblich ein Schwein betrunken gemacht und versucht, den Pfarrer zu zwingen, dem Tier die Sterbesakramente zu geben. Solche Geschichten über Gottesstrafen, mit denen man Geisterstädte etikettierte, wurden auch über andere Orte im Norden erzählt, beispielsweise über die untergegangene Ostseestadt Vineta, deren ehemaliges Aussehen ebenfalls bis heute fantastisch ausgemalt wird.

Von solchen tatsächlich oder angeblich im Meer versunkenen Städten wie Rungholt oder Vineta geht nach wie vor eine morbide Faszination aus. Man denke nur an die spektakulären Bilder, die der Archäologe Franck Goddio von Herakleion am Nildelta der Welt gezeigt hat. Monumentale Statuen ägyptischer Götter auf dem Meeresgrund, die Überreste von mehr als 60 Schiffen und 100 Ankern, goldene Kultschalen und antike Lampen und anderes mehr, drapiert für die fotografische Inszenierung, entführen uns in einen fremdartigen Kosmos. Das farbige Sonnenlicht unter der Oberfläche des Meeres, der Schein der Taucherlampen und die düstere, geheimnisvolle Stimmung lassen uns nicht unberührt. Diese Bilder zeigen uns Überreste einer Stadt, die seit dem 6. Jahrhundert v. Chr. die bedeutendste Handelsmetropole am Nildelta war. Mit der Gründung von Alexandria 331 v. Chr. verlor sie allerdings ihren ersten Rang. Sie versank schließlich nach mehreren Naturkatastrophen, die die Stadt bereits getroffen hatten, im 6./7. Jahrhundert infolge eines Erdbebens – und sie blieb verschollen, bis zu ihrer Wiederentdeckung im Jahr 2001.

Antike Zeitgenossen waren beeindruckt von vergleichbaren Katastrophen, die in ihrer jeweiligen Epoche stattfanden und angesichts ihrer wahrhaft grundstürzenden Dramatik immer wieder erzählt wurden. So hat eine andere Stadt in Griechenland das nämliche Schicksal wie Herakleion bereits sehr viel früher und auf nicht weniger grausame Weise erfahren. Dabei handelt sich um die Stadt Helike, einst im Norden der Peloponnes am Korinthischen Golf gelegen und bis zur Zerstörung Hauptstadt des Achäischen Bundes – einer Vereinigung von zwölf Städten. Haupttheiligtum war der Tempel des Poseidon Helikonios, einer überregional bedeutenden Gottheit.

Es geschah im Winter des Jahres 373 v. Chr., dass die ganze

Helike

Stadt ebenso wie der Nachbarort Boura infolge eines Erdbebens über Nacht im Meer versank. Der Geograph Strabon erzählt, dass «obwohl sich die Stadt 12 Stadien (mehr als 2 Kilometer) vom Meer entfernt befand, die gesamte Gegend mitsamt der Stadt am Morgen nicht mehr zu sehen war» (Strabon, *Geographie* 8,7,2). Ein Hilfstrupp der Achäer, bestehend aus immerhin 2000 Männern, hatte, so ein Augenzeuge, nicht einmal die Chance, Tote zu bergen. Auch der Historiker Diodor berichtet von einer Naturkatastrophe, die «jenseits unserer Vorstellungskraft liegt» (Diodor, *Griechische Weltgeschichte* 15,48 f.). Er weiß zudem von zwei Phasen der Katastrophe: Auf das nächtliche Erdbeben habe erst am nächsten Tag eine gigantische Flutwelle, ein Tsunami, die Stadt überspült. Wir erinnern uns heute bei solchen Beschreibungen an die erschütternden Bilder der Jahre 2004 aus Thailand und 2011 aus Japan, als verheerende Flutwellen unvorstellbare Verwüstungen anrichteten und Zigtausende von Opfern forderten.

Nach heutigen Erkenntnissen dürften beide Vorgänge in Helike in der Tat zeitnah aufeinander erfolgt sein. Das Beben hatte zu einem Abbruch der Erdplatte bzw. zu einer von der heftigen Erschütterung bewirkten Verflüssigung des Sandbodens geführt, auf dem die Stadt gebaut war. Unmittelbar darauf begrub eine Flutwelle den stark abgesackten und mithin plötzlich tiefer liegenden Ort. Pausanias schreibt im 2. Jahrhundert n. Chr., die Stadt sei mit allen Bewohnern in die Tiefe gerissen worden. Vom Poseidontempel seien nur noch die Wipfel der Bäume zu sehen gewesen, die im Hain des Heiligtums standen. Dies hatte er entweder noch von Augenzeugen erfahren oder einer anderen älteren Quelle entnommen. Zu Zeiten des Pausanias selbst waren die Ruinen der Stadt zwar noch sichtbar, aber nicht mehr so gut wie zu früheren Zeiten zu erkennen. Nach seinem Eindruck waren sie bereits stark vom Salzwasser zerfressen. Vor Pausanias dichtete Ovid um die Zeitenwende, und er schrieb, wenn man nach Helike und Boura komme, könnten die Seeleute «die ertrunkenen Städte mit ihren begrabenen Mauern» unter den Wellen zeigen (Ovid, *Metamorphosen* 15,295). Viel später, um das

Jahr 200 n.Chr, erzählte man, fünf Tage vor der Katastrophe seien «alle Mäuse, Ratten, Schlangen, Käfer und jegliche Kreatur dieser Art» aus der Stadt geflohen (Aelian, *Tiergeschichten* 11,19). Die Einwohner hätten diese Warnung vor einer drohenden Katastrophe aber nicht deuten können.

Ovid und Pausanias scheinen der Auffassung, dass die untergegangene Stadt nach der Katastrophe wohl vor der damaligen Küstenlinie lag. Die Suche nach den Ruinen im Küstengürtel des Korinthischen Golfes blieb jedoch bis heute trotz des Einsatzes modernster Technik erfolglos. Eine Entdeckung der Ruinen wäre zweifellos bedeutsam, da man dann eine Stadt des Jahres 373 v.Chr. – erstarrt wie in einer Momentaufnahme – erforschen könnte, vergleichbar etwa mit der archäologischen Situation in Pompeii, das 79 n.Chr. durch den Vesuv zerstört wurde.

Seit 2000 ist sich allerdings ein amerikanisch-griechisches Ausgrabungsteam (*The Helike Project*) sicher, Helike entdeckt zu haben. 1988 hatte man mit der Suche nach Ruinen an der Meeresküste begonnen, die jedoch zunächst erfolglos blieb. So wandten sich die Forscher um die Archäologin Dora Katsonopoulou von der Cornell-Universität in den USA 1991 dem flachen Küstenstreifen mit seiner breiten Flussebene zu. Einen Hinweis für eine Suche an Land hatten sie bei dem Gelehrten Eratosthenes von Kyrene gefunden, der im 3. Jahrhundert v.Chr., rund 150 Jahre nach der Katastrophe, den Ort besucht hatte. Er erwähnt einen flachen See oder eine Art Lagune (griechisch *poros*), in der sich nach Auskunft der Fährleute der untergegangene Ort befinden solle. Eine Statue des Poseidon, die ein Seepferd (*hippocampus*) hält, bereite, so erzählten sie ihm, den Fischern hier immer noch Probleme, da sich die Netze an ihr verfingen. Aufgrund dieses Hinweises nahm das Team, in dem Archäologen mit Geologen und anderen Naturwissenschaftlern zusammenarbeiteten, an, dass die schon erwähnte große Welle jene Lagune über den Ruinen der abgesackten Stadt habe entstehen lassen. Da die Gegend mittlerweile verlandet war, konnte man seit dem Jahr 2000 Bohrungen und Ausgrabungen in der Schwemm-

Helike

ebene um das heutige griechische Dorf Eliki unternehmen. Dabei stieß man auf Schichten, die zu jenen der Ereignisse des Jahres 373 zu passen scheinen. In der Ebene wurden zudem an verschiedenen Stellen Siedlungsspuren entdeckt, die von der Frühen Bronzezeit bis in die Spätantike reichen. Mithin gab es trotz der erheblichen Gefährdung durch Erdbeben in der Gegend eine beachtliche Siedlungskontinuität, die auch nach der Katastrophe nicht abriss. Inmitten dieser Siedlungskammer gab es bereits seit 4500 Jahren einen See oder eine Lagune mit einer Fläche von ca. 1,5 Quadratkilometern, deren Ausdehnung sich in den verschiedenen Epochen verändert hatte. Einen Veränderungsschub hat demnach auch das Jahr 373 gebracht, ohne dass dieser Lebensraum von den Menschen vollständig aufgegeben worden wäre. Aber trotz aller Forschungen im Rahmen des *The Helike Project*, trotz scharfsinniger Schlüsse aus geologischen Messungen, Textanalysen und intensiver archäologischer Erkundungen konnte die versunkene Stadt bisher auch an Land nicht gefunden werden. Ihre exakte Lage ist trotz aller wissenschaftlichen Expertise weiterhin ein Mysterium. Und das ist aus professioneller Sicht eines Wissenschaftlers entgegen der Euphorie, welche die Publikationen des *The Helike Project* vermitteln, vielleicht auch gut so. Auf der einen Seite erleichtert solch ein seltsamer Ort, eingesponnen in das Mysterium eines dramatischen Untergangs, das sogenannte *fund raising*. Verschlingen doch solche wissenschaftlichen Forschungen gewaltige Summen, die mit viel Einsatz beschafft werden müssen und die man nur bekommt, wenn die Spannung und die öffentliche Aufmerksamkeit um die versunkene Stadt groß genug bleiben, während man zugleich exzellente wissenschaftliche Arbeit vorweist.

Außerdem bleibt im Ungefähren auch weiterhin Raum für Vermutungen wie jene, Platon habe den Untergang Helikes als Zeitgenosse erlebt und sei durch dieses Drama mit vielen tausend Toten inspiriert worden, seinen Mythos von Atlantis niederzuschreiben. Dies ist aufgrund der zeitlichen Nähe der Katastrophe und der Datierung der Dialoge Platons, in denen Atlantis erwähnt wird, ein durchaus attraktiver Gedanke. Kein antiker Autor ist allerdings je auf die Idee gekommen, die Atlantissage mit dem Untergang von Helike zu verbinden.

Wie auch immer: Helike war für die Zeitgenossen ein besonderer Ort und ist es für die Touristen, die in dieser Region Urlaub machen, geblieben, weil er exemplarisch die Schrecken von Erdbeben und Tsunamis in der antiken Welt erfahrbar gemacht hat und bis auf den heutigen Tag symbolisiert. Auch im Falle von Helike hatte man übrigens bereits – wie später dann nach der Rungholt-Katastrophe – die Gottlosigkeit der Bewohner für den Untergang verantwortlich gemacht, sollen ihnen doch Fehler bei der Verehrung Poseidons unterlaufen sein. Verschiebungen der Plattentektonik als wissenschaftliche Ursachen von Naturkatastrophen waren den Zeitgenossen natürlich unbekannt. Aber gerade weil man nichts von den natürlichen Ursachen wusste, konnte man die Tragik der Geisterstädte dazu nutzen, die Schrecken menschlicher Existenz in verlässliche religiöse Koordinatensysteme einzupassen. So taugten sie zumindest dazu, die Scheu vor göttlichen Geboten unter Hinweis auf himmlische Strafgerichte argumentativ einzuschärfen.

Atarneus – im Schatten einer Königsresidenz

39° 4′ 55.16″ nördlicher Breite; 26° 57′ 40.26″ östlicher Länge

Führte in dem einen Falle eine schreckliche Naturkatastrophe zum Untergang einer Stadt, mochte es in einem anderen Fall die politische Großwetterlage sein, in deren Folge die Wirtschaft einer Region nicht mehr funktionierte und im Kollaps von Städten resultierte. So verhielt es sich mit der Stadt Atarneus in Kleinasien. Ihre Ruinen liegen nördlich von Izmir, gegenüber der Insel Lesbos, unweit der heutigen Stadt Dikili. Sie ist wegen der Nähe zur griechischen Insel Drehscheibe des illegalen Handels mit antiken Kunstwerken. Raubgräber, internationale Händler, lokale Behörden und eine korrupte Polizei arbeiten dort Hand in Hand. Der Ort gerät zudem immer wieder in die Schlagzeilen, da von hier aus Flüchtlinge mit Booten auf die nahe griechische Insel und damit ins gelobte Europa übersetzen. Die Stadt, ein kleiner, im Sommer vor allem von Türken frequentierter Ferienort, ist nicht in der Lage, die Flüchtlingskrise zu bewältigen. Der Bürgermeister, ein sehr engagierter linker Intellektueller, der seit zehn Jahren enge Kontakte zu den griechischen Nachbarn auf Lesbos aufgebaut hat, fühlt sich von Ankara alleingelassen. Ein Ende der Krise ist derzeit nicht absehbar.

In Sichtweite von Dikili und unweit der aktuell eingerichteten Flüchtlingscamps liegt ein markanter, etwa 200 Meter hoher und rund 20 Hektar großer Hügel, auf dem sich die Ruinen der antiken Stadt Atarneus befinden. Der Hügel scheint geradezu ideal für die Anlage einer antiken Stadt. Eine kleine Kuppe ließ sich perfekt als Oberburg (Akropolis) planen, während die von dort abfallenden Hänge hinreichend Platz für Wohnbebauung sowie öffentliche Plätze und Tempel boten, die durch eine Festungsmauer gegen Feinde geschützt werden konnten. Die Umgegend bot ausgezeichnetes Fruchtland und ausgedehnte Wälder, in denen man Bau- und Feuerholz schlug. Ein kleiner Hafenplatz beim heutigen Dikili ermöglichte schon in der Antike Handel. Landbesitzer konnten von hier aus Öl und Getreide exportieren und sich mit ihren Einnahmen Luxusgüter leisten, die über den Hafen importiert wurden.

Ein idealer Siedlungsplatz also – wie aus dem Lehrbuch antiker Stadtplaner. Und doch scheint daselbst einiges schiefgegangen zu sein. Die antiken Nachrichten über die Stadt sind spärlich. Der bereits spätestens am Ende des 2. Jahrtausends v. Chr. besiedelte Ort wird erstmals im Rahmen der Perserkriege zu Beginn des 5. Jahrhunderts v. Chr. als Stadt mit reichen Getreidevorkommen erwähnt. Hundert Jahre später wurde die Polis in das Bürgerkriegsgeschehen auf der Insel Chios hineingezogen. Eine Partei von Vertriebenen nutzt sie um 400 als Basis für eine Rückeroberung. Die sonstigen Geschicke von Atarneus, das zu dieser Zeit bereits eine beachtliche Stadtanlage besaß, bleiben im Dunkeln.

Ihre Geschicke wandeln sich schlagartig in der ersten Hälfte des 4. Jahrhunderts v. Chr., als es einer lokalen Dynastie gelang, einen großen Teil der westkleinasiatischen Landschaft der Äolis unter ihre Herrschaft zu bringen. Unter dem Dynasten Hermias war Atarneus die führende Polis der Region und politisches Zentrum eines Herrschaftsbereiches, der einen guten Teil der westkleinasiatischen Küste umfasste. Hermias selbst war eine schillernde Figur, die wir jedoch als historische Person heute nicht mehr recht fassen können. Dies liegt an seinem engen Kontakt zu dem Philosophen Aristoteles, der sich eine Zeit lang im Herrschaftsgebiet des Hermias aufhielt. Diese Verbindung von Philosoph und Herrscher wirkte auf die antiken Zeitgenossen geradezu faszinierend. War das doch genau jene Kombination, die Platon für sein Ideal eines Philosophenkönigs formuliert hatte. Daher entstanden verschiedene Legenden um Hermias, die ihn gar zum Schüler beider Philosophen, Platons und des Aristoteles, stilisierten. Als eine Inschrift gefunden wurde, die bezeugt, dass Hermias gemeinsam mit seinen Gefolgsleuten (*hetairoi*) politische Entscheidungen traf, übernahmen auch moderne Gelehrte dieses Urteil. Hermias schien als Idealherrscher Macht und Recht in seiner Politik zu vereinen.

Ein abschließendes Urteil über ihn zu treffen fällt heute schwer, da andere Autoren, wie der Geschichtsschreiber Theopomp (etwa 378–300), Hermias feindlich gesinnt waren. Für sie war er ein Tyrann und skrupelloser Machtmensch, der als barbarischer Eunuch und Sklave aus einfachsten Verhältnissen aufgestiegen sei, um seine bedrückende Herrschaft auszuüben. Doch solche Vorwürfe sind sehr allgemein und typisch für die Rhetorik der Zeit. Wir können heute zumindest verlässlich rekonstruieren, dass Hermias und Aristoteles tatsächlich in engem Kontakt standen, ohne dass aber substantielle Einzelheiten ihrer Kommunikation greifbar wären. Ob Hermias philosophische Gedanken in politische Praxis umsetzte, bleibt unklar, da entsprechende Zeugnisse fehlen. Unbezweifelbar aber ist, dass Aristoteles den Lokalherrscher sehr schätzte. Er errichtete für Hermias ein Grabmal in Delphi und verfasste ihm zu Ehren eine Lobschrift auf die Tugend (*arete*).

Diesen Initiativen des Philosophen ging ein schreckliches Ende des Dynasten von Atarneus voraus. Hermias suchte die machtpolitische Konfrontation mit den Persern, insbesondere mit den persischen Statthaltern (Satrapen) im westlichen Kleinasien. Dies führte schließlich zu seiner Verhaftung durch persisches Militär und seiner Deportation an den persischen Hof in Susa, wo er kurz darauf zum Tode verurteilt und vermutlich im Jahr 342/1 v. Chr. gekreuzigt wurde.

Mit dem dunklen Ende des Dynasten begann auch der Abstieg der blühenden Stadt. Aus dem politisch dominierenden Atarneus wird eine Geisterstadt, deren Territorium in der römischen Kaiserzeit nur mehr ein dörflicher Bezirk gewesen sein soll. Pausanias schreibt, Atarneus habe ein ähnliches Schicksal erfahren wie Myus. Diese Stadt war eine Polis im Mäandertal, die sich nach längerer Verlandungsphase des Flusses in einem Sumpfgebiet wiederfand, wo Stechmücken ein Weiterleben in der Stadt unmöglich machten. Die Bewohner von Myus zogen schließlich in die Nachbarstadt Milet um und nahmen einen Teil ihrer Tempel mit. Ist also auch Atarneus einer Malaria-Epidemie zum Opfer gefallen?

Atarneus bietet für das Thema *Geisterstädte* reichlich Anschauungsmaterial. Vor einigen Jahren habe ich ein Forschungsprojekt in der Stadt begonnen, um genauer herauszufinden, wann und warum die Stadt verlassen worden ist. Zu diesem Zweck wurden in dem archäologischen Projekt alle noch auffindbaren Informationen ausgewertet. Die Architekturreste wurden untersucht, die an der Oberfläche sichtbare Keramik ausgewertet und mit geologischen Methoden die Geschichte der Landschaft nachgezeichnet. Vertreter verschiedener wissenschaftlicher Disziplinen arbeiteten zusammen, um die Stadtgeschichte besser verstehen zu können.

Geisterstädte

Die Stadt war im 1. Jahrhundert v. Chr. tatsächlich eine Geisterstadt. Zu diesem Zeitpunkt kam, wie wir herausfanden, eine Entwicklung zum Abschluss, die kurz nach 300 v. Chr. eingesetzt hatte. Die seit dem 6. Jahrhundert v. Chr. durch eine mehrere Meter hohe und fast drei Meter dicke Stadtmauer geschützte Polis konnte, wie wir etwa von dem Geschichtsschreiber Herodot erfahren, lange Belagerungen unbeschadet überstehen. Etwas ganz anderes machte der Stadt, die Hermias hinterlassen hatte, offenbar schwerer zu schaffen als militärische Rivalen: In 20 Kilometern Entfernung entstand zu Beginn des 3. Jahrhunderts v. Chr. eine neue Metropole, die in den nächsten 100 Jahren zum neuen Zentrum und zur Residenzstadt eines neuen Königreichs wurde.

Seit 287 v. Chr. konnte ein Mann namens Philetairos mithilfe einer gigantischen Kriegsbeute von 230 Tonnen Silbergeld, die ihm der in diesem Jahr verstorbene König Lysimachos einst anvertraut hatte, den Grundstein für die neue Königsresidenz Pergamon legen. Die Nachkommen des Philetairos, die Könige der sogenannten attalidischen Dynastie (benannt nach dem Nachfolger Attalos I.), haben durch kluge Politik und Unterstützung der neuen Macht Rom aus einer Stadt, die um 300 v. Chr. ungefähr die Größe von Atarneus hatte, eine weit ausstrahlende Residenz gemacht. Im 2. Jahrhundert war Pergamon bereits auf das Vierfache (!) seiner ursprünglichen Größe, demnach der Größe der Stadt Atarneus, angewachsen. Aber nicht allein die schiere Größe beeindruckte die Zeitgenossen. Die ungeheuren Reichtümer der Könige, die seit 188 v. Chr. Kleinasien bis zum heutigen Antalya – das als Attaleia eine neue Gründung der Könige war – als Königreich verwalteten und in dem riesigen Gebiet Tribute eintrieben, resultierten in außergewöhnlichen Bauprojekten. Der Burgberg wurde zu einer imposanten Stadt ausgebaut, die als weithin sichtbare Landschaftsarchitektur angelegt war. Ein großer Altar für Zeus (heute im Pergamonmuseum zu Berlin), Paläste, Platzanlagen, ein riesiges Gymnasium, ein Theater mit Dionysostempel und viele andere Bauwerke zogen sich wie Stufenanlagen in vielen Etagen am Berg-

Atarneus

hang hinauf. Pergamons Stadtbild war an Reichtum und architektonischem Schmuck in ganz Kleinasien ohne Parallele.

Mit diesem für die Zeit außergewöhnlichen urbanistischen Aufstieg Pergamons begann der Abstieg von Atarneus, das noch zwei Generationen zuvor die führende Stadt der Region war. Anhand der Keramik kann man recht gut rekonstruieren, wie die Wirtschaft und Kaufkraft der Bürger seit dem 3. Jahrhundert v. Chr. allmählich zurückgingen. So nahm die noch im 4. Jahrhundert v. Chr. in großer Zahl vertretene teure Importkeramik im 3./2. Jahrhundert v. Chr. merklich ab. Auch die Entfaltung der urbanen Struktur stagnierte – ein angesichts der Dynamik antiker Stadtentwicklungen in dieser Zeit alarmierender Befund. In diesen beiden Jahrhunderten begann man nämlich vielerorts mit dem Ausbau der Städte hin zu urbanen Räumen mit parzellierten Stadtteilen. In zahlreichen antiken Städten erkennen wir Neu- und Ausbauten des älteren Bestands. Theater wurden vergrößert und mit neuem Schmuck versehen, Säulenhallen und andere Monumente wie etwa Tempel begrenzten die Plätze und schufen neue architektonische Bezüge.

Nicht so in Atarneus: Dort hat man das Bild einer frühhellenistischen Stadtanlage vor Augen, die nicht mehr den Anschluss an aktuelle urbanistische Konzepte finanzieren konnte. Unter den Trümmern finden sich weder Säulentrommeln noch andere Formen aufwendiger Architektur des 2. Jahrhunderts v. Chr. Wir haben in Atarneus immerhin Dachziegel aus der königlichen Ziegelei in Pergamon aufgelesen und dokumentiert. Offenbar investierten die Könige hier in städtische Gebäude, was freilich den weiteren Niedergang nicht verhindern konnte. Immer mehr Bürger wanderten ab und ließen sich vermutlich in der neuen Stadt Pergamon nieder, ohne dass wir die Einzelheiten dieses Migrationsprozesses verfolgen können.

Waren also, wie die ältere Forschung vermutete, eine Versumpfung der Ebene und eine damit einhergehende Malaria-Epidemie die Ursache für die Abwanderung? Wohl kaum! Es fanden sich keinerlei Hinweise auf Versumpfung. Im Gegenteil – die Landschaft

Geisterstädte

wurde in der Antike gleichbleibend intensiv bewirtschaftet. Auch nach Aufgabe der Stadt beackerten in der Antike weiterhin Bauern die Ebene und auch die umliegenden Hügel. Offenbar wurde aus dieser Region bis weit in nachchristliche Zeit die Versorgung der neuen Metropole Pergamon gesichert.

Für die komplette Aufgabe der Stadt dürften politische Gründe verantwortlich sein, die sich nach weiterer Recherche nachvollziehen ließen. Den Schlüssel fanden wir in einer anderen Stadt, nicht weit von Atarneus entfernt im westlichen Teil der Region. Dort lässt sich das gleiche Phänomen beobachten. Im 1. Jahrhundert v. Chr. wurde auch dieser Ort aufgegeben und wie Atarneus erst im Mittelalter wieder besiedelt. Doch warum wurde auch diese Siedlung, die attalidische Festungsmauern aus unterschiedlichen Zeiten besitzt, ebenfalls komplett verlassen und zur Geisterstadt?

Die Aufgabe der beiden gut befestigten Siedlungen dürfte mit einem Krieg zusammenhängen, den die Römer ab 88 v. Chr. gegen den pontischen König Mithradates VI. führten. Dieser hatte viele griechische Städte dazu gebracht, von Rom abzufallen. In entsetzlichen Massakern schlachteten sie zehntausende Italiker und Römer ab, die in ihren Städten lebten. Die Griechen rächten auf diese Weise blutig die römische Ausbeutung ihrer Poleis. Als Residenz suchte sich Mithradates VI. ausgerechnet Pergamon aus, wo es ebenfalls zu blutigen Mordszenen im Heiligtum des Asklepios kam. Nachdem die römischen Legionen unter dem Feldherrn Sulla Mithradates zu einem Friedensschluss gezwungen hatten, folgte die Bestrafung von Pergamon. Befestigte Siedlungen im Gebiet der Stadt ließ der Legionskommandant Fimbria von seinen Legionären plündern und zerstören. Die Männer wurden getötet, Frauen und Kinder in die Sklaverei verkauft. Vermutlich wurden diese Orte des antirömischen Widerstands mit einem Fluch belegt und durften nicht mehr besiedelt werden. Dies würde jedenfalls gut erklären, dass sich in römischer Zeit keinerlei Siedlungsspuren innerhalb der alten Mauern finden, während aber das Leben auf dem Land in Dörfern und Gutshöfen weiter aufblühte.

Atarneus

Man lebte fortan in Sichtweite einer Geisterstadt, deren Niedergang vielfältige Ursachen hatte: Der Aufschwung der Königsmetropole Pergamon hatte den allmählichen Niedergang eingeleitet, der sich über Generationen hinzog. Zwar geriet Atarneus damals komplett unter die politische Kontrolle Pergamons, die sich auch im wirtschaftlichen Niedergang der weniger glücklichen Schwesterstadt spiegelt, aber das endgültige Ende bewirkte erst der fatale Entschluss der pergamenischen Aristokratie, ihre Stadt dem pontischen König Mithradates als Residenz zur Verfügung zu stellen. Die Abwanderung der Bevölkerung nach Pergamon – und das hatte Pausanias im Vergleich mit dem Aufgehen von Myus in Milet im Sinn – war zu diesem Zeitpunkt jedoch bereits sehr weit fortgeschritten und die Stadt schon in großen Teilen eine Ruine.

Die dann endgültig zerstörte und verfluchte Stadtruine diente den Römern als Warnung an die Nachbarn. Wie der aus Megalopolis stammende Polybios erzählt, war eine solche Zerstörung unbotmäßiger Städte ein wichtiges Mittel römischer Politik. Es ging den Römern darum, auf diese Weise Schrecken zu verbreiten. Er schildert, dass man in solchen Städten nicht nur tote Menschen, sondern auch zerstückelte Hunde und andere Tiere sehen konnte (Polybios, *Historien* 10, 15,4–6). Ähnliches berichtet der jüdische Autor Flavius Josephus zweihundert Jahre später. Die Römer zeigten bei Triumphzügen riesige Gemälde, welche diese Massaker abbildeten und den Betrachtern das Geschehen auf eine Weise präsentierten, dass sie das Gefühl hatten, «als seien sie selbst dabei gewesen» (Flavius Josephus, *Jüdischer Krieg* 7,5,5,). Man berauschte sich offenbar in Rom an solch brutalen Kriegserfolgen, indem man alle zur Verfügung stehenden Medien einsetzte.

Wenn die auf ihren Feldern in der weiterhin blühenden Landschaft des Kaikostales ackernden Bauern auf die seltsamen Ruinen des unglücklichen Atarneus schauten oder wenn Fremde auf der Straße nach Pergamon vorbeiritten, muss die Geisterstadt unmittelbar als Symbol der Übermacht Roms verstanden worden sein. Hier war eine große Stadtgeschichte, die einst sogar den Philosophen Aristoteles angelockt hatte, unrühmlich zu Ende gegangen. Doch ihr Schicksal geriet angesichts der blendenden Prosperität von Pergamon, die schließlich auf die gesamte Region zurückwirkte, rasch in Vergessenheit.

Olympos – das Piratennest

36° 21′ 8.83″ nördlicher Breite; 30° 29′ 18.01″ östlicher Länge

Die Bezeichnung *Pirat* beflügelt sofort unsere Phantasie. Man stellt sich vor, jemand habe in der Antike vielleicht eine ähnlich schillernde Rolle gespielt wie einst Henry Morgan (1635–1688), der von der Piratenstadt Port Royal auf Jamaika aus die holländischen und spanischen Schiffe attackierte, die die Reichtümer Mittelamerikas nach Europa brachten. Dies geschah mit inoffizieller Duldung der englischen Krone, die den Freibeuter schließlich gar zum Admiral und Vizegouverneur von Jamaika ernannte. Noch heute ist Morgan Nationalheld und Namenspatron für Jamaika-Rum. Port Royal war im 17. Jahrhundert ein berühmt berüchtigtes Seeräubernest, das vor allem wegen seiner Bordelle und Gasthäuser berühmt war. Hier verprassten die Seeräuber ihre Beute, bis am 7. Juni 1692 Port Royal nach einem Erdbeben und einem folgenden Tsunami wie das antike Helike zu einem großen Teil im Meer versank. Der Ruf der Stadt bleibt indes bis heute legendär, weshalb auch die Drehbuchautoren von *Pirates of the Caribbean* den Piraten Jack Sparrow dem als Filmkulisse nachgebauten Ort selbstverständlich einen Besuch abstatten lassen.

Vom antiken Piraten Zeniketes hingegen wissen wir kaum mehr als seinen Namen. Als Stützpunkt für seine Raubzüge wählte er laut Strabon eine Siedlung auf einem Gipfel des Taurus am Pamphylischen Golf – der Meeresbucht beim heutigen Antalya. In der atemberaubenden Landschaft südlich von Antalya, die man heute als eindrucksvolle Bergsilhouette vor Augen hat, wenn man im Teehaus am Hafen der Stadt sitzt, erstreckt sich das Taurusgebirge direkt bis ans Meer. Die bis zu 4000 Meter aufsteigenden und von Felsen sowie Zedern- und Pinienwäldern geprägten Konturen der schroffen Berge bieten einen spektakulären visuellen Gegensatz zum blauen und türkisfarbenen Mittelmeer zu ihren Füßen. Etwa 90 Kilometer südlich davon fand Zeniketes hervorragende topographische Bedingungen für seine Absichten und eine ausgezeichnet befestigte Stadt. Das *peirateion* (Piratenort), wie Strabon die Festung auf einem Gipfel nennt, trug den Namen Olympos. Ein Piratenstützpunkt im Gebirge darf gewiss als seltsamer Ort gelten, wenn anders sein späterer Berufskollege Henry Morgan und seine Leute an den Stränden Jamaikas ihr Domizil fanden. Doch Zeniketes bevorzugte offenbar den Schutz in luftiger Höhe, um vor den römischen Flotten möglichst sicher zu sein.

Bis vor ungefähr 15 Jahren wusste man nicht, wo genau in den Bergen des Taurus der Sitz des Zeniketes zu lokalisieren war. Dann entdeckten Wissenschaftler der Universität Antalya überraschend eine bis dahin unbekannte Stadtanlage auf dem Musa Dağı, dem Mosesberg. Sie liegt sehr nahe am Meer, wenn auch auf 750 Meter Höhe, und ist derart mühsam zu erreichen und abgelegen, dass nur einige Hirten, Bauern und Raubgräber bis dahin die Ruinen kannten. Reisenden des 19. Jahrhunderts und allen archäologischen Forschern des 20. Jahrhunderts war dieser Ort unbekannt geblieben. 4 Kilometer nördlich von diesem Berg befinden sich die seit dem 19. Jahrhundert bekannten Ruinen der antiken Stadt Olympos, die direkt am Meer liegt und heute ein äußerst beliebter Touristenort ist. Da die Hafenstadt wenige vorchristliche Überreste besitzt und vor allem im 1. und 2. Jahrhundert n. Chr. aufblühte, lag der Schluss nahe, in der Bergstadt eben jenes (Alt-)Olympos zu lokalisieren, in dem laut Strabon Zeniketes wohnte.

Bis heute hat gerade mal ein knappes Dutzend Wissenschaftler die Stadt auf dem Berg gesehen. Ihre Erforschung steht noch ganz am Anfang. Sie ist ein gutes Beispiel dafür, dass die Landschaften der heutigen Türkei noch jede Menge Geheimnisse und unentdeckte Städte bergen. Viele aus antiken Texten bekannte Orte sind bis heute, obwohl sie in dicht besiedelten oder touristisch gut erschlossenen Gegenden liegen, noch unentdeckt. Wenn man in den türkischen Dörfern zum Tee eingeladen wird, hört man viele Geschichten von Schätzen aus Gold und Silber. Legenden von Bauern, die solch einen Schatz fanden und nun als gemachte Männer ein Busunternehmen in Ankara betreiben, geistern durch das Land und beflügeln die Raubgräberei, bei der in aller Regel nichts Wertvolles gefunden wird. Sie richtet nur Zerstörungen an.

Auch in Olympos auf dem Berg finden sich Löcher von illegalen Schatzsuchern, die von angeblich versteckten Reichtümern der Piraten träumten. Wann genau diese Siedlung entstand, ist mangels archäologischer Forschung bisher ungewiss. Im Pinienwald erkennt man Reste einer Stadtmauer des 3./2. Jahrhunderts v. Chr., eine Agora, mehrere zerstörte Tempel, einige große öffentliche Gebäude von unklarer Funktion und eine umfangreiche Nekropole, die aus großen, aber zumeist zerstörten Grabbauten besteht.

Die Wohnsiedlung von Olympos war in schachbrettartigem Gassensystem angelegt, was für eine planvolle Anlage aus einem Guss spricht. Diese Indizien deuten auf eine ausgezeichnete, auf der Höhe der Zeit befindliche und daher überlegt geplante Infrastruktur hin. Daher dachte man an eine Neugründung durch einen der hellenistischen Könige, der hier in bester Aussichtslage einen Militärposten in Verbindung mit einer Bürgergemeinde ansiedeln wollte. Doch das ist Spekulation, da wir keinerlei schriftliche Nachrichten über die Gründung des Ortes haben. Es ist durchaus denkbar, dass sich unter den hellenistischen Bauwerken des 3. bis 1. Jahrhunderts v. Chr. ältere Siedlungsspuren finden, die allerdings erst eine Ausgrabung zutage fördern könnte.

Für Zeniketes war die Stadt wegen ihrer grandiosen Aussichtslage offenbar die perfekte Basis, um die Nachbarstädte zu beherrschen und den Schiffsverkehr auf dem Meer zu kontrollieren. Dieser

Olympos

Küstenstreifen war sicherlich seit dem 2. Jahrtausend v. Chr. für die Seefahrt von herausragender Bedeutung. Da die Segelschiffe im Wesentlichen Küstenschifffahrt betrieben – man vermied, wo immer möglich, die Fahrt über das offene, unberechenbare Meer –, steuerten alle von der levantinischen oder südtürkischen Küste im Osten sowie von Zypern kommenden Schiffe diesen Teil des Taurus als wichtige Landmarke an. Rund sieben Kilometer nördlich der Stadt lag zudem die sogenannte Chimaira, ein Hephaistos-Heiligtum, das nahe einem ungewöhnlichen und daher berühmten Naturschauspiel entstand. Es handelt sich um eine Stelle auf dem Bergrücken, aus dem Erdgas austritt, das sich bei Luftkontakt entzündet. Dieser bis heute beliebte Ausflugsort half damals, wie wir aus antiken Texten erfahren, mit seinen verschiedenen nachts weit sichtbaren Feuerstellen den Seeleuten, sich auf ihrem Weg nach Westen im Pamphylischen Golf zu orientieren.

Die verkehrstechnisch und fortifikatorisch ausgezeichnete Lage von Olympos scheint demnach wie gemacht, um die Interessen eines Piraten zu befriedigen. Man sollte sich freilich davor hüten, die Stadt auf dem imposanten Berg – so wie es die antiken Autoren taten – unbesehen unter dem Label Piratennest abzubuchen. Vorstellungen, dort sei in Tavernen und Bordellen der Gewinn der Überfälle wie in Port Royal verprasst worden, wären völlig falsch. Die antike Überlieferung darüber, was damals im konkreten lokalen Kontext ein Pirat war, ist nämlich vieldeutig und nebulös.

Über Zeniketes kursieren ganz unterschiedliche Geschichten. Antike Romane geben reichen literarischen Stoff. Man könnte sich beispielsweise ausmalen, wie er als lokaler Piratenkapitän wilde Gesellen um sich sammelte, um vorbeifahrende Schiffe zu kapern, oder Küstenorte überfiel, um die Bewohner als Sklaven zu verkaufen und sich mit dem dabei erzielten Gewinn einem prallen Leben hinzugeben. Solche Geschichten kennen wir schon aus den homerischen Epen wie der *Odyssee*. Antike Romane und Geschichtswerke, in denen von Piraten und Räubern erzählt wird, verklären sie bisweilen zu Figuren, die unter falschem Namen die Reichen zugunsten der Armen berauben und die Herrschenden mit Verkleidungen düpieren. Sie liefern unverkennbar die antiken Vorlagen für neuzeitliche literarische Gestalten wie Robin Hood.

Mit den realen Schrecken eines Überfalls haben solche literarischen Motive freilich nichts zu tun. Verschiedene offizielle, von lokalen Behörden aufgestellte Inschriften in mehreren Orten der kleinasiatischen Küste und auf den Ägäisinseln berichten von der düsteren Realität solcher Piratenüberfälle, Plünderungszüge und Erpressungen mit Geiselnahme. Nachts kamen die Piraten an Land und verschleppten in kürzester Zeit, wen auch immer sie – ohne dass es dabei zu großem Geschrei oder Aufruhr kam – auf dem Land oder in der Stadt schnappen und auf ihre Schiffe bringen konnten. Dabei machten sie keinen Unterschied, ob es sich bei den Opfern um Sklaven oder Freie handelte. Entweder brachten sie die Gefangenen auf den internationalen Sklavenmarkt oder erpressten Lösegeld von den Städten für die entführten Bürger. Der berühmte Gaius Iulius Caesar fiel beispielsweise im Jahr 75/74 v. Chr. an der kleinasiatischen Küste nahe Rhodos in die Hände solcher Piraten, die ihn 40 Tage in ihrer Gewalt behielten, wobei sie hofften, dass der römische Senat ihnen für die fette Beute ein hohes Lösegeld zahlen würde. Am Ende zahlten sie selbst, und zwar mit ihrem Leben. Caesar setzte ihnen nach seiner Freilassung sofort mit Kriegsschiffen nach und ließ sie allesamt kreuzigen.

Die Römer waren jedoch nicht ganz unschuldig daran, dass sich die Piraten im östlichen Mittelmeer vor allem auf Menschenraub verlegten. Seit dem 2. Jahrhundert v. Chr. war die Ägäisinsel Delos ein großer Sklavenmarkt und mithin auch der Ort, an dem die römischen Magnaten Sklaven bei Händlern bestellten, die auf Menschenhandel spezialisiert waren. Nicht allein römische Legionen sorgten für Nachschub, was Arbeitskräfte betraf. Den sicherten zu einem guten Teil eben auch die Piraten, die ein perfektes System des Menschenraubs, des Weitertransports und der Auslieferung an italische und römische Händler entwickelt hatten. Folglich nahm

Olympos

die Piraterie im Zuge römischer Expansion insgesamt zu. Es entstanden Räume zur See, in denen sich militärische Führer mit kleinen Flotten tummelten, die schwer oder gar nicht zu kontrollieren waren – das Geschäft mit Sklaven war einer ihrer Erwerbszweige. Solche Gestalten begegnen uns immer wieder in den Quellen, sogar in Diensten hellenistischer Könige.

Diese alltägliche, von den Großmächten unterstützte Freibeuterei hatte zur Folge, dass das Label ‹Pirat› wie die Bezeichnung ‹Räuber› auf Seiten der Römer nicht einfach Kriminelle und außerhalb der Rechtsgemeinschaft stehende Personen bezeichnete, sondern auch politisch instrumentalisiert werden konnte. Als Pirat konnte man mithin echte Freibeuter bezeichnen, aber auch militärisch potente Gegner, die noch nicht in das Römische Reich integriert oder zumindest noch nicht zu verlässlichen politischen Partnern geworden waren.

Entsprechend kompliziert ist es für uns, die römischen Nachrichten zu interpretieren, wenn es heißt, Rom habe es mit einer großen Piratengefahr im östlichen Mittelmeer zu tun und müsse große Anstrengungen unternehmen, ihrer Herr zu werden. Berichte darüber, dass Pompeius in den 60er Jahren des 1. Jahrhunderts v. Chr. mit seiner Flotte angeblich in nur vierzig Tagen das Piratenproblem an einer viele tausend Seemeilen langen Küste komplett löste, wirken unter diesen Vorzeichen ziemlich verdächtig. Es spricht viel dafür, dass damals vielmehr die Eroberung Kilikiens und die Erweiterung der römischen Provinz mit einem angeblichen Piratenkrieg legitimiert und erklärt werden sollte. Die Gegner Roms, die in den Bergregionen lebten und sich diesem Prozess entgegenstellten, waren politisch ganz unterschiedlich organisiert. In der römischen Propaganda wurden sie schlicht als Piraten und Räubern abgestempelt. Nach den militärischen Erfolgen des Pompeius mussten sie ihre Bergsiedlungen verlassen und sich in neuen Städten ansiedeln. Nicht wenige dieser neuen Siedlungen bekamen den Namen des Siegers, Pompeiopolis. Das war der römische Beitrag zur Zivilisierung der Region.

Geisterstädte

In diesen Gegenden hatten sich vor dem Feldzug der Römer Herrschaftsbereiche mit unklaren Strukturen herausgebildet. Die Römer waren jedenfalls nicht bereit, sie als selbständige, politisch verhandlungsfähige Einheiten anzuerkennen. An ihrer Spitze standen mitunter Männer, die man heute als *warlords* bezeichnen würde. Sie konnten nicht Subjekte völkerrechtlicher Verträge werden, da sie Herrschaftsansprüche okkupierten, die aus Sicht der Römer inakzeptabel waren. So nannten die Römer solche Lokalherrscher einfach ‹Feinde› (*hostes*) des römischen Volkes. Dieses Etikett erlaubte, den Gegner aus der völkerrechtlichen Gemeinschaft auszugrenzen und ihn seines Status als eines möglichen Verhandlungspartners zu entkleiden. Dennoch brachten einige solcher Gemeinschaften einen hohen Organisationsgrad hervor – manche erinnern an politische Strukturen, wie wir sie aus Griechenland kennen. Wie genau sie beschaffen waren, wissen wir nicht, aber der effiziente militärische Widerstand gegen Rom und die Dimensionen der Überfälle und Raubzüge sprechen dafür, dass diese Einheiten beachtliche Organisationsstrukturen und funktionierende Hierarchien kannten.

Auch Zeniketes gehörte zu dieser Gruppe lokaler Kleinfürsten. Wir erfahren aus den Quellen nur, dass er Olympos, die abgelegene Stadt in den Bergen, als seinen Zentralort wählte. Sein Herrschaftsbereich umfasste mehrere Nachbarstädte, darunter die alte, gut 20 Kilometer nördlich gelegene Hafenstadt Phaselis und vielleicht Attaleia (heute Antalya), sicher aber den Hafen Korykos. Die römischen Quellen geben uns keinerlei Informationen darüber, wie Zeniketes seinen Herrschaftsbereich erwarb, ausbaute und politisch organisierte. Die spärlichen Berichte über die doch beachtliche Ausdehnung seiner Herrschaft legen es nahe, dass er über erhebliche militärische Mittel verfügte, aber auch, dass die unterworfenen Orte in irgendeiner Form kooperiert haben müssen – anders wäre die Kontrolle eines so umfangreichen Gebietes durch diesen Dynasten nicht zu erklären. Zeniketes hatte auf diese Weise aus einem Gebiet, das die Römer bereits um 100 v. Chr. kontrollierten,

Olympos

eine Region wieder herausgebrochen. Olympos war nämlich zuvor bereits prominentes Mitglied des Lykischen Bundesstaates, der mit Rom Verträge schloss. Dass unter Zeniketes Olympos den Bund verließ und sich vom Rest der bundesstaatlich organisierten Poleis in der Region abwandte, war spektakulär und konnte den Römern nicht gefallen.

Dies galt umso mehr, als Zeniketes in der Weltöffentlichkeit selbstbewusst auftrat. So wissen wir von einem Schrifttäfelchen aus Dodona – einer uralten, renommierten Orakelstätte im Westen Griechenlands –, dass der Pirat dort zu Gast war und sich wie andere hochmögende Politiker Rat holte. Auf dem betreffenden Orakeltäfelchen nennt er sich gar König (*basileus*); das macht deutlich, wie er selbst seine Stellung auf seinem Territorium verstand. Er kopierte damit bekannte Muster anderer Kleinfürsten in Kleinasien und signalisierte allein mit seinem Titel einen Abfall von Rom. Da die Römer selbstverständlich nicht bereit waren, solch eine Okkupation rechtlich zu akzeptieren, lag es für sie nahe, ihn als Piraten zu bezeichnen. Sie stellten ihn damit in eine Reihe solcher Männer, die über unbotmäßige Städte und Regionen herrschten und deshalb von Rom mal als Pirat, mal als Räuber oder Tyrann verunglimpft wurden. Schließlich war es der römische Magistrat Publius Servilius Isauricus, der im Jahr 77/76 v. Chr. in die Gegend kam und in kurzer Zeit der Herrschaft des Zeniketes ein Ende bereitete. Immerhin hatte jener sich fünf Jahre (81–76 v. Chr.) als unangenehmer Stachel in der Haut des Römischen Reiches halten können.

Wenn wir heute durch die Ruinen dieser seltsamen Piratenstadt in den Bergen Kilikiens gehen, so wissen wir zwar nicht genau, wie Isauricus und seine Soldaten damals gewütet haben. Aber es liegt nahe, dass sie, wie in solchen Fällen üblich, massive Gewalt angewendet haben. Den Großteil der Bevölkerung haben sie vermutlich versklavt, einen anderen Teil im allmählich prosperierenden Hafen am Meer angesiedelt. Jedenfalls wird Isauricus alles dafür getan haben, den Rückzugsort hoch oben über dem Meer für alle Zukunft unbewohnbar zu machen. Von Cicero erfahren wir darüber hinaus, dass er, was gängige Praxis war, alle wertvollen Kunstwerke von dort raubte. Der große Rhetor spricht darüber in seiner Rede gegen den korrupten Statthalter Verres. Isauricus habe «Olympos eingenommen, eine alte und mit allerlei Dingen reich versehene und geschmückte Stadt». Doch anders als Verres, der auf Sizilien bereits Orte ausgeplündert hatte, um die Raubkunst in seinem und den Häusern seiner Freunde auszustellen, habe Isauricus alles ordnungsgemäß öffentlich deklariert. Originalton Cicero: «P. Servilius dagegen hat die Statuen und Schmuckstücke, die er aus der mit Gewalt und im tapferen Kampf eroberten Stadt der Feinde nach Kriegsgesetz und Feldherrnrecht wegnahm, dem römischen Volke gebracht, im Triumphzug mit sich geführt, in die amtlichen Bücher der Staatskasse eintragen lassen. Ersieh aus dem amtlichen Bericht die Gewissenhaftigkeit dieses erlauchten Mannes.» Danach las Cicero aus dem (von ihm leider nicht im Original zitierten) Originalbericht des Feldherrn vor, der «nicht nur die Zahl der Statuen, sondern auch die Größe, die Gestalt und den Zustand einer jeden genau angegeben hat» (Cicero, *Zweite Rede gegen Verres* 1,56 f.).

Cicero feierte Isauricus als Senator, der mehr Piraten besiegt hatte als jeder Feldherr vor ihm. Der römische Heerführer zeigte bei seinem prachtvollen Triumph neben den Statuen auch viele gefangene ‹Piraten›, die nach dem Zug hingerichtet wurden. Zeniketes aber setzte sich und seine Familie diesem demütigenden Schauspiel nicht aus, das ihm die Sieger in Rom bereiten wollten. Er, so heißt es, habe sich bei der Eroberung von Olympos mitsamt seinem kompletten Hausstand bei einem Brand selbst getötet. Von ihm, seiner Herrschaft und seinem Widerstand gegen Rom kündet aber bis heute die Geisterstadt auf dem Musa Dağı – und, wer weiß, vielleicht noch manches archäologische Geheimnis in ihren Ruinen.

3.
Orte der Sieger

D ie Antike wird heute vielfach als eine Zeit gesehen, in der ohne Unterbrechung Kriege geführt wurden. Große Namen sind mit dieser Vorstellung verbunden. Der Perserkönig Kyros, Alexander der Große, Hannibal oder Caesar galten Militärtaktikern bis in das 20. Jahrhundert als strahlende Helden antiker Sieghaftigkeit. Der kraftstrotzende spartanische Hoplit, der überwältigende Eindruck hellenistischer Massenheere mit Zehntausenden von Soldaten, wie Alexander sie anführte, und die Siege römischer Legionen, die ein Weltreich schufen, faszinieren ein großes Publikum – trotz aller damit verbundenen blutigen Gewalt. Viele Bücher, Computerspiele und Hollywoodproduktionen machen sich diese zweifelhafte Begeisterung zunutze, um ein großes Publikum zu finden.

Die Allgegenwart des Krieges zumindest während einzelner antiker Epochen bestätigen auch viele Fachhistoriker. So seien beispielsweise, wie Angelos Chaniotis vom Institute for Advanced Studies in Princeton eindringlich in einem Buch zum Krieg der hellenistischen Zeit beschreibt, die beiden Jahrhunderte nach Alexanders Tod eine Zeit gewesen, in der ständig Kriege geführt wurden. Die Menschen lebten in einem Zeitalter der Angst. Damals entstanden neue Kulte und Götter, die Trost spenden sollten – ja man erhob gar die Gewalt verbreitenden und siegreichen Feldherren selbst zu Göttern, um von ihnen Wohltaten zu empfangen.

Die Spuren der Kriege waren omnipräsent. Ruinen zerstörter Bauwerke oder ganzer Städte und Festungen waren vielerorts zu sehen. In einigen Gegenden stieß man auf Schlachtfelder, auf denen über Jahre noch die Knochen der Gefallenen lagen – eine entsetzliche Vorstellung. In Kynoskephalai in Thessalien bleichten von 197 bis 191 v. Chr. die Gebeine der im Krieg gegen die Römer gefallenen Makedonen, soweit sie nicht von wilden Tieren ver-

Orte der Sieger

schleppt und gefressen worden waren; nach sechs Jahren endlich wurden sie bestattet. Damals begegnete man in den griechischen Städten Kriegsversehrten ohne Zahl, ebenso verwaisten Kindern und Witwen in Not. Die Nekropolen waren überfüllt mit Gräbern Gefallener. In Tempeln des Heilgottes Asklepios, wie etwa in Epidauros, suchten Kriegsverletzte Hilfe bei Priestern in der Hoffnung, endlich ihre Wunden ausheilen zu können. Überreste von Pfeilen und Speeren, die immer noch in ihren Körpern steckten, machten ihnen das Leben unerträglich.

Das war die sichtbare Seite des Leids, das mit den Kriegen in der Antike verbunden war. Überstrahlt wurde sie von jenen Orten, an denen sich die Sieger feierten. Siegesdenkmäler fanden sich an jedem wichtigen Ort einer Schlacht, aber auch in den Städten. In Athen baute man kurz nach den Perserkriegen eine Halle, in der Schlachtengemälde aufgehängt wurden, die berühmte Stoa Poikile, die bunte Wandelhalle. Dort konnten die Besucher auf großformatigen Gemälden studieren, wie die Athener die Amazonen, die Troianer und die Perser geschlagen hatten. Mitunter wählte man die Orte für solche Feiern nah am Schauplatz des einstigen Geschehens. So etwa in Marathon, wo man den in siegreicher Schlacht Gefallenen unweit vom Kampfplatz einen weithin sichtbaren Grabhügel aufschüttete. Oder auch an den Thermopylen, wo man an die 300 Spartaner erinnerte, die sich dem Perserkönig Xerxes entgegenstellten – und wo heute ein ausgesucht scheußliches, modernes Denkmal für die Gefallenen steht.

In Rom errichteten der Senat und das Volk den siegreichen Feldherren Triumphbögen, welche das Bild der wichtigen Straßen in der Stadt prägten – wie heute der Arc de Triomphe in Paris die Champs Elysée oder das Siegestor in München die Ludwigstraße. Noch heute kann man zwischen Forum und Kolosseum an der alten Via Sacra den Triumphbogen des Titus sehen, dessen Reliefs die Zerstörung Jerusalems feiern. Wir können auch noch nach 2000 Jahren darauf erkennen, wie der Siebenarmige Leuchter aus dem großen Tempel in Jerusalem im Triumphzug des Jah-

Orte der Sieger

res 71 n. Chr. durch Rom getragen wurde. Zudem gab es in Rom für siegreiche Feldherren die Gelegenheit, einen Triumph zu feiern. Bei diesen Gelegenheiten präsentierten die siegreichen Truppen der stadtrömischen Bevölkerung die Beute, die auf hölzernen Tragegestellen am staunenden Publikum im Circus Maximus vorbeigetragen wurde. Dieses Ritual hat die Kollegin Ida Östenberg in einem Buch zum römischen Triumph zutreffend unter dem Begriff *staging the world* zusammengefasst – Rom zeigte im Triumph anhand der eroberten Dinge und der Gefangenen, die man am Ende des Triumphzuges hinrichtete, seine Herrschaft über den Erdkreis.

Es gab erprobte und übliche Formen, in denen Sieger sich positionierten und präsentierten. Dazu gehörten beispielsweise Orden, Auszeichnungen, Inschriften, Ehrenmonumente, Münzbilder und anderes mehr – aber beispielsweise auch die Umbenennung unterworfener Städte sowie von Neugründungen in eroberten Gebieten nach den betreffenden Feldherren. Mutatis mutandis kannte also auch die Antike ihr Leningrad, Stalingrad oder ihre Karl-Marx-Stadt. Doch damals waren die Namen nicht exklusiv. Viele Orte hießen gleich. So ließen sich Dutzende Alexandrias, Seleukeias, Antiochias, Laodikeias, Pompeiopoleis und Hadrianopoleis kartieren.

Diese Sitte, eine Stadt nach sich selbst zu benennen, begegnet uns allerdings bereits viel früher, nämlich schon im pharaonischen Ägypten. Und dort möchte ich beginnen, darüber nachzudenken, welche seltsamen Orte die Sieger schufen, um sich zu feiern … und wie flüchtig diese Feier des Sieges oft war.

Medinet Habu – das Millionenjahrhaus Ramses' III.

25° 43′ 10.41″ nördlicher Breite; 32° 36′ 2.92″ östlicher Länge

Am 26. September 1976 zeigte man auf der französischen Militär-basis du Bourget am späten Nachmittag ein eigentümliches Schau-spiel. In Vertretung des Staatspräsidenten erwies die Ministerin für Bildung und Forschung, Madame Saunier-Seïté, einem eigentüm-lichen Staatsgast einen Empfang mit allen militärischen Ehren, bei dem die Garde républicaine Salutschüsse abfeuerte. Aus Kairo reiste an diesem Herbsttag mit einer Transall-Maschine die Mumie des Pharaos Ramses II. (ca. 1303–1213) an. Ramses sollte in Paris im Musée de l'Homme fast ein Jahr lang untersucht werden. Da-rüber hinaus standen Restaurierung und Konservierung zunächst für eine Ausstellung in Paris, danach für die Präsentation im Museum von Kairo an.

Im Juli 1881 war die Mumie von Ramses II. gemeinsam mit jener von Ramses III. und weiteren Pharaonenmumien der 18. bis 21. Dynastie in einem Brunnenschacht beim oberägyptischen Deir el-Bahri (Luxor) entdeckt worden. Der Schacht wurde schon um 1000 v. Chr. als Versteck genutzt, um sie vor skrupellosen Grab-räubern oder angreifenden Feinden zu schützen. Die seitdem im Museum von Kairo aufbewahrten Mumien der Pharaonen reisen bis heute wie Staatsmänner kreuz und quer durch die Welt, um in Ausstellungen gezeigt zu werden.

Dass die pharaonische Zeit bis heute sehr präsent ist, liegt nicht zuletzt an Ramses II. und Ramses III. (1187–1156). Sie waren die letzten erfolgreichen Herrscher des sogenannten Neuen Reiches (1540–945, 18.–21. Dynastie), die sich zudem als herausragende Sie-ger feierten. Zu diesem Zweck schufen sie eigentümliche Orte, deren außerordentlicher Glanz ebenso wie ihr ruinöser Zerfall eindring-lich Macht und Vergänglichkeit illustrieren. Dies gilt beispielsweise

Medinet Habu

für ihre neue Hauptstadt Pi-Ramesse, die sie jenseits der alten Pharaonenresidenz Memphis (unweit des heutigen Kairo) errichteten. Ramses II. baute um den Palast seines Vaters im Nildelta eine neue Hauptstadt «Stadt des Ramses II.», die später von Ramses III. ausgebaut wurde und fortan den Namen «Stadt des Ramses III., Herrscher von Iunu, groß an Siegen» trug. Vor rund 50 Jahren wurde diese Stadt, die man bis dato nur aus Hieroglypheninschriften kannte, bei dem modernen Ort Qantir im östlichen Nildelta entdeckt.

Seit 1980 gräbt das Hildesheimer Roemer- und Pelizaeus-Museum an diesem Ort – mit spektakulären Ergebnissen. Dabei ist die Arbeit alles andere als einfach. Das Stadtgebiet, das sich auf einer stattlichen Fläche von ca. 15 Quadratkilometern ausdehnte, wird intensiv von ägyptischen Bauern bewirtschaftet. Das antike Niveau dieser Gegend lag deutlich tiefer, sodass an der Oberfläche eigentlich nichts zu sehen war. Doch diese schwierige Situation erwies sich im Zuge der Ausgrabung als Glücksfall: Während andere altägyptische Städte mehrfach überbaut oder zerstört wurden, hat sich unter den Feldern von Qantir das Stadtbild Pi-Ramesses gut erhalten. Dies liegt unter anderem daran, dass die Stadt wegen einer Verlandung des nahen Nilarms – der mithin fortan kein Wasser mehr für die Feldarbeit lieferte und Schifffahrt des Stadthafens ausschloss – bereits um das Jahr 1110, so wird vermutet, zu einem guten Teil aufgegeben wurde. Das Gros der Bevölkerung zog mitsamt der pharaonischen Monumente nach Tanis um – weiter nordwestlich im Nildelta gelegen.

Geophysikalische Untersuchungen, bei denen mit modernen naturwissenschaftlichen Methoden buchstäblich unter die Erdoberfläche geschaut werden kann, und einzelne bereits freigelegte Grabungsareale bieten in den letzten Jahren faszinierende Einblicke in die Welt dieser Residenzstadt. Die mittlerweile hochauflösenden Messbilder (Cäsium-Magnetogramme) zeigen in den Wohnvierteln unter Metern von Nilschlamm auch ohne einen einzigen Spatenstich einzelne Raumfolgen, Säulenfundamente, Pflanzgruben für Bäume, Türen und Tore, ja selbst einzelne Bettnischen. Die Messbilder laden regelrecht zum Spaziergang durch die Stadt ein und ermöglichen beeindruckende Rekonstruktionen des Stadtbildes.

Die Ausgrabungen brachten pharaonische Bauten ans Licht, wie sie bisher nirgends in Ägypten erforscht werden konnten. Dazu gehören beispielsweise die königlichen Stallungen. Sie hatten eine Größe von 17 000 Quadratmetern und boten in ihren zahlreichen Boxen 460 Pferden Platz. Die Stallungen waren mit Werkstätten und Exerzierplätzen für Streitwagen kombiniert. Ausgegrabene Metallwerkstätten zur Herstellung von Schilden erregten ebenfalls Aufsehen. Die Überreste der Schmelztiegel deuten auf eine proto-industrielle Produktion von Bronzen unterschiedlicher Art hin. Besonderes Interesse verdienen Funde, die ebenfalls im Bereich der Pferdeställe zutage kamen. Offenbar wurde ein Teil der Stallungen von einem bestimmten Zeitpunkt an umgebaut. Zu diesem Zweck wurden Räume eingerichtet, deren Fußböden von einer Mischung aus Farbpigmenten und Blattgold (!) bedeckt waren. Goldene Fußböden? Es handelt sich wohl eher um Staubabfälle von Goldschmieden. Kombiniert man diese Beobachtung mit Hinweisen auf eine intensive Glasproduktion und die Herstellung leuchtender Fayencekacheln für die pharaonischen Bauten, kann man sich die geradezu märchenhaft prächtige Ausstattung von Pi-Ramesse lebhaft vorstellen.

Voraussetzung für die Bauten in Pi-Ramesse und vielen anderen Orten Ägyptens waren Siege, militärische Durchsetzungsfähigkeit und der Reichtum des Landes. Insbesondere Ramses III. hat mit seinen Siegen gegen die Libyer, die Nubier, die Syrer und die sogenannten Seevölker – Angreifer, von denen wir bis heute nicht genau wissen, woher sie eigentlich kamen, und die in vielen Regionen des östlichen Mittelmeers kurz nach 1200 v. Chr. Zerstörungen hinterließen – besonders eindrucksvolle Erfolge gefeiert. Er ließ sich mit unterschiedlichen Beinamen, die für Pharaonen gebräuchlich waren, als besonders schlagkräftiger Herrscher darstellen: «Kraftvoller Löwe, mit starkem Arm, Herr von Schlagkraft, der die Asiaten gefangen nimmt», «der die ihn Angreifenden nie-

Medinet Habu

derzwingt unter seine Sohlen», «der die Libyer niedertritt zu Leichenhaufen an ihrem Platz» und «der die Grenzen nach seinem Belieben setzt im Rücken seiner Feinde».

So lag es für ihn wie schon für seine Vorgänger nahe, nicht nur im Ausbau von Pi-Ramesse, seiner Residenzstadt, sondern auch bei Errichtung von Totentempeln in Theben – den sogenannten Millionenjahrhäusern – ebenfalls in Bildern und Hieroglypheninschriften diese Siege gebührend herauszustellen. Schon Ramses II. hatte mit seinem Totentempel Maßstäbe gesetzt. Er war eines der größten bis dahin errichteten Bauwerke und besaß spektakuläre architektonische Details. Dazu zählt ein am Dach des Tempels angebrachter Jahreskreis, der alle Sternenauf- und -untergänge verzeichnete. In Reliefs feierte der Pharao seinen militärischen Erfolg bei der Schlacht von Kadesch. (Auch wenn diese Auseinandersetzung mit den Hethitern, 1274, tatsächlich vielleicht nicht ganz so ruhmvoll endete, wie es die pharaonische Propaganda verkündete.)

Ramses III. übertraf seinen Vorgänger. Sein Tempel ist heute unter dem ägyptischen Namen Medinet Habu bekannt und gehört zu den am besten erhaltenen pharaonischen Bauwerken Ägyptens. Die gesamte Anlage spiegelte, wenn man sich ihr näherte, die militärische Schlagkraft des Pharaos. Eine 18 Meter hohe und 205 mal 315 Meter lange Mauer umgab den Tempel und ließ das Millionenjahrhaus wie eine gigantische Festung wirken. Allein die Toranlagen mit ihren Doppeltürmen, die im Osten und Westen Festungsarchitektur der Zeit aufnehmen, sind in der ägyptischen Architektur ohne Parallele. Dort angebrachte Reliefs, auf denen der Pharao gefangene Feinde herbeiführt (am Westtor) und sie mit einer Waffe tötet (am Osttor), illustrierten seine Macht. Zugleich hielten sie alles Böse vom heiligen Bezirk ab, hatten also in ihrer atemberaubenden Farbigkeit apotropäische, d. h. übelabweisende Funktion. Zugleich sah der neugierige Besucher im Hintergrund die 24 Meter hohen Türme des Tempeltores, welche ihnen einen Eindruck von der dem Heiligtum innewohnenden Kraft vermittelten. Die Toranlagen trennten zugleich mit ihrer gewaltigen Architektur die irdische Sphäre von jener der Götter. Der Betrachter erschauderte angesichts dieser Abgeschlossenheit und Größe.

Nur wenige Menschen durften diese erste Grenze am Haupttor offiziell überschreiten. Zu diesem Kreis gehörten die Priester, Mitglieder der Königsfamilie, Persönlichkeiten der obersten Führungsschicht und ausgewählte Vertreter der Bevölkerung Thebens. Diese hatten die Chance, bei den Prozessionen auch die Texte und die Bilderwelt im Innern des Heiligtums zu sehen – vor allem an den Außenwänden des Tempels. Dort konnte man zunächst die großen militärischen Erfolge im Bild betrachten. In Texten und riesigen Reliefs feierte sich Ramses III., wie schon oben erwähnt, als Sieger über zahlreiche Völkerschaften. Neben dem exklusiven Kreis der Prozessionsteilnehmer darf man sich eine größere Zahl von Personen vorstellen, die den Tempelbetrieb aufrechterhielten und die Magazine mit Nahrung und anderen erforderlichen Gütern füllten. Auch sie werden, begleitet von Wächtern und Türstehern, staunend durch das Bauwerk gegangen sein, um dann draußen von der Pracht und den Bildern zu erzählen. Sie konnten berichten, wie häufig darin der Pharao abgebildet war, wenn er seine Feinde vernichtete.

Wenn man als Privilegierter die Anlage betrat, sah man sich einer Abfolge vieler verschiedener Baukomplexe gegenüber, deren Architektur mit Hieroglyphentexten und Reliefbildern reich verziert war. An den Umwallungen gab es Lagerhallen, Kasernen, Pferdeställe und Büros sowie Wasseranlagen. Der nahe am Haupttor errichtete Palast besaß einen Thronsaal, Nebenthronsäle sowie ein Schlaf- und Badegemach des Königs. Auch für die Entourage gab es Wohnungen. Neben dem rund 7000 Quadratmeter großen Haupttempel für Ramses III. gab es einen Tempel für den Gott Amun-Re – eine herausragend wichtige Gestalt des altägyptischen Pantheons –, für den sogar eigene geheimnisvolle, verschlossene Mysterienräume eingerichtet waren, und verschiedene Kapellen, in denen unterschiedliche Gottheiten verehrt wurden. In diesem Millionenjahrhaus hat sich der Pharao schon zu Lebzeiten eine

Medinet Habu

prominente Stätte ewiger Verehrung geschaffen, die ihn zugleich mit Amun vereinigte. Dieser wurde regelmäßig in einer sogenannten Barkenprozession, für die vor dem Haupteingang eine Kaimauer gebaut wurde, rituell in das Totenhaus gebracht, um im sakralen Kult den Pharao zu treffen – eine rituelle Vereinigung von Herrscher und Gott.

Das Gebäude war mit seinen Texten und seinem Bildprogramm so etwas wie die umfassende steinerne Biographie des Herrschers, die seine Stellung im Kosmos wie seine Taten, vor allem seine Siege verzeichnete und abbildete. Tausende Male wurden in den Hieroglyphen seine Namen genannt und monoton immer und immer wiederholt. Seine stets wiederkehrende Identifizierung mit dem Gott Osiris und dem Sonnengott Amun-Re stand für Wiederbelebung, Verjüngung und ewiges Leben. Außerhalb des Heiligtums, das Abbild des idealen Kosmos war, herrschten in dieser Ideologie Chaos und Not. Der Tempel stand in seinen ungeheuren Dimensionen und seinem architektonischen Schmuck dafür, dass der Pharao dieses Chaos erfolgreich beseitigt hatte.

In der Forschung wurde zutreffenderweise betont, dass sich die komplexen Bezüge der Bilder, Texte und architektonischen Details dem Besucher aber ganz sicher nicht in allen Einzelheiten erschlossen haben. Das war auch nicht die Funktion des ungeheuren Schmucks. Der Totentempel war gerade in seiner unfassbaren Gesamtheit, im visuell unbegreiflichen Zusammenspiel aller Einzelheiten ein Kunstwerk, ein geradezu unerhörtes Artefakt pharaonischer Größe, das die Verbindung weltlicher Sieghaftigkeit und göttlicher Entrückung symbolisierte. Schiere Größe, flirrende Farbigkeit, eine Ausstattung von unbezifferbarem Wert und ein geheimnisvolles sakrales Inneres verdichteten sich zu einem unvergesslichen Gesamteindruck herrscherlicher Macht und göttlicher Entrückung. Der König versinnbildlichte mit diesem Bauwerk durchaus konkret, dass er legitimer Herrscher war, der alle Anforderungen an diese Herrschaft geradezu perfekt erfüllte. Die zentrale Funktion des Pharaos, zwischen der Welt der Götter und der

Menschen zu vermitteln, war in diesem Heiligtum mit seinen verschiedenartigen Kultanlagen meisterhaft abgebildet.

Architektur und Schmuck des Totentempels können hier nicht einmal ansatzweise gewürdigt werden. Ein Text der Zeit erzählt, dass rund zehntausend Kriegsgefangene für die Errichtung des Bauwerks eingesetzt wurden. Bereits im zwölften Jahr seiner 29 Jahre währenden Regierungszeit war der Tempel Ramses III. vollendet. Rund siebzehn Jahre nach Fertigstellung des Tempels, der Kultstätte und der Monumentalisierung seiner Sieghaftigkeit, wurde Ramses III. im Zuge einer Verschwörung am Hof ermordet. Eine Untersuchung der Mumie in einem Computertomographen zeigte einen tiefen Schnitt, der einst die Luft- und Speiseröhre sowie die Schlagadern des Herrschers durchtrennt hatte. Der Pharao war sofort tot.

Seinem Totenhaus standen schwere Zeiten bevor. Die 20. Dynastie der Ramessiden geriet zunehmend in politische Schwierigkeiten, und die Wirtschaft des Landes erlebte eine stete Talfahrt. Diese Krise erreichte ihren Höhepunkt unter Ramses XI. (1105–1076), dem letzten Pharao der 20. Dynastie. Unter seiner Regierung hören wir von Hungersnöten, welche die Bevölkerung zu Aufständen trieben. Mit der Plünderung der reichen Königsgräber wollten einige ihre Not lindern. Polizei und Richter hatten, wie Papyri mit Protokollen verraten, offenbar alle Hände voll zu tun, die Situation wieder unter Kontrolle zu bekommen.

Um das Millionenjahrhaus spielten sich dramatische Szenen ab. Der Hohepriester Amenhotep wurde von einem Mann mit Namen Panehsy um sein Amt gebracht. In Texten ist von monatelangen militärischen Belagerungen des Totentempels die Rede. Das Haus, geschmückt mit Bildern pharaonischer Siege, wurde zum eingekesselten Bollwerk. Dies kann man sich angesichts des Festungscharakters und der hohen Mauern gut vorstellen. Feinde aus Nubien sollen einen regelrechten Krieg geführt haben, um in den Besitz des Tempels zu gelangen. Es dauerte neun Monate, bis die Ordnung einigermaßen wiederhergestellt war. Panehsy setzte sich daraufhin mit seinen Gefolgsleuten Richtung Süden nach Nubien

Medinet Habu

ab. Der Pharao spricht von einer Zeit der Wiedergeburt, in der man versuchte, an vergangene bessere Tage anzuknüpfen.

Doch die 20. Dynastie kam zu einem Ende. Pi-Ramesse wurde als Stadt aufgegeben. Die grandiosen Totentempel wurden Opfer von Grabräubern und nachfolgenden Herrschern, die das Bauwerk als Steinbruch für ihre Bauvorhaben betrachteten. Das Monument pharaonischer Größe verschwand allmählich aus dem Bewusstsein der Zeitgenossen, die sich mit anderen Herrschern auseinanderzusetzen hatten. Doch für heutige Besucher ist er weiterhin ein herausragendes Monument pharaonischer Herrschaft.

Das Siegesmal des Pompeius

42° 27′ 18.13″ nördlicher Breite; 2° 51′ 15.81″ östlicher Länge

Wenn man aus Süden kommend auf der spanischen Autobahn AP 7 Richtung Frankreich fährt, passiert man den östlichen Ausläufer der Pyrenäen, der bei Port-Vendres und Banyuls-sur-Mer zum Mittelmeer hin abfällt. Am Col du Perthus erreicht man den Pyrenäen-Pass Richtung Perpignan. Unterhalb der stark befahrenen Autobahn befindet sich dort der kleine Ort Le Perthus, der sich ausgezeichnet für eine Pause eignet. Das Dorf wirkt eigentümlich, da seit 1659 die Staatsgrenze zwischen Frankreich und Spanien entlang der sich in Nord-Süd-Richtung erstreckenden Hauptstraße des Örtchens verläuft. Überquert man die belebte Geschäftsstraße, wechselt man das Land: Auf der westlichen Seite ist Frankreich, auf der östlichen Spanien oder, wie die Bewohner selbst sagen, Katalonien.

Die lokalen Restaurants lohnen unbedingt einen Besuch und nach reichlich genossenem Mahl kann man sich in den angrenzenden Hügeln ergehen. Ein Fußweg führt aufwärts zum Fort de Bellegarde, das, martialisch am Pass gelegen, von der Kriegs- und

Belagerungstechnik des 17. Jahrhunderts zeugt. Wendet man sich vom Fort weiter in einem Bogen Richtung Südwesten, erreicht man ein kleines archäologisches Grabungsareal, von dem aus man einen sehr guten Blick in das südliche, spanische Tal mit der Autobahntrasse hat. Die Ruine, auf die man nun stößt, liegt direkt auf der Staatsgrenze; ein Drittel gehört zu Frankreich, zwei Drittel gehören zu Spanien. Die Überreste stammen zum überwiegenden Teil aus der Spätantike, als man hier an abgelegener Stelle ein Kirchlein für die heilige Maria gebaut und gleich auch noch ein Kloster angelegt hat.

Diesen Platz hatten die Alten nicht zufällig gewählt. Wie das französisch-katalanische Archäologenteam um George Castellvi, Joseph Maria Nolla und Isabel Rodà im Jahr 1984 notierte, verbergen sich nämlich unter dem Kloster die Überreste eines wesentlich älteren Bauwerks. Es handelt sich um ein zweigeteiltes Podium, das die beachtlichen Ausmaße von rund 28 mal 34 Metern hat und sehr sorgfältig aus großen Quadern gesetzt worden ist. Offenbar handelt es sich um den Unterbau für ein darauf errichtetes, prächtiges Monument – jedenfalls spricht alles gegen eine Festung, die in der Antike den Pass hätte sichern sollen.

Der Ort wurde nicht gewählt, um weit *zu sehen*, sondern um von weitem *gesehen zu werden*. Durch das Tal verlief nämlich seit dem Jahr 118 v. Chr. die antike Via Domitia, welche Italien mit diesem Teil der hispanischen Halbinsel verband und direkt am heutigen Le Perthus vorbeiführte. Sie war – wie heute die Autobahn – der Hauptverkehrsweg zwischen Spanien und Gallien, über den Waren transportiert wurden und über den römische Soldaten marschierten, um den noch lange nicht befriedeten Norden der spanischen Halbinsel mit Krieg zu überziehen. Jeder, der auf der Straße Richtung Gallien unterwegs war, sah oben am Col de Panissars, wie der Berg mit der Ruine heute heißt, ein großes, von einer Statue bekröntes Bauwerk im Sonnenlicht leuchten. Es muss in der rauen Bergwelt der Pyrenäen ein außergewöhnlicher Blickfang gewesen sein.

Das Siegesmal des Pompeius

Das Podium ist der Unterbau eines Siegesmonuments, das der römische Feldherr Pompeius im Jahr 71 v. Chr. errichtet hat. Pompeius wollte sich fern von Rom ein spektakuläres Denkmal setzen, das unter den Monumenten für römische Feldherren ohne Parallele war.

Pompeius gehörte zu den herausragenden Politikern der Späten Republik. Er entfaltete, gestützt auf seine militärischen Erfolge, über mehrere Jahrzehnte hinweg eine politische Gestaltungskraft, die ihn im Rückblick wie einen römischen Monarchen erscheinen lässt. In der Wahl seiner Methoden war er nicht zimperlich: Rücksichtslos und erpresserisch setzte er sich schon in jungen Jahren über alle Gesetze hinweg und okkupierte als Emporkömmling Ämter und Vollmachten, die eigentlich älteren Senatoren vorbehalten waren. Die siebziger Jahre waren ein Jahrzehnt, in dem er die zuvor begonnene Politik mit aller Gewalt weiterführte.

Nach gut zehn Jahren Krieg gegen die Stämme der Region, die sich unter Führung eines römischen Senators namens Sertorius gegen Rom erhoben hatten, waren die Aufständischen besiegt. Zu dem Krieg war es ursprünglich gekommen, weil die Römer seit Generationen unter den hispanischen Stämmen verhasst waren. Die Feindschaft der Provinzialen lag daran, dass seit der Eroberung des Gebiets im Krieg gegen Hannibal viele römische Feldherren beinahe jährlich Plünderungszüge in verschiedenen Teilen des Landes unternahmen. Das an Edelmetallvorkommen reiche Land war für die Römer gewissermaßen das, was Mittel- und Südamerika für die spanischen Eroberer der Frühen Neuzeit war – eine Quelle unermesslichen Reichtums. Römische Amtsträger ließen sich die Region nur als Amtsbereich (*provincia*) zuweisen, um Gold und Silber zu plündern, viele Leute abzuschlachten und mit der reichen Beute in Rom einen Triumph feiern zu können. Vor diesem Hintergrund nutzten die Einheimischen die innenpolitischen Spannungen in Rom, um oppositionelle römische Senatoren, die man zu ihnen ins Exil geschickt hatte, auf ihre Seite zu ziehen und als militärische Führer zu gewinnen. Sertorius war einer von ihnen.

Orte der Sieger

Er hatte sich als Mitglied des römischen Establishments gegen die damalige Führungsriege in Rom gestellt und versuchte nun, sich in Spanien eine solide Basis für seine weitere Karriere daheim zu schaffen.

Der Senat hatte zu dieser Zeit erstmals für alle Teile des Reiches verbindlich festgelegt, dass die Feldherren, die einen Triumph beantragen wollten, nachweisen mussten, dass sie wenigstens 5000 Gegner getötet hatten – eine eigentümliche Regelung, die den politisch-militärischen Nutzen der Kriegführung komplett in den Hintergrund rückte. Man wollte offenbar die üblich gewordenen Feldzüge, die ausschließlich der Plünderung und persönlichen Bereicherung dienten, verhindern. Stattdessen drehte man mit dieser Regelung die Spirale der Gewalt nur um eine Windung weiter. Diesen politischen Hintergrund muss man sich vor Augen führen, wenn man am Col de Panissars die schöne Aussicht ins südliche Spanien genießt und vor dem inneren Auge das sicherlich einst architektonisch beeindruckende Siegesmonument des Pompeius wiedererstehen lässt. Plinius berichtet in seiner Naturgeschichte nicht nur, dass das Monument von einer Statue des Pompeius bekrönt war, sondern auch, dass sich dieser in einer Inschrift am Siegesmal rühmt, 876 Städte (*oppida*) zwischen Spanien und den Alpen unterworfen zu haben. Er sah sich nach militärischen Erfolgen in Nordafrika und den Siegen in Spanien auf der Straße des Siegers, ja verglich sich bereits mit Alexander dem Großen, dessen Frisur er auf offiziellen Porträts kopierte. Wegen der Pflicht, die Erfolge in Listen zu dokumentieren, wurden die Feldherren – dies zeigt die Zahl der angeblich 876 unterworfenen Städte (*oppida*) – zu Buchhaltern des Todes.

Als Caesar – nachmalig der große innenpolitische Rivale des Pompeius – seine Kriege in Gallien beendet hatte, berichtete er dem Senat, er habe 1 192 000 Feinde getötet. Doch selbst diese Bilanz des Grauens und der damit verbundene militärische Erfolg reichte nicht an das heran, was Pompeius bereits vorgelegt hatte: Als dieser wenige Jahre zuvor seine Kriege im Osten der Mittelmeerwelt zu rechtfertigen hatte, behauptete er, 12 183 000 Men-

Das Siegesmal des Pompeius

schen vertrieben, in die Flucht geschlagen und getötet, 846 Schiffe versenkt und 1538 Städte und Burgen zur Aufgabe gezwungen zu haben (Plinius, *Naturgeschichte* 7,92.96). Das war einfach nicht zu überbieten, wie der omnipotente Pompeius sehr wohl wusste.

Die Inschrift am Denkmal auf dem Col de Panissars war folglich nur das Präludium der schrecklichen Zahlenspiele, mit denen sich Pompeius später als erfolgreicher Feldherr präsentierte. Freilich wissen wir von dem Geographen Strabon, dass die Größenordnung der Angaben in der Inschrift, die Pompeius am Monument anbringen ließ, gelogen war und wohl mit älteren Zahlen konkurrierte, die der einstige Prätor Tiberius Gracchus bereits im Jahr 180/79 v. Chr. für sich und seine militärischen Erfolge in der Hispania reklamiert hatte.

Doch auf jeden Fall erinnern uns die heutigen bescheidenen Reste des Monuments auf dem Col de Panissars daran, dass am Vorabend der römischen Bürgerkriegszeit die Mächtigen in diesen Repräsentationsformen von Herrschaft geeignete Propagandamittel für die Auseinandersetzung mit ihren innenpolitischen Konkurrenten sahen. Höher, weiter, schneller – das war die Form, in der man seine militärischen Erfolge architektonisch anpries, um politisches Kapital daraus zu schlagen.

Pompeius schuf ein eindrucksvolles Monument, das sich später der erste Princeps und Monarch Augustus zum Vorbild nahm, um seine eigenen Siege im Alpenraum zu feiern. Jener war als junger Mann im Jahr 45 v. Chr. dem großen Caesar nachgereist – also wenige Monate vor dessen Ermordung –, um an seinen spanischen Kriegen teilzunehmen. Es ist sicher, dass er bei dieser Gelegenheit auch das Monument des Pompeius zu sehen bekam. Caesar hat es nämlich, von Süden auf der Via Domitia kommend, zusammen mit seiner Entourage besichtigt. Er verzichtete aber darauf, es Pompeius gleichzutun. War doch das Monument offenbar in Rom nicht gut angekommen. Der Grund für die Empörung bei den Politikern in Rom liegt auf der Hand. Der junge Pompeius, der noch kein wichtiges Amt bekleidet hatte, brüskierte mit der Inschrift auf dem Monument zum wiederholten Male den Senat. Er hatte nämlich gar keine

Vollmacht, alle Orte zwischen den Alpen und der südlichen hispanischen Provinz unter seine Macht und Gewalt zu bringen. Hinzu kam, dass viele Orte ihm nun künftig verbunden blieben. Das war aus Sicht der anderen Politiker ein unerhörter Vorgang. «Und so begnügte Caesar sich damit, nicht fern von dessen Siegeszeichen einen großen Altar aus geglätteten Steinen zu errichten», wie Cassius Dio berichtet (Cassius Dio, *Römische Geschichte* 41,24).

Einige Jahrzehnte später hingegen – nämlich nach Beendigung der Bürgerkriege und der Beerdigung der Republik – waren politische Verhältnisse entstanden, die es nicht nur möglich machten, sondern es angesichts der architektonischen Wirkung des Monuments in den Pyrenäen sogar nahelegten, dieses zu kopieren. Jedenfalls gab der römische Senat, nachdem die Unterwerfung der Alpenvölker bis 14 v. Chr. unter Augustus abgeschlossen war, ein Bauwerk in Auftrag, das im Jahr 7/6 v. Chr. offiziell eingeweiht wurde und sicherlich von dem Pompeius-Siegesmal beeinflusst war. Die Reste dieses Denkmals, ein 31 mal 31 Meter großes Podium mit rundem Tempelaufbau, sind heute nördlich von Monte Carlo bei La Turbie auf einem 486 Meter hohen Berg zu besichtigen.

Aber anders als Pompeius, der einfach die Zahlen seiner Eroberungen nannte, ließ Augustus eine lange Namensliste einmeißeln. Insgesamt werden in der Inschrift des Augustus 49 Stämme und Gemeinwesen erwähnt, die sich «vom Oberen bis zum Unteren Meer (zwischen Atlantik und Mittelmeer) ausbreiteten» (Plinius, *Naturgeschichte* 3,136 f.). Darunter befinden sich allerdings viele Namen, deren Gemeinwesen wir heute nur vage in einzelnen Flusstälern lokalisieren können – und das dürfte auch den Zeitgenossen nicht viel anders ergangen sein. Doch umso besser! Konnte Augustus doch auf diese Weise eindrucksvoll die Größe der römischen Macht zeigen, wenn er Stämme unterwarf, die sogar der bisherigen geographischen Literatur namentlich unbekannt waren. Er hatte neue Teile der Welt erobert und dem Imperium einverleibt. Die Leistung des Pompeius hatte er so in den Schatten gestellt. Auch das war die Botschaft seines Siegesmonuments bei La Turbie.

Das Siegesmal des Pompeius

Die Porta Triumphalis – das Tor der Sieger

41° 53′ 33.20″ nördlicher Breite; 12° 28′ 41.89″ östlicher Länge

Pompeius hatte bereits neun Jahre vor seinen Erfolgen gegen Sertorius und vor der Errichtung des Denkmals in den Pyrenäen in Rom als Triumphator ein aufsehenerregendes Schauspiel inszeniert. Mit rund 25 Jahren war Pompeius für einen Triumphator ganz außergewöhnlich jung. Ihm war, wie der Biograph Plutarch in satirischer Überspitzung schreibt, «noch kaum der Bart gewachsen» (Plutarch, *Pompeius* 14), als ihm die Senatoren im Frühjahr 79 v. Chr. missmutig einen Triumph bewilligten. Obwohl er noch nicht einmal dem Senat angehörte, entwarf er für den 12. März 79 eine spektakuläre Feier.

Das Ritual am Tor war bekannt und wohlvertraut. Im Laufe der Jahrhunderte hatte man es unzählige Male zelebriert. Und dann passierte das Ungeheuerliche: Statt einer Quadriga, einem Viergespann, das von Pferden gezogen wurde, ließ Pompeius vier Elefanten, die er aus Afrika mitgebracht hatte, vor den Wagen spannen. Schwerfällig setzte sich das Gefährt in Bewegung. Wofür auch immer man die riesigen Tiere früher eingesetzt haben mochte, diese Aufgabe war ihnen neu. Pompeius hatte einem jeden einen Mahut auf den Rücken gesetzt, um sie zu lenken. So näherten sie sich der Porta Triumphalis – und blieben stecken. Die Quadriga mit den vier Elefanten passte einfach nicht durch das Tor. Der ganze Triumphzug stockte. Die Würdenträger, die sich gerade auf den Weg gemacht hatten, mussten anhalten. Immerhin waren es römische Senatoren, die da vorausgingen – vielleicht zog noch ein Trupp Musiker vor ihnen her, als von hinten laute Rufe erschollen: Anhalten! Anhalten! So blieb der ganze Triumphzug schließlich stehen. Die Elefanten wurden nun doch gegen Pferde ausgetauscht, was angesichts der Schwerfälligkeit der Dickhäuter sicherlich eine spektakuläre Aktion war. Doch wahrscheinlich hatte Pompeius sie irgendwo in Reichweite bereithalten lassen. Einem so exzellenten Strategen wie ihm musste klar sein, dass die Elefanten niemals durch die Porta Triumphalis hindurchpassten. Doch genau um diese Botschaft ging es ihm. Alle Welt sollte sehen, dass das Triumphtor, durch das schon die größten Feldherren Roms gezogen waren, wenn sie für Senat und Volk von Rom Feinde niedergeworfen hatten, für ihn, für den großen Pompeius zu klein war. Er war ein Mann, der alle bekannten Maßstäbe sprengte.

Ja, es war seine Absicht, «die Senatoren noch mehr zu kränken» (Plutarch, *Pompeius* 14), wie sein Biograph Plutarch schreibt. Sie, die doch schon dem ganzen Triumphzug ablehnend gegenübergestanden hatten, waren nun durch diese impertinente Überhöhung der Größe des Pompeius doppelt brüskiert. Nicht genug, dass Pompeius bereits den Beinamen «der Große» führte! Nun stellte er sich mit dieser Elefantennummer auch noch in eine Reihe mit den Göttern. Hatte doch kein anderer als der Gott Dionysos, nachdem er einst Indien unterworfen hatte, gleichfalls Elefanten vor sein Gefährt gespannt. Das Gefährt des Pompeius aber war zudem mit Edelsteinen geschmückt, und statt des ‹üblichen› Triumphalgewandes trug der Triumphator angeblich einen Kriegsmantel Alexanders des Großen. Der Eindruck muss überwältigend gewesen sein. Und jetzt – so stelle man sich vor – stand dieser Zug! Wie ein Lauffeuer verbreitete sich die Nachricht durch die Stadt, wurde von Mund zu Mund weitergetragen, gerufen und geschrien entlang der geplanten Route des Triumphzugs, weiter durch den Circus Maximus, wo man den Sieger erwartete, bis hinauf zum Capitol, wo der Triumphator zum Tempel hinaufsteigen sollte. «Blick hinter dich und vergiss nicht, dass du ein Mensch bist!» (Tertullian, *Apologeticus* 33,4). Ein römischer Staatssklave sollte das einem jeden Feldherrn in dieser Stunde des größten Erfolgs beständig vorsprechen, damit er nicht größenwahnsinnig würde. An jenem Tag in Rom ahnten die Senatoren, dass diese Ermahnung bei Pompeius wohl keine Früchte mehr tragen würde.

Was hatte Rom nicht schon alles erlebt mit seinen Triumphato-

Die Porta Triumphalis

ren – und was sollte Rom nicht noch alles erleben! Die Feldherren hatten sich schon früher auf ihrem Triumphwagen in eigenwilliger und oft überraschender Form präsentiert. Aemilius Paullus war auf einem Elfenbeinwagen durch die Porta Triumphalis gefahren. Als dann später Caesar triumphierte, da brach an seinem Triumphwagen die Achse, und der Protagonist musste zu Fuß zum Capitol marschieren, wobei ihm 40 Elefanten als Fackelträger dienten. In dieser Situation hatten alle Zuschauer noch die Provokation des Pompeius gut im Gedächtnis, die Caesar gezielt überbot. Das Auftreten der Triumphatoren und ihre Inszenierungen nach Passieren der Porta Triumphalis hatten stets eine persönliche Signatur, die auch einen besonderen Anspruch – mitunter einen Herrschaftsanspruch – betonte. So präsentierte sich Kaiser Nero (54–68 n. Chr.) nach seiner Griechenlandtournee als Künstler in einem griechischen Kriegsmantel, der mit goldenen Sternen bestickt war. Statt durch die Porta Triumphalis einzuziehen, ließ er gleich eine Bresche in die Stadtmauer schlagen. Auf dem Kopf trug er den Siegeskranz, den man ihm in Olympia zuerkannt hatte, und in der Hand jenen des Apollon aus Delphi. Er feierte seinen Triumph nicht als Feldherr, sondern als Künstler. So trug man ihm zahllose weitere Siegeskränze mit den Namen der Siegeslieder und musischen Stücke voran, die man bei allerlei Gelegenheit – nolens volens – für preiswürdig erklärt hatte. Caesar und Nero sollten beide wenig später ihre grenzüberschreitenden Inszenierungen in Rom mit dem Leben bezahlen.

Aber es gab auch ganz andere und ganz anders verlaufende Triumphe: Bei Kaiser Augustus beschloss der Senat, dass dessen Leichnam von den Begräbnisfeiern auf dem Forum durch die Porta Triumphalis zum Verbrennungsplatz gebracht wurde; dort beglaubigte ein Senator, dass er die Seele des Kaisers in Gestalt eines Adlers habe davonfliegen sehen, um künftig unter den Göttern zu weilen. Er stieg gewissermaßen als Triumphator seines ganzen Lebens durch das Tor hindurch in den Himmel auf. Auch der Leichnam des Kaisers Trajan (98–117 n. Chr.) wurde in einem Triumphzug durch die

Porta Triumphalis gefahren und durch die Stadt begleitet, ehe sie im Sockel der Trajanssäule ihre letzte Ruhestätte fand. Dass dies innerhalb der heiligen Grenze Roms geschah, signalisierte den Römern, dass hier der Held eine gottgleiche Würdigung erfuhr.

Doch gerade da die Porta Triumphalis ein so überragend wichtiges Bauwerk in der römischen Geschichte war, ist es umso erstaunlicher, dass wir nicht wirklich wissen, wo sie tatsächlich stand. Bis heute rätseln Archäologen und Historiker über diese Frage. Inzwischen gibt es einen Konsens, dass dieses Tor, von dem sich keinerlei Reste erhalten haben, wahrscheinlich seinen Platz unweit des Marcellus-Theaters und der Porticus (Säulenhalle) der Octavia hatte. Das schließt man aufgrund antiker Beschreibungen. Aber die antiken Bauwerke – bzw. ihre Grundmauern – sind in dieser Gegend wie überall in Rom stark überbaut worden. Ein großer Teil des archäologischen Erbes der alten Metropole ist unter mittelalterlichen oder neuzeitlichen Gebäuden verschwunden. Auch das Viertel, wo man die einstige Porta Triumphalis vermutet – zwischen Marcellus-Theater, Largo Argentina und dem Tiber – wurde baulich stark verändert. Im 16. Jahrhundert entstand dort das ca. drei Hektar große jüdische Ghetto. Das war ein kleiner römischer Stadtteil, der von einer hohen Mauer umgeben war und abends durch anfangs zwei, später wohl zehn Tore abgeschlossen wurde. Das Ghetto wuchs beständig und existierte bis ins 19. Jahrhundert. In dieser Zeit wurde es regelmäßig erweitert und hatte damals rund 10 000 Einwohner. Heute erinnern in der Via del Portico d'Ottavia noch die große Synagoge, jüdische Restaurants und Läden sowie das Museo Ebraico an den traurigen Verlauf der Geschichte der jüdischen Gemeinde in Rom, deren Mitglieder seit dem Herbst 1943 zu Tausenden der deutschen Vernichtungspolitik zum Opfer fielen.

In der Antike hatte sich dort ein Teil des sogenannten Marsfeldes befunden – eines Stadtteils, der außerhalb der sakralen Stadtgrenze (pomerium) lag. Wenigstens drei Meter unterhalb der oben erwähnten Straße mit den jüdischen Restaurants lag einst der Circus Flaminius, der zwischen 222 und 220 v. Chr. als Austragungsort für Wagenrennen errichtet worden war. Dieser Circus spielte bei den organisatorisch sehr aufwendigen Triumphzügen sicherlich eine wichtige Rolle. Dort wird ein Gutteil der Soldaten übernachtet haben, bevor der große Tag des Triumphs anbrach. Auch konnte man im Circus Beute lagern, die die Legionen erobert und in die Heimat gebracht hatten. Der Feldherr Lucullus wiederum, den man heute meist nur noch als Genießer teurer Speisen erinnert, hat ein paar Jahre nach Pompeius im Circus erbeutete Waffen und Kriegsmaschinen ausgestellt – «ein Spektakel für sich, nichts Alltägliches jedenfalls», schreibt sein Biograph Plutarch (Plutarch, *Lucullus* 37).

Auch übernachtete ein Feldherr etwas exklusiver als seine Truppen, und zwar in der *villa publica* – einem ansehnlichen, doppelstöckigen Gebäude. Dieses Haus konnte man auch zur Lagerung wahrer Schätze nutzen, die mitunter als Beute heimgebracht wurden. Das gilt beispielsweise für den Feldherrn Aemilius Paullus, der 167 v. Chr. bei dem Krieg gegen die Makedonen 750 Amphoren voller Münzen mit einem Gewicht von jeweils 75 Kilogramm vorzuweisen hatte (Plutarch, *Aemilius* 32). Doch so eindrucksvoll das auch klingt, Pompeius übertraf selbst diesen Wert. Benötigte er doch nach seinen Siegen in Vorderasien im Jahr 61 v. Chr. ganze 700 Schiffe, um die schließlich beim Triumphzug gezeigte Beute nach Rom zu schaffen. Die Lagerung und anschließende Präsentation der Fracht allein stellte schon einen wahren organisatorischen Kraftakt dar.

Nach dem Frühstück stellten sich die Soldaten auf dem Marsfeld auf. Dort wurde auch die Präsentation der Beutestücke und der Gefangenen für den Triumphzug vorbereitet. Die Beute wurde auf tragbare Holzgestelle gehoben. Zwischen dem Circus und dem Tiber formierte sich dann der Zug, um sich allmählich Richtung Circus Maximus in Bewegung zu setzen. Währenddessen hatten sich an der Porta Triumphalis auch bereits die Senatoren eingefunden, um den Triumphator zu begrüßen und ihm schließlich vorauszugehen. Hier legte er eine ganz spezielle Kleidung an, das purpurne und goldbestickte Triumphalgewand.

Die Porta Triumphalis war gewissermaßen die Startlinie der großen Inszenierung, die einer eingespielten Choreographie folgte. Musiker, Senatoren, dann die zur Schau getragenen Beutestücke und die Gefangenen sowie die bildliche Präsentation aller Eroberungen und Siege. All das ließ der Triumphator vorbeiziehen, bis er selbst sich in den Zug einreihte. Den Schluss bildeten die Soldaten, die Spottlieder auf ihren Chef sangen.

Alle Teilnehmer passierten die Porta Triumphalis – wo immer sie gestanden haben mag – und zogen über den Gemüse- und den Viehmarkt. Aus der Ferne hörten sie bereits das Geschrei aus dem Circus Maximus, wo sie weit mehr als 100 000 begeisterte Zuschauer erwarteten. Je näher der Zug dem Circus kam, umso lauter wurden das Brausen und das Toben. Der Triumphator lauschte bereits aus der Ferne, wie die Menge mit «Freude und Staunen» (Plutarch, *Romulus* 16) auf das reagierte, was ihr gezeigt wurde.

Die Stadt war an einem solchen Tag geradezu in einem Ausnahmezustand. Alle Bürger versuchten, einen guten Steh- oder besser noch einen Sitzplatz in einem Circus oder auf den für diesen Anlass errichteten Holztribünen zu ergattern. Es gab Triumphe, die sich gar über mehrere Tage hinzogen, wie jener des Titus Quinctius Flamininus 194 v. Chr., des Aemilius Paullus 167 v. Chr. oder auch der des Augustus 29 v. Chr.

Nur eine Gruppe genoss das Spektakel ganz sicher nicht und hätte sich lieber sonst wohin gewünscht, als unter der Porta Triumphalis hindurchzuziehen. Das war die Gruppe der Gefangenen. Oft fanden sich Fürsten und Könige mit ihren Familien darunter. Wenn sie das Tor passierten, wussten sie, dass sie im wahrsten Sinne des Wortes die letzten Meter ihres Lebensweges durchmaßen. Denn am Ende des Zuges wartete auf sie die Hinrichtung. Der makedonische König Perseus soll angesichts des herannahenden Todes «ganz verschreckt und in seinem Verstande ganz verwirrt» gewesen sein. Er hatte den Triumphator inständig gebeten, ihn nicht mitzuführen. Mit seinen Kindern hatte man immerhin Mitleid, da «die weinende Schar der Ammen, Lehrer und Pädagogen» mit Gesten um deren

Schonung baten (Plutarch, *Aemilius* 33). Kleopatra, die letzte, große Ptolemäerherrscherin, hatte ihrem Feind Octavian – dem nachmaligen Augustus – nicht die Genugtuung gegönnt, sie öffentlich in Rom zur Schau zu stellen, um sie danach zu töten. Sie hatte sich bereits in Alexandria in aller Würde durch Selbstmord dieser Erniedrigung entzogen. Damit die Römer nicht ganz um ihr schales Vergnügen kommen sollten, wurde daher später beim Triumphzug ihre Figur auf einer Liege im Moment des Todes gezeigt, den sie sich mit Hilfe einer Giftschlange bereitet hatte (Cassius Dio, *Römische Geschichte* 51,21–22).

Manchmal, wenn ich in Rom bin und in der Via del Portico d'Ottavia mich der wunderbaren jüdischen Kochkunst erfreue, dann vergesse ich an diesem Ort die Hektik, die Touristen wie ich in die Ewige Stadt bringen. Bei köstlichem Stockfisch und frittierten Zucchiniblüten fällt mir dann ein, dass hier irgendwo, nur wenige Meter unter dem heutigen Straßenniveau, die Reste der Porta Triumphalis liegen müssen. Und dann denke ich an die Feldherren, die dort vorüberzogen, und an die Römer, die vielleicht gerade dort, wo ich nun stehe, dem Zug zujubelten, und ich denke an die Elefanten, die die Zeitgenossen so tief beeindruckten, dass die Mächtigen nicht mehr auf sie verzichten wollten, wenn sie sich dem Volk präsentierten: Auf Münzen, die Tiberius (14–37), der Nachfolger des Augustus, prägen ließ, sieht man den vergöttlichten ersten Kaiser auf einem Elefantenwagen. Und Domitian (81–96) scheint die Porta Triumphalis nicht nur erneuert zu haben, sondern er setzte auf ihre Spitze selbst zwei Elefantenquadrigen. Mochte Pompeius die Idee für sein Schauspiel vielleicht den Mythen entnommen oder von Alexander dem Großen abgeschaut haben – auf jeden Fall wirkte sie stilbildend bis in die Architektur jenes Tores, durch das alle zogen, die das Römische Reich zu neuen Höhen führten.

Ein Tropaion in München –
Mahnmal des Sieges

48° 8′ 42.13″ nördlicher Breite; 11° 33′ 53.76″ östlicher Länge

Die Archäologische Staatssammlung in München zeigt ein merkwürdiges Monument. Ein roh bearbeiteter und geglätteter 2,40 Meter hoher, 25 mal 25 Zentimeter starker hölzerner Stamm trägt ein grob und unbeholfen geschnitztes Gesicht, das ihm ein entfernt menschenähnliches Aussehen verleiht. Dieser seltsame Pfahl stammt, wie naturwissenschaftliche Untersuchungen gezeigt haben, aus dem 4. Jahrhundert v. Chr. Auf seinem Kopf sitzt ein bronzener Helm und am Oberkörper trägt der stilisierte Krieger einen Brustpanzer.

Sein Schöpfer hat den Rumpf mit eingetieftem Rückgrat, runden Schultern und gerundetem Abschluss der Rippenpartie an den Panzer angepasst, der dem hölzernen Körper tatsächlich eng anlag. Damit der Helm gut sitzt, wurde der Kopf zylinderartig verlängert; seine Stirn geht gerade in die Nasenpartie über. Die Augen sind rautenförmig eingetieft. Ihr Inneres hat der Künstler aus andersartigem, hellerem Holz gefertigt und dies mit Bronzenägeln in den Augenhöhlen befestigt. Selbst die Ohren sind plastisch ausgearbeitet, bleiben aber unter den Wangenklappen des Helms verborgen. Bohrungen und Nagelspuren belegen, dass Holz und Schmuck zusammengehören. An der Schulter sind Zapfen für rechtwinklig angepasste, vierkantige Armstummel zu sehen.

Die Bewaffnung der Figur kennt man aus dem westgriechischen Raum – also aus Süditalien, das einst von Griechen kolonisiert worden ist. Auf dem Panzer sehen wir kupferne Brustwarzen und auf der Rückseite unter der Schulter und an den Seiten silberne Apliken, die Herakles mit Löwenfell zeigen; sie sollten auf magische Weise den Träger vor Unheil bewahren. Man kann erkennen, dass die Rüstung verschiedentlich repariert worden ist,

Ein Tropaion in München

also in der Schlacht einst Beschädigungen erfahren hat. Der Krieger, dessen Rüstung man in der Antike hergenommen hat, um sie auf dem hölzernen Menschenabbild zu befestigen, hatte also am eigenen Leib erfahren, was es heißt, in die Schlacht zu ziehen und Mann gegen Mann zu kämpfen.

Solch eine Skulptur hatte einst ihren festen Ort – und es war nicht irgendein Ort. Es war eine Stätte, an der Menschen im Krieg standen. Tatsächlich kennen wir nicht die genaue Herkunft dieses eigentümlichen, spröde und abweisend anmutenden Holzpfahls. Und doch können wir versuchen, uns den Ort zu vergegenwärtigen, an dem er einst stand.

Der sonderbare Pfahl hat das Grauen gesehen, den blutgetränkten Boden einer Schlacht; er ist der stumme Zeuge von Verletzung, Schmerzen, Angst und Tod. Es wird vielleicht eine Ebene gewesen sein, in der sich einst zwei Kriegsparteien gegenüberstanden: Man hatte sich den Krieg erklärt und Ort und Zeit des Treffens nach den Gepflogenheiten des Kriegsrechts verabredet. Dann war diese namenlose Schlacht geschlagen worden. Die Verlierer hatten eine Abordnung zur siegreichen Seite geschickt und darum gebeten, ihre Toten bergen zu dürfen. Mit dieser Bitte hatten sie zugleich den Sieg des Feindes anerkannt. Der Sieger gestattete, worum man ihn gebeten hatte, und so konnten die Toten ihren Angehörigen zur Bestattung übergeben werden. In der Regel gewährte der Sieger eine eintägige Waffenruhe – selbst dann, wenn vielleicht noch weitere Kämpfe folgten.

Dem Sieger also gehörte das Schlachtfeld. Und damit niemand daran zweifelte, wer siegreich war, stellte er ein Siegesdenkmal auf – das sogenannte *Tropaion*. Dies war in der Regel, wie auch das Beispiel aus München zeigt, ein schlichter Holzstamm. Bisweilen war er mit einem Querbalken versehen, an dem der Sieger die erbeuteten Waffen aufhängte. Der Begriff Tropaion leitet sich her von den Wörtern *trépein* (‹wenden›) und *tropé* (‹Flucht, die Wende›). Das Denkmal markiert demnach die Stelle, an der die Feinde sich zur Flucht wandten. Dort hatte also auch das Schlachtenglück seine entscheidende Wende genommen. Jetzt erst wurde aus einer beliebigen Stelle in der Landschaft ein Ort. Es war ein Ort, der erst mit der Errichtung des Pfahls in der Welt Bedeutung erlangte, gewissermaßen erst zu existieren begann – es war ein mithin auch sehr flüchtiger Ort militärischen Erfolgs.

In jener Zeit, da solch ein Pfahl zum üblichen Siegeszeichen im klassischen Griechenland wurde, als Schlachtordnungen von Schwerbewaffneten, sogenannten Hopliten, aufeinandertrafen, gab es in der Regel keine sich lange hinziehenden Kämpfe. War die Ordnung der gegnerischen Schlachtreihen gestört, begannen die unterlegenen Soldaten zu fliehen, da eine aufgebrochene Phalanx, wie man diese Schlachtreihen nannte, keine effektive Strategie mehr verfolgen konnte. So warfen die Fliehenden alle Waffen fort, die sie doch nur an schneller Flucht hinderten. Auch lange Verfolgungen der Fliehenden waren bis in das 4. Jahrhundert v. Chr. hinein unüblich. Wir können daher auch nicht wissen, ob Brustpanzer und Helm, die zu dem Tropaion gehören, von einem Toten stammen oder von einem Fliehenden zurückgelassen wurden.

Auch der Pfahl selbst, der am Ort der Schlacht von irgendwoher herbeigeschafft und aufgerichtet wurde, hat seine eigene Geschichte. Wenn eine Schlacht gewonnen war, musste man rasch darangehen, die Siegesdenkmäler aufzustellen. Wusste man doch gar nicht sicher, ob der Sieg auch nur den folgenden Tag überdauern würde. Bisweilen wurde daher auch erst mehrere Tage nach dem Sieg ein Tropaion aufgestellt. Während also einige der Kämpfer die toten Kameraden bargen und Verletzte versorgten, sammelten andere erbeutete Waffen, mit denen sie das Tropaion einkleideten oder um sie als Weihgaben für die eigenen Götter am Tropaion niederzulegen. Manche Waffen schafften sie auch fort in ein heimatliches Heiligtum oder nahmen sie vielleicht mit, um sie später in einem römischen Triumph der Öffentlichkeit zu präsentieren. Für das Tropaion vor Ort aber suchte man rasch einen geeigneten Stamm. Wer siegesgewiss und nicht abergläubig war, hatte vielleicht gar solch einen Pfahl schon vorbereitet. Große Handwerkskunst war nicht er-

Ein Tropaion in München

forderlich, wie an unserem Beispiel in den Münchener Antiken-
sammlungen deutlich zu sehen ist, das eher unprofessionell, wenn
auch nicht ungeschickt bearbeitet und mit den erbeuteten Waffen
versehen worden ist.

Dokumentierte das Tropaion den Ort des militärischen Erfolgs,
so war es zugleich der Ort, an dem der Sieger den Göttern durch
Opfer dafür danken konnte, dass ihm das Schlachtenglück ge-
lächelt hatte. Auch am Münchner Pfahl werden Soldaten solche
Dankopfer dargebracht haben, bevor sie ins Lager oder in ihre Heimat zurückkehrten. Solch ein durch das Tropaion markierter Ort
war sakrosankt – er war unverletzlich; ihn zu entweihen hätte
einen Frevel dargestellt. Er war dem Zeus Tropaios oder den Göttern des Krieges geweiht. Selbst ein hartgesottener Feldherr wie
Caesar wagte es nicht, ein Tropaion des gegnerischen Königs
Mithradates VII. in Kleinasien anzutasten, das den Kriegsgöttern
geweiht war. Es ist bemerkenswert, dass ein Tropaion nicht entfernt werden durfte; und doch wurde es auch nicht für alle Ewigkeit errichtet. Siegesmale aus Stein oder gar Metall wurden in der
Zeit, aus der unser Siegesmal stammt, noch abgelehnt. So war der
Sieg, den ein Tropaion anzeigte, einmalig und nicht auf Dauer gestellt. Das entsprach dem Bewusstsein der Zeitgenossen, demzufolge das Kriegsgeschick und überhaupt das menschliche Schicksal
wandelbar und grundsätzlich unbeständig waren, wie uns zeitgenössische Autoren wissen lassen. Diese Erfahrung der Bedingung
allen menschlichen Seins galt es auch bei Errichtung von Siegesmalen zu beachten.

Das Tropaion war in seiner Funktion als Siegesmal und heiliger
Opferplatz darüber hinaus auch Sinnbild völkerrechtlicher Verein-
barungen. Es zeigte den Sieg an und wurde als unmissverständ
licher Marker akzeptiert. Als ältestes Siegesmal dieser Art bezeichnet der Philosoph Platon das Tropaion bei Marathon. Das hatten
die stolzen Griechen nach dem Sieg über die Perser 490 v. Chr. errichtet. Dieser mit Waffen geschmückte Baumstamm wurde rasch
zu einer Ikone, einer Bildchiffre für den Sieg, und damit konnte er

sich von dem Ort, an dem das Tropaion ursprünglich aufgestellt worden war, lösen. Es begegnet als Bildnis in unterschiedlichen Kontexten, beispielsweise als Vasenbild und als Relief auf öffentlichen Gebäuden wie beispielsweise Tempeln.

Am Ende des 2. Jahrhunderts v. Chr. übernahmen die Römer dieses Monument als Bildchiffre. Selbstverständlich konstruierten die Römer eine Tradition des Siegesmals, die in ihre eigene mythische Frühgeschichte passte. Sie wählten dafür die gelehrte ‹Rekonstruktion› der eigenen Vergangenenheit, indem sie den Kampf zwischen ihrem Ahnherrn, dem troianischen Helden Aeneas, und Mezentius, dem mythischen Herrscher der Etruskerstadt Caere, mit den Uranfängen des Tropaion in Verbindung brachten. Der Dichter Vergil (70–19 v. Chr.) beschreibt, wie wir uns ein gut-römisches Tropaion vorzustellen haben: «Eine gewaltige Eiche mit abgehauenen Ästen pflanzte auf dem Hügel er auf, umhängt mit blinkenden Waffen. Einst des Mezentius Wehr, dir, großer Lenker der Schlachten, als Trophäe: er hängt darauf den blutenden Helmbusch, lehnt die zerbrochenen Speere daran, den zwölfmal durchschossenen Panzer des Helden, zur Linken das eherne Schild und darüber hängt um den Hals er das Schwert in elfenbeinerner Scheide» (Vergil, *Aeneis* 11,5–11).

Tropaia sind uns heute vor allem als künstlerische Visualisierung von Sieghaftigkeit in zahlreichen verschiedenen Monumenten aus römischer Zeit präsent. Sie wurden auf Münzen, in Reliefs auf Triumphbögen und in vielen anderen visuellen Medien immer und immer wieder gezeigt. Sie trugen in großer Zahl und reicher Gestaltung stets die Waffen der Besiegten. Tropaia erwiesen sich als Elemente der Propaganda überaus erfolgreich. Daher finden wir sie sogar noch in der Architektur der Neuzeit bis ins 19. Jahrhundert hinein, wenn Herrscher und Feldherren ihre Siege abbilden wollten.

Anders als die Griechen liebten es die Römer, Unterworfene in erniedrigenden Posen abzubilden. Deshalb wurden die Unglücklichen zu begleitenden Bildelementen der Tropaia. Sie kauern zu Füßen des Siegesmals als Gefangene mit barbarischer Tracht und

Ein Tropaion in München

entsprechender Physiognomie und fügen sich mit gesenktem Kopf traurig in ihr Schicksal. Auch bei Triumphzügen wurde diese Ikonographie kopiert. Auf den Tragegestellen sah man Tropaia, an denen man gefangene und gefesselte Barbaren platzierte. Aemilius Paullus hat 167 v. Chr. 800 Tropaia gezeigt, Pompeius im Jahr 61 v. Chr. so viele Siegesmale, wie er und seine Feldherren Schlachten gewonnen hatten.

Die Römer brachten folglich die nach der Schlacht oft fern von Rom aufgestellten Tropaia mit in ihre Heimat. Wir wissen nicht genau, was die Griechen mit ihren Siegesmalen machten, wie lange sie also auf dem Schlachtfeld standen und an den Sieg erinnerten. Es ist denkbar, dass man sie in einem Heiligtum einer Gottheit weihte, wie es in Einzelfällen überliefert ist. Vielleicht nahm man sie nach gewisser Zeit fort oder warf sie auch – wenn genügend Zeit verstrichen und der Ort nicht mehr sakrosankt war – einfach um.

Das Münchner Tropaion steht in seiner schlichten Gestalt für längst verblasstes Kriegsglück. Der reale, einst mit ihm verbundene Ort ist für uns verloren. Aber auch wenn wir diesen Ort in seiner Schicksalhaftigkeit für viele Menschen und in seiner kultischen Aufladung nur noch imaginieren können, wird uns dennoch bewusst, wie befremdlich die einstigen Schlachtfelder auf die Zeitgenossen gewirkt haben müssen, wenn sie an den starren Holzpfählen mit ihren rudimentär herausgearbeiteten Gesichtern und ihrem Waffenschmuck vorübergingen. Für die einen waren die Tropaia vielleicht das Letzte, was sie von der Heimat sahen, ehe sie als Sklaven in die Fremde verkauft wurden, für die anderen vielleicht Orte, von denen sie wussten, dass dort Vater, Ehemann, Sohn oder Freund gefallen war. Für die Sieger markierte solch ein Mal gewiss zunächst eine Stätte des Erfolgs, aber sie ahnten wohl, dass schon morgen andere Feinde solch ein Tropaion auf einem Schlachtfeld errichten konnten, wenn sie selbst zu den Opfern gehören würden. So war der Platz, an dem das starre Tropaion grüßte, ein seltsamer Ort zwischen Leben und Tod, zwischen Triumph und Leid.

4.
Orte der Liebe

Um 200 n. Chr. wurde unter dem römischen Kaiser Septimius Severus in dem Ort Abydos an den kleinasiatischen Meerengen eine eigenartige Münze geprägt. Auf der Vorderseite ist der Kaiser im Porträt zu sehen, eingerahmt von einer Umschrift mit der Kaisertitulatur. Die Rückseite zeigt ein merkwürdiges Bild. Auf der linken Seite steht eine Frau auf einem Turm, eine Öllampe in der ausgestreckten rechten Hand. Vor ihr im Mittelpunkt des Münzbildes sehen wir einen Schwimmer, der im bewegten Meer, das in etwas unbeholfen gearbeiteten Wellenlinien angedeutet wird, auf den Turm zukrault.

Jeder, der diese Münze in seiner Hand hielt, kannte die Geschichte, auf die das Bild anspielte. Es war die anrührende Geschichte von Hero und Leander. Sie spielte an dem Ort, wo die Münze einst geprägt worden ist – in Abydos –, und in Sestos, auf der anderen Seite der Meerenge gelegen. Die Orte lagen in Sichtweite voneinander, aber die heftige Strömung in den Meerengen verhinderte eine direkte Überfahrt. Daher hatte man nördlich von Abydos einen Turm errichtet, um die Stelle zu markieren, von der aus man sich leicht mit der starken Strömung auf die andere Seite im Westen nahe Sestos treiben lassen konnte. Dort gab es einen zweiten Turm, den man von Norden kommend ansteuerte. Er wurde vielleicht noch in römischer Zeit als Leuchtturm benutzt.

Doch dieses Wissen um die naturräumlichen Bedingungen, das sich die Menschen in dieser Region über mehr als tausend Jahre hinweg erworben hatten, um den Naturgewalten der extremen Wasserströmung zu trotzen, bildete damals nur den äußeren Rahmen, um ganz andere Geschichten zu erzählen. Darunter auch jene, deren entscheidende Szene in der Bildgeschichte auf der Rückseite unserer Münze für immer erstarrt ist. Es ist dies die Geschichte von Hero aus Sestos und Leander aus Abydos. Wer unser

Orte der Liebe

Volkslied von den beiden Königskindern, die einander so lieb hatten und doch nicht zueinander kommen durften, kennt, der findet hier die uralte Vorlage dieses Motivs. Die Aphrodite-Priesterin Hero und ihr Leander hatten sich ineinander verliebt, durften sich aber nicht sehen. Daher schwamm Leander immer wieder heimlich des Nachts durch die Meerengen zu Hero auf die westliche Seite des Hellespont. Damit der Geliebte wusste, in welche Richtung er zu schwimmen hatte, entzündete sie auf ihrem Turm ein Licht, um ihn zu leiten. Eines Nachts aber passierte das Unglück: Ein Sturm blies die Signallampe aus, Leander verirrte sich im Meer und ertrank. Als Hero am nächsten Morgen seinen Leichnam am Ufer fand, stürzte sie sich vor Gram über den Verlust vom Turm in den Tod.

Nicht erst seit der Romantik, sondern auch schon in den Tagen des Hellenismus liebte man solche tragischen Liebesgeschichten, die in den Romanen der Zeit dramatisch erzählt wurden. Es waren literarische Motive ohne historisch-realen Ereignisbezug. Aber sie befriedigten ein reales Bedürfnis der Leserschaft nach dramatischen Abenteuern und amourösen Verwicklungen. Wer heute die «Nackenbeißer-Bände» an den Kiosken anschaut, auf deren Covern muskulöse Männer schmachtende langhaarige Frauen in ihren Armen halten, um sie im nächsten Moment leidenschaftlich zu küssen, erfasst ziemlich gut die parallelen Bedürfnislagen im damaligen und heutigen Literaturbetrieb. Man ergötzte sich an Geschichten von erfüllter und unerfüllter Liebe, verschlang Romane, in denen Frauen in Gefahr gerieten und denen drohte, ihren Liebsten zu verlieren. Der Romanautor Apuleius etwa hat in seinem Roman (2. Jahrhundert n. Chr.) über eine von Räubern entführte Frau eine lange Version der dramatischen Liebesgeschichte zwischen Amor und Psyche eingeflochten, die den antiken Lesern bestens vertraut war. Eine Magd erzählt der Entführten von der wahren Liebe zwischen dem mythischen Paar und tröstet sie damit über die Unbill der eigenen aktuellen Notlage hinweg. Nur Götter als rettende Liebhaber und nachmalige Gatten sind

Orte der Liebe

heute ein wenig aus der Mode gekommen. Doch an Dramatik übertrifft diese glücklich endende Liebesgeschichte die Episode von Hero und Leander an den Meerengen bei weitem.

Wie sehr sich eine Gesellschaft in der Antike ein literarisches Motiv anverwandeln konnte, belegt, dass die Stadt Abydos sich mit der fiktiven Tragödie um Hero und Leander so stark identifizierte, ja, sie als festen Teil ihrer Stadtgeschichte verstand, dass sie sie auch auf ihren Münzen abbildete. Doch damit nicht genug. Der Geograph Strabon erwähnt bei seiner Schilderung der Meerengen auch den Turm der Hero. Folglich hat nicht nur Abydos, sondern auch die Stadt Sestos der Liebesgeschichte einen Ort gegeben, den der staunende Tourist besuchen konnte. Von Antipatros, einem Dichter aus Thessaloniki, erfahren wir, dass der Turm zur Zeitenwende bereits eine Ruine war. Die Liebe hatte demnach nicht nur einen, sondern gleich zwei seltsame Orte, wo man am Ufer des Meeres dem Geheimnis einer innigen Verbindung nachsinnen durfte.

Der große römische Dichter Vergil spielt in seinem Werk über das Landleben auf die tragische Geschichte von Hero und Leander an, die man zu seiner Zeit bei einem halbwegs gebildeten Menschen als bekannt voraussetzen durfte (Vergil, *Georgica* 3,258), wie uns der spätantike Vergil-Kommentator Maurus Servius Honoratus wissen lässt. Sie dient ihm als Beispiel dafür, dass blinde Liebe und ungezügeltes Begehren unweigerlich ins Verderben führen. Deshalb solle man Hengste und Stuten, Stiere und Kühe immer getrennt voneinander halten. Der beißende Ton, mit der er der Geschichte jede Romantik austreibt, konnte gleichwohl nicht verhindern, dass die Tragödie des Paares eine nachhaltige Wirkung in Kunst, Dichtung und Musik des Abendlandes entfaltete. Die echten Türme an den Meerengen werden spätere Künstler, Musiker und Literaten, die sich das Motiv zu eigen machten, schwerlich gekannt haben, und ganz sicher hat keiner von ihnen die Ruinen an diesen seltsamen Orten der Liebe tatsächlich besucht. Der Mythos von Hero und Leander, der zeitweise in der Antike einen realen

Ort gefunden hatte, hatte sich in ihren Tagen längst wieder von der Landschaft an den Meerengen gelöst und war überall willkommen, wo man über genügend schöpferisch-schwärmerische Phantasie verfügte, um ihn neu zu schaffen, ihn mit neuen Liebespaaren zu beleben und ihm eine neue Heimat zu geben.

Der Hängende Garten – eine babylonische Liebe

In Verona stattet heutzutage wohl so ziemlich jeder Tourist einem kleinen Hof unweit der Piazza delle Erbe einen kurzen Besuch ab. Hier wird der Balkon gezeigt, auf dem einst angeblich Julia ihren Romeo empfing. Mittlerweile verlangt die Stadt sogar einen Obolus von ein paar Euro von all jenen, die diesen Balkon betreten wollen – einen realen Ort, der doch von reiner Fiktion lebt. Bei Shakespeare steht Julia im zweiten Aufzug und der zweiten Szene an einem Fenster, um vom Geliebten, wenn sie ihre Liebe offenbart, belauscht zu werden. Falls Sie selbst beabsichtigen sollten, in entsprechender Stimmung, das Plätzchen mit Ihrer oder Ihrem Liebsten zu besuchen, so sollen Sie wissen, dass der Balkon erst zu Beginn des 20. Jahrhunderts an das Haus in Verona angebaut wurde. Was soll's? Fiktion tut wahrer Liebe keinen Abbruch. Im Gegenteil. Erst waren es Inschriften, dann zahllose Zettel mit Liebesgrüßen und heute sind es kleine industriell konfektionierte Stahlschlösser am Eingang des Innenhofes in Verona, mit denen junge ebenso wie alte Paare an diese ebenso schöne wie traurige Geschichte anknüpfen und sich ewige Liebe schwören.

Woran man in Verona verhältnismäßig kostengünstig – wie gesagt: ein paar Euro – teilhaben kann, das wäre in Babylon schon etwas exklusiver zu haben, denn dort sind noch nie Touristenscharen eingefallen. Beide Orte haben allerdings eines gemeinsam: Sie waren und sind gleichermaßen fiktiv. In Babylon handelt es sich um die Hängenden Gärten oder besser um *den* Hängenden Garten. Ein seltsamer Ort, der von verschiedenen antiken Autoren gar zu den sieben Weltwundern gezählt wurde.

Die Geschichte, die man sich zu diesem außergewöhnlichen Ort erzählte, ging – mit leichten Variationen – etwa folgendermaßen: Es war einmal ein König von Babylon, der heiratete eine Fürstentochter aus Medien. Das war eine bergige Gegend in der Grenzzone zwischen dem heutigen Irak und Iran. Doch die junge Frau wurde in ihrer neuen Heimat im mesopotamischen Königspalast schwermütig. Bei dem Blick aus dem Fenster oder bei ihren Spaziergängen durch die Stadt sah sie immer nur das zwar fruchtbare, aber vollkommen flache Land des Euphrattales. Ihr fehlten die vertrauten Berge. Da hatte der König, der seine Gattin sehr liebte und sie so gern glücklich sehen wollte, eine großartige Idee: Er beauftragte seine Architekten, eine Gartenlandschaft zu entwerfen, die wie eine Bergregion anmuten sollte. Die Architekten und Baumeister machten sich ans Werk und errichteten ein hohes, in langen Stufen aufsteigendes Bauwerk, über dessen Absätze und natürlich auch über dessen Dach sich die schönsten Gärten breiteten. Bäume täuschten Wälder vor, und das Grün vieler Pflanzen und bunte Blumen schmückten die Anlage. Die Menschen, die dieses Wunderwerk sahen, sprachen von einem Hängenden Garten, weil diese künstliche Landschaft nicht mit dem Boden verbunden zu sein schien.

Diese Geschichte begeisterte antike Autoren, erinnerte sie doch an jenen ungeheuer großen und fruchtbaren Garten, den Odysseus Homer zufolge bei dem Phäakenkönig Alkinoos sah. Sein wundervolles Aussehen wird von Homer mit zahlreichen Versen ausführlich geschildert. Die Geschichte von den Hängenden Gärten in Babylon als ungewöhnlicher Ort einer ungewöhnlichen Liebe wurde seit etwa 400 v. Chr. erzählt. Ktesias, ein Arzt, der zu dieser Zeit am persischen Königshof in Diensten stand, berichtete als Erster davon. Doch schon mit seinem Text beginnen auch die Probleme, der Geschichte einen realen Ort zu geben und das zugehörige Bauwerk zu rekonstruieren oder gar im archäologischen Befund zu identifizieren. Von Ktesias weiß man, dass er vor allem die Phantasie seiner griechischen Leser befriedigen wollte und sich zu diesem Zweck phantastische Geschichten einfach ausdachte. Die Realität war ihm dabei eher hinderlich.

Zwei Generationen später hören wir abermals von diesem seltsamen Naturschauspiel, und diesmal sind es die Begleiter Alexanders des Großen, die die Rede darauf bringen. Auch sie wissen von einem Hängenden Garten, der angeblich eine Größe von 120 mal 120 Metern hatte – eine Gartenlandschaft in komplizierter Architektur. Onesikratos von Astypalaia und Kleitarchos, so die Namen der Autoren, waren davon beeindruckt. Aber ihre Beschreibungen sind eigentlich gar nicht verständlich, ja nicht einmal miteinander vereinbar. Auch über den Erbauer dieses Wunderwerks wissen sie nichts Näheres zu berichten, außer dass es ein König gewesen sein soll. Wenn wir kurz an die Geschichte des Turms von Babylon – Etemenanki – zurückdenken, dann erinnern wir uns daran, dass Babylon sich beim Besuch Alexanders und seines Gefolges bereits weitgehend als Ruinenlandschaft darbot. Und da soll ausgerechnet noch der Hängende Garten existiert haben?

Ein echter Babylonier namens Berossos liefert zu Beginn des 3. Jahrhunderts v. Chr. in seiner Schrift *Babyloniaka* weitere Informationen, die angeblich auf Autopsie beruhen – will heißen: Er nimmt in Anspruch, selbst gesehen zu haben, wovon er schreibt. Doch Berossos erweist sich als problematischer Zeuge. Ihm geht es in seinem Buch vorrangig darum, die Bedeutung babylonischer Könige herauszustreichen. So schreibt er, ganz diesem Leitmotiv seiner Darstellung verpflichtet, dass der große babylonische König Nebukadnezar (605–562) einst diesen Hängenden Garten baute, und zwar von einer «Gestalt, die der von Bergen ähnlich war, bepflanzte [er] sie mit vielerlei Bäumen, und bewerkstelligte und vollendete den sogenannten Hängenden Park, weil seine Frau nach

Der Hängende Garten

bergiger Umgebung verlangte» (Flavius Josephus, *Jüdische Alter-tümer* 10,226).

Was die übrigen Autoren besonders interessierte, war die Frage, wie man solche waldähnlichen Parkanlagen, die ja gewissermaßen auf den Dächern der stufenförmig errichteten Gebäude gediehen, mit Wasser versorgte. Kleitarchos, ein Begleiter Alexanders des Großen, erklärte, eine Schicht aus Bleiplatten habe verhindert, dass die Feuchtigkeit aus der Erde des Gartens in den Unterbau eindrang. Das Wasser sei mit Maschinen, die den Blicken des Betrachters verborgen blieben, aus dem Euphrat herauftransportiert worden. Philon schildert, dass sogenannte Schnecken (Wasserschrauben), das heißt im Innern mit Spiralen versehene Rohrinstallationen, das Wasser aus dem Euphrat auf die oberen Plattformen transportierten. Doch damit stehen wir vor einem weiteren Problem. Tatsächlich gab es in der Antike solche Rohrsysteme. Aber sie wurden von Archimedes erfunden, der zwischen 287 und 212 v. Chr. lebte, mithin viele Jahrhunderte nach dem Entstehungszeitpunkt der berühmten Hängenden Gärten.

Dennoch beschreiben all diese Quellen eine ungeheuer prachtvolle Gartenlandschaft, angelegt aus Liebe – aber immer mit sehr unterschiedlichen Architekturen. So ist es auch nicht weiter überraschend, dass in der ersten Liste der Weltwunder, die im 2. Jahrhundert v. Chr. von Antipatros von Sidon verfasst wurde, auch die wundersamen Hängenden Gärten neben den Pyramiden von Ägypten, dem Leuchtturm von Alexandria oder dem Koloss von Rhodos und einigen anderen Wunderwerken mehr genannt wurden. Gerade weil, wie wir wissen, damals in Babylon vieles in Schutt und Asche lag, konnte man sich den Hängenden Garten so köstlich und in tausenderlei Weise verschieden ausmalen – der Phantasie waren unter diesen Bedingungen eben gerade keine Grenzen gesetzt. In ihm verbanden sich die Vorstellungen von unermesslichen Reichtümern babylonischer Könige mit den Legenden über ihr ausschweifendes Hofleben.

Ist also angesichts der wilden Überlieferungslage der Hängende

Garten in Babylon ebenso eine Fiktion wie der Balkon von Romeo und Julia in dem kleinen veronesischen Hof? Nein! Und selbstverständlich: Ja! Sicherlich gab es in der Großstadt Babylon einst prächtige Parks, die vielleicht sogar als Stufenanlage konzipiert waren, auch wenn sie archäologisch nicht mehr nachweisbar sind. Der Ausgräber von Babylon, Robert Koldewey, lokalisierte den Garten an der flussabgewandten Seite des Palastes. Heute wissen wir, dass das eindeutig den Quellen widerspricht. Oder anders gesagt: Die von ihm beschriebene Anlage kann gar nicht jene gewesen sein, welche die griechischen Autoren in ihren Schreibzimmern vor Augen hatten. Auch kein anderer Lokalisierungsversuch konnte sich bis heute durchsetzen.

Solche Petitessen haben freilich Fiktionen, wenn sie ausgezeichnet erzählt sind und bei ihren Lesern einen Nerv treffen, noch nie daran gehindert, imaginierte Realität zu werden. Im Italienischen gibt es dafür ein auf den Philosophen Giordano Bruno (1548–1600) zurückgehendes Sprichwort: *se non è vero, è molto ben trovato* (wenn es auch nicht wahr ist, so ist es doch sehr gut erfunden). Hero und Leander, Romeo und Julia, der babylonische König und seine schwermütige Frau beflügeln die Phantasie und bewegen das Gefühl. Das geneigte Publikum will die Geschichten so wenig wie den Ort verlieren, an dem sie spielen.

Umso größer war die Freude, als die Assyriologin Stephanie Dalley von der Universität Oxford im Jahr 2013 ihr Buch *The Mystery of the Hanging Garden of Babylon* veröffentlichte. Überall war im Fernsehen und in vielen Zeitungen zu hören und zu lesen, das Rätsel um den Hängenden Garten sei nun endlich gelöst. Seine Geschichte müsse vollkommen neu geschrieben werden. Laut Dalley sei er nicht in Babylon, sondern von dem assyrischen König Sanherib (ca. 745–681) in der assyrischen Königsstadt Ninive gebaut worden. Dieser König, der sich ganz besonders für den Wasserbau interessierte, habe auch die erwähnte Schnecke als Pumpsystem ersonnen. Reliefs in seinem Königspalast bildeten zudem beeindruckende Gartenanlagen ab, die man noch in hellenistischer Zeit

Der Hängende Garten

habe betrachten können. Die antiken Autoren hätten schlicht Ninive mit Babylon verwechselt.

Das Buch stieß bei Laien, die sich für die Weltwunder, den antiken Orient und die erstaunlichen Bauwerke der Antike interessierten, auf großes Interesse. Und dass mitunter auch Journalisten ganz dankbar sind für ein paar pralle Geschichten aus der Antike, wollen wir ihnen nicht verargen. Bei den Fachkollegen fielen freilich die Ansichten von Stephanie Dalley, die sie erstmals 1992 auf der *39e Rencontre Assyriologique*, dem Weltkongress der Spezialisten, präsentierte, komplett durch. Ihre Argumentation wurde detailliert widerlegt. Ihr Hängender Garten stand leider auf tönernen Füßen, was alle nur bedauern können, die sich einen Sinn für die großen Liebesgeschichten der Menschheit bewahrt haben.

Das Grab der Kleopatra

Was aber wären wir ohne Hollywood, wenn es um die großen Liebesgeschichten der Menschheit geht? Ein wahrhaft pyramidales Denkmal solch einer Geschichte entstand mit dem Film *Cleopatra*, der 1963 von Twentieth Century Fox produziert worden war. Das (nachmalige Alp-)Traumpaar der Filmgeschichte – Elizabeth Taylor und Richard Burton – haben darin die letzte Ptolemäerin Kleopatra VII. (69–30 v. Chr.) und ihren Gemahl Mark Anton (etwa 82–30 v. Chr.) verkörpert. Sie orchestrierten ihre professionelle Arbeit an *Cleopatra* mit ihrer privaten, durch die Yellowpress dankbar begleiteten Liebesgeschichte. Sie passte ausgezeichnet zu den antiken Berichten über das Liebespaar Mark Anton und Kleopatra und mündete ein Jahr nach der Premiere des Films in die erste Ehe der beiden Schauspieler.

Damals entstanden plakative und zudem vielfarbige Bilder eines zweitausend Jahre alten Liebesdramas: Mark Anton war die Verwaltung des griechischen Ostens des Römischen Reiches zugesprochen worden, aber er begann (wie bereits Caesar vor ihm) eine Liaison mit der ägyptischen Königin und lebte am alexandrinischen Hof. Dies wurde ihm als Verrat römischer Interessen und Ausverkauf des Reiches angekreidet. Aus der Schicht von Verleumdungen ist heutzutage kaum mehr der Kern der Tagespolitik herauszuschälen, die Mark Anton tatsächlich einst im Osten verfolgte.

Ein Höhepunkt dieser Schlammschlacht wird im Hinblick auf das Jahr 32 v. Chr. berichtet, als Mark Anton beschloss, offen gegen seinen Widersacher Oktavian zu rüsten. Oktavian ließ sich – ein klarer Gesetzesverstoß – aus dem Tempel der Vesta am Forum Romanum, wo die Priesterinnen das heilige Herdfeuer hüteten, das Testament Mark Antons bringen. Er brach das versiegelte Dokument auf und verlas den Inhalt des letzten Willens in einer Senatssitzung. Neben Schenkungen an Kaisarion, den Sohn von Kleopatra und Caesar, sowie an die gemeinsamen Kinder Mark Antons und Kleopatras sorgte vor allem eine Verfügung für große Unruhe: Mark Anton wollte nach seinem Tod an der Seite Kleopatras in Alexandria bestattet werden. Damit wirkte er nun endgültig wie ein von Kleopatra verhexter Lüstling und Sexsklave – er hatte sich mit diesen Bestattungsplänen eindeutig der Heimaterde, die ihm doch die italische Halbinsel hätte sein müssen, entfremdet.

Ob das Testament echt war oder eine von Oktavian selbst entworfene Fälschung, lässt sich heute nicht mehr mit Gewissheit sagen. Insbesondere die Schenkungen an die erwähnten Kinder wirken verdächtig, da Mark Anton zweifellos wusste, dass solch eine Verfügung in einem privaten Testament keinen Platz hatte und der Zustimmung römischer Institutionen bedurft hätte. Auffällig ist darüber hinaus, dass Oktavian zeitgleich ostentativ mit dem Bau seines eigenen Mausoleums auf dem römischen Marsfeld begonnen hatte. Das Verhältnis zwischen Kleopatra und Mark Anton, die sich 41 v. Chr. erstmals in Tarsos begegnet waren, ging da bereits in das fünfte Jahr. Oktavian versuchte ab 32 v. Chr. im Alter von gerade einmal 31 Jahren, mit seinem gigantischen Grabbau ein Monument zu schaffen, das seine Bindung an Rom und italische

Das Grab der Kleopatra

Traditionen monumentalisierte. Damit konstruierte er bereits ein Gegengewicht zu Mark Anton, das in den Folgejahren zusätzlich Gewicht erhalten sollte.

Das zu dieser Zeit im Bau befindliche Grab von Kleopatra und Mark Anton wurde schließlich zum äußerst dramatischen Schauplatz, auf dem in geradezu bühnentauglicher Manier der Bürgerkrieg zwischen Oktavian und Mark Anton enden sollte. Insbesondere der Biograph Plutarch hat sein ganzes literarisches Können aufgeboten, um uns diesen Ort einer großen Liebe eindringlich in einer unvergleichlichen Tragödie über hohe Politik und menschliche Nähe vor Augen zu stellen.

Offenbar hatte Kleopatra, wie es in Ägypten üblich war, mit dem Bau ihres Grabes lange vor ihrem Tod begonnen, denn als sie sich 30 v. Chr. das Leben nahm, dürfte der Bau fast fertig gewesen sein. Nach antiken Quellen lag das ägyptische Grabmal im Bereich der königlichen Paläste, die sich südlich des Haupthafens von Alexandria befanden. Es hat dort anscheinend an einem Strand gestanden in der Nachbarschaft eines Isis-Tempels – jener Göttin also, als deren Personifikation Kleopatra sich verstand und als die sie sich bei öffentlichen Prozessionen inszenierte. Das Grab besaß eine Tür, die durch einen Mechanismus so gesichert war, dass sie, nachdem sie einmal von innen geschlossen war, von außen nicht mehr geöffnet werden konnte. Nur in einem Obergeschoss gab es Fenster oder Mauerlücken, die noch nicht geschlossen waren. Hinter diesen verlief eine Galerie, von der aus man nach draußen und auf den Vor- sowie den Hauptraum des Grabes blicken konnte. Damit ist grob das Bühnenbild beschrieben, an dem sich die folgenden dramatischen Szenen abspielten:

Als Oktavian sich Alexandria näherte und die letzten römischen Truppen, die auf der Seite Mark Antons gestanden hatten, sich auch noch auf seine Seite schlugen, floh Kleopatra mit ihren zwei Dienerinnen, einem Eunuchen und ihren Reichtümern in das Grab, verriegelte die Tür und ließ Mark Anton ausrichten, sie habe Selbstmord begangen. Dieser stürzte sich nach Erhalt der grausigen

Nachricht in sein Schwert, starb aber nicht sofort. Schwer verletzt traf ihn der Sekretär Kleopatras Diomedes an. Die Königin hatte mittlerweile Befehl gegeben, ihn zu ihrem Grabmal zu bringen, wo die Dienerinnen ihn mit Seilen in das obere Stockwerk hievten. Laut dem Geschichtsschreiber Cassius Dio standen noch Hebekräne vor dem Grabmal, mit denen die Steinquader des Oberbaus heraufgezogen werden sollten. Plutarch beschreibt diese Szene sehr eindringlich: «Keinen jammervolleren Anblick habe es geben können, sagen diejenigen, die dabei gewesen sind. Denn mit Blut bedeckt und um den Tod ringend, wurde er hinaufgezogen, während er im Schweben die Arme nach ihr [Kleopatra] ausstreckte. Es war für eine Frau keine leichte Arbeit, sondern mit großer Mühe nahm Kleopatra, indem sie mit beiden Armen zugriff und vor Anstrengung das Gesicht verzog, das Bündel herein, während die Leute unten ihr Weisungen erteilten und sich mit ihr ängstigten. Nachdem sie ihn so in Empfang genommen und gebettet hatte, zerriss sie ihre Kleider, zerschlug und zerkratzte ihre Brust mit ihren Händen, besudelte ihr Gesicht mit Blut, nannte ihn ihren Herrn, ihren Gatten, ihren Imperator und hatte im Jammer um sein Leiden fast ihr eigenes vergessen» (Plutarch, *Antonius* 77). Kurz darauf starb Mark Anton, nachdem er Wein getrunken und angeblich eine erfreuliche Lebensbilanz gezogen haben soll.

Wenig später traf der römische Ritter Proculeius am Grab ein, um im Auftrag des Oktavian mit ihr zu verhandeln. Sie stellte durch die Tür hindurch ihre Forderungen, die der Abgesandte Oktavian überbrachte. Bei einer neuerlichen Verhandlung, die diesmal der Ritter Cornelius Gallus führte, kletterte Proculeius in das Obergeschoss, überrumpelte die im Grab Eingeschlossenen und brachte Kleopatra so in die Hand des Siegers. Sie wurde in den Palast gebracht und streng bewacht. Der Plan war, sie nach Rom zu verschleppen, um sie dort beim Triumphzug effektvoll präsentieren zu können. Der Leichnam des Mark Anton wurde vom Sieger großmütig den Bestattern zur Einbalsamierung übergeben, um darauf im Grabmal der Kleopatra die letzte Ruhestätte zu finden.

Das Grab der Kleopatra

Dem Biographen Plutarch lagen die Aufzeichnungen ihres Leibarztes Olympos vor, aus denen viele der gerade geschilderten Einzelheiten stammen dürften. Auch die Schilderungen der folgenden Tage erscheinen in ihrer Tendenz glaubwürdig. Die tiefen Kratzer und Striemen, die Kleopatra sich aus Trauer um Mark Anton zugefügt hatte, begannen zu eitern. Kleopatra bekam Fieber und verweigerte die Nahrung, um unbemerkt Selbstmord zu begehen. Oktavian drohte, als ihm dies berichtet wurde, ihre Kinder zu töten, worauf sie wieder Nahrung zu sich nahm und sich behandeln ließ. Bei einem Besuch Oktavians soll sie einen verzweifelten und entkräfteten Eindruck gemacht haben. Ihr dürfte bei dieser Begegnung klar geworden sein, dass es für sie selbst nur noch eine Zukunft als Kriegsgefangene gab, die dann später in Rom zur Volksbelustigung hingerichtet werden sollte. Die Geschichte des ptolemäischen Königtums war an ihr Ende gelangt.

Für Kleopatra stand damit fest, dass sie sich das Leben nehmen musste, um im Tod dem Todfeind den Triumph zu rauben. Über das, was sich dann abgespielt hat, gibt es unterschiedliche Überlieferungen. In einer Variante geht sie zunächst zum Grab des Mark Anton und bekränzt es, um dann ein Bad zu nehmen und noch einmal ausgiebig zu essen. Nach anderen Erzählungen legt sie reiche Gewänder und die Königsinsignien an. Die antiken Autoren betonen, dass die Methode, wie sie schließlich Selbstmord beging, schwer zu ermitteln sei. Nur in einem sind sich alle einig – sie hat sich den Tod mit Gift beigebracht. «Doch die Wahrheit weiß niemand», stellt Plutarch resigniert fest (Plutarch, *Antonius* 86). Ob sie sich mit einer vergifteten Haarnadel oder durch den Biss einer Schlange vergiftet habe, die sie in ihr Gemach habe schmuggeln können, lasse sich nicht mit Sicherheit sagen.

In der Forschung hat man die verschiedenen Varianten sorgfältig geprüft. Ein Schlangenbiss, der in späteren Berichten, auf einem Bild des Triumphzugs von Augustus, auf Gemälden der Neuzeit und im Hollywood-Film am häufigsten mit dem Selbstmord in Verbindung gebracht wird, kann ausgeschlossen werden. Eine agile Kobra, die sich aus mehreren Gründen, die wir gleich kennenlernen werden, als Todbringer anbieten würde, hätte sich nicht einfach unter Feigen verbergen und, wie Plutarch berichtet, problemlos an den römischen Wachen vorbeischmuggeln lassen. Zudem sei die Reaktion der Giftschlangen völlig unberechenbar. Die zahlreichen Probleme, die solch eine effektvolle Todesart mit einem Schlangenbiss mit sich gebracht hätte, legen daher eine einfachere Lösung nahe. Vermutlich trank die Königin gemeinsam mit ihren Dienerinnen ein aus Pflanzen zubereitetes Gift. In der Ärzteschule Alexandrias hatte man ausgezeichnete Kenntnisse über toxische Mittel unterschiedlichster Art.

Aber woher stammt die Geschichte mit der Schlange? Kleopatra selbst wird diese Variante über ihren Arzt und Augenzeugen Olympos verbreitet haben, um ihrem Tod eine höhere Bedeutung zu geben: Die Kobra galt den Ägyptern als heiliges Tier. Die sogenannte Uräus-Schlange war Symbol des pharaonischen Herrschers und zierte seinen Stirnschmuck. Die Gift speienden Kobras hatten starke Übel abwehrende Kräfte, mit denen man einen Feind in seine Schranken weisen konnte. In den ägyptischen Vorstellungen vom Ursprung und Ende der Welt stand die Schlange auch für die Ewigkeit und war Sinnbild zyklischer Regeneration, aber auch Zeichen des Weltenendes. «Diese Welt wird wieder in das Urgewässer zurückkehren, in die Urflut, wie bei ihrem Anbeginn.» So heißt es im 175. Spruch des ägyptischen Totenbuchs, einer Sammlung von Sprüchen zum Jenseits, in dem die Schlange für den Neubeginn steht. Wer den Schlangenbiss als Todesursache propagierte, vermittelte damit also mehrere Botschaften. Mit Kleopatra starb die Königin Ägyptens, die Reinkarnation der Isis, die Nea Isis. Der Weltuntergang, zumindest der Untergang Ägyptens schien damit endgültig gekommen.

Oktavian, der umsichtig seine Übernahme des pharaonischen Erbes plante und bald als neuer Pharao in den Tempelbildern gezeigt wurde, legte angesichts der toten Feindin eine gewisse Größe an den Tag. Er ließ Kleopatra neben Mark Anton königlich und mit

Das Grab der Kleopatra

aller Würde in ihrem Grabbau bestatten. Dann aber verlieren sich die Spuren dieses seltsam-grauslichen Ortes der Liebe. Später geriet er offenbar in Vergessenheit und stand auf jeden Fall im Schatten des Grabes von Alexander dem Großen, das sich gleichfalls in Alexandria befand. Die Bildnisse Mark Antons, über den der römische Senat die *damnatio memoriae* verhängte, die Auslöschung der Erinnerung, zerschlug der Mob. Diejenigen der Kleopatra ließ man angeblich gegen Zahlung einer gigantischen Geldsumme stehen. Die Kinder des Paares, Kleopatra Selene und Alexander Helios, brachte man nach Rom, um sie im Triumphzug neben einem Bild ihrer Mutter zu präsentieren. Octavia, die Exfrau des Mark Anton und Schwester des neuen Kaisers, der vom Oktavian zum Augustus mutierte, nahm sich des Zwillingspaares an und zog sie auf. 18 v. Chr. rehabilitierte Augustus Mark Anton auch in Rom. Das Bild Kleopatras blieb in der Wahrnehmung der römischen Öffentlichkeit verzerrt: Die Königin hatte, so lautete die Propaganda, durch ihre Verführungskünste hinterhältig das Römische Reich in Gefahr gebracht, indem sie verdiente Politiker – immerhin Caesar und Mark Anton – um den Verstand gebracht hatte.

Es bleiben die dramatischen Geschichten um das Grab des antiken Liebespaares. Und offenbar ist es Menschen wichtig, ihre Helden – welcher Art auch immer ihr Heldentum war – an einem Grab verehren zu können. Im Falle Alexanders des Großen und Kleopatras wird wohl nicht zuletzt auch deswegen noch heute nach den einstigen Grabstätten gesucht. Immerhin bietet uns Heutigen das Verschwinden ihrer Gräber schon in der Antike die Chance, immer neue Orte für eine Lokalisierung in die Diskussion zu bringen. Denn, seien wir ehrlich, auch wir verzichten, ungeachtet aller rationalen Kritik an solch einer bizarren Suche, doch nur ungern auf die großen Bilder, die sich damit assoziieren lassen – und erst recht, wenn es sich um eine so faszinierende Liebesgeschichte handelt.

Orte der Liebe

Antinoopolis – die Stadt des Geliebten

27° 47′ 45.98″ nördlicher Breite; 30° 53′ 45.45″ östlicher Länge

Zu Beginn des 18. Jahrhunderts bereiste der Jesuit Claude Sicard Ägypten. In einer Reihe von Briefen berichtete er von den Schwierigkeiten christlicher Mission und beschrieb die antiken Monumente, die er auf seiner Reise besichtigte. Diese Texte wurden in einer Briefsammlung verschiedener Jesuiten 1717 veröffentlicht und bilden bis heute eine wichtige Grundlage, um etwas über die Überreste antiker Orte zu erfahren, die zu jener Zeit noch zu sehen waren. Seine Beschreibungen und vor allem seine Zeichnungen der noch stehenden Ruinen sind eine unschätzbare Quelle, um zumindest Teile ihrer einstigen Architektur zu studieren.

Fast einhundert Jahre später, 1798, nahm Napoleon auf seinem Ägypten-Feldzug auch eine große Abteilung von Wissenschaftlern mit, die sich während dreier Jahre bemühten, Kenntnisse über das antike Ägypten zu erwerben. Man darf den Aufbruch dieser Expedition als Geburtsstunde der Ägyptologie, der Spezialforschung über diese antike Weltgegend, begreifen. In dem vielbändigen Werk *Description de l'Égypte*, in dem ab 1809 – unter Beteiligung von 150 Spezialisten und rund 2000 Zeichnern und Ingenieuren – die Ergebnisse dieser Erkundungen veröffentlicht wurden, sieht man neben Beschreibungen auch ausgezeichnete Zeichnungen und Karten. Sie bilden noch heute eine Quelle für die Erforschung und Rekonstruktion ägyptischer Altertümer.

Die Einheimischen registrierten mit Erstaunen das Interesse, das die Franzosen den Monumenten entgegenbrachten. Der Effekt davon war, dass in der ersten Hälfte des 19. Jahrhunderts in großem Stil die Ruinen geplündert und ihr Steinmaterial zum Bau neuer Häuser verwendet wurde. Dies gilt auch für einen Ort, den der zur Zeit der Expedition noch ganz junge Geograph und Ägyptologe Edmé François Jomard (1777–1862) in der *Description* dokumentierte. Dabei handelte es sich um die Stadt Antinoopolis. Er machte damit jenem mysteriösen Ort seine Aufwartung, den einst auch der Jesuit Sicard besichtigt hatte. Jomard war, als er diesen Ort besuchte, vermaß, Zeichnungen anfertigte und beschrieb, von der Ruine fasziniert. Er fand die Überreste eines Stadttores am Flusshafen, Tempelanlagen, eine Therme, weitere beeindruckende Reste öffentlicher Bauten mit Säulenarchitektur und vor den Stadtmauern ein Theater mit Eingangstor (Propylon) sowie einen Circus für Wagenrennen – manches davon befand sich noch in gutem Zustand.

Die Stadt selbst war ummauert und in ihrem Innern durch zwei 16 Meter breite, von Säulenhallen gesäumten Hauptstraßen in vier Stadtteile gegliedert. Diese waren in einem schachbrettartigen Gassensystem, das um 1800 noch erkennbar war, mit numerisch durchgezählten Vierteln und Häuserblocks (*insulae*) gegliedert. Der Grundriss der Stadt spiegelte demnach das bekannte Muster griechischer und römischer Planstädte. Dabei übertraf Antinoopolis jedoch nach Bauschmuck und Ausstattung andere nordafrikanische Städte wie Leptis Magna oder Thamugadi. Nachdem Jomard die Überreste dokumentiert hatte, verschwand jedoch die Stadt innerhalb von nur zwei Generationen im Wüstensand. Als der Ägyptologe Vicomte Emmanuel de Rougé 1868 an die einstige Stätte dieses Ortes kam, konnte er nur resigniert feststellen, dass von der antiken Stadt nichts mehr zu sehen war.

Jomard war auf eine griechische Stadtanlage gestoßen, die – sieht man vom Spezialfall der Metropole Alexandria ab – in dem Land am Nil ohne Parallele war. Vor Alexandria hatte es in dem reichen Ägypten nur Naukratis gegeben – jene alte Griechenstadt, die bereits im 6. Jahrhundert v. Chr. gegründet worden war. Sieht man dann weiter von Alexandria ab, so gab es nur noch Ptolemais, eine hellenistische Polis der in Alexandria residierenden Könige. Antinoopolis war demgegenüber sehr viel jünger und stammte aus der römischen Kaiserzeit. Dass es aber diese Stadt überhaupt gab, damit hatte es eine ganz besondere Bewandtnis.

Orte der Liebe

Im Jahr 130 n. Chr. bereiste Kaiser Hadrian den Osten des Römischen Reiches und besuchte, aus Syrien und Iudaea kommend, im Herbst dieses Jahres auch Ägypten. Hadrian war ein besonderer Freund griechischer Kultur und Tradition. Er kultivierte als ‹Reisekaiser› eine hervorragende Form der Herrschaftsrepräsentation. Anders als seine Vorgänger, die ihre militärische Durchschlagskraft demonstrierten, zeigte er sich als Friedensfürst mit kulturellen Interessen. Hierzu gehörte auch eine programmatische Stadtgründungspolitik, die alle Teile des von ihm besuchten Reiches umfasste. Man darf annehmen, dass in seiner Entourage Spezialisten mitreisten, um seine Gründungspläne jeweils vor Ort umzusetzen. So wird es auch im Fall von Antinoopolis gewesen sein. Dafür sprechen neben der ausgeklügelten Urbanistik, die alle Elemente zeitgenössischer Stadtplanung erkennen lässt, auch jene Informationen, die wir den Papyri über die Einwohner und die Stadtverfassung entnehmen können. Hadrian ließ Tausende von Griechen, die in anderen Teilen Ägyptens lebten, dorthin umsiedeln. Und er schuf eine Verfassung mit Stadtrat, Amtsträgern und Gesetzen, die griechische mit römischen Traditionen verknüpfte.

Doch uns sollen hier gar nicht die technischen Details einer solchen Neugründung interessieren. Viel bemerkenswerter ist die Geschichte, die mit dem Stadtgründungsakt verquickt wurde und ihm unter den vielen Gründungen dieses Kaisers eine einzigartige Signatur verlieh. Es war nämlich ein ganz besonders seltsamer Ort der Liebe. Dem Tag der offiziellen Stadtgründung, dem 30. Oktober 130, war ganz in der Nähe ein tragisches Ereignis vorausgegangen. War doch Antinoos, der Geliebte des Kaisers, unweit der neuen Stadt im Nil ertrunken. Antinoos war ein junger Mann aus Bithynien in Kleinasien, dem Hadrian auf einer seiner Reisen begegnet war und den er fortan zu seinem ständigen Begleiter erkor. Verschiedene Versionen des Todes, dessen genaue Umstände sich letztlich nicht mehr genau rekonstruieren lassen, werden überliefert. Hadrian selbst schrieb, der Jüngling sei einfach in den Fluss gefallen und ertrunken. Demnach hat es sich um einen Unfall gehandelt. Andere Berichte aber sprechen davon, Antinoos sei geopfert worden oder habe sich gar selbst durch Freitod für den Kaiser geopfert, um diesem so zu einem langen und guten Leben zu verhelfen.

Wie auch immer es sich mit dem düsteren Geheimnis verhält, das den Tod des Jünglings umrankt: Hadrian jedenfalls beschloss in tiefer Trauer über den Verlust des Geliebten, nicht nur die neue Stadt nach Antinoos zu benennen, sondern jenen auch unter die Götter zu versetzen. Unter den antiken Autoren spotten die einen über diese Vergöttlichung seines Lieblings, den der Kaiser «wie ein Weib» betrauert haben soll, die anderen echauffieren sich regelrecht. Vor allem die christlichen Autoren entrüsteten sich über die Päderastie des Kaisers. Auch belächelte man, dass Hadrian gar einen Stern am Himmel nach dem Jüngling benannte und behauptete, es handele sich um die zum Himmel aufgestiegene Seele des Antinoos. In diesem Punkt wurde der Trauernde jedoch von Dichtern und anderen Günstlingen unterstützt. So dichtete der Alexandriner Pankrates für den Kaiser über eine neue Blume und behauptete, sie sei aus dem Blut eines Löwen gewachsen, den der Kaiser gemeinsam mit seinem Liebling auf einer Löwenjagd getötet hatte. Andere wiederum erklärten, der Lotus sei von nun an die Blume des Antinoos, woraus man in Alexandria Kränze wand, die fortan Antinoos-Kränze hießen. Die dichterische Einfühlung in den kaiserlichen Kummer war exuberant.

Bis heute ist unklar, in welchem Verhältnis der Kaiser zu dem jungen Mann stand. Es wäre nicht überraschend, wenn es sich um eine in der griechischen Welt übliche homoerotische Beziehung zwischen einem älteren Mann (*erastes*) und einem jungen Geliebten (*eromenos*) gehandelt haben würde. Ein rein platonisches Verhältnis wäre zwar nicht völlig auszuschließen. Doch ein für ein Antinoosfest geschriebener Hymnus von der Insel Zypern, der auch dem Kaiser zugesandt wurde, feiert Antinoos immerhin als Adonis und Eros – was man getrost auf die körperlichen Aspekte der Beziehung hin deuten darf. Dass bis heute jedenfalls eine sexuelle Komponente der Verbindung angenommen wird, hat nicht zuletzt mit den antiken Bildnissen des ungewöhnlich schönen Jünglings zu tun, die sich zahlreich in antiken Städten fanden und finden lassen. Hadrian selbst veranlasste, dass der neue Kult um Antinoos im ganzen Reich im Bild des Geliebten Verbreitung fand. Zu diesem Zweck ließ er, wie Cassius Dio schreibt (Cassius Dio, *Römische Geschichte* 69,11), «überall in der Welt» Statuen, «vielmehr Götterbilder (*agalmata*)» von jenem aufstellen. Nachdem sich die Nachricht vom Tod und der Vergöttlichung des Antinoos wie ein Lauffeuer verbreitet hatte, traf in Alexandria nur wenige Wochen nach dem Tod des Jünglings eine Gesandtschaft aus Thessaloniki ein, um sich für ihre Heimatstadt die Einrichtung eines Kultes für Antinoos genehmigen zu lassen.

Bis heute haben Archäologen mehr als hundert Statuen und Büsten des Antinoos gefunden – von kaum einem Kaiser haben sich so viele Bildzeugnisse erhalten. Der vergöttlichte junge Mann hat also einen ungeheuren künstlerischen Zuspruch erfahren. Dabei bleibt es im Einzelfall oft unklar, ob diese Verehrung spontan erfolgte oder auf eine Anregung Hadrians zurückging. Immerhin ist Antinoos mit Rücksicht auf das stadtrömische Establishment nie offiziell etwa mit einem Münzbild in der römischen Reichsprägung geehrt worden; doch rund 30 griechische Städte nahmen sein Bild in ihre Münzprägung auf. Unabhängig davon haben viele Privatleute im Westen des Reiches Bildnisse des Antinoos in ihren Häusern aufstellen lassen, und verschiedene griechische Poleis im Osten haben besondere kultische Ehrungen für ihn beschlossen. In seiner Heimat Bithynien, aber auch in Griechenland wurden Feste mit Wettkämpfen (Agone) ihm zu Ehren eingeführt.

Antinoos wurde mit verschiedenen Gottheiten gleichgesetzt bzw. mit deren Wirkmacht assoziiert. Im Hauptkultort Antinoopolis wurde er als Mischgott Osiris-Antinoos verehrt und hat, so der Neuplatoniker Celsus, Ehrungen empfangen wie Jesus bei den Christen. Die Kombination mit Osiris (oder seinem Pendant Dionysos) deutete zugleich auf den Tod und die Hoffnung auf Wieder-

Antinoopolis

geburt, für die dieser Gott stand. Selbstverständlich war für die Christen diese Art des Festes nicht vergleichbar mit ihren eigenen religiösen Vorstellungen von Wiedergeburt. Der christliche Theologe Clemens von Alexandria (2./3. Jahrhundert n. Chr.) denunzierte die nächtlichen Feiern zu Ehren des Osiris, indem er den Teilnehmern alle sexuellen Laster unterstellte, die der Liebhaber Hadrian bestens gekannt habe.

Wie dem auch sei: Antinoos wurde jedenfalls, das können wir nicht zuletzt dem lauten Schimpfen christlicher Autoren entnehmen, von Ägyptern wie Griechen mit einer göttlichen Aura umgeben, die ihn zwischen den Bereichen Himmel, Erde und Unterwelt ansiedelte. Dazu passt es, dass in Ägypten, aber auch in Griechenland Mysterien ihm zu Ehren eingerichtet wurden. Dabei wurden die Seelen der in die Mysterien – also in die religiösen Geheimnisse – Eingeweihten rituell gereinigt und auf das Leben im Jenseits vorbereitet. Andernorts erteilte der Gott Antinoos Orakel zur Heilung von Krankheiten. Er konnte, wie ihm geweihte Fluchtafeln zeigen, eine Frau an ihren Geliebten ‹binden›. Persönliche spirituelle Erfahrungen und die Suche nach individuellem Zuspruch, die man sich von dem neuen Gott erhoffte, sind typisch für das religiöse Leben im 2. Jahrhundert.

Es ist interessant, dass Antinoos in den offiziellen Inschriften, anders als in literarischen Texten, niemals als Geliebter des Kaisers begegnet. Er wird einfach mit seinem Namen genannt. Dies erklärt neben dem eindrucksvollen Bildtypus zumindest teilweise seinen Erfolg außerhalb Ägyptens. Ein Niemand aus dem kleinasiatischen Hinterland, über dessen Familie nichts bekannt war, hatte es geschafft, ständiger Begleiter und Geliebter des Kaisers zu werden. Sein mysteriöser Tod, die Gründung einer Stadt seines Namens und seine Vergöttlichung haben schließlich dazu geführt, dass seine Verehrung solche Ausmaße annahm. Kein anderer römischer Heros hat in dieser Zeit eine vergleichbare Verehrung genossen.

Hadrian selbst hat es vermieden, seine Liebe zu dem jungen Mann zu thematisieren. Auf dem sogenannten Antinoos-Obelisken, der heute auf dem Pincio in Rom steht und ursprünglich wohl am Nil stand, wird in ägyptischen Hieroglyphen von der Einrichtung und Durchführung der Kulte in Antinoopolis berichtet. Der einstige Geliebte ist ganz Gott, und er hat sogar eine Göttergattin – ohne dass es einen Hinweis auf einen entsprechenden lebensweltlichen Bezug im Dasein des Antinoos gegeben hätte –, deren Wesen erkennbar formelhaft angelegt ist. In der Übersetzung des Textes von Alfred Grimm ist von «seiner großen, von ihm geliebten Königsgemahlin, der Herrin beider Länder und der Städte, Sabina» die Rede, der man Gesundheit und ewiges Leben wünscht. Sie bleibt ein wesenloser Schemen.

Der Obelisk gehört mit dem eigentümlichen Charakter seiner Hieroglyphen ganz in die religiöse Welt Ägyptens. Daher hat man bisher kategorisch ausgeschlossen, der Obelisk sei einst für Rom bestimmt gewesen oder deute gar auf eine Umbettung des Antinoos. Die derzeitigen Ausgräber in der großartigen Villa Hadrians bei Tivoli sehen das mittlerweile anders. Sie sind davon überzeugt, dass Hadrian in der Villa nicht nur eine Statue des Antinoos aufgestellt hat, die vormals am nachgebauten Kanal des ägyptischen Kanopos in der Villa ihren Ehrenplatz hatte. Sie nehmen vielmehr an, Hadrian habe im Vestibül seiner Villa ein Antinoeion, eine Verehrungsstätte seines Geliebten, eingerichtet. Auch wollen sie den Standplatz des Obelisken in der Villa identifiziert haben. Sie gehen davon aus, dass Hadrian wenige Jahre nach dem Tod des Antinoos dessen Mumie habe nach Rom bringen lassen, um den Geliebten in seiner Nähe zu haben. Der großartige Obelisk, einst für sein Heiligtum in Antinoopolis gefertigt, soll dies angeblich eindrucksvoll unterstreichen. Doch all das bleibt unsicher. Wir haben schon wiederholt in diesem Buch erfahren, dass moderne Begeisterung und Faszination in Wunschdenken mündeten und die archäologische Verortung mythischer Plätze beeinflusst haben, die eigentlich nicht zu lokalisieren sind.

Antinoopolis

Ein Altar für römische Ehepaare

41° 53′ 26.76″ nördlicher Breite; 12° 29′ 24.46″ östlicher Länge

In Rom und Griechenland waren Hochzeitsfeiern privat und öffentlich zugleich. Die Straße, die Nachbarschaft waren beteiligt, ihre Anteilnahme seit archaischer Zeit erwünscht. Zu den Hochzeitsritualen gehörten private Opfer für verschiedene Götter, die man zu Beginn der Feiern um Beistand bat, wenn sich das Brautpaar über die Eheschließung einig und eventuell auch ein Ehevertrag bereits aufgesetzt war. Die römischen Ehegöttinnen Iuno, Tellus, Ceres und andere sollten das Paar unterstützen. Venus wurde als Hochzeitsgöttin ebenfalls um Beistand gebeten, indem zum Beispiel die Frau ihre Kinder- und Jugendgewänder sowie ihr altes Spielzeug der Göttin weihte. Dies gehörte zu den typischen *rites de passage* – jenen Übergangsriten, mit denen man aus einem Stand in einen anderen wechselte. Damit sollte der oft mit Ängsten besetzte Einschnitt rituell gemildert werden, den die Eheschließung für die oft recht jungen Bräute bedeutete, die kaum älter als 15 Jahre, oft noch jünger waren. Dies verhielt sich in Griechenland nicht anders, nur dass dort die Gottheiten Aphrodite oder Artemis hießen.

Seit hellenistischer Zeit – also seit dem Herrschaftsbeginn Alexanders des Großen 336 v. Chr. – wurde im Osten der Mittelmeerwelt auch der für diese Region typische Herrscherkult in solche sakralen Rituale integriert. Ein Beispiel dafür: Der seleukidische König Antiochos III. (222–187 v. Chr.) und seine Frau Laodike schenkten der Stadt Teos (unweit des heutigen Izmir) bedeutende Stiftungen, zu denen auch eine Kasse gehörte, aus der mittellosen Mädchen eine Mitgift gezahlt werden sollte. Teos dankte dies der Königin, indem die Stadt festlegte, dass alle Bräute zukünftig das Wasser zur Brautwaschung aus einem Brunnen auf der Agora schöpfen sollten, aus dem auch das Wasser für Kulthandlungen zu Ehren der als Aphrodite verehrten Königin entnommen wurde.

Das private Fest, der Herrscherkult und die städtische Freude über die Stiftungen waren auf diese Weise für die ganze Gemeinde sichtbar auf dem Marktplatz miteinander verwoben.

An solche Traditionen knüpften (sicherlich unwissentlich) 140 n. Chr. der Kaiser Antoninus Pius (138–161) und der römische Senat an, indem sie mit erheblichem finanziellem Aufwand einen eigenartigen Ort für Eheleute in Rom schufen. Dem Althistoriker Peter Weiß von der Kieler Universität gebührt das Verdienst, diesen Ort bei seinen Forschungen in allen Bezügen erschlossen zu haben. Ausgangspunkt für ihn war eine offizielle Inschrift aus dem römischen Hafen Ostia. Es handelt sich dabei um einen Ratsbeschluss der Stadt, in dem festgehalten ist, dass zur Regierungszeit des Kaisers Antoninus Pius und der im Jahr 140 n. Chr. verstorbenen und unter die Götter aufgenommenen Gattin Faustina (der älteren) vermutlich auf dem Forum der Hafenstadt ein Altar aufgestellt wurde. An ihm sollten künftig alle «Jungfrauen, die in der Colonia Ostia heiraten, und ihre Gemahle ein Bittopfer darbringen» (Corpus Inscriptionum Latinarum XIV 5326, übers. P. Weiß). Man weiß von dem Geschichtsschreiber Cassius Dio, dass zur Zeit des Kaisers Mark Aurel (161–180) und dessen Gattin, der jüngeren Faustina, auf einen gleichlautenden Beschluss des Senats hin ein solcher Altar im Jahr 176 auch in Rom aufgestellt wurde. In jenem Jahr war die jüngere Faustina gestorben und zur Göttin erhoben worden. Nun spricht manches dafür, dass diese Weihung durch Mark Aurel bereits ein Vorbild in Rom hatte. Antoninus Pius hat also wohl nicht nur in Ostia solch einen Altar im Angedenken an seine verstorbene Gattin geweiht, sondern auch einen in Rom aufstellen lassen. Wenn das zutrifft, dann hat der jüngere Kaiser die Stiftung seines Vorgängers erweitert – ein bemerkenswerter Vorgang.

Seit dem Jahr 140 und erneut im Jahr 176 waren demnach alle Ehepaare in Rom aufgefordert, am Altar der Kaiserehepaare ein Bittopfer, eine sogenannte *supplicatio*, bestehend aus Weihrauch und Wein darzubringen. Man sollte laut der beiden Senatsbeschlüsse die kaiserlichen Ehepaare um Beistand für die eigene Ehe

Ein Altar für römische Ehepaare

anrufen. Die kaiserlichen Paare stellten mithin eine Verkörperung der idealen Ehe dar und galten damit als leuchtendes Vorbild aller römischen Brautpaare – eine angesichts der Überlieferung über die tatsächlichen Verhältnisse an den kaiserzeitlichen Höfen steile Vorgabe.

Ein solcher Beschluss des Senats scheint in vielerlei Hinsicht bemerkenswert. Wie sollten in einer Großstadt wie dem damaligen Rom alle Eheleute zu dem Altar pilgern, um das genannte Opfer darzubringen? Wir wissen nicht, ob alle Römer diesem Senatsbeschluss Folge leisteten oder nur die Ehepaare der Oberschicht unter Anteilnahme einer größeren Öffentlichkeit. Aber das ist letzten Endes unerheblich. Viel interessanter ist der Ort, an dem die Altäre für die Eheleute in Rom aufgestellt wurden. Der Platz und die mit der Institutionalisierung des Kultes verbundenen Maßnahmen erlauben uns, einen Blick durch eine ferne Welt schweifen zu lassen, der von der privaten Ehe der Römer bis zur großen kaiserlichen Politik, ja geradezu bis in die Selbstdarstellung römischer Monarchen reicht.

Von dem Geschichtsschreiber Cassius Dio erfahren wir, dass der Altar mit einem Ehrenmonument verbunden war, das den Kaiser Mark Aurel und seine Gattin Faustina die Jüngere als vermutlich überlebensgroße Silberstatuen auf entsprechenden Podesten zeigte (Cassius Dio, *Römische Geschichte* 72,31,1 f.). Eine vergleichbare Ehrung darf auch für das Vorgängerehepaar (Antoninus Pius und Faustina die Ältere) angenommen werden. Statuengruppe und Altar dürften im neuen Tempel der Roma und der Venus gestanden haben. Dieser ungewöhnliche Tempel war auf Initiative des Kaisers Hadrian auf der Velia, in der Nähe des Forums errichtet und in den ersten Regierungsjahren seines Nachfolgers Antoninus Pius mit dem letzten Feinschliff versehen worden.

Es handelte sich bei diesem Tempel um ein für die Stadt Rom wirklich gigantisches Bauwerk. Mit den Maßen der terrassierten Gesamtanlage von 145 mal 100 Metern war der Tempel größer als

das gesamte Augustusforum. Ja, es gab überhaupt keinen Tempel-
bau in ganz Rom, der auch nur annähernd an diesen Neubau her-
anreichte. Das Heiligtum sprengte den Rahmen aller bisherigen
kaiserlichen Baumaßnahmen und setzte in der Innenstadt mit
ihren zahlreichen Großbauten zwischen Forum und Kolosseum
einen aufsehenerregenden, neuen urbanistischen Akzent.

Dies galt auch für die Auswahl der beiden Göttinnen, denen der
Kaiser den Tempel baute und für die Hadrian nach griechischem
Vorbild besonders kolossale Kultstatuen im Tempelinnern aufstellen ließ – Roma und Venus. Die Göttin Roma war kultisch seit der
Republik ausschließlich in den Provinzen verehrt worden und erhielt nun erstmals in Rom selbst ein Heiligtum. Da sie in den Provinzstädten vor allem als Personifikation römischer Überlegenheit
(bisweilen kombiniert mit einem Kaiser) verehrt wurde, konnte sie
mit dem neuen Tempel nun als reichseinigende Göttin verstanden
werden, die alle Reichsbewohner verehrten. Die in Rom in hohen
Ehren stehende Göttin Venus und jene bislang nur in den Provinzen Geehrte traten damit erstmals in einen Dialog.

Antoninus Pius hat mit der endgültigen Fertigstellung des – bereits 137 eingeweihten – Tempels kurz nach 140 den Bau in seinem
Sinne mit zusätzlicher Bedeutung belegt. Angesichts der Geltung
der Venus Felix (Glückliche Venus) erscheint es naheliegend, dass
in ihrem Tempelbezirk auch die beiden Altäre für die Ehepaare
aufgestellt worden sind. Antoninus Pius wird bereits vor Fertigstellung des Bauwerks entsprechende Überlegungen hinsichtlich eines
solchen Altars angestellt haben. Dass wir diesen eigentümlichen
Ort des Altars tatsächlich dort lokalisieren dürfen, zeigt der angebliche Hochzeitstraum, den der spätere Kaiser Septimius Severus
(193–211) als Vorzeichen seiner Herrschaft gehabt haben soll: In
einer Nacht träumte er, die vergöttlichte Faustina bereite ihm und
seiner Frau Iulia das Brautgemach im Tempel der Venus – zweifellos eine Erinnerung an die beiden Altäre der vorangegangenen
Kaiser und eine Anerkennung der fortdauernden Bedeutung des
Venustempels für stadtrömische Ehen.

Ein Altar für römische Ehepaare

Das dichte Bezugssystem, das mit diesem Ort der Liebe oder sagen wir besser pragmatischer Eheschließungen verbunden war, wird anhand weiterer Zeugnisse noch plastischer. Schauen wir abschließend auf die Münzbilder der beteiligten Kaiser. Sesterze des Antoninus Pius zeigen das Monument der beiden auf Podesten stehenden Statuen des Kaiserpaares, die im üblichen Hochzeitsgestus – der Verschränkung der rechten Hände (*dextrarum iunctio*) – abgebildet werden. Vor ihnen stehen an einem kleinen Altar zwei Brautleute, die die gleiche Geste zeigen. Der Kaiser hält in seiner Linken eine kleine Statuette der Concordia, der personifizierten Eintracht – ein auch heute nicht von vornherein abzulehnendes Attribut für eine Ehe.

Die einträchtige Kaiserehe wurde demnach kurz nach dem Tod Hadrians zum neuen Sinnbild einer erfolgreichen Herrschaft der Dynastie. Antoninus hatte mit viel Überredungskunst im Senat durchgesetzt, dass sein bei vielen Senatoren verhasster Adoptivvater Hadrian vergöttlicht wurde, und selbst dafür den ungewöhnlichen Beinamen Pius, der Fromme, erhalten. Seine Pietas (die fromm erfüllte Sohnespflicht) gegenüber dem Vater, die man in Rom von jedem Sprössling erwartete, wurde damit angesichts des aus senatorischer Sicht politisch umstrittenen Vaters positiv bewertet und honoriert. Dies mag auch daran liegen, dass Antoninus Pius so unübersehbar zum Ausdruck brachte, wie wichtig ihm die vorbildliche Kaiserehe war. Damit aber distanzierte er sich zugleich unausgesprochen, aber für die Zeitgenossen völlig unmissverständlich, von den homoerotischen Eskapaden seines Adoptivvaters Hadrian. Für ihn, Antoninus Pius, sollte kein griechischer Lustknabe wie Antinoos, sondern sollten die eigene Gattin und die gemeinsamen Kinder ganz im Geiste eines guten altrömischen *pater familias* die Richtschnur zur Beurteilung des Monarchen sein. Das war die klare Botschaft an Senat und Volk, die sich mit seiner Stiftung des Altars und der Statuengruppe verband.

Wir haben keinerlei Nachrichten darüber, wie viele Brautpaare sich tatsächlich an den beiden Altären vor den Standbildern der vorbildhaften kaiserlichen Ehepaare einfanden. Wir dürfen aber davon ausgehen, dass die Propaganda zumindest innerhalb der Führungsschichten auf große Resonanz stieß. Dies lässt sich unzweifelhaft daran erkennen, dass die Oberschicht in dieser Zeit für ihre Luxussarkophage gern einen neuen Reliefschmuck wählte, der das Brautpaar mit der Geste der *dextrarum iunctio* zeigte – jenes schon erwähnten Handschlags mit der rechten Hand zur Einverständniserklärung über die geschlossene Ehe –, begleitet von der versinnbildlichten Concordia. Der Bräutigam hält dabei den Ehevertrag in seiner Linken. Diese Bildkomposition bleibt bis in das 4. Jahrhundert n. Chr. ein beliebtes Motiv. Unter diesem Gesichtspunkt können wir wohl davon ausgehen, dass die Flaneure in der römischen Innenstadt vermutlich recht häufig Hochzeitspaare auf dem Weg zum Venus-Tempel beobachten konnten, die dort feierlich an den kaiserlichen Altären ihr Bittopfer dargebracht und wohl in dem damit verbundenen grandiosen Heiligtum auch ihre Eheverträge besiegelt haben.

5.
Jenseits des Alltags

E s gab antike Orte, die jenseits des Alltags lagen. Sie gehörten irgendwie zur Lebensrealität, unterschieden sich aber von den üblichen Orten, die man täglich aufsuchte oder passierte. Die Ausnahmeorte, um die es nun gehen soll, haben aber einen ganz eigenen Charakter. Die einen wurden als bedrohlich wahrgenommen, andere waren sehr flüchtig und vergänglich, manche als Alternativen zum üblichen Leben konstruiert oder eigentlich keine wirklichen Plätze, sondern nur deren Abbild, das man für eine bestimmte Situation erstellt hatte.

Zu diesen Orten gehörten die Hinrichtungsplätze. In Griechenland lagen sie außerhalb der Stadt und wurden als Orte empfunden, um die man am besten einen weiten Bogen machte. In Rom hingegen waren die Hinrichtungen in den sogenannten Carcer verbannt – ein finsteres Verließ unter dem Forum, das man neuerdings wieder besichtigen kann. Die Delinquenten, in aller Regel verurteilte Verbrecher oder unterworfene Feinde, die man im Triumphzug vorgeführt hatte, wurden dort unter Ausschluss der Öffentlichkeit von den Henkern getötet, in der Regel erwürgt. Die Verkündung ihres Todes durch die Scharfrichter wurde mit großem Jubel quittiert. In Griechenland und Rom symbolisierten die Orte der Hinrichtung das *Außen*, die nicht zur Gemeinschaft der Bürger gehörende Welt der Feinde.

Ausnahmeräume waren aber beispielsweise auch die Theater im republikanischen Rom. Während Griechenland auf eine mehrere Jahrhunderte alte Tradition großartiger Theaterarchitektur zurückblickt, man denke nur an das Dionysos-Theater in Athen oder das grandiose Theater von Epidauros, bekam die Stadt am Tiber erstmals im Jahr 55 v. Chr. ein steinernes Theatergebäude, das dann auch stehen bleiben durfte; Pompeius hat es errichten lassen. Vorher wurden nur hölzerne Tribünen genehmigt. Bezeichnenderweise hat man das *allererste* Steintheater Roms, dessen Bau 154 v. Chr. diese Regel unterlief, auf Senatsbeschluss des Jahres 151 v. Chr. wieder abgerissen und das Verbot von Steintheatern nochmals eingeschärft. So musste das Publikum noch beinahe einhundert Jahre warten, bis auch am Tiber die griechische Baukultur einziehen konnte. Ursache für diese restriktive Haltung war, dass die Römer verhindern wollten, dass die griechische Versammlungskultur in Rom Einzug hielt oder sich einzelne Mächtige durch den Bau von Theatern aus ihrer Standesgruppe besonders hervorhoben. Keine demokratischen Debatten im öffentlichen Raum, kein Prestigegewinn Einzelner! Theater in Rom – das war der Grundgedanke – sollten anders als in Griechenland Ausnahmeräume bleiben, die man nach dem konkreten Ereignis, für das man sie errichtete, auch wieder abbaute.

Ausnahmeräume waren aber auch Orte, von denen man sich Geschichten erzählte, wie wir sie heute aus Schilda oder von den Ostfriesen kennen. Gut erfundene Geschichten, die keinen wirklichen historisch-realen Ort haben und nur dazu dienen, Gegenbilder gesellschaftlicher Wohlgeordnetheit zu produzieren oder der unter den Menschen allerorts verbreiteten Dummheit eine Heimat zu geben. So galt die Stadt Abdera in Thrakien als ‹die Mutter aller Einfalt und Dummheit›. Jemanden als Abderiten zu bezeichnen, bedeutete, ihn als ausgemachten Einfaltspinsel und Dummkopf hinzustellen. Ärzte führten, wie Lukian weiß, die dort lokal angeblich grassierende Dummheit auf häufige hirnschädigende Krankheiten in Abdera zurück, während der römische Dichter Iuvenal von der Wirkung schlechter Luft auf das Denkvermögen in der Stadt sprach.

Ähnliches berichtete man über die Menschen der kleinasiatischen Stadt Kyme, in der angeblich ebenfalls nur Dummköpfe lebten. So erzählte man sich beispielsweise folgende Geschichten: Die Kymäer hatten Geld geliehen und dafür ihre Stoa (Wandelhalle) an der Agora belastet – sie also gewissermaßen dem Verleiher als Pfand angeboten. Da sie mit den Darlehensraten nicht nachkamen, sperrte der Geldgeber die Stoa für die Bürger. Nur bei Regen durften sie sich in den Hallen unterstellen, nachdem ein Herold den Niederschlag öffentlich verkündet hatte. Nach außen drang nur das Fazit: Den dummen Kymäern müsse man sogar sagen, dass es regnet, weil sie das von allein nicht mitbekommen würden. Die Tatsache wieder, dass Kyme erst spät eine Hafenpacht einführte, um die öffentlichen Kassen zu füllen, deutete man dahingehend, dass die Kymäer überhaupt erst spät gemerkt hätten, dass ihre Stadt am Meer lag. In einer antiken Witzesammlung, die den Titel *Philogelos* trägt (*der Lachfreund*) und die zwischen dem 3. und 5. Jahrhundert n. Chr. zusammengestellt wurde, hat Kyme ein eigenes Kapitel, und zwar neben Abdera und Sidon, die ebenfalls verspottet werden. Die meisten Witze haben etwa folgenden Zuschnitt: «Als ein Kymäer im Schwimmbad war und es zu regnen begann, tauchte er unter, um nicht nass zu werden» (*Philogelos* § 164).

Die zugrunde liegende Strategie ist, dass man auf diese Weise der Dummheit – einer Schwäche, die mehr oder weniger allen Menschen in der einen oder anderen Form eigen ist – einfach einen vermeintlich konkreten Ort gab. Diesen erhob man damit zu einer Ausnahme und konnte sich selbst auf diese Weise zugleich entlasten, da man ja nicht aus diesem Ausnahmeort stammte. So konnte 1781 Christoph Martin Wieland – ein hervorragender Kenner antiker Texte – mit seinem Roman *Die Abderiten* dieser Schwäche ein auf dem zeitgenössischen Buchmarkt äußerst erfolgreiches Denkmal setzen und die Einfalt sogar ins Positive wenden. Die Idee zu dem Buch entstand, so Wieland, «in einer Stunde des Unmuths, wie ich von meinem Mansardenfenster herab die ganze Welt voller Koth und Unrath erblickte und mich an ihr zu rächen entschloss». So entstand aus seiner Sicht «eine idealisierte Komposition der Albernheiten und Narrheiten des ganzen Menschengeschlechts». «Abdera ist allenthalben, und – wir sind gewissermaßen alle da zu Hause.» Dies hielt Wieland denen entgegen, die aktuelle und regionale Bezüge in seinem Buch entlarven wollten.

Das Handelsschiff

‹Auf hoher See und vor Gericht ist man allein in Gottes Hand.› In diesem oft zitierten Satz schwingt noch ein wenig der uralten Unsicherheit mit, die unsere Vorfahren packte, wenn sie den festen Boden unter ihren Füßen zeitweilig gegen Planken eines schwankenden Bootes eintauschen mussten. Offenbar haben sich einige der damit verbundenen Ängste in unserem kulturellen Gedächtnis erhalten, sonst könnte dieses Sprichwort nicht einem jeden so unmittelbar einleuchten. Doch zumeist gelten Seefahrten heute als sicher – sieht man von den nach wie vor großen Gefahren der Piraterie in Krisenregionen oder von den Ausnahmen verantwortungslosen Handelns ab, dem beispielsweise 2012 die Costa Concordia zum Opfer fiel.

In der Antike aber waren die Gefahren nicht die Ausnahme, die die Regel bestätigten, sondern die Normalität. Dies galt weniger für die rauen Männer, die sich als Kapitäne und Matrosen der Seefahrt zuwandten, sehr wohl aber für jene, die das Handelsschiff als Passagiere für eine Fernreise buchten. Sie hielten sich mit äußerst gemischten Gefühlen an diesem ihnen fremden Ausnahmeort auf, und zwar nur für so kurze Zeit wie möglich. Das Schiff war vor allem ein Ort der Angst.

Begleiten wir also einen Reisenden auf solch einem Abenteuer! Er begab sich zum Hafen und erkundigte sich am Kai, ob eines der Schiffe, die demnächst in See stechen sollten, sein Reiseziel ansteuerte oder zumindest in diese Richtung fuhr. Es gab zwar auch schon in der Antike einen lokalen Fährbetrieb, aber keine Passagierschiffe mit festem Fahrplan, um längere Reisen zu absolvieren. Auch wurden Schiffe, die *vornehmlich* Passagiere wie Soldaten transportierten (*phaselus* genannt), nur ganz sporadisch eingesetzt. Wenn nun unser Reisender ein geeignetes Handelsschiff fand, hatte er einige Vorbereitungen zu treffen. Zunächst buchte und bezahlte er bei einem Schiffsoffizier oder dem Kapitän die Fahrt. Dann besorgte er sich Verpflegung, denn auf dem Schiff gab es zwar eine kleine Kochgelegenheit, aber abgesehen von Wasser keine Nahrungsmittel und keinerlei Service. Auch Geschirr, Utensilien für die Nacht, Zeltdach und Kleidung musste der Reisende selbst mitbringen.

Anders als heute stand nicht einmal der genaue Tag der Abreise fest, sodass unser Schiffsgast sich am Hafen einquartieren und auf die Ausrufer achten musste, die das Auslaufen des gebuchten Schiffes ankündigten, sobald die äußeren Bedingungen – nicht zuletzt das Wetter – günstig waren. Aber es gab eine Reihe von Aspekten, die den Tag der Abreise mitbestimmten. Undenkbar wäre es gewesen, an Feiertagen und gar unglücksverheißenden Daten, wie einem Freitag den 13. und einem Monatsende, in See zu stechen. Außerdem galt es, den Göttern zu opfern, wobei Unregelmäßigkeiten im Ablauf des sakralen Ritus ebenfalls die Abfahrt verzögern konnten. Hinzu kam eine Reihe anderer Vorzeichen, die negativ gedeutet werden konnten. Und selbst wenn all das glücklich abgewickelt war, so konnten beispielsweise schlechte Träume des Passagiers, in denen Schlüssel oder Anker vorkamen, oder eine Krähe in der Takelage, ein Niesen auf der Gangway und anderes mehr als böses Omen gedeutet werden. In dem Fall musste man von der auf dem gewählten Schiff geplanten Reise Abstand nehmen.

Wenn aber derlei schlechte Vorzeichen ausblieben und es ernst wurde, wies man den Passagieren Plätze an Deck zu, wo sie sich einrichten konnten. Einige wurden auch im Schiffsrumpf untergebracht, auf den billigsten und demnach schlechtesten Plätzen. Das modrige Bilgewasser, die Enge im düsteren, stickigen Frachtraum und die hohen Temperaturen machten die Passage unter Deck sehr strapaziös. Da die meisten Fahrten im Sommer abgewickelt wurden, konnte der Reisende, wenn er dafür zahlte, sich durchaus an Deck aufhalten und zur Nacht ein kleines Zeltdach aufspannen. Der Grund dafür, dass man vornehmlich im angenehmen mediterranen Sommer reise, hing mit der Navigation zusammen. Man war sehr darauf angewiesen, tagsüber die Sonne und nachts die Sterne zur Orientierung zu sehen – war doch der magnetische Kompass noch unbekannt. Die Wolkenbildung war im Sommer geringer, sodass die astronomische Orientierung eher gewährleistet war, und die Winde wehten konstanter aus verlässlicher Richtung. Den Winter als hochriskante Reisezeit bezeichnete man als *mare clausum,* denn das Meer schien den Zeitgenossen dann im wahrsten Sinne des Wortes *geschlossen* zu sein.

Je nach Reiseziel gab es unterschiedliche Arten der Schiffspassage. Eine Reise von Athen durch die Ägäis an die Südküste Kleinasiens erforderte, wie wir von Cicero erfahren, viel Geduld. Schifffahrt war zu allermeist Küstenschifffahrt, weil es für die Seeleute viel sicherer war, entlang der Küsten zu steuern als über das offene Meer; konnten sie doch im Notfall oder wenn schlechtes Wetter aufzog, rasch einen Hafen erreichen. Natürlich steuerten sie aber bei ihrer Küstenschifffahrt am Abend auch die nächstgelegenen Häfen an. Dort wurden Waren verkauft, neue Handelsgüter geladen und die Wasservorräte aufgefüllt. Die Passagiere mussten sich dann für die Nacht Unterkunft und Essen suchen. Bei weiter entfernt liegenden Destinationen hatte der Reisende vielleicht mehrmals das Schiff zu wechseln, musste also in verschiedenen Häfen erneut bei den Schiffsleuten herumfragen, auf welchem Boot er nun weiterkommen könne.

Einfacher und komfortabler waren echte Fernreisen, vor allem auf wichtigen Reiserouten wie jener vom römischen Hafen Ostia nach Alexandria. Dann konnte ein Reisender beispielsweise seine Passage auf den großen Getreideschiffen buchen, die mit mächtigen Segeln und besonders erfahrener Crew dank günstiger Winde in wenigen Tagen die gesamte Strecke ohne Zwischenstopp zurücklegten. Diese zum Teil gewaltigen Schiffe boten für die reiche Kundschaft und ihre Diener auch Kabinen an. Selbst Mitglieder der kaiserlichen Familie benutzten diese Schiffe mit ihrer Entourage für Fernreisen. Als im 2. Jahrhundert n. Chr. eines dieser Schiffe vom Sturm abgetrieben worden war und bei seiner Rück-

Das Handelsschiff

reise nach Rom unplanmäßig im Piräus anlegte, lief, wie uns Lukian erzählt, gemeinsam mit ihm selbst halb Athen zusammen, um das riesige Schiff zu bestaunen. Der Frachter, benannt nach der Schutzgöttin der Seefahrer *Isis*, konnte bei einer Länge von mehr als 50, einer Breite von 13 und einer Tiefe von 12 Metern weit mehr als 1000 Tonnen Getreide laden. Diese Schiffe nahmen, insbesondere wenn sie mit Balast fuhren – und statt Fracht demnach nur Gewicht zur Stabilisierung geladen hatten –, Passagiere in ganz erstaunlicher Zahl auf. So reiste der Historiograph Flavius Josephus (1. Jahrhundert n. Chr.) von der levantinischen Küste gemeinsam mit nicht weniger als 600 anderen Passagieren, und der Apostel Paulus berichtet von immerhin 276 Mitreisenden auf einem Getreideschiff, mit dem er unterwegs war.

Die Reisebedingungen dürften für den überwiegenden Teil der Passagiere alles andere als angenehm gewesen sein. Doch immerhin lief man auf diesen großen Frachtschiffen nicht Gefahr, von einer verbrecherischen Crew ausgeraubt oder gar als Sklave verkauft zu werden. Dieses Risiko scheint indes bei kleineren Schiffen, die Küstenschifffahrt betrieben, noch bis in römische Zeit hinein vorhanden gewesen zu sein. Man kann sich daher gut vorstellen, wie unser Reisender die Matrosen musterte, um vielleicht solche bösen Absichten noch vor Abfahrt von deren Gesichtern ablesen zu können. Kann ich ihnen vertrauen? Werden sie mich berauben oder gar als Sklaven verkaufen? Möglicherweise kannte er noch aus dem Schulunterricht die entsprechenden Verse aus der *Odyssee* Homers, in der die Versklavung von Reisenden als übliche Praxis der Seefahrer geschildert wurde. Berühmt war zudem die mythische Geschichte oder besser das Märchen des Sängers Arion von Lesbos (Herodot, *Historien* 1,23–24), der im 6. Jahrhundert v. Chr. vom unteritalischen Tarent in seine Wahlheimat Korinth fahren wollte. So wählte er ein korinthisches Schiff, da er glaubte, gerade diesen Seeleuten vertrauen zu dürfen. Aber die Besatzung beschloss, ihn auszurauben und über Bord zu werfen. Der Sänger bat darum, ein letztes Mal in seinem

Schmuck singen zu dürfen, um sich dann ins Meer zu stürzen. Nachdem er gesprungen war, trug ihn auf wundersame Weise ein Delphin bei dem Ort Tainaron, an der Südspitze der Peloponnes gelegen, ans Land. Arion zog von dort aus nach Korinth, wo ihn der Tyrann Periander bereits sehnsüchtig als geschätzten Gast erwartete. Als wenig später das Schiff eintraf, wurden die skrupellosen Seeleute entlarvt, indem Periander sie mit dem lebenden Sänger konfrontierte, und bestraft.

In diese Verse und dramatischen Geschichten – vielleicht auch in die wundersamen Rettungen durch Delphine – wurden Alltagserfahrungen gekleidet, von denen man sich in den Tavernen am Hafen erzählte oder die man sich als Reisender in eigenen düsteren Phantasien als Schreckensszenarien ausmalte. Eine nicht weniger furchtbare und vermutlich häufigere Katastrophe, die einen Schiffspassagier ereilen konnte, war eine Havarie. Wir haben einige antike Berichte über solche Katastrophen. Doch fast eindrucksvoller noch sind die archäologischen Zeugnisse solcher Unglücke – Schiffswracks, die bis auf den heutigen Tag mitsamt ihrer Ladung auf dem Meeresgrund gefunden und geborgen werden.

Das Institute of Nautical Archaeology von der Texas A&M University rühmt sich nicht zu Unrecht, führend in der Erforschung von Schiffswracks zu sein. Das Institut hat eine prominente Niederlassung im türkischen Bodrum mitsamt Museum, von der aus bedeutende Wracks erkundet wurden. Mithilfe der Forschungsschiffe *Virazon I/II* sowie eines Spezial-U-Boots, dem man den freundlichen Namen *Carolyn* gab, erkunden die Wissenschaftler vor allem die küstennahen Regionen Kleinasiens und der Ägäis. Bei zahllosen Tauchfahrten wurden allein im Arbeitsgebiet von *Carolyn* Hunderte von Schiffswracks entdeckt und kartiert. Ihre Gesamtzahl im Mittelmeer beträgt aktuell weit über 1000, und die Zahl neu entdeckter Wracks steigt jährlich. Die signifikante Zunahme der untergegangenen Schiffe seit dem 3. Jahrhundert v. Chr. ist ein eindrucksvoller Beleg für den stark wachsenden Seehandel, der in der Folge auch die Zahl der Havarien ansteigen ließ.

Das Handelsschiff

Mochten auch den zahlreichen Schiffsuntergängen unvergleichlich viel mehr glücklich beendete Seereisen gegenüberstehen, so wird das die ängstlichen Reisenden in der Antike – so wenig wie später in Mittelalter und Früher Neuzeit – kaum beruhigt haben. Katastrophen, wie jene, die beispielsweise der jüdische Geschichtsschreiber Flavius Josephus oder der Apostel Paulus überlebten, belegen den Horror solcher Unglücksfälle. Das Schiff des Josephus sank in der Adria, und die 600 Passagiere mussten die ganze Nacht um ihr Leben schwimmen. Rettungsboote und Schwimmhilfen waren damals nahezu unbekannt. Nur 80 Reisende wurden am nächsten Morgen von einem zufällig vorbeifahrenden Schiff aus dem nordafrikanischen Kyrene gerettet. Die übrigen Passagiere sind vermutlich in dieser schrecklichen Nacht ertrunken. Die Beiläufigkeit, mit der Josephus seine eigene Rettung in nur wenigen Worten erwähnt, spricht für Vertrautheit der Leser mit solchen sich regelmäßig ereignenden Tragödien. Hinter vielen Berichten über Versorgungskrisen in Rom stehen die Untergänge von Getreidefrachtern. Folgt man pessimistischen Berechnungen, so soll jedes fünfte Schiff sein Ziel nicht erreicht haben. Es ist eine Schande, dass das Mittelmeer heute wieder zum Schauplatz unsäglicher Katastrophen mit Tausenden von Flüchtlingstoten wird, deren Schicksal die Zeitgenossen kaum mehr bewegt als die Berichte von Schiffsuntergängen in der Antike, die man leicht wieder aus dem Gedächtnis streicht.

Eine andere Gefahr, die Schiffsreisenden und Bootsbesatzungen bis in das 1. Jahrhundert v. Chr. drohte, waren Piratenüberfälle. Piraten kaperten Schiffe, machten Beute und raubten Menschen, um letztere als Sklaven zu verkaufen, oder bei prominenten Passagieren Lösegelder zu erpressen. Caesar war solch ein Opfer, wie wir bereits mit Blick auf die Piratenstadt Olympos erfahren haben. Nach Plünderung und Menschenraub wurden die überfallenen Schiffe meist einfach versenkt. Angesichts des florierenden Sklavenhandels der Römer, war solche Piraterie ein einträgliches Geschäft, das erst Pompeius nachhaltig einzudämmen verstand.

Doch trotz all der vielfältigen Gefahren und der damit verbundenen Ängste war die Seefahrt dennoch das verbindende Element der antiken Kulturen schlechthin. Es war einfach die billigste und schnellste Art der Fortbewegung. Der mit den Seereisen einhergehende ständige Austausch von Neuigkeiten war das schnellste Kommunikationsmedium der Antike. Schiffe waren sozusagen die antiken Telegraphenmasten – deren Übertragungsgeschwindigkeit uns Heutigen natürlich langsam anmutet, aber angesichts der damals unendlich langen Dauer von Reisen zu Lande dennoch unvergleichlich schneller funktionierte als diese. Ein Brief vom Osten der Mittelmeerwelt in den Westen war je nach Windverhältnissen zu Schiff mehrere Wochen unterwegs – in der umgekehrten Richtung aber keine zwei Wochen. Selbst die schnellsten Reiter der staatlichen Post brauchten für diesen Übertragungsweg Monate. «Was gibt's Neues?», diese Frage stellte man, wie wir von dem Griechen Plutarch wissen, im Hafen, nicht aber im Zentrum der Stadt.

Wer an dieser Kommunikation keinen Anteil hatte, gehörte bemerkenswerterweise seit der griechischen Frühzeit für die Zeitgenossen nicht zur Zivilisation. Schon in der frühesten geographischen Literatur der Griechen im späten 6. Jahrhundert v. Chr. ist das Mittelmeer das Herzstück der Oikumene, der bekannten bewohnten Welt, und gleichsam Grundbedingung der eigenen Kultur. Ohne das Meer keine griechische Zivilisation! Schon 150 Jahre zuvor, so erfahren wir in der *Odyssee*, hat der Dichter Homer die Kyklopen als antizivilisatorische Gemeinschaft beschrieben, die von der Welt des Meeres ausgeschlossen ist. Sie haben keine Versammlungen, keinen Rat, keine Gesetze, sie kennen keine Landwirtschaft und leben in Höhlen. Der Grund dafür, dass ihnen alle zivilisatorischen Errungenschaften unbekannt sind, liegt für den Dichter auf der Hand. Den Kyklopen, so Homer, «sind keine Schiffe zu Gebote mit mennigfarbenen Wangen, und auch keine Zimmermänner von Schiffen sind unter ihnen, die wohlverdeckte Schiffe bauen könnten, die da jegliches ausrichten, zu den Städten der Menschen fahrend, so wie vielfach die Männer auf Schiffen zueinander das Meer durchqueren» (Homer, *Odyssee* 9,125–130). Die Griechen nannten das Mittel-

Das Handelsschiff

meer wie die Phöniker die *megale thalassa*, das große Meer. Dieses Meer war das Medium des Austauschs und einer Kommunikation, die allein zivilisatorischen Fortschritt garantierte. Das Meer trennte nicht, sondern es einte. Das sahen die Römer nicht anders. Für sie war die Kontrolle des Meeres schließlich Ursprung und Garant ihrer Weltherrschaft.

All diese Segnungen des Meeres mögen unserem Reisenden, der im Hafen nach einer Schiffspassage fragte, vor Augen gestanden haben. Trotzdem hätte er angesichts der unabweislich dräuenden Gefahren lieber diesen seltsamen Ort gemieden, den das Boot für ihn und seine landliebenden Zeitgenossen darstellte. Und ganz sicher wird er, während er von Schiff zu Schiff zog und sich durchfragte, schon mal über die Größe des Opfers nachgedacht haben, das er den Göttern darbringen würde, wenn sie ihm eine glückliche Heimkehr beschieden und er dann von den ausgestandenen Schrecken und neuen Eindrücken für lange Zeit zu erzählen haben würde.

Die ältere Akademie Platons

37° 59′ 32.84″ nördlicher Breite; 23° 42′ 20.73″ östlicher Länge

Bereits im 6. Jahrhundert v. Chr. gab es im Norden von Athen außerhalb der Stadt einen Platz, an dem sich die männliche Jugend zu sportlichen Wettkämpfen und Übungen traf. Wenn man nördlich des Zentrums durch das Dipylontor die Stadt verließ, durch das Viertel der Töpfer ging, den Kerameikos, und nach einer Viertelstunde auch die Nekropole, die sich dort erstreckte, hinter sich gelassen hatte, dann erreichte man nach eineinhalb Kilometern einen größeren, ziemlich staubigen Platz. Er wurde nach dem lokalen Heros Akademos (oder Hekademos) und seiner Kultstätte *Akademia* genannt. Seine Ausdehnung markierten Grenzsteine, die man bereits im 6. Jahrhundert gesetzt hatte. Dort trainierten die jungen Männer, um ihre körperliche Leistungsfähigkeit entweder in athletischen Wettkämpfen – beispielsweise anlässlich von Bestattungsfeierlichkeiten – oder in militärischen Zusammenhängen unter Beweis zu stellen. So bereiteten sie sich auf ihren Wehrdienst vor, der mit 18 Jahren begann. Es liegt nahe, dass die jungen Männer im Alter von 20 Jahren, wenn sie dann Vollbürger waren, ihr Training an gleicher Stelle fortsetzten, denn es würden sich gewiss auch weiterhin Anlässe im zivilen wie im militärischen Bereich finden, da sie dessen bedurften. Da die jungen Männer zu diesen Kämpfen nackt antraten, bezeichneten die Athener die Akademie als *Gymnasion* (von griechisch *gymnos*, deutsch *nackt*). Dieses Gymnasion war mit der durch das Dipylontor führenden Verbindungsstraße mit dem Zentrum Athens rituell verbunden. Es gab in der Akademie zudem einen Altar für Prometheus, an dem die jungen Männer bei den jährlichen Fackelläufen starteten, wenn das große Fest der Göttin Athena auf der Akropolis veranstaltet wurde.

Der Platz war für die männliche Jugend, mithin die künftigen Vollbürger der Stadt, so prominent, dass der große athenische Politiker des 5. Jahrhunderts Kimon (um 510–449) beschloss, aus seinen privaten Mitteln diese Anlage eindrucksvoll umzugestalten. Angeblich hatte im 6. Jahrhundert bereits der Sohn des bedeutenden athenischen Tyrannen Peisistratos, Hippias, den Platz von einer Mauer einfassen lassen, die sich aber archäologisch nicht mehr nachweisen lässt. Erst Kimon machte aus diesem außerhalb der Stadt gelegenen Platz paramilitärischen Trainings einen Ort der Begegnung und der Kommunikation. Er ließ das trockene und unwirtliche Terrain bewässern, sodass in der Folgezeit ein regelrechter Park mit dichtem Baumbestand von Linden und Platanen für «schattige Spaziergänge» entstand (Plutarch, *Kimon* 13). Ferner legte er Wiesen und ordentliche Rennstrecken für Läufer und Pferde an. Auch wurden vermutlich zeitnah zu diesen landschaftsarchitektonischen Neuerungen dort zwölf heilige Olivenbäume der Athena (*moriai*) gepflanzt, die unter dem Schutz des Zeus Morios

Die ältere Akademie Platons

standen. Sie waren Ableger des heiligen Olivenbaumes auf der Akropolis, der an den mythischen Kampf zwischen Poseidon und Athena um die Herrschaft über Athen erinnerte. Die alte Akademie entwickelte sich so zu einem beliebten Ort der Männer, an dem man sich zum Spazieren, Trainieren und zur Demonstration seiner körperlichen Leistungsfähigkeit sowie zum Kräftemessen oder einfach zum Gespräch traf. Der Ort wurde in einer Gesellschaft, die stark vom Wettkampfgedanken und dem Ideal der Bewährung geprägt war, ein Mittelpunkt bürgerlicher Identität. Der Ort war, wie es die französische Kollegin Marie-Françoise Billot ausdrückte, «un lieu de formation civique», ein Platz der Ausbildung zum Bürger der Polis.

So bildeten Akademie, Gymnasium und Park eine Einheit, die dann im 4. Jahrhundert eine gänzlich neue und zusätzliche Bedeutung erhalten sollte. Der Philosoph Platon (428–348) hat vor dem Hintergrund dieser bedeutenden Tradition an der Akademie seine Schule eingerichtet. Im östlichen Teil des blühenden Parks begründete er in den Jahren nach 390 zunächst ein Heiligtum für die Musen, die Göttinnen der Künste. Zudem erwarb er am Rand des Gymnasions in Richtung des Kolonoshügels für 3000 Drachmen ein Gartengrundstück, auf das er sich ein kleines Haus baute. Dort wohnte er wie später auch seine Nachfolger als Gelehrter der Philosophenschule, und dort wurde er nach seinem Tod auch bestattet.

Der Unterricht für die Schüler fand auf dem Gelände des öffentlichen Gymnasions statt, wo Platon neben dem Altar für die Musen eine kleine Exedra, eine halbrunde Sitzbank, errichten ließ. Später nutzte man auch die Palästra, einen architektonisch gefassten Ringplatz, für die Gespräche. Vorträge fanden demnach unter freiem Himmel statt und waren für andere Athener ohne weiteres zugänglich. Bald darauf sollten auch Aristoteles und Zenon ähnlich vorgehen, als der eine die Philosophenschule des Peripatos und der andere die Stoa gründete. Während Aristoteles das Gymnasion Lykeion östlich Athens für seine Vorträge nutzte, lehrten die Stoiker in einer Gemäldehalle, der Stoa Poikile, an der Agora. Der öffentliche Raum war mithin der Ort, an dem alle drei Philosophen neue Anhänger und Schüler zu finden hofften.

Dass Platon aber vor die Stadt in den Hain des Akademos mit seinem Projekt einer Philosophenschule zog, zeigt auch, dass er und seine Schüler sich zugleich von der bürgerlichen Gesellschaft Athens absondern und doch ein Teil dieser Gemeinschaft bleiben wollten. Die räumliche Distanz vom Stadtzentrum fand ihre Entsprechung in einer ideellen Trennung. Nicht das Leben eines Bürgers, sondern ein allein philosophischen Prinzipien verpflichtetes Leben wollte man führen. Platon und die ihm nachfolgenden Schulleiter, wie die vom Kreis der Schüler gewählten Xenokrates (ab 339) oder Polemon (ab 314) verbrachten ihr ganzes Leben im Gymnasion und auf dem Grundstück ihres verehrten Lehrers Platon. Zur Zeit des Letzteren errichteten sich auch die Schüler kleine Hütten auf dem Gartengrundstück. Sie verbrachten den ganzen Tag gemeinsam mit Vorträgen, Spaziergängen im Park sowie im Wandelgang, der sich auf dem Gartengrundstück befand. Gemeinsame Opfer am Musenaltar und Mahlzeiten, zu denen auch ehemalige Schüler und Freunde kamen, waren gleichfalls Bestandteile ihres Alltags.

Doch die Lebensführung der Akademiker unterschied sich noch in anderen Punkten von der üblichen Welt der athenischen Bürger: Askeseübungen, Verzicht auf Sexualität und auffällige, teure Kleidung machten sie ebenso als Philosophen kenntlich wie ihr Auftreten und Habitus. Ökonomische Basis dieses Lebens, das die Philosophen fern einer bürgerlichen Existenz führten, waren zunächst Platons Vermögen, später dann Stiftungen und Geschenke von reichen Gönnern. Es ist für die gewählte Lebensart bezeichnend, dass der griechische Autor Plutarch in seiner Schrift über das Exil schreibt, der oben erwähnte Xenokrates habe in der Stadt das Fest des Gottes Dionysos besucht, bei dem die Tragödienwettkämpfe stattfanden. Er sei wie ein Exilant in die Stadt gekommen, um nach dem Fest auch wieder in das selbstgewählte Exil der Akademie zurückzukehren.

Die ältere Akademie Platons

Es gab einige Geschichten, die sich um die philosophischen Sonderlinge rankten: Um beispielsweise die philosophisch-asketische Standhaftigkeit des Akademieleiters Xenokrates zu verdeutlichen, erzählte man die Anekdoten von Phryne, der schönsten, bekanntesten und teuersten Prostituierten jener Zeit. Ihr Ruf hat die Antike weit überdauert und ihre sprichwörtliche Schönheit den Maler Jean-Léon Gérôme zu seinem Werk *Phryne vor dem Areopag* (1861) inspiriert. Im Altertum wurde sie mit Standbildern geehrt und hat wohl manch einen auf frivole Gedanken gebracht. Ihr Tarif für eine Nacht soll zehn Jahresgehälter eines einfachen Handwerkers betragen haben. Aber Xenokrates hätte sie alle Sinnenfreuden unentgeltlich gewährt – doch der Philosoph, so will es die Überlieferung, sei standhaft geblieben. Wenn der Durchschnittsathener schon darüber den Kopf geschüttelt haben mag, so wird er sich vollends gewundert haben, dass die Akademiker gänzlich auf die Gründung eines eigenen Hausstandes mit Ehefrau, also eines *oikos*, verzichteten. Ein ordentlicher Bürger hatte zu heiraten und für legitimen Nachwuchs zu sorgen, der doch schließlich unverzichtbar war zum Erhalt der Stadt. Dass gleichwohl Frauen Zugang zu ihrem Kreis erhielten und ebenso Sklaven, vertiefte die Entfremdung der Denker von der Gesellschaft. Zwei Frauen sind namentlich bekannt: Axiothea aus Phleius und Lastheneia aus Mantineia haben wohl beide – in Männerkleidung, um keinen Anstoß zu erregen – im öffentlichen Gymnasion, üblicherweise eine Männerdomäne, den Vorträgen gelauscht.

Die Akademie Platons hatte keinen rechtlichen oder religiösen Rahmen, sondern existierte einfach als freier Zusammenschluss der Schüler. Immerhin gab es schriftlich fixierte Regeln für die gemeinsamen Mahlzeiten. Über den Unterricht wissen wir, dass er außer den Lehrgesprächen, welche wir in den platonischen Dialogen nachvollziehen können, aus Disputationen, Lehrvorträgen und Seminarübungen bestand, bei denen Definitionen und Klassifizierungen (*dihairesis*) geübt wurden. Man wechselte bei diesen Unterrichtsformen zwischen Gymnasion und dem Gartenhaus Platons. Einen festen Lehrplan gab es wohl nicht. Offenbar ebenso wenig wie eine ‹platonische Orthodoxie› im Sinne einer Verpflichtung der Schüler, die Lehren des überaus verehrten Platon gleichsam als Dogmen zu übernehmen. Das Schwergewicht scheint auf der theoretischen Ausbildung gelegen zu haben, während politisch-praktische Aspekte zurücktraten. Jedenfalls sind keine in antiken Quellen behaupteten Einflüsse der platonischen Philosophie auf die politische Praxis wirklich nachweisbar. Im Gegenteil: Die Abkehr vom politischen hin zu einem «von Unrecht und unheiligen Taten reinen» Leben war das Ziel der Gemeinschaft (Platon, *Staat* 496 CD).

Die Akademie Platons war ein Ausnahmeort, der erst durch die Anwesenheit der Philosophen und ihre Alltagspraxis zu einem solchen gemacht wurde. Sie wandelten zwischen intensiven Vorträgen und Gesprächen ziellos im Park umher. Dabei zeigten sie, wenn man der Überlieferung glauben darf, merkwürdige Körperhaltungen und eine charakteristische Mimik. Sprichwörtlich war die «hochgezogene Augenbraue», aber auch das verschlossene und oft mürrische Auftreten. Platon wurde von anderen Besuchern des Parks als arrogant und abweisend wahrgenommen.

Es gab allerdings weit drastischere Formen philosophischer Absonderung, als sie die Akademiker praktizierten und mit denen sie die Zeitgenossen vor den Kopf stießen: Die Kyniker beispielsweise, eine andere Philosophenschule armer Bettelgelehrter, waren gewissermaßen die Punks der Antike. Durch besonders schmutzige Kleidung, üble Reden und sogar öffentliches Masturbieren versuchten sie die Bürger zu beleidigen und zu schockieren. Diogenes von Sinope, der in einer Tonne lebte, war einer ihrer bekanntesten Vertreter. Er soll, so erzählt Plutarch, keinen Geringeren als Alexander den Großen, der sich ihm huldvoll näherte, gebeten haben, er möge ihm nur aus der Sonne gehen – weiter begehre er nichts, was den Welteroberer zwar schockierte, ihm aber auch Bewunderung abnötigte.

Das als abschätzig empfundene Auftreten der Akademiker beantworteten die Athener mit beißendem Spott. Sie gingen in ihr Gymnasion, die alte Akademia, und lauschten bei Gelegenheit kopfschüttelnd den ihnen unverständlichen Disputationen oder Vorträgen der Philosophen. Der zeitgenössische Komödienautor Epikrates hat in einem seiner Stücke die philosophischen Gespräche in einem Dialog persifliert. Bei ihm berichtet ein Augenzeuge von Debatten der Platonschüler darüber, was ein Kürbis sei. Wie lasse er sich in das Leben der Tiere, die Natur der Bäume oder die Arten von Gemüsen einordnen? Verschiedene Vorschläge wurden gemacht, doch konnte sich der Gesprächskreis trotz langem Hin und Her auf keine Lösung einigen. Der Augenzeuge «hörte unsagbares, unsinniges Geschwätz» (Athenaios, *Gelehrtenmahl* 2,59).

Aber Platon und seine philosophische Wirkung riefen nicht nur in Athen Unverständnis hervor. Als er nach Tarent reiste, begannen angeblich die Bürger dort Sandplätze einzurichten, um ständig geometrische Figuren in den Sand zu malen – mithin völlig sinnlose Dinge zu tun. Man wusste angeblich von den mathematischen Interessen, die in der Akademie gepflegt wurden, und bereitete sich solcherart auch in Süditalien auf künftige intensive Studien der Geometrie vor. Wenn man so will, wurde also jede Stätte, wo sich Philsophen zusammenfanden, zu einem seltsamen Ort in den Augen der Zeitgenossen; und diese äußerten das auch ganz unumwunden: In dem Platonischen Dialog *Gorgias* betont sein Gesprächspartner Kallikles, die Philosophie sei etwas für die Jugend. Wenn jemand als erwachsener Mann weiter philosophiere, statt sich den Anforderungen an das Leben eines Vollbürgers zu stellen, «verdient dieser Mann Schläge. Denn, wie ich eben sagte, es zeigt sich bei diesem Mann, selbst wenn er sehr begabt ist, dass er unmännlich geworden ist, dass er die Mittelpunkte der Stadt und die Märkte meidet, wo, wie der Dichter sagt, Männer sich hervortun, und versteckt in einem Winkel sein ganzes übriges Leben zusammen mit drei oder vier Halbwüchsigen im Flüsterton zubringt, ohne jemals frei, durchdringend und gewandt zu reden» (Platon, *Gorgias* 484D–485D). Jemand, der noch im Erwachsenenalter philosophierte, entzog sich der politischen Gemeinschaft. Entsprechend hart fiel das Urteil des großen Redners Isokrates aus: Philosophen lehrten ihren Schülern, «das Leben von Bettlern und Verbannten sei beneidenswerter als das der übrigen Menschen» (Isokrates, *Gegen die Sophisten* 7).

Wie dem auch sei: Man lebte den Zeitgenossen vor, dass es Alternativen zur bürgerlichen Existenz gab. Doch sollte es mehrere Generationen dauern, bis die Philosophie regelmäßiger Bestandteil der Ausbildung eines griechischen Jünglings wurde. Rom hingegen wollte von solchen Entwicklungen nichts wissen – auch nicht als Griechenland in den römischen Herrschaftsraum einbezogen wurde. Der politische Pragmatismus der Römer ließ keine Spielräume, das philosophische Leben als eigenständige Lebensform integrieren zu können. Als zu Beginn des 2. Jahrhunderts v. Chr. griechische Philosophen nach Italien kamen, beschloss der Senat rasch ihre Ausweisung. Wie in Griechenland hatten sie den öffentlichen Raum genutzt, um die römische Jugend mit fesselnden Vorträgen und ungewohntem Auftreten in ihren Bann zu ziehen. Bald hatte sich in Rom herumgesprochen, dass die Philosophen mit ihren Erörterungen über das Wesen der Welt und ihrer Naturerscheinungen die Jugend von ihren bürgerlichen Pflichten fernhielten. Das galt es unbedingt zu verhindern!

Ein Festpavillon

Wer glaubt, die Münchner Wiesn oder der Canstatter Wasen seien ingeniöse Erfindungen der Neuzeit, der täuscht sich gewaltig. Auch die Antike kannte solche ganz besonderen Orte, die nur auf Zeit bestanden und sich dann mit außerordentlichem Leben füllten. Zunächst hören wir von kurzlebigen, für einzelne Anlässe errichteten Festorten, die mit dem Ende des Festes wieder verschwanden. Zu ihnen gehört etwa die rund 200 mal 200 Meter große Anlage, die Alexander der Große 324 v. Chr. für seine Massenhochzeit in Susa aufbauen ließ. Damals schlossen er und eine größere Gruppe der makedonischen Führungsschicht mit Frauen aus der persischen Elite die Ehe, um die politischen Verhältnisse nach der Eroberung des persischen Reiches zu stabilisieren. Ein zentraler Hof, in dem die einfachen Gäste bewirtet wurden, war umgeben von einem Geviert aus aufwendigen Zelten, in denen die Ehepaare in rund hundert Schlafgemächern untergebracht waren – die Männer auf Klinen (Ruhebetten) liegend, während ihre Frauen auf beigestellten Thronen saßen. Ein Hauptzelt mit Klinen bildete das Zentrum dieser Festanlage, wo die Brautleute mit dem König speisten.

Alexander hat mit solchen Feierlichkeiten gewiss Maßstäbe gesetzt, wie sie bis dahin in der griechischen Welt nicht bekannt waren. An ihnen orientierten sich insbesondere die nachmaligen Könige Ägyptens – die nach ihrem ersten König und früheren General Alexanders, Ptolemaios, so genannten Ptolemäer –, die sie gar noch zu übertreffen suchten. Schauplatz der Ptolemäerfeste war nicht zuletzt die Hauptstadt des Reiches, Alexandria. Es gehörte nämlich zur selbstdefinierten Pflicht des ptolemäischen Herrschers, der Öffentlichkeit zu zeigen, wie gut es ihnen unter seiner Regierung ging – *tryphe*. Für diese Repräsentationsakte, bei denen der König den schier unendlichen Reichtum öffentlich vorführte und allen zugute kommen ließ, eigneten sich große Feste ganz besonders. Die Zuschauer wurden geradezu überschwemmt von Wohltaten. *Conspicious consumption* nennt das die moderne Forschung – Zurschaustellung maßlosen Konsums von Luxusgütern durch die Herrschenden. Der Wohltäter kann es sich einfach leisten, die Anwesenden reich und überreich zu beschenken, so die Botschaft.

Ein Augenzeuge, der antike Autor Kallixeinos, führte den Lesern solche Ereignisse eindringlich vor Augen. Sie hatten Dimensionen, die auf Griechen, die vor allem in kleinen Städten wohnten, wie märchenhafte Inszenierungen wirkten. Kallixeinos selbst stammte eigentlich aus dem in jener Zeit führenden Seehafen Rhodos, zog aber in der 2. Hälfte des 3. Jahrhunderts v. Chr. nach Alexandria. Die Stadt erlebte in diesem Jahrhundert eine ungeheure Blüte und war zweifellos die bedeutendste und prächtigste Stadt der Mittelmeerwelt. Mit ihrer Bibliothek und dem Musenhof war sie zudem ein Mekka der Gelehrten. In einem Buch mit dem Titel *Über Alexandria* schilderte Kallixeinos eindringlich, was er staunend in der Stadt beobachtete. Insbesondere die Prachtentfaltung am Königshof faszinierte ihn, da ihm solch ein unvergleichlicher Reichtum noch nie begegnet war. Dieses Buch des Rhodiers ist nicht erhalten, aber ein anderer Autor, Athenaios aus der ägyptischen Stadt Naukratis, zitierte in seinem um 200 n. Chr. entstandenen *Gelehrtenmahl* fasziniert aus dem Werk seines 400 Jahre älteren Kollegen.

Auch Athenaios lebte, bevor er sich in Rom niederließ, in Alexandria. Die Stadt war auch in der römischen Kaiserzeit eine bedeutende Metropole und nach wie vor ungeheuer beeindruckend. Die Präsentation königlichen Reichtums bei festlichen Anlässen war freilich seit langem Geschichte. Kleopatra VII. war die letzte Herrscherin der Ptolemäerdynastie, bis sie 30 v. Chr. unter den bereits geschilderten Umständen starb – und mit ihr die Festkultur der Ptolemäer. Als Athenaios die Papyrusrolle mit dem Werk des Kallixeinos in der Bibliothek von Alexandria studierte, hat er staunend gelesen, was der rhodische Gelehrte in den Tagen des Königs Ptolemaios IV. Philopator (222–204 v. Chr.) selbst aus Berichten exzerpiert hatte, die bereits 50 Jahre vor seiner Zeit entstanden waren. Eine der beiden Schilderungen, die Athenaios in sein *Gelehrtenmahl* übernahm, war die des Festes zu Ehren des Ptolemaios I. Soter – des Gründervaters der Ptolemäerdynastie.

Bei diesem Fest, das wenige Jahre vor 270 v. Chr. abgehalten wurde, fand ein ganz unglaublicher Festumzug statt, dessen Beschreibung bei Athenaios (Athenaios, *Gelehrtenmahl* 5.25–35) viele Seiten einnimmt. So können hier nur ein paar wenige Aspekte geboten werden, um zu zeigen, wie für ganz kurze Zeit aus einem

Ein Festpavillon

Flecken auf der antiken Weltkarte ein Ausnahmeort wurde: Über mehrere Tage, an denen nicht nur der Festumzug stattfand, sondern auch zahllose Wettkämpfe ausgetragen wurden, zogen am staunenden Publikum Tausende von Teilnehmern vorüber. Sie waren vor allem als Figuren des Dionysos-Kultes, als Satyrn und Silene, kostümiert. Zahllose Männer zogen prächtig geschmückte Festwagen, auf denen mythologische Figuren (allen voran Dionysos in verschiedenen Situationen seines Lebens) und Mitglieder der königlichen Familien in anspielungsreichen Szenen zu sehen waren. Auch Personifikationen griechischer Städte wurden gezeigt, um die Ausdehnung ptolemäischer Herrschaft oder zumindest ihren ausgreifenden Territorialanspruch zu versinnbildlichen. Man darf sich diese Wagen durchaus wie die Festwagen des rheinischen Karnevals, nur ohne Karikaturen vorstellen – und natürlich wurde jedes Detail ihres Erscheinungsbildes in höchster Vollendung präsentiert. Gespanne, die von vielerlei exotischen Tieren gezogen wurden, symbolisierten ebenso wie auch viele tausend Hunde, die aus unterschiedlichen Gegenden der bekannten Welt kamen und an der Leine geführt wurden, den universalen Machtanspruch der ptolemäischen Könige. Tausende Tonnen von goldenen und silbernen Gefäßen auf insgesamt 420 (!) Wagen und wertvolle Gerätschaften in schier unermesslicher Zahl und fabulösem Gewicht konnte man bestaunen. Rund 60 000 Soldaten und 24 000 Reiter, die den Zug beschlossen, ließen keinen Zweifel beim Betrachter über die Schlagkraft des königlichen Heeres. Wer sich ein detailliertes Bild dieser Demonstration königlicher Macht und Pracht verschaffen möchte, dem sei die Lektüre der ganzen Beschreibung bei Athenaios empfohlen.

Kallixeinos hat auch das Festzelt beschrieben, das Ptolemaios II. im Bereich des Palastes für rund 200 geladene Ehrengäste hatte errichten lassen. Die Ausführungen sind schwierig zu verstehen, aber sie sind vor mehr als hundert Jahren ingeniös von dem Leipziger Archäologen Franz Studniczka (1860–1929) in einer zu Beginn des Ersten Weltkriegs veröffentlichten Studie überzeugend gedeutet worden, dessen Beobachtungen und Schlüsse bis heute nur Modifikationen im Detail erfahren haben.

Den Kern des Zeltes bildete ihm zufolge ein Speisesaal, der von Säulen in Form von Palmen und von dionysischen Thyrsosstäben sowie von Säulen in Form von Riesenfencheln mit Efeublättern umgeben war. Der Raum war rund 29 Meter hoch, was mehr als sieben Stockwerken eines heutigen Wohnhauses entspricht. Das Dach war kunstvoll mit Teppichen und Stoffen von unterschiedlicher Farbe und mit unterschiedlichen Mustern bespannt. Es wurde bekrönt von mehreren Meter großen vergoldeten Adlern, die einander anblickten. Dieser große Speisesaal war auf drei Seiten umgeben von zweigeschossigen, rund zehn Meter niedrigeren, aber immerhin noch 18 Meter hohen Säulenhallen, in die etwa 40 Räume eingetieft waren, in denen sich die Dienerschaft der Ehrengäste aufhielt. Nach Bedarf traten die Bediensteten in den Hauptraum, um bei der Bewirtung zu helfen. Die Rückseiten dieser Räume waren mit Stoffen und kostbaren Tierfellen behängt. Auf der Außenseite des Obergeschosses sah man Grotten mit Theater- und Mythendarstellungen, die Trinkgelage zeigten. Vor diesen Räumen standen im Erdgeschoss 47 Säulen, vor denen jeweils zwei Marmorstatuen bedeutender Bildhauer aufgestellt waren. Im Hauptsaal verteilten sich reich geschmückte goldene Klinen mit Sphingenfüßen vermutlich in sieben Speisegemeinschaften, die aus jeweils 15 Klinen bestanden, auf denen jeweils zwei Gäste Platz fanden. Diese Kompartimente waren einsehbar, sodass andere Festteilnehmer von außen einen Blick auf das spektakuläre Festmahl erhaschen konnten – und sollten. Vor den Klinen standen 200 goldene Dreifüße auf silbernen Podesten, die als Tische für kostbarstes Geschirr dienten. Auf der Rückseite gab es Tische mit Waschschüsseln und goldenen Krügen.

Gegenüber dem Haupteingang stand ein zweites Zelt für das kostbare Geschirr, das bei der Bewirtung in den Speisesaal getragen wurde. Kallixeinos schreibt, das silberne und goldene, mit Edelsteinen besetzte Geschirr des Festraumes habe einen Wert

Ein Festpavillon

(oder das Gewicht) von 250 Tonnen Silber gehabt. Das bedeutet, dass der Gastgeber pro Gast mehr als eine Tonne Edelmetall aufgewendet hat! Eine wahrlich ungeheuerliche Größenordnung, *tryphe* im besten Sinne! Das vergoldete Grand Vermeil Service der Habsburger wiegt demgegenüber schäbige 850 Kilogramm.

Die Umgebung dieses gigantischen Festsaals war als Blumenwiese gestaltet. Blüten ohne Zahl wurden, obwohl das Fest im Winter stattfand, ausgestreut und bildeten tatsächlich ein riesiges Blütenmeer. Auf diese Weise wurde ein «Anblick einer wahrhaft göttlichen Wiese» erzeugt, wie Kallixeinos schrieb. Die Farbenpracht des Zeltes, das Ambiente und der Glanz der Silber- und Goldgefäße sowie der teilvergoldeten Architektur müssen atemberaubend gewesen sein. Wir dürfen annehmen, dass die geladenen 200 Gäste sich in ihren Privatgemächern oder Palästen ebenfalls reichste Ausstattung leisten konnten und teuerste Einrichtungen gewohnt waren. Sie werden sich in Kleidung und Habitus in diesen Glamour bestens eingefügt haben. Und dennoch waren die Konzentration des Luxus im Festzelt und die in der Prozession gezeigten Reichtümer in ihrer schieren Masse selbst für sie einfach überwältigend.

Diesem Gesamteindruck entsprach auch der architektonische Entwurf des Zeltes. Erstmals in der antiken Architektur wurde ein auffälliger basilikaler Bautypus gewählt – also das Modell einer dreischiffigen Halle: Ein Mittelraum ragte deutlich über die seitlich angeordneten Raumordnungen hinaus, so wie es später in der Architektur der Basilika umgesetzt wurde. Dieses Erscheinungsbild ist uns heute aus dreischiffigen Kirchengebäuden wohlvertraut, die ihrerseits aber erst viel später aus den Basiliken entwickelt worden sind.

Wir wissen nicht, was aus dem Zelt Ptolemaios' II. geworden ist. Es wurde für eine Prozession entworfen und nach dem Ende des Festes wieder abgebaut. Wurden die architektonisch exquisit gestalteten Teile wie beim Münchner Oktoberfest eingelagert, um alle vier Jahre zur Wiederholung des Festes erneut aufgebaut zu werden?

Immerhin fand Kallixeinos zwei Generationen später Listen, in denen die Bestandteile des Zeltes so wie der Prozession aufgezeichnet waren. Das Geschirr aus Edelmetall blieb sicherlich im Palast. Der *tryphe* des Königs hätte es allerdings auch entsprochen, wenn er die vergängliche Architektur verschenkt, verschleudert oder vernichtet hätte. Er konnte es sich schließlich leisten, den teuren Entwurf beim nächsten Anlass in noch aufwendigerer Ausführung bei seinen Architekten und Handwerkern in Auftrag zu geben.

Doch was wollten die Könige eigentlich mit dieser Prachtentfaltung vermitteln? Wir assoziieren solch einen Gold- und Silberrausch mittlerweile nur noch mit soziopathischen Diktatoren wie Ceauşescu, Kaiser Bokassa oder neuerdings mit den goldbeladenen Privatgemächern eines Donald Trump im Trump Tower oder des türkischen Präsidenten Erdoğan in seinem Präsidentenpalast in Ankara. Der ptolemäische König aber bediente mit der Einladung in ein solches Zelt zeittypische Kommunikationsformen und Erwartungen seiner Untertanen. Wenn er selbst Gesandtschaften am Hof in Alexandria empfing, die ihm regelmäßig kiloschwere Goldkränze als Gastgeschenk mitbrachten, dann zahlte er gewissermaßen mit gleicher Münze, wenn er ein Fest für seine Gäste aus aller Welt und für die Elite seines eigenen Reiches gab. Nach Golde drängt, am Golde hängt doch alles. Ach, wir Armen!

Hölzerne Tierkäfige

41° 53′ 24.76″ nördlicher Breite; 12° 29′ 32.03″ östlicher Länge

Doch auch die Römer verstanden es, Feste zu feiern. Sie kritisierten die hellenistischen Könige zwar für ihre Protzereien, aber die Angehörigen aller Eliten – schon in den alten Reichen oder im archaischen Athen – wollten zeigen, dass sie nicht Krethi und Plethi waren, und so distinguierten sie sich, indem sie öffentlich ihren

Reichtum zur Schau stellten und dadurch auch innerhalb der eigenen Schicht Rangunterschiede deutlich machten. Diese Neigung wurde zeitweilig so exzessiv ausgelebt, dass seit dem 2. Jahrhundert v. Chr. – mit Beginn der Expansion des Römischen Reiches – wiederholt Gesetze gegen solche Inszenierungen erlassen wurden. So sollte etwa der bei Festen übliche Aufwand reduziert werden. Beschränkungen hinsichtlich der Zahl der Gäste, des Speisenaufwands und der Beschaffenheit des Geschirrs sollten dazu führen, dass Feiern im kleinen, bescheidenen Rahmen stattfanden und nicht überbordeten. Einzelne Senatoren sollten mit ihrer vor aller Augen demonstrierten wirtschaftlichen Potenz und Großmannssucht nicht länger Stadtgespräch sein.

Doch dies waren letztlich hilflose Versuche, die Auflösungserscheinungen der Aristokratie und eine zunehmende Differenzierung der unterschiedlich reichen Senatoren zu verhindern. Das individuelle Prestige ließ sich seit dem 2. Jahrhundert v. Chr. erheblich steigern, wenn man Gladiatorenkämpfe und – erstmals für das Jahr 186 v. Chr. bezeugt – auch Kämpfe von Profis gegen wilde Tiere ausrichten konnte. Diese sogenannten *venationes* (Jagden) wurden damals beliebter Bestandteil öffentlicher Festveranstaltungen, da mit der römischen Herrschaft in Nordafrika in größerem Umfang neben den Tieren von der italischen Halbinsel (Bären, Hirsche, Eber, Stiere) fortan auch Großkatzen nach Rom gebracht werden konnten. 169 v. Chr. kauften die Senatoren Scipio Nasica und P. Lentulus bereits 63 Panther und Leoparden sowie 40 Bären und Elefanten für ihre Spiele ein. Im 1. Jahrhundert v. Chr. brachte man immer exotischere Tiere an den Tiber, welche zugleich die militärischen Erfolge in bestimmten Weltgegenden symbolisierten. So gelangten Krokodile, Nilpferde und Giraffen nach Rom und im Jahr 11 v. Chr. gar ein Tiger.

Aber die Tierhatzen waren nur ein Bestandteil der Spieltage. Die *venationes* fanden am Vormittag statt, während die Nachmittage mit wenigen Ausnahmen für die Gladiatoren reserviert waren. Bei den Tierhatzen traten professionelle Tierkämpfer gegen

wilde Tiere an, oder jene, die die Spiele als Volksbelustigung aus-
richteten – die Spielgeber –, ließen die Tiere gegeneinander kämpfen. Diese blutigen Schauspiele erreichten, als mit Augustus der
erste römische Kaiser die Macht übernahm, unvorstellbare Ausmaße. Pompeius und Caesar hatten den Römern mit Dutzenden
von Elefanten und Hunderten von Löwen bereits gezeigt, wozu
führende Politiker und Feldherren logistisch in der Lage waren, um
die Gunst des Publikums zu erringen. Augustus selbst (27 v. Chr.–
14 n. Chr.) rühmt sich schließlich in seinem kurz vor seinem Tod
verfassten Tatenbericht (*res gestae*), für die von ihm veranstalteten
Spiele 3500 Tiere auf eigene Kosten herangeschafft zu haben.
Kaiser Titus (79–81 n. Chr.) ließ bei der Einweihung des Kolosseums insgesamt 9000 Tiere in der Arena töten. Trajan (98–117) organisierte für ein Fest, das 123 Tage dauerte und das im Anschluss
an einen großen Triumph veranstaltet wurde, nicht weniger als
11 000 Tiere. Diese Zahlen mögen übertrieben sein, aber selbst
wenn man sie noch auf die Hälfte reduzieren wollte, bleiben die
römischen Massaker an Wildtieren ungeheuerlich. Die Ausrich-
tung solcher Tierhatzen blieb zudem nicht auf Rom beschränkt,
vielmehr fanden sie auch in zahlreichen Provinzstädten statt. Die
ökologischen Folgen waren unübersehbar. Immer weiter mussten
die Tierfänger reisen, um Wild zu finden. Doch die Römer feierten die Ausrottung der Wildtiere in ganzen Landstrichen Nord-
afrikas und andernorts als Unterwerfung der Welt und der Wild-
nis durch den Kaiser, der Zivilisation und Ackerbau vorantrieb.

Um den unbeschreiblichen Bedarf an Wildtieren zu decken,
wurden nicht nur ganze Militäreinheiten eingesetzt, die beispielsweise in den germanischen Wäldern Bären, Wölfe und Auerochs-
sen fingen. In Nordafrika und anderen Regionen des Reiches hatten sich auch private Unternehmen (*sodalitates*) darauf spezialisiert,
Tiere zu fangen, zu verschiffen und nach Rom zu bringen. Einheimische, die sich mit den Tieren auskannten, wurden als Jäger an-
geheuert. Spätantike Mosaiken aus dem nordafrikanischen Hippo
Regius und Wandmalereien im Familiengrab der Nasonii in Rom

Hölzerne Tierkäfige

zeigen, wie diese Jagden abliefen. Die Tiere wurden eingekesselt, Netze wurden über sie geworfen oder man drängte sie in Sperranlagen zwischen Bäume. Mit Speeren und Schwertern bewaffnete Männer bildeten mit großen Schilden Barrikaden, um Löwen, Panther und Leoparden nach Treibjagden in Käfige zu drängen – denn die Käfige und hölzernen Kisten waren stets die Endstation für die Beute, die darin dann nach Rom verschifft wurde. Dass sich die Tiere gegen ihr Schicksal wehrten, belegen eindrucksvoll zwei Bilder im Grab der Nasonii, die dramatische Angriffe von Löwen und Leoparden auf die Jäger zeigen.

Doch nicht nur die Jagd selbst, auch der Transport barg Risiken für die Beauftragten. Der Dichter Claudian thematisiert um 400 n. Chr. in seinen Versen eindringlich die Angst der Zugochsen und der Seeleute angesichts der gefährlichen Fracht, die sie zu bewegen hatten (Claudian, *Stilicho* 3,325–27). Die Kisten wurden auf Wagen in Nordafrika in den nächstgelegenen Hafen gebracht, dort auf Schiffe verladen und an den Bestimmungsort transportiert. Bisweilen wurden sie durch Stürme aufgehalten und kamen erst an, wenn die Spiele, für die sie vorgesehen waren, bereits stattgefunden hatten (Plinius, *Briefe* 4,34). Auch wissen wir von Schiffbrüchen mit Totalverlust der lebenden Fracht. Mitunter aber waren die Tiere, nachdem sie monatelang unaussprechlichen Strapazen beim Transport ausgesetzt waren, in so erbärmlichem Zustand, müde und ausgezehrt, dass sie für die Tierhatzen nicht mehr verwendbar waren (Symmachus, *Briefe* 2,76,2). Apuleius hat in seinem Roman, den wir zumeist unter dem Titel *Der goldene Esel* kennen, solch eine Situation eindringlich geschildert: Die Romanfiguren erreichen den griechischen Ort Plataiai, wo ein reicher Gönner Spiele finanziert und in großem Stil wilde Tiere eingekauft hat: «Matt von langer Gefangenschaft und zugleich mürbe von der Sommerhitze, auch anfällig vom untätigen Sitzen, wurden die Tiere von einer plötzlichen Seuche dahingerafft.» Die ärmere Bevölkerung machte sich nach Absage der Spiele «über die allerorten daliegenden Festbraten

her» (Apuleius, *Metamorphosen* 4,14), um das Fleisch nicht ver-
kommen zu lassen.

Wenn die armen Kreaturen gar zu Lande mit Ochsenkarren
transportiert wurden, zog sich ihr Martyrium noch länger hin,
denn unter de͏̈   ͏̈gen Wegeverhältnissen brauchten die
Fuhrunternehme   ᴡiss werden sie aber überall, wo sie
Station machten,   ᴀcht großes Staunen hervorgerufen
haben. Bei den Zᴡ   ᴐs in den Städten, wo die Tiere mit
Nahrung versorgt u   ᴇn die Käfige erneuert wurden, lie-
fen die Bewohner zu͏̈   , um Raubkatzen, Bären und andere
Tiere zu bestaunen. Einige Städte dürften vermutlich auch unter
solchen Kolonnen gelitten haben, wenn diese sich zu lange in der
Stadt aufhielten und kostenloses Futter für die kaiserliche Fracht
erpressten. Jedenfalls wurde ein spätantikes Gesetz erlassen, das
einen Aufenthalt auf die Dauer von sieben bis acht Tage begrenzte.

In den Bestimmungsorten wurden die Tiere in der Zwischenzeit vom Publikum sehnlichst erwartet. Man kann sich gut vorstellen, wie sich die Ankunft der Wagen mit den Käfigen herumsprach
und Kinder und neugierige Erwachsene dem Tross entgegenliefen.
Wenn die Züge eintrafen, stellte sich freilich sogleich das Problem,
wo man die Käfige lagerte, bis die Tiere bei den Spielen zum Einsatz kommen sollten. Und damit kommen wir zu einem ganz
besonderen Ausnahmeort. Er war für Schaulustige völlig faszinierend, konnte aber, wenn die Tiere ausbrachen, was durchaus
immer wieder einmal vorkam, auch überaus gefährlich werden.
Dies war der Sammelplatz der Holzkäfige.

Es finden sich in den antiken Quellen nur spärliche Nachrich-
ten über diesen seltsamen Ort. Konzentrieren wir uns auf Rom!
Antike Autoren berichten allerdings, dass es nicht nur in Rom zu
Ausbrüchen von wilden Tieren aus den Käfigen kam, bei denen
Menschen getötet wurden und inmitten der Städte Panik ausbrach.
Einzelne Käfiglager scheinen allgemein zugänglich gewesen zu
sein. Der ältere Plinius berichtet in seiner *Naturgeschichte*, dass der
Bildhauer Pasiteles (1. Jahrhundert v. Chr.) zu den Schiffswerften

am Tiber ging, da dort viele afrikanische Tiere gelagert wurden, die der Künstler studieren wollte. Er betrachtete einen Löwen in einem Käfig und war gerade dabei, ein Bildnis zu modellieren, als ein schwarzer Panther ausbrach und den Meister in akute Lebensgefahr brachte. Passiert ist ihm wohl nichts, aber wir können der Geschichte entnehmen, dass auch Zivilisten dicht an die Käfige herankamen, um die Tiere zu bestaunen.

In der Kaiserzeit müssen die Tierhaltung und der Transport in der Stadt perfektioniert worden sein. Dafür spricht allein schon die schiere Menge der Tiere, die für die Spiele benötigt wurde. Sicherlich dürfte ein Großteil der lebenden Fracht an den Tiberkais ausgeladen und dort untergebracht worden sein, bis man sie – vermutlich nachts – zum Circus brachte, wo am nächsten Vormittag die Tierhatzen stattfinden sollten. Wenn große Spiele geplant waren – wie beispielsweise bei der Einweihung des Kolosseums, zu der viele tausend Tiere gebraucht wurden –, dann trafen sicher über Monate hinweg Tiere ein und mussten an verschiedenen Orten untergebracht werden. Dies geschah aus Sicherheitsgründen fern des Zentrums in sogenannten *vivaria* – Tiergehegen, die streng bewacht waren.

Vielleicht hat es damals schon nahe der Porta Praenestina an der Via Flaminia solch ein Tiergehege gegeben. Zumindest liegt dieser Ort besonders verkehrsgünstig zum Kolosseum. Für die Spätantike wissen wir jedenfalls, dass dort solch ein *vivarium* lag.

Wie man sich den Transport von den *vivaria* zum Spielort im Einzelnen vorzustellen hat, lässt sich am besten beschreiben, wenn man das Kolosseum als Ausgangspunkt wählt. Der Bauforscher und Archäologe Heinz-Jürgen Beste vom Deutschen Archäologischen Institut in Rom hat in geradezu atemberaubenden Forschungen seit 1997 die Einbauten untersucht, die sich unterhalb der hölzernen Arena des Kolosseums befanden und heute als Mauergerippe jedes Jahr von Millionen Besuchern gesehen werden, ohne dass sie eine Vorstellung davon haben, wozu diese Konstruktionen einst dienten. Beste konnte zeigen, dass in dem

Untergeschoss keine Tiere gehalten wurden. Allenfalls ein Teil der Käfige konnte in Nischen der Außenmauer und einzelnen Gängen zwischengelagert werden, während der überwiegende Teil außerhalb der Arena aufgestellt werden musste. Die Raubtiere wurden jedenfalls in Käfigen, die exakt in die Hebevorrichtungen unterhalb des Bretterbodens der Arena passen mussten, durch die Gänge transportiert, um auf einzelne Hubsysteme verteilt zu werden. Die Boxen wurden eingehängt und mit Winden bis unter die Holzdecke gezogen. Wenn sie die Decke erreichten, konnten auf ein Kommando des Spielregisseurs einzelne oder mehrere Klappen gleichzeitig geöffnet werden, und die Tiere sprangen über kurze schräge Treppen in die Arena. Die Männer, welche die Show vorbereiteten, arbeiteten immer ausgefeiltere Inszenierungen mit vielen Überraschungseffekten aus. Dazu gehörten nicht nur das gleichzeitige Erscheinen verschiedener Tiere an verschiedenen Stellen, sondern auch die mit spezieller Bühnentechnik aufgestellten Baum- und Gebüschgruppen, die für die Zuschauer gewissermaßen die wilde Natur vorstellen sollten.

Diese technischen Anlagen in den Katakomben der Arena machen die Organisation außerhalb der Spielstätte verständlich. Da bei großen Spielen Hunderte von Tieren an einem Vormittag im Kolosseum präsentiert und getötet wurden, mussten die Käfige während der Nacht in die unmittelbare Nähe der Arena transportiert und dort bis zum Einsatz gelagert werden. Die Tiere werden angesichts der hektischen Betriebsamkeit, die die Vorbereitung der Spiele mit sich brachte, unruhig gewesen sein. Das Brüllen der Löwen und Bären, das Fauchen der Panther und Leoparden und die zahlreichen anderen Tierlaute wird man bis weit in die nahe Subura, das Mietskasernenviertel Roms, gehört haben. Vom Lärm angelockt, zogen die Menschen Richtung Kolosseum, um bei den Vorbereitungen zuzuschauen und sich auf die Spiele des folgenden Tages einzustimmen.

Die einfachen Leute verbrachten dort mitunter lärmend die ganze Nacht. Jedenfalls weiß beispielsweise ein antiker Zeitgenosse, dass die Menschen wegen der Tierkämpfe in der syrischen

Hölzerne Tierkäfige

Stadt Antiochia sogar eine ganze Nacht unter freiem Himmel ertrugen und «die Steine erschienen ihnen weicher als ihr Bett» (Libanios, *Briefe* 1399,2–3). Ihnen ging es sicherlich auch darum, sich am Morgen bei Öffnung der Arena die besten Plätze zu sichern. Das wird in Rom nicht anders gewesen sein. Abgesehen von den reservierten Plätzen für Ritter, Senatoren und Priesterschaften gab es keine Platzkarten, sondern nur Marken für die unterschiedlichen Zugänge zu den verschiedenen Rängen, deren römische Nummerierung noch heute über den Bögen des Amphitheaters in Rom zu sehen ist. Von einer Million Einwohnern fanden nur einige Zehntausend im Kolosseum Platz, was in einen Wettlauf um Eintrittsmarken und beste Plätze ausgeartet sein muss. Die antiken Autoren, die sämtlich der Führungsschicht angehörten, die die besten und natürlich reservierten Plätze in vorderster Reihe einnahmen, erwähnen diese Probleme der einfachen Zuschauer allerdings mit keinem Wort.

Wie mögen diese Nächte vor den Spielen verlaufen sein? Vielleicht versuchte manch einer, die Tiere zu reizen, bewarf sie mit Gegenständen und johlte Tierlaute. Wachpersonal wird versucht haben, die Ordnung aufrechtzuerhalten und die Menschen nicht zu nah an die Käfige heranzulassen. Doch wir besitzen keine gesicherten Nachrichten darüber.

Um sich einen ungefähren Eindruck davon zu verschaffen, muss man weit in die römischen Provinzen reisen. Dort haben sich bisher an zwei Orten Reliefbilder von Tierkäfigen im Kontext von Spielen erhalten, und zwar im kleinasiatischen Milet und nahe der ebenfalls in der Provinz Asia gelegenen Stadt Kibyra. In Kibyra lassen Reliefs an einem großen Grabhaus eines wichtigen Mannes – vielleicht eines Senators – Einzelheiten erkennen. Abgebildet sind Holzkäfige, die aus mehreren größeren Kammern bestanden, in denen einzelne Bären gehalten wurden. Sie wurden anscheinend in die Arena gerollt, wo sie für die *venationes* geöffnet wurden. Inmitten der Arena sieht man zudem einen hölzernen Käfig für ein einzelnes Tier. Während ein Bär noch aus seinem Käfig

Jenseits des Alltags

herausschaut, sind andere bereits herausgelassen worden. Kämpfende Bären, die tote Tiere im Maul halten oder die Kämpfer angreifen, sind ebenso zu sehen wie der Abtransport toter Tiere.

In Rom brachte man nach den Spielen die Käfige leer zum Flusshafen oder in die Tiergehege, wo man sie für die nächsten *venationes* bereitstellte und zuvor eventuell noch reparierte. Doch was geschah mit den Kadavern von Hunderten, manchmal gar von mehreren Tausend Tieren? In der Forschung wird gelegentlich geäußert, dass Helfer diese außerhalb der Stadt in den Totengruben (*carnaria*, deutsch: Fleischkammer) entsorgten, in die auch die Leichen von Sklaven und Hingerichteten hineingeworfen wurden. Doch Apuleius, von dem wir schon gehört haben, weiß von einer kleinen griechischen Stadt, wo die geschwächten oder auch die bei den *venationes* getöteten Wildtiere von armen Bewohnern als Festbraten zerteilt wurden. Auch für die Millionenstadt Rom mit seinem unübersehbaren Heer von Armen, die ohnehin von der staatlichen Zuteilung von Lebensmitteln lebten, scheint das recht plausibel. Da Fleisch sehr teuer war und längst nicht jeden Tag auf dem Speiseplan der ärmeren Bevölkerung stand, waren *venationes* ebenso wie die regelmäßigen Opferfeste für diese Menschen willkommene Gelegenheiten, günstig oder gar kostenlos an Fleisch zu kommen. Der Römer Apicius – ein notorischer Feinschmecker, dessen Kochbuch ganz sicher nicht von den armen Leuten gelesen wurde – bietet jedenfalls auch Rezepte für Wildtiere, darunter sogar die Anleitung für eine Sauce, die man zu übelschmeckendem Fleisch reichen soll. Doch nicht nur die Ärmsten der Armen, sondern auch der römische Kaiser selbst war an solchen exotischen Speisen interessiert. So berichtet der antike Arzt Galen, dass er mit einer Gruppe Ärzte einen in der Arena getöteten, besonders großen Elefanten sezierte. Herbeigeeilte Köche des Kaisers entnahmen das Herz, um es für ihren Herrn zuzubereiten (Galen, *Werke* 2,619 f.). Auf einen besonders schauerlichen Aspekt dieser Art von Fleischversorgung im Nachgang zu den *venationes* macht uns der christliche Autor Tertullian aufmerksam. Er wirft den Arena-

Hölzerne Tierkäfige

besuchern vor, indirekten Kannibalismus zu begehen, wenn sie sich auf diese Weise verköstigten. Denn auch wenn grundsätzlich am Ende immer die Tiere Opfer aller Schauspiele im Circus wurden, so wurden sie doch nicht selten zuvor zur Volksbelustigung auf Menschen gehetzt, die man zum Tode in der Arena verurteilt hatte (Tertullian, *Apologeticum* 9,11). Wenn wir also den Blick auf die Darstellung der hölzernen Tierkäfige in Reliefs richten und wenn wir sie uns bei der Lektüre antiker Quellen vor unser geistiges Auge stellen, so vergegenwärtigen wir uns dabei nicht nur die ganze Trostlosigkeit der Kreatur, die darin gefangen gehalten wurde, sondern wir erkennen auch einen insgesamt verstörend fremden Ort der antiken Kultur, die uns mitunter scheinbar so vertraut anmutet.

6.
Orte des Krieges

O rte von Schicksalsschlachten sind besonders wirkmächtige und ideologisch aufgeladene Plätze, an denen oft Siegesmonumente errichtet wurden. Angefangen von den Tropaia, die wir bereits kennengelernt haben, bis hin zu Städtegründungen reichte das Spektrum, um Plätze zu kennzeichnen, wo Kriege entschieden wurden und mitunter die Geschichte nachhaltig geprägt wurde. So gründete Augustus in der Nähe von Actium, wo seine Truppen die Streitkräfte Kleopatras und seines Widersachers Mark Anton überwanden, die Stadt *Nicopolis* – die *Stadt des Sieges* – und ließ dort ein riesiges Denkmal errichten. Es gibt jedoch auch Orte, die eindringlich an die schrecklichen Folgen eines Kriegsgeschehens erinnern. Dazu zählt beispielsweise der Trasimenische See in Umbrien, an dessen Nordseite tausende Römer im Frühjahr 217 v. Chr. von den Soldaten Hannibals erschlagen wurden oder auf der Flucht im See ertranken. Heute kann man im Museum des malerischen Dorfes Tuoro sul Trasimeno einen kleinen Führer erwerben, der dem Besucher den Weg durch das schmale, westlich von Tuoro gelegene Tal von Sanguineto weist. Dabei erschließt sich dem Leser auf beklemmende Weise, wie einst die im Tal lagernden Römer bei einem Überraschungsangriff der Punier, die von den umliegenden Hügeln herunterstürmten, überrannt wurden, in den See flüchteten und dort jämmerlich umkamen. Nicht anders verhält es sich mit den Dörfern bei Cannae, in denen zahllose verletzte und traumatisierte Römer nach der Schlacht gegen Hannibal am 2. August 216 v. Chr. Schutz suchten und sich neu formierten.

Doch in diesem Kapitel soll es nicht um die Schlachtfelder der Antike, sondern um jene seltsamen Plätze gehen, die mit Ritualen des Krieges, seiner Infrastruktur und dem Alltagsleben der Soldaten zu tun haben.

Orte des Krieges

Feindesland in Rom

41° 53′ 32.20″ nördlicher Breite; 12° 28′ 47.66″ östlicher Länge

Ein solcher Ort befindet sich im heiligen Bezirk des Tempels der Bellona – der Göttin der rasenden Kriegsgewalt – in Rom. Seine Reste nimmt heute kaum ein Tourist der antiken Stadt wahr. Die Überreste des Tempels fanden Archäologen neben dem Tempel des Apollon Sosianus, der nahe dem Marcellus-Theater stand und an wiedererrichteten Säulen zu erkennen ist. Der Tempel des Apollon wurde im Jahr 431 v. Chr. ursprünglich dem Apollon Medicus, dem heilenden Apollon, geweiht. Die Römer wollten damals den Gott günstig stimmen, Seuchen von Rom fernzuhalten, nachdem sie hatten erleben müssen, wie die Stadt unter einer schweren Epidemie gelitten hatte. Der benachbarte Tempel für Bellona wurde im Jahr 296 v. Chr. von dem römischen Konsul Appius Claudius Caecus vor einer Schlacht gegen den italischen Stamm der südöstlich von Rom beheimateten Samniten gelobt. Wir wissen nicht, weshalb er gerade diesen Bauplatz auswählte. Dabei können ganz pragmatische Gründe eine Rolle gespielt haben, wie zum Beispiel die Verfügbarkeit von Bauland. Solche Gelöbnisse vor Kriegen kamen häufig in jener Zeit vor, sodass im Zuge der erfolgreichen römischen Expansion auf dem Marsfeld Dutzende neuer Tempel errichtet wurden. 293 v. Chr. war der Tempel der Bellona vermutlich fertig.

Die Heiligtümer des Apollon und der Bellona wurden bewusst außerhalb des Pomeriums, des heiligen Stadtbezirks, auf dem Marsfeld errichtet. Beide waren fremde, neue Götter. Ihre Tempel standen unweit der Porta Triumphalis, und nicht weit entfernt wurde zwei Generationen später der Circus Flaminius gebaut. Alle Triumphzüge passierten demnach die beiden Heiligtümer. Deshalb wurde der außerhalb der heiligen Stadtgrenze gelegene Bellona-Tempel auch vom Senat genutzt, um sich mit den Feldherren, die das Pomerium nicht betreten durften, zu treffen und die Details ihrer Triumphzüge zu besprechen und auszuhandeln. Der Tempel für Bellona diente dem Senat auch bei anderen Gelegenheiten als Versammlungs- und Empfangsort für auswärtige Gesandtschaften, die man nicht in die Stadt bitten wollte. Die beiden benachbarten Tempel wurden im Zuge der vielen Neubaumaßnahmen des Augustus, zu denen in der Nachbarschaft die Porticus (Wandelhalle) der Octavia und das Marcellus-Theater zu zählen sind, aufwendig restauriert und mit neuem Architekturschmuck versehen. Um den Apollontempel kümmerte sich der Senator Gaius Sosius (daher der neue Beiname des Kultbaus), während der Tempel der Bellona von Augustus selbst erneuert wurde. Beide Tempel waren gemeinsam durch eine Porticus eingefasst und architektonisch gegen die Nachbargrundstücke abgegrenzt.

Vor dem Tempel der Bellona stand eine Säule, welche die eigentümliche Bezeichnung *columna bellica* (Kriegssäule) trug. An dieser Säule wurde ein merkwürdiges Ritual durchgeführt, das der Dichter Ovid (43 v. Chr. bis etwa 17 n. Chr.) in seinem Werk *Fasti* (Festkalender) in Verse gefasst hat: «Klein ist der Platz, der vom Tempel aus blickt nach dem Rande des Zirkus (*gemeint ist der Circus Flaminius*); / Klein und dennoch berühmt steht eine Säule daselbst (*die columna bellica*): / Denn die Lanze, von dort aus geschleudert, ist Botin des Krieges, / Hat man in Waffen den Kampf Herrschern und Völkern erklärt» (Ovid, *Festkalender* 6,205–208).

Man kann diese Verse mit einem Ritual in Verbindung bringen, das der Geschichtsschreiber Livius (59 v. Chr.–17 n. Chr.) beschreibt. Ein Priester des Kollegiums der *fetiales* habe bei der Eröffnung eines Krieges eine Lanze aus rötlichem Kornelkirschholz in das Land des Feindes geworfen. Dieses Feindesland lokalisierte Ovid zu seiner Zeit eigentümlicherweise im heiligen Bezirk des Tempels der Bellona. Um das Geschehen an der Kriegssäule und das Vorhandensein von Feindesland im Tempel verstehen zu können, müssen wir uns klarmachen, was es mit dem Priesterkollegium der Fetialen für eine Bewandtnis hat.

Orte des Krieges

Es handelte sich dabei um eine alte Priesterschaft, deren kultische Zuständigkeit im Zusammenhang mit Kriegserklärungen und Kriegseröffnungen stand. Sie hatte ihre Anfänge in der Frühzeit Roms, als auf der italischen Halbinsel Übergriffe von Feinden und Angriffe auf Feinde noch nicht völkerrechtlich geregelt waren. Wie in der Welt der Epen Homers (8. Jahrhundert v. Chr.) gab es Individuen, die mit einer mehr oder weniger großen Gefolgschaft Raubzüge unternahmen, ohne dass ihr Stamm oder die Stadt, in der sie wohnten, daran mitgewirkt oder auch nur Kenntnis davon gehabt hätten. Solche Leute würde man heute *warlords* nennen – es waren Männer, die außerhalb von Gemeinschaften als Militärführer agierten. Was sie erbeuteten – Menschen, Vieh und Wertgegenstände – wurde unter den Teilnehmer des Raubzugs aufgeteilt.

Wie im archaischen Griechenland konnte man dieser Situation nur Herr werden, indem man förmliche Verfahren entwickelte, welche die Gemeinschaft, der die *warlords* angehörten, in ihrer Gesamtheit für die Übergriffe Einzelner aus ihren Reihen verantwortlich machte. In Griechenland wurde solch eine Stadt (Polis) zur Wiedergutmachung aufgefordert und im Falle einer Weigerung mit Krieg bedroht. In Rom übernahmen die Rolle, Wiedergutmachung zu fordern, die Fetialen. Nach einem Überfall erlangten sie die Rückgabe der Beute (*rerum repetitio*). Aus der zwanzigköpfigen Gruppe der Fetialen begaben sich einige, in der Regel vier Priester, in das Gebiet des Feindes, riefen mehrmals Jupiter als obersten Gott an und erklärten die juristische Richtigkeit ihrer Sache. Sie verfluchten sich selbst für den Fall, dass sie ihr Ziel nicht erreichten. Mit dieser Ausrufung wurde die notwendige Öffentlichkeit hergestellt, um den privaten Übergriff Einzelner zu ahnden. Das betreffende Gemeinwesen konnte im Rahmen einer festgelegten Frist nun die Rückgabe organisieren, die Täter ausliefern oder als Gemeinschaft für die Tat einstehen, den Überfall demnach gutheißen. In letzterem Falle folgte die förmliche Kriegserklärung, an die sich die Eröffnung des Krieges durch einen Lanzenwurf ins

Feindesland in Rom

179

Feindesland anschloss – so jedenfalls lässt es uns der Geschichtsschreiber Livius wissen.

Die einzelnen Bestandteile dieser komplexen Handlungsabfolge sind nur schwer zu rekonstruieren. Als die Römer begannen, über das Kollegium der Fetialen schriftliche Notizen anzulegen, und so zum gesicherten Teil ihrer kollektiven Erinnerung zu machen, waren ihnen selbst die älteren und zum Teil Jahrhunderte zurückliegenden Entwicklungsschritte der Rituale nicht mehr verständlich. Insbesondere der Lanzenwurf kann ab dem 3. Jahrhundert v. Chr. keine Rolle mehr gespielt haben, da die Kriegsschauplätze, auf denen die Legionen agierten, fern von Rom, bisweilen gar in Übersee lagen. Es war unmöglich, eine Delegation des Priesterkollegiums beispielsweise nach Griechenland oder Kleinasien zu schicken, um die angeblich alten Riten durchzuführen. Auch gibt es keine Quelle, die davon berichtet, dass man solches tat. Ja, selbst standardisierte Kriegserklärungen nach festen und wiederholbaren Mustern kannten die Römer nicht. Der Einzelfall diktierte das konkrete Vorgehen.

Der Gelehrte Servius, ein Vergil-Kommentator des 4. Jahrhunderts n. Chr., der viele ältere Quellen verarbeitet hat, hat die Lösung überliefert, welche die Römer für dieses Problem – eben die Erhaltung der alten Rituale – angeblich fanden: Sie markierten im Heiligtum der Bellona einen abgezirkelten Ort an der Kriegssäule, der fortan als fiktives Feindesland galt. Diese Eingrenzung soll bereits im 3. Jahrhundert v. Chr. erfolgt sein, als die Römer Krieg gegen den aus Epirus stammenden König Pyrrhus im Süden der italischen Halbinsel führten. Bemerkenswerterweise war Appius Claudius Caecus, der Erbauer des Bellona-Tempels, an diesen Kriegen beteiligt. Servius erzählt, die Römer hätten einen gefangenen Soldaten des Königs gezwungen, im Heiligtum Land zu erwerben, das fortan als Feindesland galt und in das von nun an die Fetialen stellvertretend für die fernen Feindgebiete die Lanze warfen.

Feindesland auf dem Marsfeld in Rom: Diese Konstruktion wirkt aus vielen Gründen so eigenartig, dass Religionsgeschichtler aus sehr unterschiedlichen Gründen erhebliche Zweifel an der

Orte des Krieges

Richtigkeit der Überlieferung dieser Lösung hatten. Diese Bedenken wurden verstärkt, da alle Gewährsmänner, die über den Lanzenwurf berichten, auf den ersten Blick sämtlich aus augusteischer Zeit zu stammen scheinen. Neben Ovid und Livius spricht nämlich auch noch ein Antiquar aus jenen Tagen namens Cincius vom Lanzenwurf der Fetialen.

Es wurden aus berufenem Munde auch ernstzunehmende Zweifel daran geäußert, dass dieses Ritual des Lanzenwurfs in den Tagen des Augustus schon sehr alt gewesen sein soll, vielmehr soll es eine Erfindung des Augustus selbst gewesen sein. Wir finden uns bei dieser Diskussion, die hier nicht weiterverfolgt werden soll, also unvermittelt in einem Strudel wissenschaftlicher Quellenkritik wieder, die für jemanden, der sich nicht als Fachwissenschaftler damit befasst, ziemlich kompliziert ist. Mir selbst scheint es nicht überzeugend, die Bemerkungen zum Lanzenwurf bei Livius, Cincius und Ovid nur als eilfertige Propagandahilfen zugunsten einer neuen Idee des Augustus zu deuten, wie man auch fernen Feinden den Krieg erklärt. Und andere Autoren, wie der Geschichtsschreiber Diodor, haben bei Erwähnung des Rituals Quellen der Zeit um 100 v. Chr. verarbeitet.

In jedem Fall hat der seltsame Ort an der Kriegssäule des Tempels der Bellona mehr oder weniger regelmäßig eigentümliche Rituale gesehen: Merkwürdig gekleidete Priester, deren Köpfe Wollbinden schmückten, versammelten sich dort. Es handelte sich dabei um wichtige Senatoren, zu denen sich seit den Tagen des Augustus auch der jeweils regierende Kaiser gesellte. Zu ihnen gehörte der *pater patratus*, der seine sakrale Kraft im Kreis der Fetialen durch Berührung mit einer Gewürzpflanze erhielt. Ein Mitpriester hat extra zu diesem Zweck eingepflanzten Rosmarin mitsamt Wurzeln ausgegraben und seinen Kollegen damit berührt, um ihm so die notwendige sakrale Kraft zu übertragen. Der *pater patratus* hatte die Aufgabe, die Rückgabeforderung vorzubringen und die damit verbundenen Rituale auszuführen. Ob er auch die Lanze aus dem rötlichen Kornelkirschholz warf, bleibt ungewiss.

Feindesland in Rom

Dies mag auch ein anderer Priester übernommen haben. Jedenfalls hat der Geschichtsschreiber Cassius Dio um 200 n. Chr. mit Augenzeugen gesprochen, die noch gesehen haben, wie die wegen ihres roten Holzes so genannte «blutige Lanze» im Tempel der Bellona von Kaiser Mark Aurel (161–180) selbst in das Feindesland am Altar geworfen wurde.

Im 4. Jahrhundert erwähnt der Historiker Ammianus Marcellinus (etwa 330–395) die Priesterschaft der Fetiales zum letzten Mal. Er veröffentlichte die abschließenden Teile seines Geschichtswerks in den Tagen Kaiser Theodosius I., der als Christ im Jahre 391/2 die Ausübung heidnischer Kulte verbot. Der Tempel der Bellona dürfte wie viele Heiligtümer danach allmählich verfallen und irgendwann Opfer von Steinraub geworden sein – boten sich doch die wunderbar behauenen Steine als ideales Baumaterial an. Dass sich dort einst sakral konstruiertes Feindesland befunden hatte, dürfte bei den Christen Unverständnis, allenfalls beißenden Spott provoziert haben. Ihnen half nicht die Göttin der rasenden Kriegswut, sondern ein einziger allmächtiger Gott, der alles lenkte und für heidnische Bräuche mit eigentümlichen Lanzen aus Kornelkirschholz nicht empfänglich war.

Apameia-am-Axios – die Stadt der Elefanten

35° 25′ 10.90″ nördlicher Breite; 36° 24′ 6.58″ östlicher Länge

In Asien lebt bis in unsere Tage eine viele Jahrtausende alte Tradition, Elefanten als Arbeitstiere einzusetzen. In der Antike bemaß sich das Ansehen eines indischen Königs an der Zahl der Elefanten, die ihm gehörten. Die Tiere kamen im Krieg zum Einsatz, wurden bei Prozessionen gezeigt, als Tribut geliefert und hochgestellten Persönlichkeiten als diplomatische Geschenke verehrt. Nach einer Ausbildung, die wenigstens zwölf Jahre währte und in den Händen eines Elefantenführers (Mahut) lag, konnten sie für diese Zwecke verwendet werden. Antiken Texten aus Indien ist zu entnehmen, dass Elefanten im Alter von 40 und mehr Jahren am besten für solche Aufgaben geeignet waren. Mahut und Elefant blieben demnach über Jahrzehnte verbunden. Das an der Zahl der Tiere gemessene herrscherliche Prestige hatte auch damit zu tun, dass ihre Haltung sehr aufwendig war. Die Tiere benötigen am Tag rund 150 Kilogramm pflanzliches Futter und bis zu 90 Liter Wasser. Sie ließen sich in der Antike noch nicht züchten, weshalb in der Regel immer wieder wilde Jungtiere gefangen und gezähmt werden mussten. Da sie die Erinnerung an ein Leben in Freiheit nicht verloren, blieben sie gefährlich und wurden auch deshalb von ihren Führern ständig betreut und kontrolliert. Einzelne Könige hielten trotz all dieser Herausforderungen viele hundert Elefanten.

Bereits seit 1000 v. Chr., also schon vor der sogenannten vedischen Spätzeit Indiens, hatte man die Elefantenhaltung perfektioniert, was schließlich auch dazu führte, dass Elefanten zu einer wichtigen strategischen Waffe im Krieg wurden. Das 5. und 4. Jahrhundert bildete den Höhepunkt ihres militärischen Einsatzes. Damals erfuhren erstmals auch die antiken Kulturen des Westens durch den Arzt Ktesias, der sich eine Zeit lang am persischen Königshof aufhielt, von ihrer Existenz und Verwendung. Ktesias berichtete, dass seit den Tagen des Königs Kyros II. im 6. Jahrhundert indische Kriegselefanten auch von den Persern eingesetzt wurden. Als Alexander der Große zwei Generationen nach Ktesias im Jahr 331 bei Gaugamela das persische Heer unter Dareios III. besiegte, erlebten seine griechischen und makedonischen Soldaten zum ersten Mal diese beeindruckenden und wegen ihrer schieren Größe und Wildheit beängstigenden Tiere in einer Schlacht. Aus antiken Quellen wissen wir, dass die Inder wie die Perser die Kolosse mit verschiedenen Substanzen, unter anderem auch mit Alkohol, besonders aggressiv machten, um sie als fürchterliche Waffe im Kampf einsetzen zu können. Gleichwohl trug Alexander den Sieg davon und brachte Elefanten mitsamt ihren indischen Mahuts in seine Gewalt.

Apameia-am-Axios

Auf seinem anschließenden Feldzug nach Indien vergrößerte er noch ihre Zahl in seinem Tross. Indische Stämme übergaben ihm Elefanten mit ihren Führern als Geschenk oder als Tribut. In den folgenden beiden Jahrhunderten wurden Kriegselefanten, auch mit Unterstützung der Könige des indischen Maurya-Reiches (ca. 320–185), von den hellenistischen Herrschern eingesetzt, die nach dem Tod Alexanders ihre eigenen Reiche gegründet hatten und fortan einander bekämpften. Dass damals auch die nordafrikanischen Karthager unter Hannibal afrikanische Elefanten zu militärischen Zwecken hielten, belegt unter anderem die spektakuläre Alpenüberquerung des Feldherrn, auf der er mehr als 30 von ihnen mitführte.

Diese Geschichte der Kriegselefanten im westlichen Mittelmeerraum gewinnt eine besondere Kontur, wenn wir unsere Aufmerksamkeit auf einen seltsamen Ort im Nordwesten Syriens richten. Er liegt unweit der heutigen libanesischen und türkischen Grenze, markiert durch den Fluss Orontes. In unseren Tagen heißt die betreffende Kleinstadt Qal'at al-Mudiq und liegt an der al-Ghab-Ebene. Das Siedlungsbild des heutigen Ortes wird geprägt durch islamische und ottomanische Festungsanlagen, die im gegenwärtigen Krieg heftig umkämpft sind und von den verschiedenen Kriegsparteien immer wieder heimgesucht werden. Die Folgen für die heutige Bevölkerung – etwas mehr als 10 000 Einwohner – sind furchtbar, wie aktuell im Internet zu verfolgen ist.

Die Stadt blickt auf eine lange Siedlungsgeschichte zurück. Die Gegend mutet wie eine Halbinsel in der Ebene an, die der Orontes herausgewaschen hat. Archäologen haben in den 1970er Jahren herausgefunden, dass der Ort bereits seit der Mitte des 6. Jahrtausends v. Chr. besiedelt war und eine Siedlungskontinuität bis in die Mitte des 2. Jahrtausends v. Chr. aufweist. Der ägyptische Pharao Thutmosis III. (ca. 1479–1425) hat sich wie sein Vorgänger Thutmoses I. (ca. 1496–1482) von Ägypten aus dorthin begeben, um Kriege im Norden zu führen und bei dieser Gelegenheit in Syrien auch auf Elefantenjagd zu gehen. In drei Inschriften rühmt sich

Thutmoses seiner großen Erfolge. So berichtet er in einem Text, den er in Gebel Barkal im Sudan aufstellen ließ, er habe in Syrien eine Herde von 120 Tieren getötet. Kein König vor ihm, so der Pharao, habe Vergleichbares getan. Eiferte also gar der letzte spanische König Juan Carlos einem prominenten historischen Vorbild nach, als er vor einigen Jahren in Botswana auf die Jagd ging und einen alten Elefantenbullen umbrachte? Die Analogie brach freilich spätestens dann zusammen, als der greise Monarch dann im Zuge der Jagdparty die Treppe hinunterfiel und sich den royalen Haxen brach.

Die Elefantenjagd war in der Antike ebenso wie jene auf Löwen sehr prestigeträchtig. Davon legen Elefantenknochenfunde in altorientalischen Palästen Zeugnis ab. So entdeckten Archäologen vor einigen Jahren im Palast von Qatna sehr gut erhaltene Elefantenknochen. Qatna liegt nicht weit, rund 55 Kilometer von der Ebene des Mittleren Orontes entfernt, sodass der König der Stadt wie die Pharaonen im al-Ghab-Tal auf Jagd ging. Nach Ansicht des Ausgräbers wurden die Zeugnisse der Jagd sehr sorgfältig aufbewahrt und spielten für den König eine wichtige Rolle, dokumentierten sie doch seinen Mut und seine Stärke. Die in den Palast mitgebrachten Knochen sowie die Stoßzähne hatten für den Herrscher zweifellos ökonomischen, aber nicht zuletzt eben auch ideologischen, politischen und rituellen Wert. Noch die assyrischen Könige haben in den Flusstälern des Orontes und des Euphrat Elefanten gejagt. Assurnasirpal II. (883–859) rühmt sich in einer Inschrift, ein äußerst erfolgreicher Großwildjäger zu sein. So spricht er davon, in seinem Leben 30 Elefanten, 257 wilde Rinder und 370 Löwen getötet zu haben. Das letzte Zeugnis stammt indes aus der Zeit des assyrischen Königs Shalmaneser III. (858–825). Danach gibt es keine Berichte mehr über Jagd auf Elefanten am Orontes oder am Euphrat. Vermutlich war die Population der Tiere dramatisch reduziert, vielleicht war sie gar bis auf wenige Exemplare ausgerottet. Am Ende des 4. Jahrhunderts knüpfte dann König Seleukos I. wieder an diese Tradition an, allerdings mit ganz anderer Inten-

Apameia-am-Axios

tion als die auf Repräsentation bedachten assyrischen Könige. Er orientierte sich in seinem Umgang mit Elefanten an der indischen Kultur, die er als General an der Seite Alexanders kennengelernt hatte.

Allerdings blieb er dabei auch im Schatten seines verstorbenen Königs. Hatte doch Alexander der Große als erster griechischer Herrscher Elefanten gehalten. Insbesondere der indische König Poros soll ihm, nachdem sich Alexander mit ihm vertraglich verständigt hatte, viele Tiere geschenkt haben. So hielt Alexander schließlich 200 Elefanten in Babylon – jener uralten Metropole, die er zur Hauptstadt seines Weltreichs machen wollte. Nach seinem Tode hören wir, dass auch die Diadochen – seine Generäle und neuen Herrscher von Teilen des zerfallenden Imperiums – Kriegselefanten besaßen. Eudemos, einer von ihnen, hielt im Jahre 317 wohl 120 Tiere. Auch andere Mächtige der Zeit wie Antigonos der Einäugige (Monophthalmos) oder Ptolemaios I. in Ägypten zeigten sich angeblich an den Kolossen interessiert.

Die beste Ausgangslage besaß jedoch eben jener Seleukos I., der Syrien, große Teile der östlichen Türkei, Zentralasiens, des heutigen Iran, Iraks, Afghanistans und die Völker bis hin zum Indus unter seine Kontrolle brachte (Appian, *Römische Geschichte* 11,55). Er führte am Indus Krieg mit dem Begründer des bereits erwähnten Maurya-Reiches, der den indischen Namen Chandragupta trug und den die Griechen Sandrakottos nannten. Im Rahmen der Verhandlungen, mit denen weitere Kriege abgewendet werden sollten, wurden Seleukos 500 Kriegselefanten zugesagt. Die Zahl *500* war in der indischen Literatur der Zeit ein Zeichen für eine «riesige Menge», aber keine absolute Zahl. Es müssen aber tatsächlich sehr viele gewesen sein, da die Elefanten des Seleukos im Krieg gegen Antigonos dessen 75 Elefanten deutlich überlegen waren. Verschiedene Autoren wissen von 480 oder 400 Elefanten, über die der König verfügt haben soll. Sie spielten jedenfalls nach Ansicht antiker Autoren eine maßgebliche Rolle in der großen Entscheidungsschlacht der beiden Kontrahenten bei Ipsos im Jahr 301.

Orte des Krieges

In der Biographie des Demetrios – Sohn des Antigonos Monophthalmos –, die der griechische Autor Plutarch verfasste, wurde Seleukos I. deshalb spöttisch Elefantenherrscher (*elefantarchos*) genannt
(Plutarch, *Demetrius* 25). So viele Tiere von einem indischen König
samt Personal zu bekommen war das eine. Sie aber angesichts des
beschriebenen Aufwands, den ihre Versorgung erforderte, auch zu
halten, war das andere. Seleukos I. fand nach der Schlacht bei Ipsos
eine äußerst geschickte Lösung. Er wies den Dickhäutern einen
Platz in Syrien zu. Hintergrund dieses Plans war, dass er bei der
Etablierung seiner Herrschaft im Gebiet des heutigen Libanon, der
Südwesttürkei und Syriens mehrere Städte gründete, denen unterschiedliche Funktionen zukommen sollten.

Unter den Städten des Seleukos verdient Apameia-am-Axios
unsere besondere Aufmerksamkeit. Diese Gründung diente als
militärisches Hauptquartier, königliches Gestüt, Elefantenreser-
voir und gegen ägyptische Angriffe aus Süden gerichteter Kontroll-
punkt. Sie war demnach ein besonderer Ort des Krieges. Die Stadt
wurde bei dem schon erwähnten Qala'at al-Mudiq an der al-Ghab-
Ebene gegründet. Dort existierte zu dieser Zeit bereits eine kleinere
makedonische Soldatenkolonie, die die bislang dort lebenden Bewohner integrierte und deren im 4. Jahrhundert v. Chr. gebräuch-
licher persischer Ortsname Pharnake durch den neuen Namen
Pella-am-Axios ersetzt wurde. Die Offiziere gaben mithin der Siedlung den Namen der makedonischen Königsresidenz (Pella), in der
Alexander der Große und sein Vater Philipp II. einst residiert hatten; und ebenso benannten die Soldaten den Orontes nach dem
makedonischen Fluss Axios – verpflanzten mithin demonstrativ
ein Stück makedonischer Heimat in den syrischen Osten. Seleukos I. übernahm den makedonischen Namen des Flusses, aber er
taufte den Ort im Zuge seiner umfassenden Neugründung während der Jahre 301 bis 299 auf den Namen seiner Frau Apama, die
aus dem zentralasiatischen Sogdien stammte. Makedonien und die
neue seleukidische Dynastie wurden so im Ortsnamen miteinander verflochten.

Apameia-am-Axios

Wie wir mit Blick auf das 2. und frühe 1. Jahrtausend bereits sahen, gab es bei Apameia-am-Axios herausragende natürliche Voraussetzungen, um Elefanten und Pferde in großer Zahl zu halten und mit Futter und Wasser zu versorgen. Strabon (etwa 63 v. Chr.– 26 n. Chr.) beschreibt diese naturräumlichen Bedingungen sehr anschaulich. Er greift dabei auf ein Werk des Autors Poseidonios (135– 51 v. Chr.) zurück, der selbst aus Apameia stammte und daher mit den lokalen Verhältnissen wohlvertraut war: «Apameia hat erstens eine größtenteils wohlbefestigte Stadt: es ist ein in einer von Bergen umschlossenen Ebene aufragender gut ummauerter Hügel, zu einer Halbinsel gemacht vom Orontes, der in einen großen ringsum liegenden See, ausgedehnte Sümpfe und Rinder- und Pferdeweiden gewaltigen Umfangs austritt» (Strabon, *Geographie* 14,2,10).

Es mag sein, dass es zu jener Zeit in den Sümpfen des Tales immer noch vereinzelt wildlebende Elefanten gab, welche die indischen Mahuts veranlassten, ihrem König diesen Ort für die Haltung seiner großen Herde zu empfehlen. Der Geograph Strabon berichtet jedenfalls, Seleukos I. habe seine 500 Elefanten dorthin gebracht. Darüber hinaus habe der Herrscher in der wasserreichen, fruchtbaren Ebene mit ihren ungeheuren Weideflächen 30 000 Stuten mit dreihundert Hengsten für die Pferdezucht gehalten. Das militärische Verwaltungszentrum beherbergte «Fohlenbändiger, Fechtmeister und alle besoldeten Kampfausbilder». Die neue Stadt war damit das militärische Ausbildungscamp, Garnison, Versorgungszentrum der seleukidischen Kavallerie und zudem Gehege der Kriegselefanten.

Es ist heute mangels Quellen kaum vorstellbar, wie die Haltung von Abertausenden von Pferden und Hunderten von Elefanten organisiert war. Etliche Einwohner müssen in diese Aufgabe eingebunden gewesen sein. Dass bis heute keine archäologischen Spuren dieser Tierhaltung entdeckt wurden, mag damit zusammenhängen, dass die Ausgräber nicht in der Flussebene nach Hinweisen gesucht haben und angesichts der herrschenden Kriegssituation vermutlich auch nicht mehr danach suchen können.

Orte des Krieges

Die Gegend um das heutige Qala'at al-Mudiq war also seit den Tagen der Pharaonen wie kaum eine zweite durch die Tiere und ihre Geschichte im Rahmen der Lokal- und Militärhistorie geprägt. Dies galt auch noch für das seleukidische Apameia, das dort nach dem Tod Alexanders entstand. An diese Zeit und ihre grauen Giganten erinnerten noch lange nach dem Untergang des seleukidischen Reiches die Bewohner dieses seltsamen Ortes, die noch unter römischer Herrschaft im 1. Jahrhundert v. Chr. Münzen prägten, auf deren Rückseiten sie stolz das Bildnis der Elefanten zeigten.

Mazaka – eine Stadt als Feldlager?

38° 42′ 17.90″ nördlicher Breite; 35° 29′ 28.64″ östlicher Länge

Richten wir den Blick auf das raue Kappadokien, jene in Zentralanatolien gelegene Region. Diese türkische Provinz ist heute vor allem für ihre frühchristliche Höhlenarchitektur mit dem Hauptort Göreme und die unterirdischen Städte beim heutigen Kaymakle und Derinkuyu bekannt. Fasziniert betreten Touristen diese in den weichen Tuffstein gegrabene, verborgene Welt, die in karger Berglandschaft mehrere tausend Kirchen birgt.

Vor der frühen und intensiven Ausbreitung des Christentums erlebte diese Welt eine lange, wechselvolle Geschichte. Sie lässt sich exemplarisch an einem Ort vergegenwärtigen, dessen Beschreibung wir dem bereits erwähnten Historiker Poseidonios verdanken. Der Geograph Strabon geht auf der Grundlage von dessen Werk in einem Kapitel seiner eigenen Darstellung Kappadokiens auch auf die Stadt Mazaka ein, die im heutigen türkischen Kayseri aufgegangen ist. Wie sonst bei keiner anderen Ortsbeschreibung in seinem Buch zeigt er im Hinblick auf Mazaka völliges Unverständnis für die Anlage der Stadt an einem solchen Ort, ja – auch wenn

Mazaka

wir letztlich die Stimme des Poseidonios durchklingen hören – er steigert sich geradezu in eine ganz und gar negative Beurteilung hinein. Die Siedlung und ihre Bewohner werden bemerkenswerterweise mit keinem Wort erwähnt. Sie verschwinden hinter den angeblich rein strategischen Überlegungen der Stadtgründer, die vorrangig militärische Ziele mit der Anlage des Ortes verbanden, ihn allein als Ort des Krieges, nicht der Zivilisation verstanden.

Der Ort Mazaka sei – um den antiken Geographen ausführlich zu Wort kommen zu lassen – «schlecht beschaffen für die Gründung einer Stadt: Er hat kein Wasser und keine natürliche Befestigung und durch die Nachlässigkeit der Herrscher auch keine Mauern (...). Auch das Gebiet rings um die Stadt ist vollkommen unfruchtbar und unbewirtschaftet, obwohl es Flachland ist; aber es ist sandig und hat einen felsigen Untergrund. Und wenn man noch etwas weitergeht, trifft man auf vulkanische Ebenen voller Feuergruben, die sich über viele Stadien erstrecken, sodass die Lebensmittel von weither herangeschafft werden müssen.» Der Waldreichtum der Gegend, so Strabon weiter, sei sonst ein Vorzug, aber bei Mazaka drohten Menschen wie Tiere beim Baumfällen ständig in vulkanische Brandlöcher zu stürzen. Es gebe zwar einen Fluss, den Melas, der sei aber zu weit von der Stadt entfernt, um sie mit Wasser zu versorgen. Versuche eines lokalen Königs, den Fluss zu stauen, endeten in katastrophalen Dammbrüchen und dadurch hervorgerufenen Naturkatastrophen in den Dörfern flussabwärts. Angeblich habe jener nach Schiedsspruch der Römer an die Dorfbewohner 300 Talente Entschädigung für die Flutwelle zahlen müssen – immerhin 7,5 Tonnen Silber. Der Fluss verderbe ansonsten, «da er sich in Sümpfe und Seen zerteile, im Sommer die Atmosphäre um die Stadt». Die Könige, so das Fazit Strabons, haben die Stadt, «obwohl die Stelle von Mazaka aus vielen Gründen ungeeignet ist, bewohnt zu werden, vor allem deshalb gewählt, weil dies von den Orten, die nicht nur Holz und Stein für den Häuserbau, sondern auch Viehfutter besaßen (dessen sie als Viehhalter in großen Mengen bedurften), derjenige war, der am meisten in der

Mitte des ganzen Landes lag: war die Stadt doch gewissermaßen ihr Feldlager» (Strabon, *Geographie* 12,2,7–9). Wir blicken also auf Mazaka als einen Ort, der ausschließlich für Kriegszwecke taugte.

Zu Füßen des mit knapp 4000 Metern sehr hohen türkischen Berges, des Erciyes Dağı, lag auf mehr als 1000 Metern Höhe nach Ansicht Strabons eine Siedlung, die selbst in der rauen Landschaft Kappadokiens fehlplatziert war. Strabon schildert einen Ort im Nirgendwo, in einer von aller Kultur entfernten Region, fern von allem, was einem Griechen an hellenistischer Zivilisation wichtig war. Es war ein Flecken, der nach den Prinzipien alter Königsstrukturen und Tempelstaaten organisiert war. Jede stadtplanerische Vernunft griechischer Tradition hatte offenbar diesen Herrschern gefehlt. Sie hätten, so der Geograph mit Blick auf die fehlende Stadtmauer, nicht einmal ihren Untertanen über den Weg getraut, da sie offenbar befürchteten, die Bewohner des Ortes könnten sich hinter dem Schutz königlicher Mauern auf Raubzüge verlegen.

Nun mag es durchaus sein, dass Kappadokien einem im Geiste des Hellenismus sozialisierten Geographen insgesamt abgelegen und hinterwäldlerisch erschienen sein mag. Doch mit der Gegend beim heutigen Kayseri und der dort gelegenen alten Königsresidenz Mazaka hatte es in der Antike eine besondere Bewandtnis, die Strabon mit keinem Wort andeutet. Er selbst und sein Gewährsmann wussten offenbar nichts von der früheren glanzvollen Geschichte der Region, die letztlich Keimzelle einer sehr erfolgreichen Stadtgeschichte Mazakas werden sollte. Sie beruht nämlich auf einer ausgezeichneten verkehrsgeographischen Lage. Verlief doch der gesamte Handelsverkehr aus dem reichen Mesopotamien seit alters auf jenen Straßen, die von der Kilikischen Pforte kommend an Mazaka vorbei durch die Flusstäler nach Norden und Westen führten. Diese Handelswege blicken auf eine bis heute währende, wenigstens viertausend Jahre umfassende Wirtschafts- und Siedlungsgeschichte zurück, in welcher jener Ort des Krieges, den kappadokische Könige in hellenistischer Zeit dort am Erciyes Dağı gründeten, allenfalls eine Episode war.

Mazaka

Wenige Minuten Fahrzeit von Kayseri entfernt liegen die Überreste der altanatolischen Stadt Kaneš. Ihre sehr gute wissenschaftliche Erschließung ist ein Grund dafür, dass wir von den Archäologen über die antiken Überreste von Mazaka gar nichts erfahren.
Abgesehen von den seit der Antike über das Mittelalter und die
Neuzeit erfolgten Zerstörungen der antiken Bauwerke in Mazaka
erschien Kaneš den modernen Wissenschaftlern als die interessan-
tere Siedlung, was zweifellos zutrifft. Im 19. Jahrhundert bemerk-
ten zunächst gelehrte Reisende, dass die Bauern bei einem Kültepe
genannten Hügel mit ihren Pflügen in großer Zahl Tonzylinder mit
Keilschrifttexten aus der Erde beförderten, die sie herumzeigten
und gelegentlich auf dem Antiquitätenmarkt anboten. So kam es
auf Initiative von Ernest Chantre 1893 zu ersten kleineren Ausgrabungen. Heute kennen wir von dort mehrere zehntausend
Keilschrifttexte und wissen, dass sie aus einer beeindruckenden
bronzezeitlichen Stadt stammen mit einem Siedlungsdurchmesser
von zwei Kilometern. Sie ist in eine Oberstadt mit Heiligtümern
und Palästen und eine ausgedehnte Unterstadt gegliedert.

Bei Lektüre der Texte stellte sich heraus, dass das Königreich
Kaneš nicht nur eine Keimzelle des Hethiterreiches mit seiner
Hauptstadt Hattuša war. Die überwiegende Masse der Texte gehörte
zu einem sogenannten *karum*, einer assyrischen Handelskolonie, die
in der Unterstadt viele hundert Personen beherbergte. Bei Auswer-
tung der Keilschriften zeigte sich, dass Kaneš im ersten Viertel des
2. Jahrtausends gar der wichtigste Handelsort ganz Anatoliens war.
Die hier lebenden assyrischen Händler sorgten nicht nur dafür, dass
Güter in großer Menge weiter Richtung Westen bis an die Ägäis und
im Norden an das Schwarze Meer gehandelt wurden, wobei insbesondere Zinn und Kupfer eine zentrale Rolle spielten. Der assyrische
König legte vielmehr auch fest, dass die Kolonie in Kaneš Zentrum
der Verwaltung und Rechtsprechung aller rund zehn assyrischen
Handelskolonien in Anatolien war.

Aus Sicht der Zeitgenossen bildeten die Masse der assyrischen
Händler aus Kaneš und ihr Warenverkehr gleichsam ein antikes

world trade center. Hier kamen regelmäßig Eselskarawanen aus dem Euphrattal an, deren Waren dann für den Fernhandel nach Westen und nach Norden an die Schwarzmeerküste umgeschlagen wurden. Aus dem dort jährlich gehandelten Zinn ließen sich bei Weiterverarbeitung bis zu 800 Tonnen Bronze herstellen. Allein die Handelserträge und Steuern auf Zinnhandel brachten dem assyrischen Reich erhebliche Einkünfte – von den Steuern auf den Textil-, Woll-, Gold- und Silberhandel gar nicht zu reden.

Von all dem, um zu Mazaka zurückzukehren, hatten weder Strabon noch seine Quelle Poseidonios auch nur den Hauch einer Ahnung. Sie wussten nichts von dieser beeindruckenden Vorgeschichte der Handelsregion.

Sie kannten aber offenbar auch die hellenistische Besiedlung von Kaneš nicht, welches damals auf Griechisch Hanisa hieß und weiterhin einträglich vom Metallhandel lebte. Eine Bronzetafel mit griechischer Inschrift aus der zweiten Hälfte des 2. Jahrhunderts v. Chr. überliefert, dass sich dort mittlerweile eine Mischbevölkerung mit pontischen, kappadokischen, phrygischen und iranischen Wurzeln niedergelassen hatte. Sie gab sich in späthellenistischer Zeit betont hellenisiert. Diese Bronzetafel, die sich heute in den Staatlichen Museen in Berlin befindet, spricht in perfektem griechischen Kanzleistil von griechischen Festen für Zeus und Herakles und dokumentiert eine griechische Stadtverfassung mit Rat und Volksversammlung. Zugleich verrät der Text aber auch, dass diese lokalen Kulte bereits in einem bis in die Welt des Alten Orients zurückreichenden Traditionszusammenhang standen. Die Komplexität der urbanen Entwicklungen und der unterschiedlichen kulturellen Einflüsse in jener abgelegenen Bergregion werden so in einem einzigen Dokument anschaulich gebündelt.

Zwar fehlen uns Inschriften, die darüber informieren könnten, ob es auch in Mazaka eine solche Mischbevölkerung und vergleichbare Polisstrukturen gab. Dies ist aber anzunehmen, da Hanisa dem Königssitz Mazaka untergeordnet war. In der Bronzetafel wurde zudem ein Rechtsstreit um Besitzungen bei Mazaka doku-

Mazaka

mentiert, wobei man sich auf griechisches Recht bezog. Sicher ist, dass sich die kappadokischen Könige auch in Mazaka seit dem 2. Jahrhundert v. Chr. darum bemühten, Anschluss an die griechische Welt zu finden. So benannte beispielsweise der König von Kappadokien, Ariarathes V. Eusebes Philopator (ca. 168–130 v. Chr.), Mazaka gut griechisch in Eusebeia (‹Frömmigkeit›) um und führte zudem griechische Spiele ein. Damit nicht genug – auch in Athen selbst trat er als Spielleiter (*agonothet*) bei den Festspielen anlässlich der Panathenäen, des großen Festes zu Ehren der Athena, auf. Er hatte in der Akademie Platons studiert und Attalos II. von Pergamon kennengelernt. Beide stifteten ihrem Lehrer, dem Philosophen Karneades, eine Statue. Seine enge Verbindung zur westkleinasiatischen Königsmetropole wie zu den Römern bezahlte er im Jahr 130 mit dem Leben. Aus Loyalität war er mit seinen Soldaten aus Mazaka/Eusebeia gen Westen gezogen, als dort ein Mann namens Aristonikos nach dem Tod des letzten pergamenischen Königs bei Pergamon einen Aufstand gegen Rom anzettelte. Im Krieg gegen diesen Usurpator fiel der kappadokische König.

Die kappadokischen Herrscher waren, dies zeigt diese dramatische Episode, als Klientelkönige längst in den Sog der von Rom dominierten Diplomatie geraten. Der Senat bestätigte regelmäßig ihre Herrschaftsübernahme und mischte sich in Auseinandersetzungen am Königshof ein. Mit Einrichtung der Provinz Kappadokien im Jahre 18 n. Chr. wurde Caesareia, wie Mazaka/Eusebeia nun hieß, jedenfalls Provinzhauptstadt. Anders als dem Geographen Strabon war der römischen Verwaltungselite jedenfalls klar, dass Mazaka längst nicht mehr ein Ort des Krieges hinterwäldlerischer Könige war. Die Stadt erlebte in der Folgezeit eine Blüte, die wir allerdings nach Vernichtung der antiken Monumente nicht mehr im Einzelnen rekonstruieren können. Für das 3. Jahrhundert n. Chr. wird für Mazaka/Eusebeia/Caesareia eine Einwohnerzahl von 400 000 überliefert, wobei allerdings die Bewohner des Umlandes mitgezählt sein dürften. Im 4. Jahrhundert lehrten dort berühmte christliche Geistliche, wie Basileus von Caesarea, der in der Stadt das *Basileia* genannte Fürsorgezentrum (Armenhaus, Krankenhaus und Herberge) errichtete. Wegen seiner Größe nannte man diesen Komplex auch ‹Neustadt›. Mit dem Namen Basileus sind die intensive Christianisierung Kappadokiens und die urchristliche Gemeinde der Region verbunden. Andere Teile Kappadokiens verwandelten sich in die eingangs erwähnte Landschaft, in der die Christen in unterirdischen Christenstädten und Tuffhöhlen lebten. Während der folgenden Jahrhunderte erlebte die Stadt unter wechselnder Herrschaft der Byzantiner, Araber, Türken, Seldschuken, Mongolen, Osmanen bis in unsere Tage hinein eine wechselvolle, aber aufs Ganze gesehen sehr erfolgreiche Geschichte. Heutzutage leben in Kayseri mehr als 1,2 Millionen Einwohner, Tendenz stetig steigend. Aktuell sind es die sogenannten ‹weißen Türken›, eine unter der Regierungspartei AKP entstandene neue politisch-soziale Gruppe erfolgreicher Geschäftsleute, welche die ausgezeichnete Lage der Stadt für äußerst einträgliche Geschäfte nutzen.

Das kleine, aber engagiert geführte archäologische Museum der Stadt präsentiert die lange Geschichte der Region und erinnert stolz an die bis ins 2. Jahrtausend v. Chr. zurückreichende Tradition als anatolisches Zentrum von Wirtschaft und Handel. Im Stadtbild selbst ist die Antike angesichts der langen Geschichte des stets im Wandel begriffenen Handelsplatzes jedoch komplett ausradiert. Die groteske Ansicht von Poseidonios und Strabon, die Gegend sei völlig ungeeignet für eine Stadt und tauge allenfalls für einen Ort des Krieges, hat jedenfalls, wie wir sehen, aus dem alten Mazaka einen nur in der Überlieferung seltsamen Ort gemacht.

Vindolanda –
Alltagsleben soldatischer Brüder

54° 59′ 28.12″ nördlicher Breite; 2° 21′ 39.05″ westlicher Länge

Das Soldatenleben im Imperium Romanum war, auch wenn dies aufs Erste überraschend klingen mag, sowohl in den Legionslagern als auch in den deutlich kleineren Lagern der Hilfstruppen in aller Regel nicht allzu strapaziös. Rein statistisch betrachtet, mussten die Legionäre in ihren rund 20 Dienstjahren höchstens zweimal in einen Kampfeinsatz. Ansonsten lebten sie im Lager, waren in der Zivilverwaltung tätig, bauten die Infrastruktur des Straßennetzes oder durch Rodungsarbeiten die Kulturlandschaft des Reiches aus. Bedauerlicherweise erfahren wir sehr wenig über das Leben im Lager und den Alltag der Soldaten. Es gibt aber an der Grenze zu Schottland am Hadrianswall ein kleines Lager, das für die Altertumswissenschaftler einen echten Glücksfall darstellt. Dort haben sich Texte erhalten, die für die Zeit etwa zwischen 90 und 125 n. Chr. einzigartige Einblicke in die Welt verschiedener Auxiliareinheiten (Hilfstruppen) am Rand der römischen Oikumene geben – ein seltsamer Ort des Krieges.

Beim heutigen Chesterholm, unweit der britannischen Nordgrenze des Römischen Reiches, identifizierten Archäologen und Althistoriker das römische Kastell Vindolanda. Es liegt auf einem flachen Hügel in einer sanft gewellten, sattgrünen mit Weiden und Feldern bewirtschafteten Landschaft. Erste Grabungen erfolgten bereits ab 1829 durch Reverend Anthony Hedley; er hatte dort ein Landgut erworben, das fortan Little Chesters genannt wurde, und ein *cottage* namens Chesterholm. Als 1929 der Archäologe Eric Birley das Gut erwarb, wurde Vindolanda gewissermaßen altertumskundliche Familiensache, denn seine auf dem Hof aufwachsenden Söhne Robin und Anthony sollten als Altertumswissenschaftler dem Ort eng verbunden bleiben. Vor dem Zweiten Weltkrieg führte

Eric Birley selbst erste Grabungen durch. Als das Landgut nach 1945 an den früheren Besitzer Thomas Harding zurückfiel, entstand eine schwierige Situation. Harding verstand sich selbst als Feind der Archäologie und wollte von Grabungen auf seinem eigenen Grund nichts wissen. Robin Birley, der schon als Schüler und später als Student die Arbeit seines Vaters fortsetzte, versuchte geduldig, das Vertrauen Hardings zu gewinnen. Harding, laut Birley ein ‹mürrischer northumbrischer Charakter alter Schule›, willigte schließlich in Ausgrabungen ein. Neben Robin Birley engagierte sich auch sein Bruder Anthony – ein Althistoriker, der lange in Düsseldorf lehrte – um das Kastell und seine historische Erforschung.

Die Errichtung des Kastells begann etwa um 85 n. Chr.; es wurde dann von dem römischen Kaiser Hadrian (117–138) wieder instand gesetzt. Zwischen 125 und 163 war es verlassen, ehe später wieder Truppen einrückten. Drei Kilometer nördlich des Lagers verlief der sogenannte Hadrianswall. Diese Grenzsicherungsanlage wurde zwischen 120 und 130 gebaut. Sie bestand aus einer Steinmauer, einem Erdwall, einem Grabensystem und mehr als dreihundert Türmen. Es diente der Kontrolle des Grenzverkehrs von Personen und Handelsgütern. Entlang dieses knapp 120 Kilometer langen Walls gab es mehrere Dutzend Kastelle, in denen insgesamt rund 11 000 Soldaten stationiert waren. Die Errichtung des Walls war eine logistische Meisterleistung, welche die beteiligten Soldaten wie die Einheimischen im Ergebnis gleichermaßen beeindruckt haben dürfte.

Anders als in der heutigen Felder- und Wiesenlandschaft lag Vindolanda einst inmitten einer dichten Mischwaldregion aus Buchen, Birken, Erlen, Weiden, Eichen und Haselnusssträuchern. Diese für die Soldaten günstigen Bedingungen, was die Versorgung mit Feuer- und Bauholz betraf, wurden um den Nachteil erkauft, dass Lebensmittel von ferneren Dörfern herangeschafft werden mussten. Bevor nämlich im 2. Jahrhundert am Lager eine ansehnliche Zivilsiedlung entstand, deren Bewohner die Soldaten mit Nah-

Vindolanda

rungsmitteln und Gebrauchsgegenständen versorgten, gab es zunächst nur das Lager mit seiner typischen Architektur. Inmitten einer rechteckigen Umwehrung, bestehend aus Wall und Palisadenzaun, standen ein Offiziersgebäude (*praetorium*), das Hauptquartier (*principia*), ein Getreidelager, eine Krankenstation (*valetudinarium*), eine Latrine sowie auch die Mannschaftsbaracken für rund 800 Soldaten. Außerhalb der Mauern gab es darüber hinaus ein Badegebäude und einen kleinen Tempel. Jenseits der Umwehrung fanden sich ferner Handwerksstätten und Materiallager.

Mit dieser Militärarchitektur unterschied sich Vindolanda nicht von anderen Lagern, die alle in etwa diesem Standard folgten. Was dieses Lager von anderen unterscheidet und zu einem seltsamen Ort macht, sind außergewöhnliche und einmalige Fundstücke. Seit 1973 wurden nämlich im *castrum* mehr als 1000 beschriftete Holztäfelchen gefunden, die als *Vindolanda-Tablets* zu einiger Berühmtheit gelangten.

Da das eigentlich übliche Schreibmaterial Papyrus teuer und schwierig zu bekommen war, entwickelten die Zeitgenossen im nördlichen Europa eine Alternative. Aus Birken- und Erlenholz wurden hauchdünne, zwischen 0,5 und 3 Millimeter dicke Täfelchen in der Standardgröße von ca. 20 mal 9 Zentimeter gehobelt, die mit Tinte beschrieben werden konnten. Wie bei Papyrus handelt es sich dabei um vergängliches Material, das in den meisten Lagern der Römer in Britannien oder Germanien nicht erhalten blieb. Anders in Vindolanda: Unterhalb des Grundwasserspiegels fanden sich dort luftdicht verpackt im feuchten schottischen Schlamm diese Täfelchen in großer Zahl. Ein guter Teil der Korrespondenz, die so erhalten blieb, sollte eigentlich bei Abmarsch im Jahr 105 verbrannt werden. Ein plötzlicher Platzregen verhinderte dies jedoch, wie Brandspuren an den Tafeln zeigen. 1900 Jahre später sind wir dank dieses Regenschauers in der Lage, das Leben im Lager zu rekonstruieren.

Bergung, Konservierung und Entzifferung der Schriftträger waren äußerst mühsam. Aber verschiedene britische Wissenschaftler, darunter vor allem Alan K. Bowman und J. David Thomas, haben diese einzigartigen Texte erschlossen. Davon profitieren aktuell jene Wissenschaftler, welche die Holztafeln bearbeiten, die in den letzten Jahren in London zutage kamen. Beim Bau eines neuen Hauptquartiers für die Firma Bloomberg wurden seit 2010 im Financial District mehr als 400 vergleichbare beschriftete Täfelchen gefunden. Sie sind dicker als das Material in Vindolanda, haben einen leicht erhöhten Rand und eine dünne Wachsschicht, in welche die Texte eingeritzt wurden. Die Griffel ritzen dabei oft durch das Wachs hindurch ins Holz, sodass Reste der Aufzeichnung noch im Holz sichtbar sind. Die Londoner Täfelchen gehören in die 2. Hälfte des 1. Jahrhunderts n. Chr. und sind, wie ihr Bearbeiter Roger Tomlin 2016 im Titel der ersten Veröffentlichung angedeutet hat, *Roman London's first voices*. Sie geben also frühe Einblicke in das Leben der Stadt im ersten Jahrzehnt nach der Eroberung Britanniens durch die Römer (43–53).

Um einen Eindruck vom Leben im Lager Vindolandas zu erhalten, bietet es sich an, zunächst einen Blick auf die erste dort bis zum Jahr 90 stationierte Kohorte zu werfen. Es handelte sich um Hilfstruppen, die am Rhein beim heutigen belgischen Tongeren (röm. *Aduatuca Tungrorum*) rekrutiert worden waren. Nachdem der römische Befehlshaber Agricola im Jahr 83 die Schlacht am Mons Graupius in Schottland gegen die einheimischen Stämme gewonnen hatte, wurden die an der Schlacht beteiligten Tungrer abkommandiert, um das Lager in Vindolanda zu bauen. Im Lager gab es verschiedene Wechsel. Seit dem Jahr 90 wurde die Einheit der Tungrer durch eine Kohorte aus Batavern ersetzt, zu der neben 800 Soldaten auch 250 Reiter gehörten. Das Lager musste erheblich ausgebaut, ja verdoppelt werden. Die Bataver waren nördliche Nachbarn der Tungrer in der römischen Provinz *Germania Inferior*, im heutigen Belgien, und blieben in Vindolanda bis 105, um dann wiederum von einer neuen Einheit Tungrer abgelöst zu werden.

Wir wissen nicht, aus welchem Jahr der Tagesbericht stammt, der auf den 18. Mai datiert ist – er wird irgendwann in der Zeit zwischen 85 und 90 entstanden sein. Darin werden die Zahlen der anwesenden, abwesenden und kranken Soldaten aufgelistet. Von den insgesamt 752 in Vindolanda stationierten Soldaten, zu denen sechs Centurionen gehörten, waren 46 als Wache (*singulares*) beim Statthalter, 337 einschließlich zwei Centurionen hielten sich im Amt des Iulius Ferox in Coria (dem heutigen Corbridge) auf, fünf Soldaten und ein Centurio hatten sich nach London begeben, 56 an einen anderen Ort. Insgesamt hatten 456 Mann das Lager verlassen. 296 waren mit einem Centurio im Lager zurückgeblieben. 15 von ihnen hatten sich krankgemeldet, sechs waren verwundet und zehn hatten Augenleiden. Nur 265, mithin rund ein Drittel der Soldaten des Lagers, standen demnach für den Dienst am Ort zur Verfügung. Diesem Tagesbericht können wir entnehmen, dass die Einheiten nicht in voller Mannschaftsstärke an das Lager gebunden waren, zumal es für die ursprünglich nicht vorgesehene Belegung mit einer Doppelkohorte ohnehin zu klein konzipiert war. Vielleicht haben die Offiziere versucht, die drangvolle Enge der Baracken dadurch aufzulösen, indem sie einen Teil der Soldaten bei Coria trainieren und auch unterbringen wollten. Immerhin gab es dort eine Zivilsiedlung, die ihnen den Alltag und die Versorgung erleichterte.

Wir können den Angaben zum Krankenstand im Lager selbst entnehmen, dass Kampfhandlungen wohl eher selten waren oder gar nicht stattfanden. Es litten mehr Soldaten an Augenleiden als an Verletzungen. Letztere musste man sich nicht im Gefecht zuziehen, sondern konnte sie sich auch bei den täglich notwendigen Bauarbeiten einhandeln. Solch eine Kohorte wirkt bisweilen eher wie ein reiner Bautrupp. In einem anderen Tagesbericht für einen 25. April heißt es, dass 343 Mann in den Werkstätten arbeiteten. Sie betätigten sich als Schuhmacher, andere wiederum als Maurer, die am Bau des Badehauses und der Krankenstation mitwirkten. Sie arbeiteten mit Blei, Ton oder Gips und standen am Brennofen, um Bausteine herzustellen. Dass diese Handwerksarbeiten nicht ungefährlich waren, ist einem anderen Text zu entnehmen. An einem

7. März waren 30 Mann damit beschäftigt, Bausteine für das Gäste-
haus (*hospitium*) zu brennen, und 19 besorgten Tonmaterial für die
Umzäunung des Lagers. Ihnen war, was ausdrücklich vermerkt
wird, der Arzt Marcus an die Seite gestellt – offenbar rechnete man
mit Verletzungen bei der Erledigung dieser Arbeiten.

Solche Listen bilden den Lageralltag ab. Regelmäßig wurde
überprüft, ob die festgesetzte Zahl von Soldaten auch tatsächlich
anwesend war. Die entsprechende Meldung (*renuntium*) bestand in
der Regel nur aus der Bemerkung, «alle sind an dem Platz, an dem
sie sein sollen, und die Ausrüstung ist in Ordnung». Bisweilen
werden Namen von Abwesenden genannt. Waren sie im Urlaub?
Waren sie desertiert? Auf wenigstens zwei Tafeln werden tatsächlich Deserteure erwähnt. Flucht vor dem Dienst, Ärger mit anderen Soldaten, Liebe zu einem einheimischen Mädchen und anderes mehr mochten sie zu diesem gefährlichen Schritt veranlasst
haben. Die genauen Gründe, weshalb diese Germanen oder Kelten
ausgerechnet im Norden Britanniens der Truppe den Rücken kehrten, bleiben im Dunkeln.

Auch die bereits erwähnten Wechsel der Auxiliareinheiten der
Bataver und Tungrer veränderten den Tagesablauf im Lager kaum.
Die Texte beider Kohorten weisen zahlreiche Gemeinsamkeiten
auf. Da es beim Lager in den ersten Jahrzehnten keine Zivilsiedlung gab, verkauften Nachbarorte weiter im Süden den Angehörigen der Garnison Lebensmittel und Kleidung. Während sich das
Gebiet nördlich des Tyne mit seinen Wäldern und Mooren eher für
die Jagd eignete, gab es im Süden größere Agrarflächen, deren Pro-
dukte aufgekauft werden konnten. In den Zivilsiedlungen boten
Handwerker wie Schuster und Schneider ihre Dienste an und
Händler Kleidung und andere Dinge des alltäglichen Lebens.

Die Soldaten baten daher mitunter ihre Kameraden, von Dienst-
und Urlaubsreisen – bisweilen gar vom Festland in Gallien – Kleidung oder bestimmte Nahrungsmittel mitzubringen. Auch die Offiziere bestellten größere Mengen an Nahrungsmitteln wie Schinken,
Eier, Hühner, Austern oder Zwiebeln, vom Festland begehrte man

Vindolanda

nicht zuletzt Oliven oder Olivenöl. Anhand einzelner Listen erhält man einen guten Eindruck, welche Speisen und Getränke etwa im Prätorium – der Kommandantur – bereitgehalten wurden, um Gäste bis hin zum Provinzstatthalter zu bewirten, mit denen man sich gelegentlich zur gemeinsamen Jagd in den Wäldern traf. Bei solchen Anlässen wurden keltisches Bier, italischer Wein, Fischsoße, Gänse und anderes Geflügel gereicht. Den Präfekten standen mehrere Sklaven zur Verfügung, um diese Lebensmittel einzukaufen. Iulius Verecundus schreibt beispielsweise seinem Sklaven eine Liste, auf der 17 Liter Bohnen, 20 Hühner, 100 Äpfel («wenn sie gut aussehen»), 100 oder 200 Eier, vier Liter Fischsoße und anderes mehr stehen.

Um die Grundnahrungsmittel für die Soldaten kümmerten sich die Centurionen. In ihren Unterkünften finden sich Briefe mit großen Bestellungen, die der Versorgung des gesamten Lagers dienten. So werden 5000 Modii (⅓ Scheffel) Getreide geordert, womit die komplette Einheit mehrere Wochen ihren Bedarf decken konnte. Solche Tafeln lesen sich wie Korrespondenzen von Großhändlern. Es ist durchaus vorstellbar, dass Centurionen im Auftrag der militärischen Führung tatsächlich als solche tätig waren.

Die Briefe der Soldaten spiegeln nicht nur die alltägliche Versorgung im Lager oder dokumentieren den öfter geäußerten Wunsch nach Urlaub. Sie lassen auch erkennen, dass es ein Bedürfnis nach Nähe und Vertrautheit unter den Soldaten gab. Die Adressaten werden als ‹Brüder› tituliert, deren Briefe man dringend erwartet: «Und ich frage Dich, Bruder Veldeius – ich bin überrascht, dass Du mir seit langer Zeit nicht geantwortet hast –, ob Du etwas von unseren Verwandten, oder von Quotus – in welcher Einheit er jetzt ist (Du solltest ihn in meinen Worten grüßen) und dem Veteran Virilis gehört hast.» «Lebe wohl, liebster Bruder», «Grüße Elpis, Tetricus und alle Deine Mitsoldaten, mit denen Du nach meinem Wunsch in allem Glück leben mögest!» Ähnlich formulierte Briefschlüsse lassen das Nahverhältnis zu Mitsoldaten (im engeren Sinne des Wortes: *commilitones*) und Zeltgenossen (*contubernales*) erkennen, das während der Jahre gemeinsamen Dienstes entstand. Anhand der Handschriften können wir nachvollziehen, dass mehr als vierzig der Männer schreiben konnten und diesen Dienst ihren Kameraden anboten. 200 von ihnen können wir gar namentlich fassen. Sie trugen überwiegend einfache keltische und lateinische Namen.

Die Einheimischen finden in den Briefen hingegen keine Erwähnung. Nur in einem Brief – vielleicht einem Übergabeprotokoll mit Ratschlägen für einen neuen Offizier – ist davon die Rede, dass die Brittones keine Rüstung tragen, viel Reiterei haben und dass diese *Brittunculi* keine Speere schleudern. Die letztere Bezeichnung als ‹Britannierlein› zeigt die Überheblichkeit der Soldaten, die auf die einheimischen Gegner herabschauten. Solche Verniedlichung gehörte allerdings zur psychologischen Selbstberuhigung der Truppe, deren Alltag trotz der überwiegenden Ruhe gelegentlich natürlich auch von Angst geprägt gewesen sein mag. Die Offiziere versuchten daher, durch Bereitstellung einer guten Versorgung, zu der auch Weine aus Italien und lokal gebrautes Bier gehörten, die Laune im Lager zu heben. Sogar die römischen Saturnalia – eine Art Fasnacht – und andere Feste, wie etwa die Matronalia, wurden auf Anregung des Präfekten gefeiert.

Eine Besonderheit stellen jene Briefe dar, welche die beiden Offiziersgattinnen Sulpicia Lepidina in Vindolanda und Claudia Severa in Briga (ein ansonsten unbekannter Ort) einander schrieben. Anlässlich der Abrechnung des Festes der Göttin Fors Fortuna am 24. Juni wird vermerkt, dass der Präfekt Flavius Cerialis mit seiner Frau gerade in Briga bei einem Mann namens Brocchus weilte und nicht mitfeiern konnte. Offenbar freundeten sich die beiden Frauen an. Severa nennt Lepidina ‹Schwester› und teilt ihr brieflich mit, sie habe ihren Mann gebeten, einen Besuch bei der Freundin zu genehmigen, was dieser gerne tat: «Lebewohl, meine liebste Schwester, die ich so ersehnt habe.» Drei Monate später schreibt Severa erneut an Lepida: «Am 11. September, Schwester, komme bitte zu meiner Geburtstagsfeier, ich bitte Dich herzlich zu kommen, Du wirst den

Vindolanda

Tag durch Deine Anwesenheit freudiger machen. Grüße Deinen Cerialis. Mein Aelius und unser kleiner Sohn (*filiolus*) grüßen Dich. [Von anderer Hand]: Ich werde Dich erwarten, Schwester. Lebe wohl, Schwester, liebste Seele, so wird's mir gutgehen, und mach's gut.» Der Brief ist von einem Schreiber verfasst. Severa hat mit ungelenker Hand nur den lieben Gruß zum Schluss hinzugefügt. Lepidina war, wie die Briefe anzudeuten scheinen, sicherlich froh, mit Severa eine Vertraute gefunden zu haben, die ihr Schicksal als einsame Offiziersfrau unter Hunderten von Männern in einem benachbarten Lager teilte. Es ist unschwer vorzustellen, dass die Handvoll Frauen in dieser trostlosen Grenzregion am *culus mundi* keinen einfachen Alltag hatten.

Die Frauen von Vindolanda waren, wie in der römischen Antike üblich, 15 bis 20 Jahre jünger als ihre Ehemänner, welche schon eine längere Karriere im Militärdienst durchlaufen hatten und in Spitzenpositionen aufgestiegen waren. Die Briefe zeugen durchaus vom Verständnis der Gatten für die schwierige Lebenssituation ihrer viel jüngeren Ehefrauen. Sie unterstützten den Kontakt, den sie miteinander pflegten, stellten ihre Schreiber für sie ab und sorgten für militärische Begleitung, wenn die Frauen einander besuchten. Severa mag, da sie ihr kleines Söhnchen erwähnt, vielleicht um die 20 Jahre alt gewesen sein, Lepidina vielleicht ein wenig älter, da auch sie bereits ein oder zwei Söhne im Kleinkindalter hatte.

Im Haushalt der Lepidina wurde ein winziger Schuh von 10 Zentimeter Länge gefunden. Er ist aus bestem Leder gefertigt und war wie ein Erwachsenenschuh genagelt. Das Kind, das diesen Schuh trug, konnte noch gar nicht stehen, geschweige denn laufen. Diese Spezialanfertigung erinnert an teure Babyschuhe, die heutzutage große Sportartikelfirmen als Säuglingsgeschenke im Sortiment haben. Auch Lepidina ließ sich ihr Schuhwerk etwas kosten. So trug sie hochwertige Sandalen, die mit einem Weinblatt verziert waren. Ein Schuster namens Lucius Aebutius Thales gravierte stolz seinen Namen in das elegante Schuhwerk ein. Vielleicht hat er auch die exquisiten Babyschuhe gefertigt. Im Haushalt der Lepidina wurden zudem Kinderschuhe der Größen 20, 21/22 und 24 gefunden, die von einem im Lager während des vierjährigen Aufenthalts heranwachsenden Söhnchen getragen wurden. Größe 24 passt Kindern im Alter von zwei bis drei Jahren, was dafür sprechen könnte, dass das Kind nicht lange nach Ankunft im Lager geboren wurde. Es gab dort noch ein weiteres Kind, das bereits schreiben lernte; auf ein Täfelchen hat es als Unterrichtsübung unbeholfen einen Vers aus Vergils *Aeneis* (9,473) in Großbuchstaben aufgeschrieben. Vermutlich hat ein Freigelassener oder Sklave des Vaters dem Sohn Unterricht erteilt. Er konnte im Haus des Präfekten für den Unterricht offenbar auf eine Ausgabe oder zumindest einen Auszug aus dem Epos Vergils zurückgreifen.

So kann man den Lageralltag in Vindolanda anhand der Täfelchen und der archäologischen Funde recht gut mit Leben füllen. Man hört geradezu das geschäftige Treiben im Lager, Hämmern und Sägen, die Geräusche von Wagen, Pferden und Haustieren, Stimmengewirr auf Latein, aber auch in germanischen und keltischen Dialekten. Liest man die Vindolanda-Täfelchen, dann kann man durchaus den Eindruck gewinnen, die Kohorte hatte sich gut eingerichtet und den Alltag dank eingespielter Organisation im Griff. Man sollte sich dennoch bei der Interpretation der zum Teil anrührenden Korrespondenz nicht täuschen lassen. Die Soldaten hatten es zwar geschafft, den beschwerlichen Dienst überschaubar und angesichts der Versorgungslage vielleicht sogar ganz behaglich einzurichten. Dennoch vergaßen sie schwerlich, dass sie dieses Lagerleben doch nur auf Abruf führten. Daran wurden sie im Jahr 105 nachdrücklich erinnert, als ihnen offenbar ebenso überraschend wie dringlich der Befehl überbracht wurde, dass sich die Kohorte der Bataver an einen neuen Kriegsschauplatz an die Donau zu begeben habe. Ihr neues Quartier hieß Buridava und lag im heutigen Rumänien.

Wir wissen nicht, wie der Präfekt und seine viel jüngere Frau mit den kleinen Kindern auf das offizielle Schreiben reagierten. Die

Vindolanda

Ausgrabungen konnten aber belegen, dass nicht viel Zeit blieb, über den Ortswechsel und einen Marsch über mehrere tausend Kilometer nachzudenken. Die Soldaten brachen innerhalb kurzer Zeit auf, sogar ohne die Ankunft der nachfolgenden Kohorte abzuwarten. In den ohne Verzug verlassenen Gebäuden fanden die Archäologen liegen gebliebenen Unrat, achtlos zurückgelassene Gebrauchsgegenstände und reichlich Schuhwerk. Mehrere Monate müssen die Unterkünfte leer gestanden haben, denn in die Räume wehte Herbstlaub von Birken und Eichen, Vogelfedern, und außerdem hinterließen dort Wildtiere ihre Exkremente. Im Boden entdeckten die Ausgräber Nüsse, die Eichhörnchen in den verlassenen Baracken vergraben hatten, aber im Winter offenbar nicht mehr ausgraben konnten. Daraus können wir erschließen, dass spätestens im Dezember die Soldaten einer neuen Tungrer-Kohorte eingezogen sein müssen, welche dann neue Fußböden über die alten verlegten – keine Chance mehr für die Eichhörnchen, an die Wintervorräte zu gelangen.

Die Soldaten, die Vindolanda verlassen hatten, hatten sich zu dieser Zeit vielleicht schon in Buridava eingerichtet. Wenig später erhielten sie dann Befehl, nach Rätien an die Donau zu ziehen, wo sie dauerhaft stationiert blieben. Ihr Lager erhielt den Namen *Batava Castra*, der sich im heutigen Stadtnamen Passau erhalten hat. Aelius Brocchus sollte später auf dem Balkan, in Arrabona in Pannonien eine neue Heimat finden. Aber es ist unklar, ob ihn auch seine junge Frau Severa dorthin noch begleitet hat, ja, ob sie überhaupt noch lebte. Auch über das Schicksal des Präfekten Flavius Cerialis und seiner Frau erfahren wir nichts mehr. Vielleicht zogen er – immerhin ein römischer Ritter und Mitglied der römischen Oberschicht – und seine Frau Lepidina mit ihren Kindern, sofern die Kleinen die Strapazen der langen Reise gut überstanden, auf die italische Halbinsel und gar nach Rom. Doch für uns verliert sich ihre Spur im Sommer 105 n. Chr.

7.
Mythische Orte und
Orte des Göttlichen

W ie bereits bei der Vorstellung einiger Orte angedeutet, fanden sich in der Welt der Antike allenthalben Stätten, mit denen man der mythischen Frühgeschichte einen realen Platz gab und diese gewissermaßen materiell beglaubigte. Wer über so etwas nicht verfügte, hätte auch nur schlecht einen Anspruch auf eine Herkunft mit ordentlicher Historie und auf Teilhabe an der gemeinsamen Kultur behaupten können. So schuf man regelrechte Museen der Frühgeschichte, vor allem Tempel wie etwa in Sikyon, und zeigte dort Gegenstände, die angeblich einst jenen Heroen gehört hatten, auf die man sich so gern in der eigenen Ahnenreihe berief. Während das grundsätzlich ein bestens bekanntes und in allen antiken Kulturen verbreitetes Phänomen war, gab es doch auch sehr spezielle Orte, in denen sich diese Vorstellungswelt geradezu zu bündeln scheint. Ein gutes Beispiel dafür bietet Tralleis im westlichen Kleinasien. Dort zeigten die Bürger die Haut des Marsyas. Dieser arme Satyr hatte im mythischen Wettstreit einst Apollon in Gesang und Flötenspiel herausgefordert, was er mit dem Leben bezahlen musste. Apollon – ein ausgesucht humorloser Gott – ließ ihm zur Strafe für seine Hybris bei lebendigem Leib die Haut abziehen. Diese grausame Bestrafungsaktion wurde vielfach im Bild dargestellt, wobei die Künstler stets den Moment vor Beginn der Henkersarbeit wählten.

In Tralleis rühmte man sich, die Haut des Opfers als Reliquie zur kultischen Verehrung zu besitzen – ich mag mir nicht vorstellen, was man tatsächlich zeigte und woher es stammte. Aber dieses Beispiel zeigt eindrücklich, wie weit die Zeitgenossen bei solchen Visualisierungen und bei der Beschaffung von Reliquien – lange vor den Christen mit ihrer Heiligenverehrung – zu gehen bereit waren. Angesichts der von verschiedenen Wissenschaftlern zusammengetragenen Fülle an Material beginne ich im Folgenden mit einem Beispiel, das in betreffenden Sammlungen nur gestreift wird. Doch kann ein schärferer Blick auf solch einen seltsamen Platz die vielfältigen räumlichen, historischen und sakralen Bezüge mythischer Orte wieder lebendig werden lassen. Ebenso lassen sich die Elemente der antiken Erinnerungskultur, ihre sozialen, kulturellen und intentionalen Bezüge am ehesten am oder ausgehend vom Einzelfall erhellen. Wir müssen uns dabei vor Augen halten, dass die antiken Zeitgenossen im Stadtbild Bauwerke und Hinterlassenschaften längst verblichener Generationen vorfanden, die sie selbst nicht mehr verstanden. Es gab über sie keine Geschichte, keine irgendwie erhaltene Tradition oder gar belastbare Erinnerungen aus erster Hand. Wenn man aber schon keine *Geschichte* hatte, so legte doch das schiere Alter dieser Monumente es nahe, wenigstens *Geschichten* darüber zu erzählen, um auf diese Weise den Überresten einen sinnvollen Platz bei gelehrten ‹Rekonstruktionen› der eigenen Historie und der Konstruktion der eigenen Identität zukommen zu lassen.

Der Schwesternbalken – ein unverstandener Kultort

41° 53′ 33.27″ nördlicher Breite; 12° 29′ 23.57″ östlicher Länge

Begeben wir uns zunächst auf eine Spurensuche, um den Ort, der nun im Mittelpunkt stehen soll, in der Topographie Roms zu lokalisieren. In einem spätantiken Verzeichnis der antiken Regionen Roms findet sich aus dem 4. Jahrhundert n. Chr. für die Regio IV ein eigentümlicher Eintrag. In dem nach dem Templum Pacis (Friedenstempel) bezeichneten Viertel wird ein *tigillum sororium*, ein ‹Schwesternbalken› vermerkt. Was da alles aufgelistet wird, lässt sich etwa zwischen dem Tempel für Venus und Roma auf der Velia, dem Kolosseum und dem südlichen Ausläufer des Esquilin,

Der Schwesternbalken

dem Mons Oppius, verorten. Der Geschichtsschreiber Dionysios von Halikarnassos, der zu Zeiten des Augustus sein Werk verfasste, liefert die präzise Lokalisierung dieses Objekts; es handele sich dabei um die Gasse, welche «von den Carinä zur Zyprios-Gasse führt» (Dionysios, *Römische Frühgeschichte* 3,22,8). Mit den Carinä ist der südwestliche Abhang des Esquilin gemeint, der sich in Richtung auf das Tal des Kolosseums und der Subura hin erstreckte – einem besonders dicht bebauten Hauptwohnviertel der stadtrömischen Massen.

Kombiniert man diese vagen Hinweise miteinander, dann dürften wir uns mit Blick auf den heutigen Stadtplan in einem Areal an der Via dei Fori Imperiali unweit der Metrostation *Colosseo* befinden. Die Bezeichnung des Weges, wo sich der *tigillum sororium* befand, als kleine Gasse spricht dafür, dass sie jedenfalls nicht zu den Hauptverkehrswegen im städtischen Alltag gehörte. Sie verband den öffentlichen Raum um das Kolosseum mit der Subura und dem Esquilin. Dass die Gasse sehr schmal war, lässt sich auch der Beschreibung des Schwesternbalkens entnehmen. Er habe sich, so verschiedene Autoren, aus drei Bestandteilen zusammengesetzt – zwei senkrechten, an den Seitenmauern der Gasse befestigten Kanthölzern, auf denen ein drittes angebracht war, das den Weg überspannte. Es gab dort ferner zwei Nischen, in denen Altäre für Ianus Curatius und Iuno Sororia aufgestellt waren.

Wir müssen uns diese Gasse wie alle anderen in dem lauten Stadtteil als bunt belebten Straßenzug vorstellen, in dem Läden, Wohnhäuser und andere Gebäude standen, die ein über Jahrhunderte gewachsenes Ensemble bildeten. Dort sahen Passanten den Schwesternbalken als Relikt grauer, jedenfalls für den Durchschnittsrömer nicht mehr genau datierbarer Vorzeit, an dem sich bisweilen eigentümliche Riten abspielten. Einer lateinischen Inschrift können wir entnehmen, dass die bedeutende Priesterschaft der Arvalbrüder (*Fratres Arvales*) jährlich am 1. Oktober in einer feierlichen Prozession dorthin zog, um ein Opfer darzubringen. Bei dieser Priesterschaft handelt es sich um ein altehrwürdiges Kollegium. Es wurde von Augustus im Zuge seiner Restaurationspolitik wiederbelebt. Fortan gehörten der Priesterschaft neben dem Kaiser weitere wichtige Mitglieder der kaiserlichen Familie an. Die Inschrift spricht davon, dass das Opfer der Arvalbrüder dem *tigillum sororium* selbst galt und unweit einer Kreuzung mit Namen *Compitum Acili* vorgenommen wurde.

Am Ende der Gasse gab es demnach eine *compitum* genannte Kreuzung. Mit ihr hatte es eine besondere Bewandtnis. Diese Kreuzungen dienten als Plätze, an denen die Nachbarschaft oder die anstoßenden Stadtteile (*vici*) gemeinsam Feste feierten, in deren Verlauf sie den Schutzgottheiten des Viertels (*lares*) Opfer darbrachten. Kaiser Augustus hat durch eine Neuordnung Roms in 265 *vici* diesen Festen seit 7 v. Chr. eine besondere Bedeutung gegeben. Jährlich wurden aus den Freigelassenen des Viertels *magistri* gewählt, die gemeinsam mit aus den Reihen der Sklaven bestimmten *ministri* die Opfer für die Laren sowie fortan auch für den Genius des Augustus vollzogen und die Feierlichkeiten leiteten. Da die Freigelassenen an diesen Festtagen im Frühjahr und Herbst eine mit einem Purpurstreifen gesäumte Toga tragen durften und von zwei Liktoren – Rutenbündel tragenden Amtsdienern – begleitet wurden, waren sie anlässlich des Festes so etwas wie römische Magistrate. Das ganze Amtsjahr über hatten sie sich um den Blumenschmuck und den Erhalt des kleinen Kompitalheiligtums zu kümmern. Dies bot ihnen, die als ehemalige Sklaven noch nicht im Vollbesitz der römischen Bürgerrechte waren, zugleich die Möglichkeit, durch Baustiftungen öffentliches Prestige zu erlangen und ihre soziale Stellung zur Schau zu stellen. Im Falle des *Compitum Acili* haben archäologische Ausgrabungen, die während der Neugestaltung des Areals nahe dem Kolosseum durch Benito Mussolini im Jahr 1932 stattfanden, ergeben, dass dort einst die *magistri* ein reich geschmücktes Kultgebäude aus Marmor sowie Marmorverkleidung und Altäre aus dem gleichen Stein gestiftet haben. Auch die unfreien *ministri* sammelten Geld, um ihrer untergeordneten Stellung entsprechend etwas kleinere Altäre zu

Der Schwesternbalken

errichten. Die marmornen Bauten, die Feste und der zeitweilige Schmuck spiegelten demnach in bescheidenerem Rahmen die großen Feiern an den Prachtbauten im öffentlichen Raum bei den Tempeln und auf Marktplätzen.

Es ist bezeichnend, dass die Arvalbrüder im Hinblick auf ihr Opfer am nahen Schwesternbalken dieses kleine Kompitalheiligtum des *vicus* als topographischen Orientierungspunkt erwähnen. Der Balken allein war offenbar als *landmark* nicht aussagekräftig genug und architektonisch nicht so prominent gestaltet wie das *compitum*. Aber was hatte es denn nun mit diesem seltsamen Balken auf sich, von dem kaum noch ein Römer wusste, woran er eigentlich erinnern sollte? Kein antiker Autor lässt sich zu seiner ursprünglichen Funktion vernehmen. Entsprechend schwer tat sich auch die religionswissenschaftliche Forschung unserer Tage damit, die Bedeutung der beiden kleinen Altäre zu entschlüsseln. In sprachgeschichtlichen Forschungen zu den Beinamen Sororia und Curatius, deren vertrackte Einzelheiten uns hier nicht zu interessieren brauchen, konnten die Wissenschaftler plausibel machen, dass an dieser Stelle ein alter Übergangsritus, ein sogenannter *rite de passage*, vollzogen wurde. Mit diesem Ritus wurden einst die pubertierenden Jungen und Mädchen von den römischen Kurien als erwachsene Mitglieder aufgenommen. Während Iuno Sororia, deren Beiname das Anschwellen der weiblichen Brüste bezeichnet, auf die Mädchen zu achten hatte, sorgte Ianus Curatius (*curiatius* im Sinne von ‹der Wächter›) für die heranwachsenden Knaben. Im Zuge dieses *rite de passage* opferten die Heranwachsenden an den Altären und gingen unter dem Balken hindurch, was ihren Übergang in eine neue Lebensphase symbolisierte. Der Balken wurde entsprechend dem Beinamen der Iuno *tigillum sororium* genannt.

Als die Arvalbrüder dem Balken opferten, war die Erinnerung an diesen alten Übergangsritus vermutlich weitgehend, vielleicht sogar gänzlich verblasst. Niemand konnte zu diesem Zeitpunkt mehr genau sagen, welche Riten einst mit den römischen Kurien, den alten Personenverbänden aus archaischer Zeit, verwoben waren. An die Stelle der einstigen historischen Signatur dieser Verbände, die einmal durchaus einen Sitz im Gemeinschaftsleben der Frühzeit hatten, waren Legenden getreten, die das Vergessene erklären sollten. Viele Römer wussten zu diesem Zeitpunkt schon nicht mehr, welcher Kurie sie angehörten. Der Übergangsritus kann demnach kaum mehr praktiziert worden sein – wer hätte wissen sollen, welches Kind in welche Kurie aufzunehmen war –, wie auch andere Feste der Kurien keinen großen Zuspruch mehr gefunden haben dürften.

Doch auch wenn niemand mehr im 1. Jahrhundert v. Chr. wusste, was es mit der alten Balkenkonstruktion in der kleinen Gasse ursprünglich auf sich hatte, so nahm man dennoch diese Relikte sehr ernst. Allein ihr offensichtlich hohes Alter, das sie in die legendenumwobene Frühgeschichte Roms verwies, machte sie den Römern verehrungswürdig. So wurden sie sogar aus nicht genannten Gründen regelmäßig restauriert, wie der römische Geschichtsschreiber Livius berichtet. Damit scheinen sie trotz und gerade wegen ihrer Abgelegenheit in einer Seitengasse die Zeitgenossen geradezu herausgefordert zu haben, sie mit neuer Bedeutung aufzuladen. Jedenfalls verlangte das eigentümliche Bauwerk und die unverständliche sakrale Aufmerksamkeit, die es erfuhr, eine zeitgemäße, schlüssige Erklärung.

Der Schwesternbalken wurde dann in geradezu dramatischer Weise als Relikt der römischen Frühgeschichte inszeniert und darin eingeschrieben. Diese Geschichte war im 2. Jahrhundert v. Chr. fest ausgebildet, denn der römische Dichter Quintus Ennius (239–169 v. Chr.) kannte sie bereits. Ihre ausführlichen Versionen verdanken wir aber erst der augusteischen Zeit. Aus dieser Epoche überliefern die beiden Historiker Livius (Livius, *Römische Geschichte* 1.24–26) und Dionysios von Halikarnassos (Dionysios, *Römische Frühgeschichte* 3.12–22) in zwei eindrucksvollen und sehr ähnlichen Versionen jene Geschichte, die um das Monument gewoben wurde. Ihnen zufolge wurde die Balkenkonstruktion mit Ereignissen in Verbindung gebracht, die sich an einem nicht näher bestimmbaren

Der Schwesternbalken

Zeitpunkt des 7. Jahrhunderts v. Chr. abgespielt haben sollen. Damals in grauer römischer Vorzeit lag in der Landschaft Latium und nahe der heutigen Sommerresidenz des Papstes bei Castel Gandolfo die Stadt Alba Longa. Ascanius, der Sohn des Troianers Aeneas – des Stammvaters der Römer –, soll sie einst gegründet haben. Sie wurde im 7. Jahrhundert v. Chr. in Rom eingemeindet, nachdem Rom seine Vormacht in Latium in einem eindrucksvollen Schaukampf durchgesetzt hatte. Der dritte römische König, Tullus Hostilius, und der Oberbefehlshaber, Mettius Fufetius von Alba Longa, wollten – so lautet die sagendurchwobene Überlieferung – einen militärischen Schlagabtausch vermeiden, um nicht geschwächt und leichtes Opfer Dritter zu werden. Deshalb einigten sich die Herrscher darauf, anstelle der Heere auf jeder Seite ausgewählte Kämpfer stellvertretend gegeneinander antreten zu lassen. Es gab in beiden Orten jeweils ein Drillingspaar, auf Seiten von Alba Longa die Curiatier und auf Seiten Roms die Horatier, die nun gegeneinander kämpfen sollten. Am vereinbarten Tag traten diese – der Legende nach sogar miteinander verwandten – sechs Männer gegeneinander an, um in einem dramatischen Kampf die Entscheidung darüber herbeizuführen, welche der beiden Städte zugunsten des Nachbarortes aufzugeben sei.

Beide Geschichtsschreiber bieten nun sehr bewegende Schilderungen des Kampfes, der insbesondere bei Livius wie ein Theaterstück (*spectaculum*) inszeniert wird, das vor den versammelten Soldaten aufgeführt wurde. Wer seine Beschreibung liest, vor dessen geistigem Auge entsteht geradezu eine Bühne, umstanden von staunendem Publikum, das mit lautem Rufen das Heldenstück kommentiert, gebannt dem Geschehen folgt und dabei von Schrecken (*horror*) geschüttelt wird. Für Rom sieht es bald schlecht, ja geradezu hoffnungslos aus, nachdem zwei der Horatier getötet werden. Doch es gelingt dem dritten Bruder mit einer List, das Schicksal zu wenden: Er gibt vor zu fliehen, um die drei Curiatier voneinander zu trennen. Er hat nämlich erkannt, dass sie unterschiedlich schwer verletzt sind und ihm folglich auch mit unterschiedlichem Tempo auf seiner Flucht folgen werden. In der Tat setzen die Curiatier im Abstand voneinander dem Fliehenden nach. Auf diese Weise gelingt es ihm, seine drei Verfolger nacheinander zu stellen, zu töten und die Römer doch noch als Sieger aus dem Duell zu führen.

Mit Jubel begrüßen die Römer ihren Publius (nach anderen Quellen Marcus) Horatius an der Stadtgrenze. Ist ihre Stadt doch nun gerettet und auserkoren, die Führung in Latium zu übernehmen. Auch seine Schwester Horatia läuft ihm vor der Porta Capena entgegen, allerdings voll banger Sorge. Ihr Vater hat sie nämlich mit einem der Curiatier verlobt. Gemeinsam mit ihrer Mutter hat sie ihrem Bräutigam sogar einen Waffenrock genäht, den sie nun mit Schrecken als blutiges Beutestück in den Armen ihres Bruders wiedererkennt. Darauf bricht sie in lautes Wehklagen aus, löst im Trauergestus ihr Haar und ruft laut den Namen des Verlobten. Das geht dem überlebenden Helden dann doch zu weit, und – Bruder hin, Schwester her – er tötet sie mit einem Schwerthieb und ruft, so solle es künftig jeder Römerin ergehen, die um einen gefallenen Feind Roms trauert. Vergessen habe sie ihre toten Brüder, vergessen ihre Vaterstadt!

Die entsetzliche Gewalttat an einer Römerin wird in dieser Situation eigentümlicherweise als Hochverrat (*perduellio)* begriffen. Jedenfalls kann sie nach römischem Recht nicht ungesühnt bleiben. Daher wird die Legende von dem Kampf der Drillinge und dem Schwesternmord noch mit Vorstellungen darüber angereichert, in welcher Form sich bereits im 7. Jahrhundert v. Chr. römische Rechtsvorstellungen formiert haben. Die vom König mit der gerichtlichen Verfolgung beauftragten Untersuchungsrichter (*duumviri*) kommen in dieser Legende zunächst zu dem Schluss, dass der Schwesternmörder schuldig und nach ausgiebiger Geißelung an der Richtstätte, dem ‹Baum des Unheils› (*infelix arbor*), mit verhülltem Haupt zu hängen sei. Angeblich gab es aber bereits in archaischer Zeit in Rom die Möglichkeit, das Urteil wegen eines Kapitalverbrechens in die Hände des Volkes zu legen (*provocatio ad populum*). Um diesen Verfahrensschritt einzuleiten, musste der Angeklagte die Volksversammlung um rechtlichen Beistand anrufen.

Der Schwesternbalken

215

Das tut nun auch Horatius. Der Fall wird erneut verhandelt, wobei eine Wortmeldung seines gleichnamigen Vaters den Ausschlag gibt. Er erinnert das römische Volk daran, welch großartige Tat sein Sohn mit seinem Sieg über die Curiatier für das römische Volk vollbracht habe. Dagegen wiege der Mord an der Schwester weitaus weniger, sodass die Verdienste im Verhältnis zur Schuld des Angeklagten höher zu bewerten seien. Daher sei er als Vater auch nicht gegen den Sohn vorgegangen – die Tochter sei zu Recht getötet worden. Der Horatier wird daraufhin «mehr als Bewunderung für seine Tapferkeit als aufgrund der Rechtslage» freigesprochen, aber es wird eine Sühne angemahnt, ohne die er nach dem Mord befleckt bliebe. Der Vater vollführt daraufhin auf Staatskosten das Sühneopfer. Zu diesem Zweck habe man ihn mit verhülltem Haupt unter einem hölzernen Joch hindurchschreiten lassen, das – so beide Geschichtsschreiber übereinstimmend – noch heute als Schwesternbalken in Rom zu sehen sei.

Livius behauptet, der Kampf der Drillinge um die Vorherrschaft in Latium sei die berühmteste und bekannteste Geschichte aus der Frühzeit Roms (Livius, *Römische Geschichte* 1, 24). Jedenfalls wurde dieses Ereignis oder besser diese erfundene Geschichte durch Monumente an verschiedenen Orten auch materiell ins Bewusstsein der Römer gehoben. Man zeigte nahe Alba Longa die Gräber der gefallenen Horatier und Richtung Rom die Gräber der Curiatier – zweifellos Grabstätten Unbekannter, die man Jahrhunderte später den einstigen Helden zuschrieb. Nahe der Porta Capena war angeblich das Grab der getöteten Schwester zu sehen – sicherlich ebenfalls ein anonymes Grab aus republikanischer Zeit, das sich als angebliches Relikt der fiktiven Geschichte instrumentalisieren ließ. Im Zentrum der Stadt gab es am Forum zudem einen Platz mit Namen «Die Horatier-Speere» (*pila Horatia*), an dem einst die erbeuteten Waffen der Curiatier an einem Tropaion aufgehängt gewesen sein sollen. Zur Zeit des Augustus waren diese schon nicht mehr zu sehen, wurden aber an der Basilika Aemilia oder der Basilika Iulia lokalisiert. Die große Meistererzählung, nach der Rom in der Frühzeit die Herrschaft über die Region erlangte, wurde ebenso wie die gesamte weitgehend fiktiv rekonstruierte Königszeit auf diese Weise topographisch gespiegelt.

Am Beispiel des Schwesternbalkens können wir studieren, wie alte Monumente, die ursprünglich in spezielle rituelle Kontexte eingebettet waren, vollkommen neu interpretiert wurden. Das Geschlecht der Horatier war bereits im 5. Jahrhundert v. Chr. ausgestorben, sodass die Initiative für die Erzählung der Geschichte später nicht von dieser Familie ausgegangen sein kann, sondern Allgemeingut römischer Geschichtstradition war. Eine wie für das Theater, heute würde man eher sagen für den Film gemachte Geschichte transportierte unterschiedliche Botschaften: Die frühe Herrschaft Roms über Latium, die Tapferkeit römischer Männer, deplacierte Gefühlsausbrüche römischer Frauen und schließlich die alte Tradition des Provokationsrechts werden in einer meisterhaft erzählten Geschichte zusammengeführt. Auch der unauflösliche Gegensatz zwischen Staatsräson und den sehr persönlichen Interessen des Individuums, verkörpert in der trauernden Horatia, klingt an. Die Ehre der Familie hat, so die Botschaft, hinter jener Roms zurückzustehen. Unstimmigkeiten im Detail nahmen Autoren wie Leser in Kauf, wenn die Geschichte selbst genügend Dramatik, Wendungen des Schicksals und letztlich einen für Rom positiven Ausgang bot.

Blieb der Schwesternbalken auch noch bis in die Spätantike erhalten und konnte man die Geschichte des Kampfes in Geschichtswerken nachlesen, so verblassten dennoch im Laufe der folgenden Jahrhunderte die Spuren der Horatier. Aber die Geschichte war zu gut, um völlig zu verschwinden. Daher überrascht es nicht, dass in der Frühen Neuzeit mit der Rückbesinnung auf das antike Erbe in dem Drama *Horace* (1640) von Pierre Corneille eine breitere Rezeptionsgeschichte einsetzt. Dies liegt nicht zuletzt daran, dass Corneille mit der Figur der Camille (= Horatia) und der Sabine, der fiktiven Gattin des Horace, sowie dem Gegner Curiace völlig neue Gewichte im Geschehen setzte. Der kriegerischen Ethik und dem

Der Schwesternbalken

217

heroischen Selbstverzicht im Sinne staatlicher Pflichterfüllung werden der soziale Binnenraum der Familie und private Bindungen gegenübergestellt. Aus diesem Spannungsverhältnis speist sich auch die Wirkung, welche das Gemälde *Der Schwur der Horatier* von Jacques-Louis David (1784) entfaltet – die auf das Schwert schwörenden Brüder werden mit trauernden Frauen kontrastiert. Ihre Entscheidung für einen Kampf, welcher der Gemeinschaft dient, verhalf dem Bild dazu, eine Ikone der Französischen Revolution zu werden und in seiner formalen Konsequenz den Klassizismus französischer Malerei zu fördern. Der Konflikt entsteht in der zeitgenössischen Literatur ansonsten daraus, dass die Protagonisten sich zu einseitig für einen der beiden Räume sozialen wie politischen Handelns entscheiden. Verschiedene Opern des 18. und 19. Jahrhunderts rücken schließlich gar die intime Liebe zwischen Camilla und Curiazio in den Vordergrund, und auch Orazio erscheint in familiärer Bindung an seinen zukünftigen Schwager Curiazio. Erst das 20. Jahrhundert, insbesondere Heiner Müller mit seinem Drama *Der Horatier* (1968), zeigt ein Kollektiv, das sich von der Eigenmächtigkeit eines Horatius löst und ihn aufgrund seines Rechtsverstoßes hinrichten lässt.

Die Hunde der Gula in Isin

31° 53′ 6″ nördlicher Breite; 45° 16′ 7″ östlicher Länge

Etwa 30 Kilometer südöstlich der alten Stadt Nippur findet sich im scheinbar endlos weiten und flachen Land ein ungefähr 8 Meter hoher Hügel (*Tell*), der einen Durchmesser von ca. 1,3 Kilometer hat. Er trägt die Reste der alten Stadt Isin (heute Iān āal-Bahrīyāt), die zwischen 1973 und 1989 unter Leitung des Archäologen Barthel Hrouda von der Münchner Universität erforscht wurde. Wie an vielen anderen Orten beendete der Erste Irakkrieg im Jahr 1990 jede weitere archäologische Arbeit. Heute ist der Hügel Ziel von Raubgräbern, die den seit Jahrhunderten durchwühlten Tell immer weiter zerstören und vermutlich archäologische Forschungen zukünftig sehr schwierig, wenn nicht nahezu unmöglich machen.

Der Schwerpunkt der wissenschaftlichen Grabungen lag auf dem Areal des Tempels der lokalen Hauptgöttin Gula. Bis zum Abbruch des Unternehmens 1990 konnten die weitläufigen Grundstrukturen des vielräumigen, 60 mal 50 Meter großen Tempels teilweise erschlossen werden. Auch gelang der Nachweis, dass das Heiligtum um 1400 v. Chr. auf einer Terrasse lag, die man über eine mehrere Meter hohe Treppe erreichte. Es gab zwar, anders als in Eridu, keine Zikkurat, wohl aber verschiedene Bauschichten, welche den Tempel allmählich in die Höhe wachsen und in der Ebene als weithin sichtbares Monument aufragen ließen. Seine ältesten Schichten reichten bis in das 3. Jahrtausend v. Chr. zurück.

Die Göttin Gula wurde seit dieser Zeit in Keilschrifttexten als «Große Göttin der Heilkunst» verehrt, die «das Leben gibt», «das Leben beschützt» und «die Toten wiederbelebt». Um 2000 v. Chr. gab es in verschiedenen Orten Tempel für Gula, so in Umma und besonders prominent in Isin. Gula wurde an der Wende zum 2. Jahrtausend v. Chr. die wichtigste Heilgöttin. Ein berühmter Hymnus, der *Bulussa-rabi*-Hymnus (irgendwann zwischen 1400–700 v. Chr. verfasst), legte der Göttin die Worte in den Mund: «Ich bin die Ärztin, ich weiß, wie man heilt. Ich besitze alle Heilpflanzen, ich vertreibe die Krankheit. Ich trage eine Tasche mit allen lebensspendenden Beschwörungsformeln. Ich habe ein Skalpell zur Heilung. Ich gebe den Menschen Medizin ... Mein Blick auf die Kranken heilt sie, meine Worte lassen sie wieder aufstehen ... Ich hole die Kranken aus dem Jenseits zurück ... Ich bin die Herrin des Lebens. Ich bin die Ärztin, ich bin die Seherin, und ich bin die Exorzistin.»

Der Text lässt die Göttin mit einer zeittypischen Kombination aus magischen Praktiken und konkreten ärztlichen Handlungen für sich werben, bei denen Heilpflanzen und medizinische Instru-

Die Hunde der Gula in Isin

mente zum Einsatz kommen. Gula hatte neben der gesamten Breite der Heilkunst besondere Bedeutung im Kontext von Fruchtbarkeit und Schwangerschaft. Sie hatte die böse Wirkung der weiblichen Dämonin Lamaštu abzuwehren, die sowohl die Mütter wie die Neugeborenen bedrohte. Verschiedene Krankheiten von Säuglingen und Kleinkindern wurden auf ihren üblen Einfluss zurückgeführt. Gula konnte, wie andere Texte verraten, die Dämonin Lamaštu mithilfe ihrer Hunde vertreiben. Damit sicherte sich Gula in der damaligen Zeit, aber auch in der modernen Forschung einen besonderen Platz. Was hatte es mit der prominenten Rolle von Hunden im Heilkult der Göttin auf sich?

Hunde nahmen jedenfalls einen wichtigen Platz in den Tempeln der Gula ein. Im Gegensatz zum alten Ägypten, wo Hunde im Kult und unter den verehrten Tiermumien – man denke nur an den hunde- und schakalköpfigen Anubis – einen festen Platz hatten, spielten sie in den Reichen des Zweistromlandes keine besondere kultische Rolle. Jedenfalls hat der Hund, der in der Region als lebender Nahrungsmittelvorrat und als Haustier gehalten wurde, keine Spuren im Kultus hinterlassen. Anders im Falle der Heilgöttin Gula. In verschiedenen, über rund 2000 Jahre verteilten bildlichen Darstellungen – etwa auf Rollsiegeln oder Kudurru, symbolischen Grenzsteinen mit Inschrift und Bildnissen – ist die Göttin in Begleitung eines Hundes zu sehen. In ihrem Tempel selbst finden sich in größerer Zahl Figurinen von Hunden, die aus Bronze, Ton und sogar Gold gefertigt und der Göttin geweiht waren. Andere Weihungen zeigen tönerne Körperteile von Menschen, vor allem Füße, Beine und Hände sowie im Verbund damit Hundepfoten aus Ton.

Die Forschung hat versucht, die Funktion der Hunde im Heilkult der Gula zu erklären. Verbreitet ist die Ansicht, dass die Tiere im Tempel unmittelbar in die Behandlung der Patienten einbezogen wurden, indem sie deren Wunden ableckten. Dem Speichel der Tiere wird in dieser Deutung besondere Heilkraft zugeschrieben. Den chemischen Substanzen wird gar eine medizinische Wirkung zugesprochen, welche man mit jener von Antibiotika vergleicht. Mit dieser Hypothese ist die Vorstellung verbunden, dass die Tiere eiternde Wunden und Verletzungen sowie Geschwüre unterschiedlicher Art durch einfaches Ablecken heilten. In diesem Zusammenhang wird regelmäßig auf die Geschichte des Lazarus aus dem Neuen Testament verwiesen (Lukas 16,19 f.). Dem Aussätzigen, den die Gemeinschaft ausgestoßen hat, wenden sich nurmehr Hunde zu, die seine nässenden Geschwüre lecken.

Nun ist es allerdings unter den Kommentatoren des Neuen Testamentes durchaus umstritten, wie diese Stelle zu verstehen ist. Spielt der Autor tatsächlich auf die angebliche Heilkraft der Tiere an oder signalisiert er nicht einfach, dass der Aussätzige völlig wehrlos und selbst wilden Hunden ausgesetzt ist? Auch aus medizinischer Sicht gibt es erhebliche Zweifel daran, dass der Speichel der Hunde heilende Kräfte besitzt, vielmehr überwiegt die Skepsis in diesem Punkt, weil im Hundespeichel viele pathogene Bakterien enthalten sind. Die in chemischen Analysen ermittelten Substanzen im Hundespeichel sind hinsichtlich ihrer medizinischen Wirksamkeit zweifelhaft – und was ihr Heilungspotential betrifft, schon sehr begrenzt.

In naturwissenschaftlicher Hinsicht sollte man daher die Beweiskraft dieser Aussagen über die Heilkraft von Hundespeichel nicht überbewerten. Sinnvoller scheint es, sich den zeitgenössischen *Vorstellungen* anzunähern, inwieweit Hunde allgemein in Heilungsprozesse eingebunden gewesen sein könnten. Kann doch die Berührung eines Hundes auch ganz anders interpretiert werden: Demnach sei nicht die Wirkung der Zunge und des Speichels auf die Wunde entscheidend. Die Berührung durch die Zunge sei vielmehr ein Mittel, um die bösen Kräfte der Krankheit auf den Hund zu übertragen, der in der Folge das Übel des Kranken übernehme und es fortan zu tragen habe. War diese Übertragung erfolgt, so konnten die am Kult beteiligten Priester – oder wer auch immer vom Kultpersonal dafür zuständig war – sich fortan um die Hunde als Träger des Leidens kümmern.

Die Hunde der Gula in Isin

Ausgrabungen an einer Straße, die zum Heiligtum führte, können vielleicht eine Antwort darauf geben, wie das von Stund an von den Hunden getragene Übel eliminiert und die Krankheit beseitigt wurde. Haben doch die Ausgräber nahe dieser Straße im Umfeld des Tempels die Gräber von insgesamt 33 Hunden entdeckt, die dort zu Ehren der Göttin bestattet wurden. Der zoologische Befund ist hochinteressant – und auch etwas unheimlich. Neben einer Totgeburt wurden 15 Welpen, acht rund ein Jahr alte Hunde und neun voll ausgewachsene Tiere begraben. Auffällig erschien den Spezialisten «der verhältnismäßig große Anteil von Hunden mit schweren Frakturen», wie sie im ersten Grabungsbericht schreiben. Auch hatten die überwiegend sehr jungen Hunde unverheilte Frakturen und ältere Verletzungen an verschiedenen Knochenpartien.

Die Ausführungen Joachim Boessnecks – Tiermediziner und Spezialist für Fragen zur Tierwelt im Altertum – lassen erahnen, was es mit diesen Befunden auf dem Hundefriedhof auf sich hat: Die Hunde wurden in Heilungsprozesse anscheinend nicht liebevoll einbezogen, weil sie als Begleiter der Göttin galten. Wenn sie im Ritus als Sündenböcke die Krankheiten der Kurpatienten auf sich zu nehmen hatten, um Heilung zu befördern, so bedeutete dies in aller Brutalität, dass sie dieselben Leiden auf sich nehmen mussten, unter denen die Hilfesuchenden litten. Wir ahnen daher, was es mit den nicht ausgeheilten Frakturen und mehrfachen Verletzungen der Tiere auf sich hatte. Ritualtexte bestätigen, dass es zum Kult gehörte, die gequälten Kreaturen mit Achtung zu behandeln. In einem Text ist beispielsweise davon die Rede, man erzürne die Göttin, wenn man sich nicht um die verletzten Hunde kümmere und verstorbene Tiere unbestattet lasse.

Die Antike ist nicht nur das nächste Fremde – manche ihrer Wesenszüge erscheinen uns befremdend grausam und verstörend. Deswegen dürfen wir uns trotzdem nicht um klare Formulierungen herumdrücken, wenn es um die Fakten geht: Der Kurbetrieb bestand offenbar zu einem guten Teil darin, Hunde als Heilsbringer zu quälen, indem man ihnen Krankheiten der Kurgäste beibrachte. Die Assyriologin Barbara Böck vertritt beispielsweise die Auffassung, dass bei bestimmten Krankheiten der weiblichen Brüste, die Frauen im Kindbett oder im frühen Stillzyklus bekommen konnten, Welpen eine besondere Rolle spielten. Sie verweist dabei auf Texte, die entsprechend eigentümliche Heilmittel empfehlen. Die Kinder dieser Frauen sollen an andere Ammen weitergegeben werden, um Krankheiten von ihnen fernzuhalten. An ihrer Stelle sollen die jungen Mütter Welpen stillen, welche die Krankheiten über die Muttermilch aufsaugen sollen. Die toten Welpen auf dem Friedhof sprechen dafür, dass die Jungtiere nach dieser therapeutischen Anwendung ebenso wie die Hunde mit Knochenbrüchen getötet und anschließend zu Ehren der Göttin bestattet wurden. Auf diese Weise wurden die Dämonin Lamaštu, deren Spezialität das Töten von Babys war, sowie der als wilder Hund abgebildete Dämon Samana, der ebenfalls Kleinkinder attackierte und sie durch Vergiften der Muttermilch an der Nahrungsaufnahme hinderte, rituell überwunden. Die Hunde, die als Unheilsträger eingesetzt wurden, hielt man im Tempel in einem Gebäude, das in den Texten *e-ur-gi-ra* genannt wird. Das war offenbar eine Art Zwinger, in dem sie die Zeit bis zu ihrem therapeutischen Einsatz zubrachten.

Der Tempelbetrieb bot Heilungsmethoden, nach denen offenbar – da man ja keine Vorstellung über die wahren Ursachen einer Krankheit und noch weniger gleichermaßen verlässliche wie potente Heilmittel besaß – eine starke Nachfrage bestand; dies belegen Figurinen und Bilder von Hunden als Begleiter der Göttin. Kranke konnten zudem den Tempel als Apotheke aufsuchen, in der mancherlei Heilkräuter angeboten wurden. Auch diese werden im Zusammenhang mit Hunden erwähnt, weil ihnen eben im Heilkult besondere Wirkkraft zugeschrieben wurde. So zeigt eine Statuette zu Ehren der Nin-Isina, der Herrin von Isin, wie man Gula auch nannte, einen Hund, der ein Gefäß mit Medizin, das «Lebenskraut», trägt.

Die Hunde der Gula in Isin

Salben und Tinkturen, die im Kurbetrieb angewendet wurden, stellte man aus Kräutern her, die man zusätzlich zu ihren herkömmlichen Pflanzennamen auch «Gulas Hund» nannte. Man mischte sie mit Bier bester Qualität, Wein oder Öl zu medizinischen Heiltränken. Ein anderes Gebräu enthält ein Kraut namens «Hundezunge» und wurde gegen Durchfall, Erektionsstörungen, Hepatitis, bei Schwangerschaftskomplikationen und verschiedenen anderen Krankheiten gewissermaßen als Breitbandtinktur getrunken. Zu den Krankheitsbildern, bei deren Behandlung Hunde eine Rolle spielten, zählten übrigens auch Hundebisse, die offenbar öfter vorkamen. Herrenlose Hunde stellten anscheinend damals ebenso wie noch heute in Ländern des östlichen Mittelmeers eine alltägliche Bedrohung dar. So überrascht es nicht, wenn wir aus anderen Texten erfahren, dass man auch außerhalb des Tempels der Gula nicht zimperlich im Umgang mit Hunden war. Man wehrte mit Schlägen und Steinwürfen aggressive Tiere ab. Gerichtsprotokolle belegen, dass, etwa im Staate Uruk, dabei die Tiere mitunter auch zu Tode kamen.

Doch nicht nur im Alten Orient, auch in Griechenland erscheinen Hunde im Kontext des Heilkults. Asklepios – in der griechischen Mythologie ein bedeutender Heilgott – wird in den homerischen Epen als Arzt und Vater von Ärzten bezeichnet. Interessanterweise gehört zu seiner mythischen Biographie, dass er als Kind von Hundeführern begleitet wurde. In einem seiner Hauptheiligtümer – in Epidauros auf der Peloponnes – zeigen ihn Münzbildnisse in Begleitung eines Hundes. Andere Quellen – Votivstelen aus dem 4. Jahrhundert v. Chr. – künden ebenfalls von Genesung von Patienten durch heilige Hunde (Inscriptiones Graecae IV/1, 121 f.). Ein blinder Knabe namens Lyson habe das Heiligtum gesund verlassen, nachdem «seine Augen von einem der Hunde aus dem Tempel geheilt» worden seien. Ein anderer Knabe aus Ägina hatte eine Wucherung im Nacken. Auch ihn «heilte einer der heiligen Hunde, während er wach war, mit seiner Zunge und machte ihn gesund». Anderen Kranken hat man offenbar Hundefleisch aufgetischt, weil man erwartete, dass diese Diät ihre Krankheiten beseitigen würde.

Die Parallelen zum Kurbetrieb in Isin liegen auf der Hand. Dennoch ist es bisher sehr schwierig, die Vermittlung der im 2. Jahrtausend v. Chr. in Isin angewandten Therapien in die griechische Welt genauer zu verfolgen. Spielten hierbei Kaneš und andere assyrische Handelsorte in Kleinasien eine Mittlerrolle? Diese Frage lässt sich nicht sicher beantworten. Auch die phönizischen Siedlungen und Kontakte zwischen Griechen und Einheimischen in Häfen des östlichen Mittelmeers könnten dabei von Bedeutung gewesen sein. Im antiken Aschkelon (Askalon), nördlich von Gaza an der israelischen Mittelmeerküste gelegen, wurde beispielsweise ein eigentümlicher archäologischer Fund gemacht. Dort wurde um 500 v. Chr. ein gigantischer Hundefriedhof angelegt, auf dem mehr als 1200 Hunde bestattet wurden. Bei den Tieren handelte es sich nicht um Haustiere, sondern sämtlich um wilde Hunde. Die Skelette weisen weder Verletzungen noch Schnittspuren auf, die auf Verzehr deuten würden. Da die Hunde offenbar kultisch verehrt wurden, haben die Ausgräber eine Verbindung zum Hundekult um die Heilgöttin Gula gesucht. Dies lag nahe, da der Befund in Askalon sehr jenem in Isin ähnelt, auch wenn dort die Zahl der Tiere viel niedriger war und eine wenig repräsentative Größe hatte. Aber wie in Isin besteht der überwiegende Teil der bestatteten Hunde Askalons aus Welpen (mehr als die Hälfte) oder sehr jungen Tieren.

Zeugnisse der Göttin Gula lassen sich darüber hinaus im neuassyrischen ebenso wie im neubabylonischen Reich finden (626–539 v. Chr.). Im Heiligtum der Hera auf Samos wurden zeitgleich Weihungen deponiert, die aus Assyrien stammten, darunter Bronzebilder eines Mannes in Begleitung eines Hundes, wie sie auch aus Isin bekannt sind. Sie zeigen den griechischen Gott Apollon – der ebenfalls als Heilgott Verehrung erfuhr – mit dem Beinamen Asgelatas. Dieser Begriff ist aus dem orientalischen Wort *azugallatu* gebildet, das «großer Arzt» bedeutet und auch der Beiname Gulas war! Die Ausgräber des Tempels in Samos vermuten daher, dass Apollon und schließlich die Göttermutter Hera als Heilgöttin die Funktion Gulas übernahmen. Es ist denkbar, dass der gräzisierte Heilkult der Gula über die Kykladen, die Ägäis und Zypern in die griechische Polis Askalon kam. Ob daher der Ortsname Askalon auf Asklepios und/oder *azugallatu* zurückgeht, wie vermutet wurde, muss indes offenbleiben.

Erzählungen, denen zufolge die Göttin Gula mithilfe ihrer Hunde Heilung auch in schwierigen Fällen ermöglichte, haben sich jedenfalls im Nahen und Mittleren Osten verbreitet. Die Göttin begegnet uns bis in das 6. Jahrhundert v. Chr. in verschiedenen Reichen und Städten. Doch ihr Tempel in Isin war zweifellos ihr bekanntestes Heiligtum – ein mit seinem Hundefriedhof und den dort praktizierten Ritualen wahrlich seltsamer Ort der Antike.

Das Serapeion bei Saqqara (Memphis) – der Einsiedler und sein Zwillingspaar

29° 52′ 30.05″ nördlicher Breite; 31° 12′ 42.60″ östlicher Länge

Ägyptenreisende besuchen heute neben den großen Tempelbauten vor allem die spektakulären Gräber der Pharaonen. Neben dem Tal der Könige, Bestattungsplatz vom 15. bis zum 11. Jahrhundert v. Chr., und dem Plateau bei Gizeh, wo zwischen 2620 und 2500 v. Chr. die größten Pyramiden des Landes am Nil entstanden, empfiehlt sich ein Besuch der Nekropole von Saqqara – etwas mehr als 20 Kilometer vom Stadtrand Kairos entfernt und westlich der alten Residenzstadt Memphis gelegen. Memphis war neben Alexandria lange die bedeutendste Stadt am Nil und Reichszentrum vieler Pharaonen. In der zwei Kilometer breiten und acht Kilometer langen Nekropole von Saqqara finden sich neben zahllosen, noch gar nicht vollständig erschlossenen Grabanlagen auch verschiedene Totentempel und Pyramiden, darunter jene des Pharaos Djoser (um 2700 v. Chr). Diese Stufenpyramide ist der älteste Monumentalbau Ägyptens. Neben den Bestattungen von Menschen wurden in dessen unterirdischen Galerien auch viele tausend Tierbestattungen entdeckt. Ibisse, Falken, Paviane, Meerkatzen, Hunde, Katzen, Widder, Schafe, Krokodile, Schlangen, Fische, Spitzmäuse, Käfer, Löwen und andere Tiere wurden als heilige Mumien in Saqqara beigesetzt.

Von besonderer Bedeutung war ein ganz bestimmter Tierfriedhof. Vertraut man sich lokalen Führern an, dann zeigen diese dem Reisenden nicht nur einen Teil der Gräber. Sie führen den Fremden auch zu einer eigentümlichen unterirdischen Anlage, die man im weiten Wüstensand erst bemerkt, wenn man unmittelbar davorsteht: Im Westen der Totenstadt, eigentlich schon in der Wüste jenseits des Niltals, kann man nämlich durch eine künstlich angelegte Rampe in die Gruft der heiligen Osiris-Apis-Stiere hinabsteigen. Links und rechts eines langen Ganges, der heute durch Lichtinstallationen effektvoll beleuchtet wird, befinden sich insgesamt 24 Grüfte, in denen riesige Granitsarkophage stehen. Diese massiven, bis zu 70 und mehr Tonnen schweren Särge dienten seit dem 6. Jahrhundert v. Chr. unter dem Pharao Amasis bis zum 1. Jahrhundert v. Chr. zur Bestattung der heiligen Stiere, die, in Memphis lebend, als Verkörperung des Apis, einer Form des großen Gottes Ptah, in einem Stall verehrt wurden. Nach ihrem Tod wurden sie mumifiziert, mit vergoldeten Holzmasken bekleidet und in der Gruft als heilige Osiris-Apis-Stiere bestattet. Diese Gräber wurden allerdings bereits früh geplündert. Als in der Mitte des 19. Jahrhunderts der französische Gelehrte Auguste Mariette (1821–1881) die Anlage ausgrub, waren die Sarkophagdeckel bereits verschoben und die Granitsärge leer. Der Gelehrte Paul Lucas entdeckte bereits im Jahr 1700 Kultgegenstände und Teile von Stiermumien auf den Märkten der nahen Dörfer.

Die Ausgrabungen Mariettes dienten hundertfünfzig Jahre später vor allem dazu, in kurzer Zeit möglichst viele solche Kunst-

Das Serapeion bei Saqqara (Memphis)

schätze zu bergen und in den Louvre zu bringen. Entsprechend chaotisch und ungenau sind seine Beschreibungen der gesamten Anlage, die in den antiken Quellen Serapeion genannt wurde. Sie ist bis heute, abgesehen von den Stiergrüften, viele Meter tief unter Wüstensand verborgen und noch nicht systematisch erforscht. Schon zur Zeit Strabons befand sich dieses Heiligtum an einem sehr sandigen Ort, wo der Wüstenwind bereits Dünen aufgehäuft hatte und die an einer Prozessionsstraße aufgestellten Sphingen teils bis zum Kopf verschüttet, teils nur halb sichtbar waren.

Wenn man dem von Strabon erwähnten, von Sphingen gesäumten Weg rund einen Kilometer folgte, erreichte man das Serapeion. Der Weg zum Tempel wie das Heiligtum selbst besaßen Bildschmuck, der ägyptische mit griechischen Motiven mischte. So standen am Weg außer den Sphingen auch Löwen, Panther und ein Bildnis des Unterwelthundes Kerberos. Wenn der Besucher dann das Heiligtum selbst erreicht hatte, erblickte er im Eingangsbereich eine halbkreisförmige Anlage, in der zu Beginn des 2. Jahrhunderts v. Chr. Statuen von griechischen Heroen und Gelehrten standen. Dort begrüßten Homer, Thales, Pindar, Platon, Protagoras, Demetrios von Phaleron sowie weitere, nicht mehr identifizierbare Personen der griechischen Kulturwelt mitten in der Wüstenlandschaft die Besucher des ägyptischen Serapeions. Die griechischen Geistesgrößen waren Repräsentanten jenes Kulturraums, dem sich die neuen makedonischen Pharaonen, die ptolemäischen Könige, selbst zurechneten. Links des Serapeion befand sich seit der Mitte des 4. Jahrhunderts v. Chr. ein Tempel des Nektanebos II., des letzten einheimischen Pharaos Ägyptens. Rechts davon standen entlang des Wegs zum Serapeion Statuen ägyptischer und griechischer Götter sowie eine Kapelle mit einem Standbild des Apis, das heute im Louvre zu sehen ist.

In diesem seltsamen interkulturell durchmischten Heiligtum verband sich die Verehrung des altägyptischen Osiris-Apis mit der von den Griechen mal Sarapis, mal Serapis genannten Gottheit. Diese wurde in griechischen Texten mit den griechischen Gotthei-

Mythische Orte und Orte des Göttlichen

ten Dionysos, Hades, Zeus und Asklepios gleichgesetzt. So wurden Jenseitsvorstellungen, Fruchtbarkeit und Heilkunst mit Sarapis/Serapis verbunden. Der nach seinem Tod als Osiris-Apis/Serapis verehrte Apis-Stier war für die Einheimischen derart prominent, dass die neuen Machthaber diesen Kult aufgriffen und für die makedonisch-griechischen Soldaten und für die neuen Siedler aus ihrem eigenen Kulturkreis adaptierten. Sinnfälliger Ausdruck für die Übernahme dieses Kultes war die Einrichtung eines weiteren Serapeions im neu gegründeten Alexandria, wo Serapis fortan die Hauptgottheit der Stadt war. Er wird uns dort später wiederbegegnen.

Das Serapeion in Memphis wurde von Ägyptern und Griechen wie von Makedonen gleichermaßen aufgesucht. Sie erhofften, dort am Rand der Wüste Heilung von Krankheiten zu erfahren, oder wollten einfach für eine glückliche Zukunft opfern, nachdem sie sich ihre Träume hatten deuten lassen. Denn das Serapeion war nicht zuletzt ein Ort, den man besuchte, um Weissagungen zu erhalten – also eine Orakelstätte. Man legte sich des Nachts in einer der verschiedenen Herbergen schlafen, träumte und begab sich dann zu den Orakel-Spezialisten des Gottes Serapis und ließ sich den Traum deuten.

Der Spezialisten waren viele, und bereits weit vor dem Eingang hatte ein Mann von der Insel Kreta ein Werbeschild aufgestellt, auf dem er seine Dienste als Traumdeuter anbot, um seinen Kollegen im Heiligtum Konkurrenz zu machen und diesen die Kunden abzujagen. Auch ein Heiligtum des griechischen Heilgottes Asklepios, den man mit der ägyptischen Gottheit Imhotep gleichsetzte, war mit dem Osiris-Apis-Tempel verbunden.

Eine zuverlässige Vorstellung von der Architektur des Heiligtums haben wir nicht. Rekonstruktionen, die Monsieur Mariette 1851 veröffentlichte, erscheinen als pure Spekulation. Dennoch haben wir unerhörtes Glück! Denn es sind aus einem Zeitraum von rund 20 Jahren um die Mitte des 2. Jahrhunderts v. Chr. Texte gefunden worden, die uns einzigartige Einblicke in das kultische und

Das Serapeion bei Saqqara (Memphis)

zugleich in das soziale Leben des Tempels bieten. Um ihre Erforschung und Erläuterung hat sich der bedeutende Papyruskundler Ulrich Wilcken in seinem Werk *Urkunden der Ptolmäerzeit* (UPZ, 1927) besonders verdient gemacht.

Das Herrscherhaus der Ptolemäer war damals völlig zerstritten, und das Land hatte jede Führung verloren. So kam es außenpolitisch zu Niederlagen gegen den Seleukidenkönig Antiochos IV. und innenpolitisch zu Aufständen im Nildelta gegen die makedonischen Könige, während wirtschaftliche Not als Folge der desaströsen Intrigen am Königshof Ägypten marterte. Nur in den großen altägyptischen Tempeln scheint das Leben halbwegs in gewohnten Bahnen verlaufen zu sein, wenn auch mit Störungen, die offenbar auch eine Folge der krisenhaften Zustände waren.

Eine unserer Papyrusquellen kann schlaglichtartig die Zeitumstände, aber auch typische Elemente des Geschehens rund um das Serapeion erhellen. Im Zentrum der Geschichte steht ein gewisser Ptolemaios, Sohn eines makedonischen Söldners namens Glaukias und gebürtig aus dem Ort Psichis. Er hatte sein Dorf verlassen und sich im Alter von ungefähr 30 Jahren als sogenannter *katochos*, was man mit Einsiedler übersetzen kann, dem Serapis von Memphis verpflichtet. Dieser Schritt mag aus ökonomischen oder rein religiösen Gründen erfolgt sein. Sein neuer Status bedeutete unter anderem, dass er im Tempel wohnen musste und das Heiligtum nicht verlassen durfte. Er lebte in einem kleinen Schrein oder einer Zelle, einem *pastophorion*, das der syrischen Göttin Astarte im Serapeion geweiht war. Dieser Schrein war gewissermaßen seine Klause. Er wurde durch seine Brüder von zu Hause mit dem Notwendigsten versorgt und erhielt zudem monatlich als Vergütung seines Kultdienstes vom Tempel 100 Drachmen sowie eine Ration Getreide für das tägliche Brot, ferner Rizinusöl als Lampenbrennstoff für seine Kammer.

In den Jahren seines Einsiedlerdaseins beschrieb Ptolemaios viele Papyri, die in Originalen und persönlich von ihm erstellten Kopien erhalten blieben. So verfasste er unter anderem eine Reihe von Briefen, die an König Ptolemaios VI. und dessen Gattin Kleopatra II. gerichtet waren. Das Herrscherpaar nahm diese Schreiben im Rahmen seiner regelmäßigen Besuche im Serapeion durch ein Audienzfenster offenbar persönlich entgegen.

Was Ptolemaios mitzuteilen hatte, war äußerst unerfreulich. Seine Eingaben betrafen beispielsweise Übergriffe der Behörden, die sich gegen das Elternhaus des Ptolemaios in seinem Heimatdorf richteten. Seinen drei dort lebenden Brüdern Apollonios, Hippalos und Sarapion wurde demnach regelmäßig Unrecht getan, über das sich Ptolemaios beschwerte. Dorfvorsteher und Nachbarn beraubten sein Elternhaus und versuchten gar, die Immobilie in ihren Besitz zu bringen. Ptolemaios selbst war im Heiligtum mehrfach Angriffen von Ägyptern ausgesetzt und wurde «vielfach in Lebensgefahr gebracht [...], weil ich ein Hellene bin», wie er schreibt (UPZ 8). In einem Fall – so erfahren wir – wurde er vom Reinigungspersonal und einfachen Brotbäckern so verprügelt, dass er annahm, jene hätten ihn umbringen wollen. Außerdem nutzten die Täter gleichzeitig die Gelegenheit, die von Gläubigen im Schrein ausgestellten Weihgaben mitgehen zu lassen. Sie hätten dies, wie Ptolemaios schreibt, «auch früher in Zeiten des Aufstandes versucht». Diese Äußerung scheint ein schwacher Reflex der anti-makedonischen Unruhen zu sein, als Antiochos IV. Ägypten überfiel. Ein anderes Mal war offenbar ein Abgeordneter des Obersten Priesters in Begleitung des Polizeichefs sowie weiterer Polizisten erschienen, um die Kammer des Ptolemaios nach angeblich dort versteckten Waffen zu durchsuchen. Sie fanden zwar nichts, aber der Priester kehrte mit verschiedenen Männern später noch zweimal zurück, um Ptolemaios zu schlagen und um ihn und andere Klausner ihrer Habe zu berauben. Das Gotteshaus erfreute sich also augenscheinlich keines himmlischen Friedens, weil die Ägypter den Griechen nachstellten. Die Eingaben des Ptolemaios spiegeln die rauen Sitten, die im Tempel zwischen ägyptischen Arbeitern und griechischen Einsiedlern herrschten. Doch nicht er allein war Opfer von Übergriffen. So erfahren wir aus einem anderen seiner Briefe, dass

Das Serapeion bei Saqqara (Memphis)

das Serapeion wohl auch ein Refugium für Mädchen war, die sich auf die Flucht begeben hatten und in Not geraten waren. Ptolemaios versuchte unter anderem, einem Zwillingspaar in solch einer Lage zu helfen.

Aus einem der Briefe, die Ptolemaios im Namen der Schwestern an den König schrieb, geht ihre Geschichte hervor: Ihre ägyptische Mutter Nephoris hatte einen griechischen Soldaten namens Philippos zum Liebhaber genommen und für jenen ihren Ehemann verlassen. Sie überredete gar den Soldaten, einen Mordanschlag auf den Verlassenen zu unternehmen. Dabei verfolgte der Soldat den Mann mit gezogenem Schwert. Aber da dessen Haus am ägyptischen Markt in Memphis unweit des Nil stand, konnte sich der Vater der Mädchen auf eine Nilinsel retten, von wo aus ihn ein Schiff mit nach Herakleopolis nahm. Dort starb er bald darauf aus Kummer darüber, dass er seine Töchter nicht mehr sehen konnte. Bis zum Zeitpunkt der Eingabe war sein Leichnam von seinen Brüdern in der Nekropole mumifiziert aufgestellt, aber noch nicht bestattet worden.

Die Mutter, die aus einer früheren Ehe noch einen Sohn hatte, verstieß daraufhin die beiden Mädchen, die sich ins Serapeion zu Ptolemaios, einem alten Freund ihres Vaters, flüchteten. Im Traum soll Serapis ihn aufgefordert haben, sich der Mädchen anzunehmen. Als am 6. April 164 der aktuelle Apis-Stier starb, wurden die beiden als junge Priesterinnen engagiert, um in Memphis während der 70 Tage währenden Trauerzeit «dem Gott die Totenklage zu halten» (UPZ 18). Die Zwillinge nahmen zu diesem Zweck die Gestalt der ägyptischen Göttinen Isis und Nephthys an. Diese galten als göttliche Schwestern, die im Mythos die Einzelteile der zerstückelten Leiche des Osiris einsammelten und durch Bestattung ins Jenseits begleiteten; sie waren demnach Göttinnen der Totenwelt. Während dieser 70 Tage wurde der Stier mumifiziert und in aufwendigen Ritualen verehrt. In einer großen Trauerprozession wurde seine Mumie unter starker Anteilnahme der Bevölkerung zur Gruft gebracht und die Vergöttlichung, die Konsekration, vollzogen. Nach Bestattung des Stieres im Serapeion am 15. Juni desselben Jahres wurden die Zwillinge mit dem Kult des Unterweltgottes Osiris-Apis in der Gruft betraut. Auch die täglichen Spenden im Heiligtum des Imhotep-Asklepios lagen fortan in ihren Händen. So waren sie fest in den Betrieb des Heiligtums eingebunden, den ein vielköpfiges Kult-, Reinigungs- und Versorgungspersonal, königliche Verwaltungsangestellte, einfache Arbeiter – die beispielsweise im Stall oder der Gruft Dienst taten –, aber auch Sicherheitspersonal wie Polizisten am laufen hielten.

Die Zwillinge wurden für ihre Kultdienste vom König entlohnt. Die ihnen zustehenden Rationen an Sesam- und Rizinusöl sicherten ihre Existenz im Heiligtum – oder sollten sie zumindest sichern. Doch die täglichen Rationen an Brot und die regelmäßigen Öllieferungen waren administrativ kompliziert geregelt; sie wurden auf Organe des Tempels und die königliche Verwaltung verteilt und boten daher den Kultfunktionären Spielraum für Manipulationen sowie Unterschlagungen. Hinzu kam, dass die Mutter den Mädchen im Hintergrund weiterhin übel mitspielte, sodass sie mithilfe des Ptolemaios bis zum Jahr 161 komplizierte Rechtsstreitigkeiten zu bestehen hatten – manche davon wohl erfolgreich. Ptolemaios verstand sich in diesen Jahren gleichsam als deren Vormund, der ihre Angelegenheiten zu regeln hatte. Immerhin wurden die beiden aber im Serapeum sogar vom Königspaar zur Audienz empfangen, um ihr Anliegen mündlich vorzutragen.

Ptolemaios bot den Mädchen auch an, ihre Träume aufzuschreiben und zu deuten. Auch seine eigenen hat er archiviert und einige davon an einen Freund geschickt. So träumte er beispielsweise, dass die Zwillinge die Schule eines gewissen Thotes besuchten und er selbst mit ihnen durch die Stadt ging. Am Schluss folgt ein Gebet an Serapis und Isis: «Komm zu mir Göttin der Götter, sei gnädig und erhöre mich. Erbarme Dich der Zwillinge … mich aber lass frei, siehe mit meinen grauen Haaren. Ich weiß, dass es mit mir in kurzer Zeit zu Ende sein wird. Sie jedoch sind Frauen; wenn sie befleckt werden, werden sie niemals wieder rein» (UPZ 78).

Das Serapeion bei Saqqara (Memphis)

Auch wenn sich letztlich die Geschichte der Mädchen im Schatten des bedeutenden Heiligtums verliert, so wird doch deutlich, dass Ptolemaios und seine Schützlinge – ebenso wie die vielen anderen Wallfahrer, die das Heiligtum besuchten –, überzeugt waren, dass Träume als Prophezeiungen und als eine Form der Zuwendung der Götter verstanden werden konnten. Deshalb suchten sie diese Stätte auf, um sich Rat und Lebenshilfe zu holen. Dies wird umso mehr gegolten haben, wenn die Zeiten so schwer und unsicher waren wie jene, von denen wir erfahren haben. Götterbotschaften, Gewalt und Glücksverheißung lagen in der seltsamen Weissagungsstätte von Saqqara jedenfalls nahe beieinander.

Ionopolis (Abonuteichos) – das betrügerische Orakel

41° 58′ 32.94″ nördlicher Breite; 33° 45′ 27.87″ östlicher Länge

Selten nur besuchen europäische Touristen das archäologische Museum der rumänischen Hafenstadt Constanța. Unter den Funden der griechisch-römischen Vorgängerstadt Tomis, die dort einst lag und als Exilort des römischen Dichters Ovid (etwa 43 v. Chr.– 17 n. Chr.) traurige Berühmtheit erlangt hat, fällt ein Objekt besonders auf. Es handelt sich dabei um das Bildnis einer Schlange aus Marmor. Das in Constanța gezeigte Marmorbildnis war Teil eines Hortfundes, der dort 1962 bei Ausgrabungen entdeckt wurde. Das ganze Ensemble bestand aus 24 Marmorbildnissen verschiedener Götter. Man hat diese Gruppe wohl in der Spätantike vor der Zerstörung durch die Christen in Sicherheit bringen wollen.

Antike Bildnisse von Schlangen gibt es sehr viele, da das Tier im Mittelmeerraum verbreitet war und in vielen mythischen Geschichten vorkam. Doch dieses Bildnis in Constanța verstört. Die Schlange besitzt nämlich einen Hundekopf, der zudem menschliche Züge hat. Er hat Menschenohren und langes, nach hinten ge-kämmtes Haar. Das Bild dieser Schlange findet sich zudem auf Münzen verschiedener antiker Städte, die auch den Namen des Tieres nennen – Glykon, «der Süße». Es handelt sich dabei um die Kopie eines eigentümlichen Kultbildes, das uns an einen Ort mit einer besonderen Geschichte führt, und zwar in die Gegend des heutigen Inebolu in der Nordtürkei. Anders als das blühende Constanța hat jenes Städtchen den spröden Charme eines kleinen türkischen Küstenortes mit rund 10 000 Einwohnern. Er liegt fern der beliebten Urlaubsorte an der türkischen Mittelmeerküste, und seinen Einwohnern sind ein paar Holzbänke mit Tischen am Meer genug des Vergnügens. Selbst im August wird es selten wärmer als 21 Grad. Das Bild der Küstenstraße, welche die kleinen Strände passiert, ist geprägt von mehrstöckigen Wohnhäusern, einer Hand-voll Restaurants oder kleinen, eher unwirtlich anmutenden, meist leeren Teehäusern. Hinter dem Städtchen steigen dicht bewaldete Berge an. Hatte im Osmanischen Reich die Tatsache, ein Hafenort zu sein, die Bedeutung des Fleckens bestimmt, so sind es heute Forstwirtschaft und Holzindustrie, die das Leben definieren und auf die Verarbeitung von Buchen, Eichen, Birken und Schwarztan-nen ausgerichtet sind. Der Ort ist ein wenig bekannt wegen seines Honigs, seiner Nüsse und Kastanien – eben ein typisches Schwarz-meerstädtchen des 21. Jahrhunderts.

Doch für einige Jahre im 2. Jahrhundert n. Chr. pulsierte hier das Leben! Damals trug die Stadt – die in der antiken Provinz Pontus et Bithynia und näherhin in der Landschaft Paphlagonien lag – den Namen Abonuteichos und wurde zu einem wahren Mekka für Ora-kelsuchende. Tausende von Besuchern strömten jährlich in diese ab-gelegene Gegend. Gerade die Tatsache, dass Abonuteichos fern der großen städtischen Zentren der Antike lag, prädestinierte es für die Umtriebe eines Scharlatans und äußerst geschickten Menschenver-führers. Der Mann, der seine Heimatstadt zu einem selbst für antike Verhältnisse seltsamen Ort machen sollte, hieß Alexander. Er war überzeugt, dass die Beschränktheit und Ahnungslosigkeit seiner

Ionopolis (Abonuteichos)

Mitbürger den geradezu idealen Nährboden für die Realisierung seiner Geschäftsidee abgeben würde, mit der er die ganze Gegend in ein großes religiöses Abenteuer stürzte und sich selbst – zumindest für einige Zeit – zu einem reichen Mann machte.

Bis heute hat man das kleine Heiligtum, an dem die folgende Geschichte spielt, nicht gefunden. Aber glücklicherweise hat der griechische Autor Lukian (ca. 120–180) als Zeit- und Augenzeuge die Geschichte um Alexander von Abonuteichos in seiner Schrift *Alexander oder der falsche Prophet* festgehalten. In ihrem Zentrum steht die Klage über Manipulationen und skrupellose Ausnutzung menschlicher Dummheit und die Erkenntnis, dass Hoffnung und Furcht (griechisch *elpis* und *phobos*) in der Lage sind, den Menschen um den Verstand zu bringen.

Alexander, so heißt es, sei groß, von angenehmer äußerer Erscheinung, ja geradezu göttlich gewesen. Sein Bart war nicht allzu dicht, seine langen Haare, die er nach der Frisurenmode zeitgenössischer Gelehrter und Philosophen trug, zum Teil echt, zum Teil mithilfe von (heute würde man sagen) *extensions* künstlich verlängert. Seine Augen leuchteten vor Enthusiasmus und Leidenschaft. Seine Stimme war angenehm und klar. Er besaß eine bewegliche intellektuelle Auffassungsgabe, lernte schnell, war wissbegierig und konnte sich sofort auf eine neue Situation einstellen, besaß demnach viel Empathie. Er sah sich selbst als zweiten Pythagoras und verstand sich als Erben des berühmten Philosophen und Gelehrten. Jeder, der ihm zum ersten Mal begegnete, konnte sich des Eindrucks nicht erwehren, einen ehrenwerten und aufrichtigen Mann zu treffen. Aber wenn er auch wie ein perfekt Gebildeter daherkam, so war doch seine Seele so verdorben, dass er in Wahrheit ein Ausbund an List, Tücke und Hinterhältigkeit war.

Vieles an der Geschichte Lukians um seine Aktivitäten in dem Städtchen am Schwarzen Meer scheint übertrieben. Aber dank anderer Zeugnisse aus jener Zeit wie Münzen, Bildnissen und Inschriften konnte sich die Wissenschaft davon überzeugen, dass unser Gewährsmann glaubhaft berichtet. Glauben wir ihm also, wenn er schreibt, dass sich unser Alexander zunächst mit einem zwielichtigen Freund namens Kokonnas herumtrieb, der vor allem als Autor von sakraler Lyrik sein Geld verdiente. Eine Dame in reiferem Alter hielt die beiden wohl aus, als sie in ihrem Gefolge in Makedonien weilten. Dort lernten sie mancherlei Interessantes über ungiftige große Schlangen, die man sich in dieser Gegend hielt und die als zahme Tiere angeblich sogar Milch von den Brüsten makedonischer Frauen tranken. Die beiden kauften sich eine dieser Schlangen, «und damit begann der Krieg» (Lukian, *Alexander oder der falsche Prophet* § 7), wie Lukian – den Geschichtsschreiber Thukydides zitierend – schreibt. Alexander und sein Freund beschlossen damals, durch die Gründung einer neuen Orakelstätte reich zu werden. Sie wussten, dass die verschiedenen Orakel des Apollon in Delphi, Delos, Didyma, Patara oder Klaros und diejenigen des Göttersohnes Asklepios in Epidauros, Pergamon und anderen Orten blühten und reiche Einnahmen erbrachten. Waren doch die Zeitgenossen im 2. Jahrhundert geradezu besessen von Orakelstätten und der dort angebotenen Lebenshilfe.

Alexander schlug Abonuteichos als Ort des Orakels vor, wobei er auf die Leichtgläubigkeit seiner Mitbürger setzte, die er ja sein Leben lang hatte studieren können. Als Teil ihrer List vergruben die beiden zunächst im Apollontempel in Chalkedon an den Meerengen Bronzetafeln, auf denen eine Prophezeiung eingraviert war. In Abonuteichos, so die Verse, werde bald Asklepios im Gefolge seines Vaters Apollon erscheinen. Im nächsten Schritt sorgten sie dafür, dass die Tafeln gefunden wurden und die Nachricht nach Abonuteichos gelangte. Auch die Mitbürger des Alexander dürften sich im Klaren darüber gewesen sein, welche wirtschaftlichen Möglichkeiten eine Orakelstätte mit sich brachte, und beschlossen angesichts dieser glänzenden Aussichten, sofort einen Tempel zu bauen, um den Gott empfangen zu können. In der Zwischenzeit war der Freund Alexanders verstorben, und so begab sich jener unverzüglich in seine Heimatstadt. Er trug nun langgelocktes Haar, eine teilweise farbige, weiß-purpurne Tunica und darüber einen

Ionopolis (Abonuteichos)

weißen Mantel. In seiner Hand führte er eine Sichel, die seine Abstammung von Perseus, der einst der Gorgo das Schlangenhaupt mit solch einem Werkzeug abgeschlagen hatte, symbolisieren sollte. Dieser Auftritt wurde durch Verbreitung entsprechender Orakeltexte unterfüttert.

In seiner Heimatstadt angekommen, traf er weitere Vorbereitungen. Im Verborgenen stellte er einen Schlangenkopf aus Leinenstoff her, dessen Mund und Schlangenzunge durch einen Mechanismus mit Pferdehaaren bewegt werden konnte. Dieses Wundertier sollte unter dem Namen Glykon berühmt werden. Als Nächstes steckte er eine gerade geschlüpfte Schlange in ein Gänseei, das er sorgsam verschloss und am Abend an der Baustelle des Tempels versteckte. Am darauffolgenden Morgen lief er, nur mit einem goldenen Lendenschurz bekleidet, schreiend durch die Stadt zum Markt. Dort stellte er sich auf einen Altar und lockte die Bewohner mit einer wilden Ansprache, in der er ein Kauderwelsch aus Hebräisch und Phönizisch sprach und immer wieder die Namen Apollon und Asklepios fallen ließ, zur Baustelle. Hier ‹entdeckte› er das am Abend zuvor versteckte Ei, öffnete es und zeigte die kleine Schlange, die er als neugeborenen Asklepios präsentierte. Ein erstauntes Raunen ging durch die Menge der Augenzeugen, und da man nicht jeden Tag der Geburt eines Gottes beiwohnt, begannen sie fröhlich zu feiern.

Alexander blieb nun einige Tage zu Hause und lud dann die Bewohner von Abonuteichos ein, den neuen Gott anzuschauen und zu befragen. In einem düsteren Raum, dessen spärliches Licht möglichst wenige Einzelheiten erkennen lassen sollte, drängten sich die aufgeregten Menschen einer nach dem anderen an dem Wundertier vorbei. Sie sahen für einen kurzen Moment den eigentümlichen künstlichen Schlangenkopf und Teile des echten Schlangenkörpers, den Alexander um seinen Leib trug, während er den echten Kopf des Reptils unter seiner Achsel verbarg. Die staunenden Besucher durften das Tier sogar berühren. Die Szenerie, so Lukian, ähnelte der Situation im Sterbezimmer Alexanders des Großen in Babylon, wo die makedonischen Soldaten in langer

Schlange ihren kranken König ein letztes Mal sehen wollten. Bald strömten die Menschen aus Bithynien, Galatien und gar aus Thrakien herbei und verbreiteten dann heimkehrend die Nachricht von dem neuen Gott, den sie sogar angefasst hatten.

Alexander setzte darauf, dass auf diese Weise in der Gründungsphase des Kultes besonders erfolgreich Werbung zu machen sei. Die mündlichen Nachrichten wurden flankiert durch Gemälde sowie Statuen und Kultbilder aus Silber und Bronze, welche die Pilger in sicherlich rasch eingerichteten Devotionalien- und Andenkenläden kaufen und nach ihrer Rückkehr in die Heimat herumzeigen konnten, wobei sie von ihren bewegenden Erlebnissen berichteten. Nun begann mit den Ritualen die nächste Phase des Abenteuers in Abonuteichos. Alexander verbreitete, dass der neue Gott Prophezeiungen verkünden werde. Da es allerdings zu heikel und anstrengend war, die Schlange mit dem Puppenkopf weiter einem jeden zu zeigen, mussten die Wallfahrer ihre Anfrage schriftlich formulieren. Die verschlossenen und versiegelten Dokumente sollten abgegeben werden und Alexander selbst wollte mit Herolden und Priestern hören, was der Gott im Innersten des Heiligtums antwortet. Dann sollten die Ratsuchenden die verschlossenen Anfragen mit den dazugelegten Antworten wieder in Empfang nehmen.

Alexander hat offenbar unter Anwendung verschiedener Tricks die Siegel geöffnet, um die Fragen zu lesen. In anderen Fällen hat er wohl auch einfach nur unverständliche Antworten gegeben. Die Kunden waren offenbar selbst für solches Abrakadabra dankbar. Jedenfalls wurde das Orakel ein riesiger Erfolg. Bis zu achttausend Anfragen wurden jährlich beantwortet. Den Tarif für ein Orakel setzte Alexander mit einer Drachme und zwei Obolen fest. Das entsprach mehreren Tagelöhnen eines einfachen Arbeiters. Auf diese Weise kam pro Jahr eine Summe zusammen, die – wenn man sie in Euro umrechnen wollte – in die Millionen gehen würde. Die Gebühren für ein Orakel stiegen übrigens, wenn es ‹autophon› geboten werden, die Schlange also mit der Stimme des Gottes selbst antworten sollte. Solche Orakel waren für besonders wohlhabende

Ionopolis (Abonuteichos)

und berühmte Persönlichkeiten wie römische Statthalter, Senatoren oder Offiziere reserviert. Durch ein ausgeklügeltes System von dünnen Röhren erklang dann ein Orakelspruch aus dem Mund des Puppenkopfes, den tatsächlich jemand außerhalb des Tempels in einen Trichter sprach.

Solch ein florierender Kultbetrieb benötigte freilich äußerst loyales und verschwiegenes Personal. So beschäftigte Alexander Gehilfen, Diener, Verfasser von Orakeltexten, Wächter, Schreiber, Versiegler und Orakeldeuter und beteiligte sie entsprechend ihrer Funktion am Gewinn – und er bezahlte sie so gut, dass sie schwiegen. Zum Geschäftsmodell gehörten auch Marketingspezialisten, die in anderen Teilen des Reiches Werbung für das Orakel machten und die Angebotspalette präsentierten: Der Gott sage die Zukunft voraus, entdecke entflohene Sklaven, entlarve Diebe und Räuber, verrate die Orte, an denen Schätze auszugraben seien, heile Kranke und habe in Einzelfällen gar Tote wieder zum Leben erweckt. Den Städten wurde versprochen, Glykon könne ferner Erdbeben und Pestepidemien vorhersagen und Mittel empfehlen, solche Katastrophen abzuwenden. Dazu gehörte ein Orakelspruch, der über jede Haustür zu schreiben war, um die Pest fernzuhalten. «Der langhaarige Phoibos (vertreten durch seinen langhaarigen Sohn Glykon) hält die Pest von diesem Haus fern!» stand auf den Türbalken – gewissermaßen ein Vorläufer des Kreideschriftzugs, der heute in katholischen Gegenden von den Sternsingern auf den Türsturz geschrieben wird und die Anfangsbuchstaben der Formel Christus Mansionem Benedicat enthält, die für das folgende Jahr das Haus schützen. Ein Teil der Kultagenten Alexanders konzentrierte sich auf die Hauptstadt Rom und auf Italien, um eine besonders zahlungskräftige Klientel anzulocken und möglichst große Werbewirkung zu erzielen.

Das Programm des Heiligtums wurde schließlich durch ein jährlich abgehaltenes, dreitägiges Mysterienfest abgerundet. Bei diesem Fest wurde in szenischen Aufführungen die Geschichte des neuen Gottes, beginnend mit der Geburt Apollons, nacherzählt.

Am letzten Tag wurde die Liebesbegegnung zwischen Alexander und der Mondgöttin Selene inszeniert, aus deren Vereinigung angeblich eine Tochter hervorging. Zum Abschluss erschien Alexander als Priester und rief mit lauter Stimme «Heil (*Ie*), Glykon!», worauf eine ihm folgende Gruppe von Einheimischen laut und – so Lukian – «nach Knoblauch stinkend» antwortete: «Heil (*Ie*), Alexander!» (Lukian, *Alexander oder der falsche Prophet* § 39).

Das Mysterienfest erweiterte den Heil- und Orakelbetrieb um eine Form des antiken Festes, das der Überwindung der Todesfurcht diente. Einer der bekanntesten Festorte war das Demeterheiligtum in Eleusis bei Athen. In Abonuteichos spielten die Bürger daher die Eumolpiden und Keryken, die man als Gefolge der Demeter aus ihrem Heiligtum in Eleusis gut kannte und deren Knoblauchgenuss bekannt war. Wie die Orakel waren solche Mysterienkulte gerade im 2. Jahrhundert n. Chr. außerordentlich beliebt. Sie wendeten sich an alle Bevölkerungsschichten und boten in ihren Ritualen sehr persönliche und spirituelle Erfahrungen, die mit Jenseits- und Todeserlebnissen verbunden waren. Die Festgemeinde verstand sich als exklusiv, da die Mysterienkulte in der Regel unterschiedliche Grade der Einweihung in die Geheimnisse des Kultes kannten. So begann auch das Fest in Abonuteichos mit rituellen Rufen, durch die alle Ungläubigen ausgeschlossen wurden: «Wenn ein Ungläubiger (*atheos*) oder ein Christ oder ein Epikureer gekommen ist, um die Riten auszuspionieren, soll er ausgeschlossen sein! Lasst alle, die an den Gott glauben, ihre Mysterien feiern, unter dem Segen des Himmels.» Alexander rief darauf im Zuge einer rituellen Austreibung: «Hinaus mit den Christen!», die Menge antwortete: «Hinaus mit den Epikureern!» (Lukian, *Alexander oder der falsche Prophet* § 38).

Diese rituelle Abgrenzung von Christen und Atheisten ist bemerkenswert. Bewegte sich Alexander doch mit seiner Stiftung eines neuen Mysteriums in einem komplizierten Geflecht von neuen, miteinander wetteifernden Kulten, der Konkurrenz vieler Heiligtümer und auch des Wettstreits philosophischer Schulen. Er

Ionopolis (Abonuteichos)

selbst verstand sich als Neu-Pythagoreer und gehörte mittelbar zur Schule des Apollonios aus Tyana, der ebenfalls für die Lehren des Pythagoras eintrat. Nach ihnen konnte man den Zyklen der Wiedergeburt entgehen und sich mit den Göttern vereinen. Auch mit den Anhängern Platons oder Chrysipps konnte er leben. Allein Epikur und dessen Anhänger, die sich sehr kritisch gegenüber Orakeln und Mysterienkulten äußerten, da sie grundsätzlich jede Einwirkung der Götter auf weltliches Geschehen leugneten, bekämpfte er geradezu fanatisch. Deren Überzeugungen, die durchaus Anhänger fanden, waren einfach schlecht für das Geschäft. So inszenierte er in der Nähe des Tempels eine Bücherverbrennung der Hauptschrift Epikurs, und er weigerte sich, Bürgern aus dem Städtchen Amastris Orakel zu geben, da er dort besonders viele Anhänger Epikurs vermutete.

Es ist typisch für die Zeit, dass die Orakelorte miteinander um möglichst viele Besucher konkurrierten, es aber keinen offenen Streit um die Deutungshoheit oder sakrale Verlässlichkeit gab. Im Gegenteil. Den Orakelpriestern etwa im kleinasiatischen Didyma, auf Delos, in Patara oder in Klaros war vielmehr daran gelegen, dass die Besucher nicht an der Vertrauenswürdigkeit einzelner Orakelgötter zweifelten. Auch Alexander beteiligte sich an dieser Kultpolitik, wenn er Bittsteller mit Orakeln beschied, die nicht auf ihre Frage antworteten, sondern sie an den Apollon in Didyma und Klaros oder den Amphilochos in Mallos verwiesen. Als vor einigen Jahren an der Universität Heidelberg die Dynamik antiker Rituale erforscht wurde, hat der heute in Princeton lehrende Angelos Chaniotis mit mehreren Studien verdeutlicht, wie geschickt Alexander im Zeitkontext agierte: Alexander kombinierte die Heilung von Krankheiten, die Deutung der Zukunft und die Befreiung von Todesangst mittels der Mysterien zu einem «kultischen Leistungspaket» erster Güte. In der Ausformung der Rituale glänzte er nicht durch Neuerfindungen, sondern kombinierte altbekannte Ritualtechniken anderer Heiligtümer. So begegnete einem Zeitgenossen in Abonuteichos eine Mischung ritueller Praktiken, die ihm von anderen Orten gut bekannt waren. Wohl dosiert setzte Alexander bei der Kultgründung aber auch das Neue und Fremdartige ein. Sein Auftritt im goldenen Lendenschurz mit der Sichel des Perseus in der Hand und seine völlig unverständliche Rede erschreckten die Bewohner von Abonuteichos. Aber dieses Herausheben aus dem Alltag und die Wendung hin zum klassischen Orakel- und Heilkult überzeugte sie – waren doch, wie erwähnt, Hoffnung und Furcht ihre täglichen Antriebsfedern. Kein Wunder in einer Welt, in der die Menschen Tag für Tag den Fährnissen des Lebens viel stärker ausgesetzt waren als wir Heutigen in unserem vielfach gesicherten Dasein!

Alexander war enorm erfolgreich und wurde ein reicher Mann. Auch viele seiner Mitbürger werden sich beim Devotionalienhandel oder der Unterbringung und Verköstigung der Wallfahrer eine goldene Nase verdient haben. Alexanders äußerst geschickte Werbestrategie machten ihn selbst in höchsten Kreisen in Rom bekannt. So gelang es ihm nicht nur, seine Tochter mit dem römischen Senator Publius Mummius Sisenna Rutilianus zu verheiraten. Er wurde sogar auf Empfehlung des Rutilianus vom römischen Kaiserhaus anlässlich eines Feldzuges an der Donau um ein Orakel gebeten. Er prophezeite, dass, wenn man zwei Löwen mit Parfüm und reichen Opfergaben in den Fluss werfe, so den Krieg gewinnen werde. Die Barbaren erschlugen aber kurzerhand die Löwen am anderen Ufer, die sie für irgendeine Art Hund oder Wolf hielten, und siegten auf ganzer Linie. Dies öffnete ihnen übrigens die Tür für einen Einfall ins Römische Reich, der sie schließlich bis Ravenna in Norditalien führte (um 168 n. Chr.) – ein Ereignis, das die Zeitgenossen als absolut dramatisch in Erinnerung behalten sollten. Auch der römische Feldherr Severianus, der für seinen Kampf gegen die Parther 161 ein positives Orakel erhielt, verlor die Schlacht, deren günstiger Ausgang ihm prophezeit war, und beging Selbstmord. Dennoch gelang es Alexander, das Städtchen Abonuteichos mit kaiserlicher Zustimmung in Ionopolis, die Stadt Ions, umzubenennen. Der Name lebt heute noch im türkischen

Ionopolis (Abonuteichos)

Ortsnamen Inebulo fort. Aus dem paphlagonischen Städtchen wurde so eine Stadt mit scheinbar altgriechischen Wurzeln. Alexander prägte fortan sogar Münzen, welche sein Porträt auf der Vorderseite und die Schlange Glykon auf der Rückseite trugen. Andere Münzen zeigen im 3. Jahrhundert n. Chr. auf der Rückseite eine weibliche Personifikation der Stadt Ionopolis, welche die Schlange Glykon nährt.

Falsche Prophezeiungen – wie jene für den Krieg an der Donau oder in Armenien – gehörten zum üblichen Geschäftsrisiko jeder Orakelstätte. Was jedoch aus Sicht Lukians besonders verwerflich war, war die verbrecherische Ausnutzung Gutgläubiger, wozu im Falle Alexanders auch sexueller Missbrauch gehörte. So ließ er sich verheiratete Frauen für sexuelle Exzesse zuführen, wobei die Ehemänner offenbar hofften, diese Kontakte ihrer Frauen mit dem angeblichen Göttersohn würden ihrem Hause Glück bringen. Auf diese Weise soll Alexander eine große Nachkommenschaft gezeugt haben, eine aus heutiger Sicht unerhörte Nachricht. Der bedeutende französische Altertumswissenschaftler Louis Robert hat eines dieser Kinder in einer Inschrift, die einst in der westkleinasiatischen Stadt Caesareia Troketta aufgestellt worden ist, identifiziert. Der Mann nannte sich *Meiletos, Sohn des Glykon, der Paphlagonier*. Seine Mutter hatte demnach den Gott Glykon selbst – anstelle seines Propheten Alexander, mit dem sie das Kind zeugte – als leiblichen Vater angegeben. Doch mit solchen Geschichten nicht genug: Alexander ließ sich aus den Städten Kleinasiens Knaben für rituelle Gesänge schicken, die er «wie gekaufte Sklaven behandelte» (Lukian a. O. § 41) und sexuell nötigte. Er hielt sich dabei an die Regel, keinen Knaben zu küssen, der älter war als 18 Jahre. Die jüngeren trugen den Beinamen «Zu den Geküssten gehörig».

Diese Szenerie sollte sich der Leser Lukians vor Augen halten, wenn er zu jenem Abschnitt gelangt, in dem der Autor seine persönliche Begegnung mit Alexander schildert. Das allen bekannte Verhalten des Propheten macht es verständlich, dass Lukian selbst die Grenzen eines zivilisierten Umgangs mit dem provokanten

Mythische Orte und Orte des Göttlichen

Scharlatan überschritt. Lukian reiste also nach Abonuteichos, um – beschützt von zwei Soldaten, die ihm der Statthalter als Eskorte mitgegeben hatte – die Betrügereien am Tempel aufzudecken. Dabei kam es zu einer denkwürdigen persönlichen Begegnung. Der Prophet begrüßte Lukian auf persönliche Einladung wie üblich, indem er ihm die Hand zum Begrüßungskuss präsentierte. Statt die Hand zu küssen, biss der hasserfüllte Lukian einfach kräftig zu. Alexander hielt sich trotz dieses schmerzhaften Übergriffs zurück, und Lukian erkannte an dieser Reaktion, dass er sich mit seiner unbeherrschten Geste in eine gefährliche Situation gebracht hatte. Er zeigte sich nun Alexander gegenüber freundlich, weshalb dieser anbot, ihm für die Weiterreise ein Schiff zu organisieren. Welche Gefahren solch eine Fahrt mit sich bringen konnte, haben wir bereits in einem früheren Kapitel erfahren. Tatsächlich geriet Lukian auf der Reise in Lebensgefahr. Alexander hatte nämlich den Matrosen den Auftrag erteilt, die mitreisenden Passagiere und heftigsten Kritiker seiner Machenschaften über Bord zu werfen. Der Kapitän, der sechzig Jahre unbescholten zur See gefahren war, bat die Matrosen unter Tränen, von dem Mord auf See abzusehen, um ihn nicht um seinen entspannten Lebensabend zu bringen. So ließen sie von dem Vorhaben ab und setzten Lukian westlich von Abonuteichos bei Aigialos an Land ab. Von dort reiste er mit einem Schiff weiter Richtung Bosporus.

Versuche Lukians, Alexander vor Gericht anzuklagen, schlugen dank dessen Beziehungen zur römischen Führung fehl. So blieb es Lukian nur, seinen Krieg gegen Alexander literarisch zu gewinnen, indem er jene kleine Schrift veröffentlichte, in der er ihm am Ende einen besonders grauenvollen Tod andichtete. Jener selbst hatte sich einen Tod durch Blitzschlag im Alter von 150 Jahren prophezeit. Lukian erzählt, er sei, noch nicht einmal 70 Jahre alt, infolge einer üblen Infektion gestorben. Ein Bein sei bis zur Leiste abgestorben und von Maden zerfressen worden. Auch seine Maskerade habe er infolge der Krankheit aufgeben müssen. Die Ärzte entfernten, um ihn behandeln zu können, seine Perücke. Für

Ionopolis (Abonuteichos)

einen gelehrten Propheten stellte eine solche Kahlköpfigkeit die Höchststrafe dar. Einen grausamen Tod, nämlich durch den Befall von Ungeziefer, zu wünschen, war die typische Form der Agonie, die man in der Antike besonders üblen Gesellen als Fluch hinterherrief. Ionopolis blieb jedoch für viele Generationen eine beliebte Orakelstätte und prägte bis zur Mitte des 3. Jahrhunderts n. Chr. Münzen mit Bildern des Glykon. Mit diesem war Alexander als Verstorbener gewissermaßen verschmolzen, da er weiter aus seinem Grab als Heros prophezeite und die Stelle, die er zu Lebzeiten bekleidet hatte, fortan unbesetzt blieb. Nach einem Niedergang im Kultbetrieb lebte das Orakel um 200 n. Chr. wieder auf. Erst im 4. Jahrhundert n. Chr. sollte der Kult ganz verschwinden. Der Hortfund in Tomis/Constanţa ist eines der letzten Zeugnisse über Alexanders religiöse Scharlatanerie und belegt, dass seine Anhänger versucht haben, zumindest sein Bildnis vor der Zerstörungswut der Christen zu schützen. Glücklicherweise lässt sich heute noch in Constanţa angesichts der Schlange mit dem langhaarigen Menschenkopf darüber nachdenken, welchen falschen Propheten Menschen immer noch bereit sind hinterherzulaufen, auch wenn damit Selbstaufgabe, psychische Traumata und – abgesehen von allem anderen – oft erhebliche finanzielle Verluste verbunden sind.

8.
Orte des Wissens

D ie Antike kannte Orte des Wissens, die geradezu mythische
Qualität hatten und bis heute im kulturellen Gedächtnis
weiterleben. So finden sich beispielsweise in dem kleinen italienischen Ort Castiglione del Lago am Trasimenischen See in dem
Palazzo della Corgna Fresken aus dem 16. Jahrhundert. Der Maler Niccolò Circignani (1530–1597), genannt Il Pomarancio, erhielt den Auftrag, dort neben Szenen aus der Familiengeschichte
der della Corgna und von Kämpfen um Castiglione auch antike
historische Szenen auszuarbeiten. Zu letzteren gehörten beispielsweise die Schlacht am Trasimenischen See in der Sala d'Annibale
und Szenen aus dem Leben Caesars in der sogenannten Sala di
Cesare – dem Caesar-Saal. Die Bilder geben Stationen aus dem
Leben des berühmten Staatsmanns und Feldherrn wieder. Eines
von ihnen zeigt Caesar schwimmend im Wasser, während im
Hintergrund eine Feuersbrunst wütet. Der Römer hält in seiner
rechten Hand ein Buch, das er hochhebt, um es vor dem Wasser
zu schützen.

Diese Darstellung spielt auf ein Ereignis an, das sich im Jahr
48 v. Chr. in Alexandria zugetragen hat. Caesar war damals mit
seinen Soldaten durch einen Angriff des jungen ptolemäischen Königs – eines Bruders der berühmten Kleopatra – derart in Gefahr
geraten, dass er sich entschloss, die im Hafen ankernde ägyptische
Flotte in Brand zu setzen. Der Brand aber erfasste auch Gebäude in
Hafennähe, darunter die Schiffsarsenale und die königliche Bibliothek. Die Ägypter ließen aber nicht locker, sodass Caesar es vorzog,
ins Meer zu springen, um sich zu retten. Der Biograph Plutarch
schreibt über diese Begebenheit, der römische Feldherr sei mit
knapper Not entkommen. Er habe aber «eine Menge Papiere in der
Hand (gehalten), welche er nicht fahren ließ, wiewohl er beschos-
sen wurde und öfters untertauchen musste. Hartnäckig hielt er sie

mit der einen Hand über Wasser empor, während er die andere zum Schwimmen brauchte» (Plutarch, *Caesar* 49).

Il Pomarancio hatte wahrscheinlich genau diese Geschichte Plutarchs vor Augen, als er das Gemälde im Palazzo entwarf. Der Biograph hat die Szene mit den privaten Papieren Caesars erwähnt, um das Eigeninteresse Caesars mit dem Verlust der Bibliothek zu kontrastieren. Der Renaissancekünstler wählte hingegen ein Buch als Objekt in Caesars Hand, womit er viel unmittelbarer auf den Brand der Bibliothek verweisen konnte. Dieser Brand ist gewissermaßen zur Chiffre eines kulturellen Super-GAU geworden, die alle leidlich Gebildeten kennen: Angeblich war die Bibliothek von Alexandria eine Art Schatzhaus des antiken Wissens und ihre Zerstörung ein nicht wieder gutzumachender Verlust. Doch während einige in Caesar den Hauptschuldigen für den Untergang der Bibliothek sehen, vermuten andere, dass einige Jahrhunderte später in Wahrheit erst die Christen für den Verlust der Buchbestände verantwortlich waren. Der italienische klassische Philologe Luciano Canfora hat sogar bezweifelt, dass die Bibliothek überhaupt in Brand geraten ist. Er vermutet, dass tatsächlich nur die Bücher verbrannt seien, die für den Export bestimmt waren und in den Lagerhallen am Hafen darauf warteten, ausgeschifft zu werden. Der amerikanische Papyrologe Roger S. Bagnall sprach in dem Zusammenhang von einer «*murder mystery*» (einem Krimi) mit vielen Verdächtigen.

Doch so wenig wir wissen, ob, weshalb und durch wen die Bibliothek von Alexandria in Flammen aufgegangen ist, so wenig kennen wir ihr genaues Aussehen – geschweige denn die Bestandszahlen. Antike Angaben, denen zufolge die Bibliothek, deren Anfänge ins 3. Jahrhundert v. Chr. zurückreichen, zwischen 400 000 und 700 000 Schriftrollen beherbergt haben soll, halten einer seriösen Prüfung nicht stand. Bagnall hat ausgerechnet, wie viele Rollen für das 3. Jahrhundert v. Chr. denkbar wären. Wir wissen von ungefähr 500 antiken Autoren; addiert man noch rund ein Drittel (170) anonyme Autoren hinzu und geht großzügig davon aus, dass

Orte des Wissens

jeder von ihnen 50 Rollen geschrieben hat, dann käme man auf einen Wert von etwa 30 000 Rollen. Nimmt man hingegen die bis heute tatsächlich erhaltenen Texte und unterstellt, dass im Durchschnitt jede Rolle 15 000 Worte enthielt, dann käme man nur noch auf rund 300 Rollen. Akzeptiert man nun noch die Grundannahme, dass lediglich ein Vierzigstel der antiken Texte aus der Antike erhalten geblieben und uns bekannt sind, dann mag man von einer Zahl zwischen 10 000 und 15 000 Rollen ausgehen. Diese großzügigen Berechnungen legen nahe, dass keine einzige antike Angabe über den Bestand der Bibliothek und die eingetretenen Verluste im Jahr 48 v. Chr. auch nur annähernd korrekt sein können. Wir sollten uns eingestehen, dass wir nichts Zuverlässiges über die tatsächlich einst dort gelagerten und durch welche Ursachen auch immer vernichteten Buchrollen sagen können.

Das ändert nichts daran, dass gerade deswegen diese Bibliothek umso leichter ein Mythos oder, wie Bagnall schreibt, schon in der Antike eine «*Library of Dreams*» werden konnte. Doch den realen Beständen auch einer solchen Traum-Bibliothek setzten die Umweltbedingungen zu jener Zeit erheblich zu. Alexandria hatte nämlich kein Wüstenklima, dessen Trockenheit sonst so trefflich den Erhalt der ägyptischen Papyri bewirkte. Alexandria lag am Meer, und die feuchte mediterrane Luft in der Metropole war den Schriftrollen nicht zuträglich, sodass viele Texte immer wieder kopiert werden mussten, um dauerhaft studiert werden zu können. Ganz sicher haben Schimmel und Wurmfraß den Schriftrollen zugesetzt und ihren Zerfall befördert. Angesichts dieser Prozesse darf man davon ausgehen, dass im Jahre 48 v. Chr. ein Großteil der im 3. Jahrhundert v. Chr. angeschafften Papyrusrollen gar nicht mehr existierte. Dennoch blieb die Bibliothek ein Magnet für die Gebildeten. Auch nach dem *annus horribilis* 48 v. Chr. bestand diese Einrichtung weiter – dies belegen Hinweise von Autoren, die später dort arbeiteten – und wurde noch während der römischen Kaiserzeit gut besucht. So hat Kaiser Domitian (81–96 n. Chr.) gegen Ende des 1. Jahrhunderts noch Gelehrte nach Alexandria entsandt, um dort Texte, die in römischen Bibliotheken verbrannt waren, kopieren zu lassen.

Auf welche Weise auch immer die Bestände der Bibliothek von Alexandria (wieder nach-)gewachsen sind, so darf man doch die Angabe des Plutarch bezweifeln, derzufolge Mark Anton angeblich die gesamte, 200 000 Schriftrollen umfassende Bibliothek der kleinasiatischen Metropole Pergamon seiner geliebten Kleopatra als Ersatz für die in der Katastrophe von 48 v. Chr. verbrannten Texte nach Alexandria geschickt hat (Plutarch, *Antonius* 58). Zum einen scheint die Bestandszahl der Bibliothek von Pergamon stark übertrieben. Zum anderen – selbst wenn sie zuträfe –, wie hätte in Zeiten des damals wütenden Bürgerkriegs solch ein Transfer logistisch bewerkstelligt werden sollen? Was man der Bemerkung Plutarchs allerdings entnehmen darf, ist ein Reflex der jahrhundertealten Konkurrenz, die zwischen den ptolemäischen Königen in Alexandria und der Dynastie der Attaliden von Pergamon bestand, welcher von beiden Herrschersitzen über die bessere Bibliothek verfüge. Bibliotheken waren damals wie heute ganz besondere Orte, und königliches Prestige gründete offenbar ganz wesentlich darauf, einen oder gar *den* Ort des Wissens zu besitzen, der Gelehrte anzog. Die Konkurrenz um die reichhaltigere Ausstattung der Bibliotheken in Alexandria und Pergamon findet ihren Nachhall in verschiedenen Anekdoten. So soll Ptolemaios II. (282–246) zeitweise den Papyrushandel eingeschränkt haben, um den Buchhandel zu behindern (Plinius, *Naturgeschichte* 13,70). Pergamon soll darauf das Pergament als Schreibmaterial erfunden haben, wie der römische Antiquar Varro zu berichten wusste. Buchhändler und Besitzer von Bibliotheken fürchteten sich vor den Agenten aus Pergamon und hielten angeblich Kopien verborgen, um anderen Interessenten die Möglichkeit zu geben, an Bücher zu gelangen und ihre Bestände zu schützen. In Alexandria wiederum wurden Schiffe nach Büchern durchsucht, die dann eingezogen und durch Kopien ersetzt wurden. Ptolemaios II. ließ gegen ein Pfand von 15 Talenten – eine gewaltige Summe – sämtliche Tragödien der Tragödiendichter Aischylos,

Sophokles und Euripides nach Alexandria bringen, um Kopien anzufertigen; am Ende behielt er die Originale und sandte die Kopien zurück. Wie groß die Konkurrenz der Bibliotheken tatsächlich war und in welchem Maße der Handel mit alten Büchern in der Antike florierte, kann man einer Bemerkung des Arztes Galen aus dem 2. Jahrhundert n. Chr. entnehmen, demzufolge Bücher fälschlicherweise unter dem Namen bedeutender Gelehrter angeboten wurden. Solche Fälschungen konnten nur Spezialisten entlarven. Auch Plagiate machten wohl zunehmend die Runde: In Alexandria habe Ptolemaios III. das Ansehen der dortigen Bibliothek erhöht, indem er auch musische Wettkämpfe veranstaltete und für die Sieger Preisgelder auslobte (Vitruv, *Über Architektur* Vorrede 7,7). Eine Jury aus sechs Gelehrten sollte die Preise vergeben. Aber die Preisrichter orientierten sich am Applaus des Publikums, ohne zu prüfen, ob die Vortragenden die Texte selbst verfasst hatten. Daraufhin stimmte ein zusätzlicher Richter namens Aristophanes gegen diesen Entscheid. Konnte er doch mithilfe von Papyrusrollen aus der alexandrinischen Bibliothek nachweisen, dass einzig der Dichter, der leer ausgegangen war, seinen Text selbst geschrieben hatte. Alle Übrigen hatten in der Bibliothek Texte kopiert, folglich schlicht Plagiate vorgetragen. Die Richter, so Aristophanes, dürften aber nur Originalwerke gelten lassen. Für diese Intervention, die auf der ausgezeichneten Literaturkenntnis des Aristophanes beruhte, und den Nachweis der Plagiate ernannte ihn der König zum Bibliotheksdirektor.

Bildung steigerte offenbar bereits in der Antike das persönliche Prestige – und zwar ganz besonders, wenn man solche Preise errang. Wen damals falscher Ehrgeiz packte, der kupferte anderer Leute Gedichte ab, so wie heute defizitäre Karrieristen Plagiate statt eigener wissenschaftlicher Werke einreichen, um den Doktorgrad zu ergaunern. Doch wer redlich die Kunst erlernt hat, an diesen wunderbaren Orten des Wissens zu arbeiten, die Bibliotheken zu allen Zeiten darstellten, der kann erfreulicherweise auch heute noch solchen Herrschaften das Handwerk legen.

Orte des Wissens

Die Bibliothek Assurbanipals in Ninive

36° 21′ 57.4″ nördlicher Breite; 43° 09′ 32.1″ östlicher Länge

Der seltsame Ort, dem dieses Kapitel gewidmet ist, liegt wenige Kilometer von der Stadt Mossul entfernt. Diese Metropole im Norden des Irak hat in unseren Tagen traurige Berühmtheit erlangt, weil der IS dort sein Schreckensregime errichtet hatte, bis sie von den Koalitionsstreitkräften im Sommer 2017 zurückerobert werden konnte. Doch selbst noch die Ruinen jener Stätte, die uns im Folgenden besonders interessieren soll, wurden von den Verbrechern nicht geschont – repräsentieren sie ihnen doch eine heidnische Vergangenheit. Es war eine große Vergangenheit, die heute nicht nur zum Kulturerbe des Irak, sondern der ganzen Menschheit gehört. Die Rede ist von der assyrischen Stadt Ninive und ihrer Bibliothek. Diese hatte einst der assyrische König Assurbanipal (669–627 v. Chr.) in seinem großen Palast anlegen lassen. Palast und Bibliothek wurden allerdings bereits 612 v. Chr. bei der Eroberung durch medische und babylonische Truppen zerstört und verschwanden für Jahrtausende unter Schutt und Staub, die von den Lehmziegelmauern übrigblieben.

Die Entdeckung der Bibliothek selbst ist eine interessante Episode der archäologischen Forschung im Zweistromland. In der Mitte des 19. Jahrhunderts versuchten vor allem Franzosen und Briten im Norden Mesopotamiens Kunstwerke und Keilschrifttafeln für die großen Museen und Universitäten ihrer Heimat, allen voran den Louvre und das British Museum, zu beschaffen. Der französische Konsul in Mossul Victor Place und der britische Konsul Henry Rawlinson bemühten sich, ihr Prestige zu mehren, indem sie solche Zimelien in ihre Heimatländer schickten. In Nimrud und später in Ninive grub damals Austen Henry Layard im Auftrag des Britischen Museums, und er war sehr erfolgreich. Während seiner beiden Kampagnen in den Jahren 1845 bis 1847 und 1849 bis 1851 wurde er von einem Einheimischen namens Hormuzd Rassam (1826–1910) unterstützt. Jener war der Sohn eines Mannes aus Mossul und einer Frau aus Aleppo. Er sprach sehr gut Englisch, wurde Layard in den Jahren ihrer gemeinsamen Arbeit eine wichtige Stütze und blieb sein Freund, bis der Engländer 1894 starb.

In seiner 1897 veröffentlichten Autobiographie *Asshur and the Land of Nimrod* schildert Hormuzd Rassam eindrucksvoll die abenteuerliche Entdeckung der Bibliothek: Während Layard in London weilte, hatten sich im Jahr 1852 der Franzose Place und der Brite Rawlinson darauf geeinigt, den Siedlungshügel Ninives wie Kolonialherren in verschiedene Areale aufzuteilen. Rassam war als Einheimischer jedoch der Überzeugung, dass er einen besseren Anspruch auf das Gelände habe, und begann heimlich, weitere Ausgrabungen vorzubereiten. Als im Sommer 1853 Probleme auftraten und ihm allmählich das Geld ausging, fürchtete er, zwischen Rawlinson und Place zu geraten und so die noch anhaltende Unterstützung des British Museum zu verlieren. In dieser Zwangslage unternahm Rassam seine nächtlichen Grabungen.

Bereits in der ersten Nacht, am 20. Dezember 1853, entdeckten er und seine Arbeiter im hellen Mondlicht die Mauern eines größeren Gebäudes. In den beiden darauffolgenden Nächten gelang ihnen die Bergung vieler Reliefs, darunter eine Darstellung Assurbanipals in einem Streitwagen. Damit war der Erbauer des Palastes identifiziert. Rassam meldete Rawlinson seine Erfolge. Bald schon erreichten Gerüchte über bedeutende Entdeckungen auch Place. Dieser eilte zur Fundstelle und erhob Anspruch auf die Funde. Doch Rassam wies sie alle mit dem Verweis auf ältere Rechte Layards zurück.

In den folgenden Wochen grub Rassam rastlos und, wie dies in jener Zeit üblich war, mit Unterstützung vieler Arbeiter Raum für Raum des Palastes aus. Eine jener Kammern enthielt ein ganz besonderes Relief, das den König auf der Löwenjagd zeigt; dieses Meisterwerk befindet sich heute im British Museum. Am Ende seiner Autobiographie erwähnte Rassam, dass der Boden dieses Raumes von Tausenden von Keilschrifttafeln bedeckt war. Rassam konnte sie allerdings nicht lesen, und so entging es ihm, dass er neben exquisiten Kunstwerken auch die bedeutendste Bibliothek des 7. Jahrhunderts v. Chr. entdeckt hatte. Das hinderte ihn freilich nicht daran, bis zum Frühjahr 1854 seine Ausgrabungen fortzusetzen und im März dieses Jahres seine Schätze im British Museum abzuliefern.

In dieser Situation traten zwei Männer auf den Plan, welche den Entdeckerruhm für die Reliefs und die Tontafeln für sich reklamierten. Der eine war William Kenneth Loftus, der die Grabungen privat finanzierte und bis 1856 weiterführte, und der andere Colonel Rawlinson, der als Schriftgelehrter begann, die Tafeln zu publizieren. Rawlinson behauptete, die Entdeckung des Palastes sei seiner Eingebung zu verdanken, Rassam hingegen nur der ‹Buddler› («*digger*»). Die Presse folgte ihm in seiner Einschätzung. In einem Artikel in den renommierten *Illustrated London News* hieß es beispielsweise, ein eigentlich arbeitsscheuer Orientale habe tatsächlich englische Qualitäten gezeigt, als man ihn unter Druck gesetzt habe. Als Orientale in britischen Diensten habe er besonders ackern müssen. Doch dieser rassistische Übermut, mit dem die Öffentlichkeit über Rassam als Einheimischen urteilte, rief wiederum dessen Freund Layard auf den Plan. Der regte sich in einem Brief darüber auf, dass einer der ehrenwertesten Männer, die er kenne, so schäbig behandelt werde, «… weil er ein ‹nigger› ist und weil Rawlinson, wie es seine Art ist, den Verdienst der Ausgrabungen für sich selbst in Anspruch nimmt».

Im 20. Jahrhundert wurde Rassam nicht zuletzt dank seiner umfangreichen Autobiographie allmählich größere Ehre zuteil, und er soll auch hier verdientermaßen als Entdecker der Bibliothek in Erinnerung gerufen werden. Ihm verdanken wir diese wunderbare Entdeckung, die uns Einblick in ein wahrlich seltsames Schrifttum gewährt, das Rassam zutage gefördert hat.

Doch wie ist dieser einzigartige Schatz der Gelehrsamkeit entstanden? Es war König Assurbanipal, der mit großem Eifer an der Ausstattung und Entwicklung seiner Bibliothek gearbeitet hat. Sein Engagement ist auf verschiedenen Tafeln eindrucksvoll dokumentiert. Es sind nicht nur Texte erhalten, in denen seine Korrespondenzpartner die Aufforderung des Herrschers, Texte zu kopieren und an ihn, den König, zu schicken, beantwortet und somit bezeugt haben. Vielmehr gibt es auch Keilschrifttafeln, die der König selbst verfasst hat und in denen er seine Gelehrsamkeit herausstellt. Der Gott Nabû, der Schreiber aller Dinge – so heißt es da –, habe ihm diese Fähigkeit geschenkt. Und der Weise Adapa, welcher der Legende nach vor der Sintflut den Menschen das praktische und theoretische Wissen vermittelt haben soll, habe ihn in die Geheimnisse des Schreibens eingeweiht. «Ich bin mit den himmlischen und irdischen Omina vertraut und kann sie im Kreis der Gelehrten erörtern», heißt es in einem anderen Text. Selbst komplizierteste Probleme der Vorzeichendeutung könne er lösen.

Assurbanipal präsentiert sich ohne alle Bescheidenheit als *gelehrter* König. Er ist – darauf legt er großen Wert – auf gleicher Augenhöhe mit den besten Schriftgelehrten in seiner Bibliothek. Dass sich der König als Gelehrter zeigt, hat in Mesopotamien eine lange Tradition. Dabei geht es nicht einfach um Weisheit, sondern ganz konkret auch um die Fähigkeit des Lesens und Schreibens. Assurbanipal stellt sich bewusst in eine Tradition, die mit dem mythischen Weisen Adapa vor der Sintflut in Verbindung gebracht wird. Historisch fassbar aber wird sie erstmals mit König Šulgi, der über die Stadt Ur herrscht (2094–2047 v. Chr.). Ähnlich wie der assyrische König 1400 Jahre später preist Šulgi sich als Herrscher, der ebenso wie der Weise Adapa auf Ton schreiben könne und auch das nötige Wissen über den Inhalt der Texte besitze.

Šulgi eröffnet damit eine Tradition, die in verschiedenen Phasen der mesopotamischen Geschichte und in unterschiedlichen Reichen dokumentiert ist und schließlich auch in Assyrien übernommen wurde. Die ungeheure machtpolitische Bedeutung dieser königlichen Gelehrsamkeit und der Sammlung von Keilschrifttexten wird in Ninive deutlich, wenn man sich die Bestände in den Bibliotheksräumen anschaut. Bereits die Inventarlisten vermitteln uns einen Eindruck davon. Sie nennen Textarten, Material und Anzahl der von einem Text erhaltenen Exemplare. Während wir im Hinblick auf die bereits erwähnte berühmte Bibliothek in Alexandria nur aus der Überlieferung wissen, dass es dort Inventarlisten und Kataloge gegeben haben muss, sind diese in Ninive zumindest fragmentarisch tatsächlich auch erhalten geblieben – ein glücklicher Zufall. Es wurde errechnet, dass eine solche Liste rund 2000 Titel umfasste und dass die tatsächlich bekannten Listen den Großteil der Bibliothek dokumentieren. Diese Listen geben auch Aufschluss darüber, dass sich einst die königliche Bibliothek aus einer Vielzahl von Privatbibliotheken babylonischer Gelehrter, aber auch aus Beständen von Mitgliedern der königlichen Familie zusammensetzte. Noch immer ist ein Gesamtverzeichnis der Bestände, die heute im British Museum lagern, erst in Arbeit, aber schon jetzt lässt sich zuverlässig sagen, dass sich der Großteil der babylonischen Texte um göttliche Zeichendeutung dreht. Hinzu kommen Hymnen und Ritualtexte sowie medizinische Rezepte.

Neben literarischen Texten dominieren demnach Keilschrifttafeln zu Astrologie, Weissagung und sakralen Ritualen den Bestand. Und damit sind wir im Kern der machtpolitischen Bedeutung dieser Bibliothek. Stefan M. Maul hat in seinem Buch über *Die Wahrsagekunst im Alten Orient* (2013) überzeugend vor Augen geführt, dass sich schon zu Beginn des 2. Jahrtausends v. Chr. eine hohe Kunst der Opferschau ausgebildet hatte, die in den Händen von Spezialisten lag, die eine eigene Fachsprache pflegten. Die Deutung von Innereien, vor allem der Leber geopferter Tiere, hatte nicht nur große sakrale Bedeutung, sondern war unmittelbar relevant für politische Entscheidungen. Man muss sich vor Augen führen, dass für nachgerade jede politische Frage Schafe geschlachtet und ihre Innereien – insbesondere die Leber – beschaut und gedeutet wurden. Wer heute darüber den Kopf schüttelt, sollte sich

Die Bibliothek Assurbanipals in Ninive

klarmachen, dass wir über Reiche sprechen, die viele Jahrhunderte Bestand hatten, also im Hinblick auf ihre Regierungspraxis die meisten heutigen Staaten übertrafen. Die wahre Kunst bestand darin, die Fragen so ausdifferenziert zu stellen und alle politisch und militärisch relevanten Kreise in die Kunst der Fragestellung einzubeziehen, dass ein immer weiter verfeinertes Deutungssystem entstand, das eine hohe Konsenskraft hatte. Die politischen Akteure mussten dann den Deutungen der Opferschauer folgen. So entwickelten natürlich schon früh alle Kreise, die mit Entscheidungen befasst waren, ein großes Interesse daran, ein ausgefeiltes und geschlossenes Lehrgebäude hervorzubringen, das dann tatsächlich Verbindlichkeit beanspruchen konnte. Seit dem 2. Jahrtausend entstanden Fallsammlungen und Sammlungen von Omina (Zeichen mit Aussagekraft für die Zukunft), die den Rang von Lehrbüchern hatten. Anhand deren wurde auch die Ausbildung von Opferdeutern betrieben.

Der hohe Standard babylonischer Wissenskultur strahlte bis nach Ägypten, in den Iran und über Syrien hinaus nach Zentralanatolien. Folglich wollten die Herrscher in allen maßgeblichen Reichsbildungen des 2. Jahrtausends an dieser babylonischen Gelehrsamkeit teilhaben, erkannten sie doch deren große politische Bedeutung und Wirkungsmacht. So überrascht es nicht, dass Lebermodelle – an denen man alle seltsamen pathologischen Eventualitäten von natürlichen Lebern studieren konnte, die für die Deutung im Rahmen eines Opfers zu beobachten sein könnten – an verschiedenen Orten des Nahen und Mittleren Ostens und auf der Insel Zypern gefunden wurden. Am babylonischen Königshof versuchten sich im Gegenzug die Gelehrten im königlichen Auftrag die Deutungshoheit zu sichern, indem das Wissen kanonisiert und auf ein intellektuelles Niveau gehoben wurde, das lange Studien notwendig machte. Sogar ein neues Schriftsystem und viele neue Wortzeichen wurden eingeführt, um dieses Spezialwissen abzuschirmen und die Opferschau zu einer Geheimwissenschaft zu machen.

Orte des Wissens

Die babylonische Überlegenheit auf diesem Gebiet ließ sich letztlich nur durch Gewalt brechen. Dem assyrischen König Tukulti-Ninurta I. (1244–1207 v. Chr.) gelang die Eroberung Mesopotamiens bis an den Persischen Golf. Verbunden mit seiner Okkupation auch des babylonischen Throns war die Plünderung aller Bibliotheken, mochten sie sich in Tempeln, Palästen oder Privathäusern befinden. Dafür, dass ihm dies gelang, ließ sich der König sogar in einem Preislied feiern. Auch die schon erwähnten, in der assyrischen Residenz Assur gefundenen babylonischen Keilschrifttafeln dürften zu dieser Beute gehören. Mit diesem Erfolg war nicht nur ein Grundstein für das spätere erste Großreich der Weltgeschichte gelegt, vielmehr entwickelte sich die Opferschau damals zu einer von babylonischen und assyrischen Gelehrten gemeinsam gepflegten Wissenschaft. Stefan M. Maul spricht für das 1. Jahrtausend von einem regelrechten *brain drain*, da die besten Gelehrten Babylon verließen und in den Norden an den assyrischen Hof zogen.

Unter Assurbanipal machten sich dann die letzten Gelehrten auf nach Ninive, um fortan in der prächtigsten Bibliothek der Zeit zu wirken. Die Tatsache, dass dort der König selbst sich zum Kreis der Gelehrten zählte, machte den Hof Assurbanipals zu einem Katalysator dafür, dass die Opferschaukunst einen neuen Höhepunkt erreichte. So wurde seine seltsame Bibliothek nicht nur ein Hort des Wissens, sondern zugleich zum Zentrum der eigenen Macht und Herrschaft. Gelehrte und Priester ließen die Keilschriftkunde nach dem Untergang Ninives in den Städten Babylon, Borsippa, Uruk, Nippur und anderen Orten für Jahrhunderte weiterleben. Seit gut zehn Jahren weiß man, dass noch im 2. Jahrhundert v. Chr. jene Briefe kopiert wurden, in denen Assurbanipal einst den Aufbau seiner Bibliothek organisierte. So lebte die große Bibliothek Assurbanipals im kulturellen Gedächtnis kleiner Gelehrtenzirkel als Legende weiter. Es ist naheliegend, dass diese Erinnerung an die große Bibliothek die hellenistischen Könige erreichte. Ptolemaios I. könnte durchaus mit seiner Bibliotheksgründung in Alexandria an diese Geschichte angeknüpft haben.

Die Bibliothek Assurbanipals in Ninive

Für uns aber wäre alles Wissen, das die babylonischen und assyrischen Herrscher in ihren Bibliotheken gesammelt hatten, für immer verloren gewesen, wenn diese Texte nicht auf Tontäfelchen geschrieben worden wären. So aber härteten sie nur aus, wenn ein Feuer darüber ging, wurden jedoch nicht zerstört. Das war in anderen Kulturzonen der alten Welt, wie wir gleich sehen werden, ganz anders.

Skepsis – die seltsamste Bibliothek für die bedeutendsten Denker

39° 49' 31.9" nördlicher Breite; 26° 41' 16.8" östlicher Länge

Der römische Autor Vitruv (1. Jahrhundert v. Chr.) hat in seinem Architekturhandbuch zur Anlage von Privathäusern geschrieben, dass bei Planung und Bau darauf geachtet werden müsse, in welche Himmelsrichtung die Privaträume zeigen sollten. Winterspeisezimmer und Bäder solle man nach Süd-Süd-West ausrichten, um Licht und Wärme der späten Abendsonne nutzen zu können. Schlafzimmer und Bibliotheken müssten hingegen Richtung Osten gebaut werden, um durch die Morgensonne erhellt zu werden. Baue man Bibliotheken nach Süden oder Westen, so würden die Papyrusrollen, die man dort lagerte, von Bücherwurm und Feuchtigkeit beschädigt. Die feuchten Winde brächten nämlich Bücherwürmer hervor, begünstigten deren Fortpflanzung und drängten in den Papyrus, den sie durch Schimmel zerstören.

Es gibt eine ganze Reihe antiker Quellen, in denen die unsachgemäße Lagerung und Zerstörung von Buchrollen thematisiert wird. Ein besonders trauriges Beispiel dessen, wie man nicht mit Büchern umgehen solle, bietet die Geschichte der kleinen Stadt Skepsis. Ihre Ruinen liegen in der westkleinasiatischen Landschaft Troas, nahe dem türkischen Dorf Kurşuntepe. Über die Stadt-

anlage ist nichts bekannt, da dort bisher keine archäologische Erforschung durchgeführt wurde. Skepsis war eine jener Hunderte
von unbedeutenden Kleinstädten, die im antiken Kleinasien für
einige Zeit aufblühten und dann wieder vergingen.

Dass wir überhaupt etwas über die Stadt wissen, verdanken wir
schriftlichen Nachrichten und dem Umstand, dass in der Stadt
zwischen dem 4. und 2. Jahrhundert v. Chr. einige Gelehrte lebten,
deren Ruhm überdauert hat. Zu ihnen gehört der Geograph Demetrios, dessen verlorenes Werk – wie wir in der Geschichte des
seltsamen Hügels Hisarlık erfahren haben, den man als die Stätte
des antiken Troias ansah – von dem Geographen Strabon benutzt
wurde. Von ihm hören wir Folgendes: Im 4. Jahrhundert v. Chr.
reisten die beiden Bürger Erastos und Koriskos nach Athen, um in
der Akademie Platons zu studieren. Als im Jahre 347 v. Chr. Aristoteles nach Atarneus reiste, das wir bereits als Geisterstadt kennengelernt haben, schlossen sich die beiden Männer ebenso wie
Theophrast, der später (seit dem Jahr 322) die Schule des Aristoteles – den Peripatos – leiten sollte, dem Philosophen an. Einige Jahre
forschten sie gemeinsam in der Stadt Assos und in Mytilene auf
Lesbos. Dann zog Aristoteles im Jahr 343 an den makedonischen
Königshof, um zum Erzieher Alexanders des Großen aufzusteigen.

Theophrast und vielleicht auch die beiden Männer aus Skepsis
gingen hingegen nach Athen. Koriskos aus Skepsis vertraute dem
Theophrast später seinen Sohn Neleus an. Dieser machte sich als
eifriger Philosoph offenbar seinerseits Hoffnungen, einmal Theo-
phrasts Nachfolger zu werden. Dies galt umso mehr, als Theophrast
ihm testamentarisch die gesamte Bibliothek der Schule vermachte.
Und damit beginnt die eigentliche Geschichte, die uns zurück nach
Skepsis führt und ausführlich bei Strabon nachzulesen ist (Strabon, *Geographie* 13,1,54).

Neleus brachte die komplette Bibliothek des Theophrast einschließlich der Schriften des Aristoteles nach Skepsis. Zu dieser
Zeit reisten Agenten der Könige von Pergamon durch das Reich,
um Bücher zu kaufen und zu konfiszieren. Wie wir über die Bib-

Skepsis

liothek von Alexandria bereits gehört haben, legten die Herrscher großen Ehrgeiz darein, eine möglichst große Bibliothek mit möglichst bedeutenden Werken aufzubauen. Im Falle der Pergamener wollte man immerhin mit der Konkurrenz der ägyptischen Metropole Alexandria mithalten. Auch das Städtchen Skepsis gehörte zum Königreich Pergamon, und so dauerte es nicht lange, bis die Abgesandten des Königs auch dort nach Bücherschätzen fahndeten. Die Erben des Neleus ahnten, was das für ihre Bestände bedeutete, und entschieden, die wertvolle Bibliothek in einem unterirdischen Stollen bzw. in einer Höhle vor den Agenten zu verstecken. Einen viel ungeeigneteren Ort als solch einen feuchten Lagerplatz kann man sich für Bücher und ebenso wenig für Papyrusrollen kaum vorstellen. So entgingen die Werke der Geistesgröße zwar den Agenten des Königs, nicht aber dem Wurmfraß, dem Schimmel und der Fäulnis. Aber jeder Bibliomane weiß, dass Originalausgaben auch in bedenklichem Zustand immer noch einen hohen Wert für Liebhaber behalten. Und so war es auch in diesem Falle. Mochten die Erben des Neleus auch keine Ahnung haben, wie man Buchrollen lagerte, so verstanden sie doch recht gut, Bücher zu verkaufen. Sie erzielten einen stattlichen Preis für die arg in Mitleidenschaft gezogenen Papyri, mit denen ein gewisser Apellikon von Teos, ein Buchkäufer großen Stils – ein Bibliophiler, kein Philosoph, wie Strabon abfällig schreibt – stolz und beglückt von dannen zog.

Apellikon brachte die Bibliothek der großen Denker zurück nach Athen und erstellte dort von den beschädigten Originalen Abschriften. Da er aber, wie wir schon gehört haben, zwar ein großer Sammler, aber selbst kein großer Denker war, ergänzte er die zerstörten Passagen fehlerhaft. Doch damit waren die Abenteuer der Bücherrollen noch nicht zu Ende, denn im Jahr 86 v. Chr. wurde Athen von dem römischen Feldherrn Sulla erobert. Apellikon war inzwischen gestorben, und Sulla ließ dessen Bibliothek nach Italien bringen, wo er sie vermutlich in seiner Villa in Cumae seinen privaten Beständen einverleibte. Die Berichte der antiken

Autoren über die Bibliothek Sullas lassen unisono erkennen, welches Aufsehen solche Bibliotheksbestände erregten, die aus dem griechischen Osten als Beute mitgebracht wurden. Sie eröffneten den Buchhändlern die Möglichkeit, mit Kopien griechischer Autoren und Philosophen viel Geld zu verdienen. Fehlerhafte Kopien waren jedoch ein Grundübel des zeitgenössischen Buchhandels, da die Händler häufig schlechte Schreiber zum Kopieren in die Bibliotheken schickten und die Abschriften nicht am Original überprüften. Cicero klagt als eifriger Leser und Buchsammler darüber, dass der Buchmarkt in den Handelszentren Rom und Alexandria von solch schlechten Ausgaben überschwemmt sei. In den Korrespondenzen der Zeit ist daher gut zu verfolgen, dass die neue Bibliothek als erste Quelle begierig konsultiert wurde. Nach Sullas Tod gestattete auch dessen Sohn Faustus anderen Gelehrten die Benutzung der Bibliothek und verlieh sogar Bücher, wie wir von Cicero erfahren. Er hatte – wie manch anderer prominente Zeitgenosse – über einen Sklaven namens Tyrannion, der gute Beziehungen zum Bibliothekar im Hause Sullas hatte, von den Schätzen erfahren, die dort auf den Gebildeten warteten. Da Cicero nahe benachbart wohnte, konnte er die berühmten Werke gelegentlich konsultieren. Als Faustus aufgrund finanzieller Engpässe Bücher aus der Sammlung versteigerte, griff auch Cicero zu. Und weil sich die Geschichte über den wundersamen Weg der Werke durch die Jahrhunderte und durch die östliche Mittelmeerwelt auf denselben Wegen verbreiteten wie die Buchrollen selbst, bekam auch Skepsis ein klein wenig vom Glanz der alten Gelehrtenwelt ab – selbst wenn sein bescheidener Beitrag nur darin bestanden hatte, eine denkbar seltsame Lagerstätte für diese Höhepunkte des antiken Geisteslebens beigesteuert zu haben.

Skepsis

Die goldene Nilelle im Serapeion Alexandrias

31° 10′ 54.88″ nördlicher Breite; 29° 53′ 47.46″ östlicher Länge

Das prächtige Alexandria lag westlich des Nildeltas. Zu seinen auffallendsten Bauwerken gehörte neben dem Palastbezirk und den öffentlichen Großbauten das Heiligtum für die Haupt- und Schutzgottheit der Stadt und des Ptolemäerreiches, Serapis. In Gestalt und Kult des Serapis hatte Ptolemaios I. Soter Elemente griechischer und altägyptischer Religion miteinander verschmolzen, um der Königsherrschaft am Nil, die nach dem Tod Alexanders des Großen (323 v. Chr.) aus dem zerfallenden Weltreich hervorgegangen war, eine spirituelle Überwölbung zu verleihen. Das Heiligtum lag im Südwesten Alexandrias und trug seinen Namen nach dem Gott, zu dessen Kult es diente – Serapeion. Auf einem Hügel im Stadtteil Rhakotis errichtet, überragte der heilige Bezirk die Metropole wie eine Akropolis. Die Umfassungsmauer des Temenos – des Heiligtumsbezirks – nahm mit einer Ausdehnung von 170 mal 77 Metern immerhin fast die Fläche von zwei Fußballfeldern ein. Im Innern des rechteckigen, von einer Säulenhalle umgebenen Platzes befanden sich neben dem Tempel des Serapis verschiedene Kultbauten, zu denen auch unterirdische, durch Geheimgänge miteinander verbundene Gewölbe gehörten. In mehreren Umbauphasen wurde das Heiligtum erneuert und erhielt um 200 n. Chr. nach einem Brand einen neuen Zentralbau, in dem die alte Statue des Serapis aufgestellt wurde. Vom neuen Propylon (Torbau) im Osten führte ein Prozessionsweg vorbei an einem Wasserbecken zu den Räumen, über die man die unterirdischen Galerien mit ihren Tierfriedhöfen erreichte.

Auch der griechisch anmutende Tempel für Serapis und die unterirdischen Galerien spiegeln architektonisch die gelungene Verbindung von altägyptischen Kulten mit der griechischen Verehrung der um 300 v. Chr. neu geschaffenen Gottheit. Was die griechischen Elemente des Serapis betrifft, so sind sie Pluton und Zeus entlehnt; was seine ägyptische Seite angeht, so stammen sie von Osiris und Apis. Nach dem ägyptischen Mythos war Osiris von seinem Bruder Seth getötet und zerstückelt worden. Isis, die Gattin des Osiris, sammelte die Körperteile des Ermordeten zusammen und bestattete ihn in einer Weise, dass er ein Leben im Jenseits führen konnte. Ihr gemeinsamer Sohn Horus tötete Seth und beseitigte so das Böse. Wenn nun alljährlich die Wasser des Nil anschwollen, erkannten die Ägypter darin die Tränen, die Isis um den Toten weinte, und mit dem weiteren Anstieg des Pegels verbanden sie das Auffinden des Osiris und den Tod Seths, der für die Dürre stand.

In Anlehnung an diesen Mythos verbanden die Einheimischen mit Serapis in der Kaiserzeit sehr unterschiedliche Vorstellungen. Der Gott sicherte die Fruchtbarkeit des Landes; er war ein rettender Gott (Soter), denn er hatte Heilkräfte, erteilte zudem Orakel und war zuständig für das Leben im Jenseits. Darüber hinaus war er mit dem Himmel verbunden, was sinnfällig in der Architektur des Heiligtums zum Ausdruck gebracht wurde.

Als in Ägypten das Christentum aufkam, waren die heidnischen Vorstellungen von dem einen, viele Aspekte vereinigenden Gott (Henotheismus) für die christliche Gemeinde in Alexandria kaum zu ertragen. So kam es infolge der fortschreitenden Christianisierung der Bevölkerung im 4. Jahrhundert n. Chr. zu blutigen Straßenkämpfen mit den Altgläubigen. Für christliche Autoren war der Kampf um das Serapeion von Alexandria ein Höhepunkt bei der endgültigen Durchsetzung des Christentums in Ägypten wie im gesamten Reich. Die Zerstörung des alten Tempels wurde geradezu als Symbol für den endgültigen Sieg des neuen Glaubens über die paganen Kulte gefeiert.

Ein Detail in diesem christlichen Gewaltfanal verdient besondere Aufmerksamkeit. Zur Schändung des Tempelareals gehörte nämlich auch, dass die Christen eine goldene Elle aus dem Tempel

Die goldene Nilelle im Serapeion Alexandrias

holten und fortan dauerhaft in einer christlichen Kirche aufbewahrten.

Diese Elle aber war von hoher symbolischer Bedeutung für den alten Kult und für den Tempel, in dem man sie zuvor aufbewahrt hatte – und natürlich für das Land am Nil insgesamt. Ihr Aufbewahrungsort im Serapeion war ein seltsamer Platz und Ausgangspunkt komplexer Rituale. In den vorangegangenen Jahrhunderten spielte dieses goldene Maß nämlich eine wichtige Rolle im Zusammenhang mit den Feierlichkeiten zu Ehren der alljährlichen Nilschwelle. So stand die Elle für die Macht des Serapis, das Land am Nil mit einer heilvollen Nilflut zu beglücken und allgemeinen Wohlstand zu bringen.

Wir wissen nicht genau, welche Riten bei diesem Anlass vollzogen wurden, aber die christlichen Autoren kannten die Bedeutung der Elle sehr genau. Die Christen hatten früher schon einmal die goldene Elle aus dem Serapeion entfernt, woraufhin, wie uns der Kirchenhistoriker Sokrates (etwa 380–450) wissen lässt, in der Bevölkerung allgemein die Furcht umging, die Nilflut könne komplett ausbleiben, da Serapis sie ob solchen Frevels verweigern würde. Selbstverständlich, so der Christ weiter, sei der Nil trotzdem wie alle Jahre zuvor auch über seine Ufer getreten, denn schließlich sei es ja der Christengott, der alles bewirke.

Die wundersame goldene Elle, mit der sich so große Erwartungen verbanden, diente nicht dazu, den tatsächlichen Wasserstand zu messen. Sie war also nicht, wie man bisweilen lesen kann, ein *Nilometer* oder *Nilmesser*. In Alexandria hätte man schwerlich ein solches Messgerät gebraucht, weil sie ja nur am äußersten westlichen Rand des Nildeltas lag, dafür aber am Mittelmeer. Sie symbolisierte vielmehr zum einen die realen Messgeräte, die man *andernorts* nicht nur baute und verehrte, sondern real einsetzte, um alljährlich die Höhe der Nilschwelle zu messen. Zum anderen symbolisierte sie die perfekte, fruchtspendende Flut des Stroms. So stand sie gleichsam als Abstraktum für die Bedeutung, die das genaue Wissen über die einzelnen Nilschwemmen in der Verwaltung des Landes unter den Königen – und später auch unter den römischen Provinzstatthaltern – hatte, weil davon das ersehnte Wohlergehen der ägyptischen Bevölkerung abhängig war. Das Serapeion war also ein wahrlich seltsamer Ort, der unabhängig von dem Herrschaftssystem – mochte es ptolemäisch oder schließlich römisch-kaiserlich sein – als mythisch aufgeladener Aufbewahrungsplatz der Elle göttliche Zuständigkeit wie herrscherliche Verwaltungspraxis im Dienste des Landeswohls vereinte.

Um uns klarzumachen, weshalb diese goldene Elle zu allen Zeiten der Antike so verehrenswert war, müssen wir uns kurz die Bedeutung des Nils als Lebensader Ägyptens vor Augen führen: Ohne Kenntnisse vom Quellgebiet des Nils und den Einzugsbereichen seiner beiden Quellflüsse – des blauen und des weißen Nil – wusste man in der Antike nicht, dass der Monsun im äthiopischen Hochland und die tropischen Regenfälle Innerafrikas die Ursache für das plötzliche Anschwellen des Flusses im trockenen Hochsommer bildeten. Folglich sah man darin das Wirken der Götter. Alle Jahre wieder beobachtete man staunend, dass die Wassermassen ab Juni wuchsen und im August den höchsten Pegel erreichten, um allmählich bis Ende Oktober wieder in das normale Flussbett zurückzukehren. Im Idealfall wurde das Niltal komplett geflutet, sodass aus dem Wasser nurmehr die Dörfer herausragten, zwischen denen die Menschen mit Booten herumfuhren. In der Regel stieg der Nil rund acht Meter an, wodurch das Tal rund zwei Meter hoch überschwemmt war. Es entstand eine geradezu malerische Landschaft, die man bereits im antiken Italien auf Mosaiken wie beispielsweise jenem in Palestrina wiedergab. Wenn sich das Wasser zurückzog, hatte der Fluss mehr als 100 Millionen Tonnen fruchtbaren Schlick abgelagert, auf dem die Bauern dann die Aussaat vornehmen konnten. Geerntet wurde im Frühjahr des folgenden Jahres.

Die Nilschwemme wurde jedes Jahr am 19. Juli – nach ägyptischem Kalender am 1. des Monats Thot – mit einem Fest gefeiert, das sich über fünf Tage erstreckte. Es war der Tag, an dem der

Sirius-Stern (der Stern der Isis) aufging und das neue sakrale Jahr begann. Vorausgegangen war, dass am 14. Juli erstmals der unterste Stern des Sternbildes Orion, das Osiris symbolisierte, am Himmel zu sehen war. Das Wiedererscheinen des Osiris bereitete den Aufgang des Isissterns fünf Tage später vor. Die Festvorbereitungen waren nun auf dem Höhepunkt. Ausgelassenes Trinken, Festessen und viel Musik sowie nächtliche Fahrten mit beleuchteten Booten prägten das bunte Treiben. Der ganze Fluss wirkte, wie es der Romanautor Achilleus Tatios bechreibt, mit seinen zahllosen Booten selbst wie ein Festzug (*komos*). Alexandria blieb die ganze Nacht von Fackeln erleuchtet.

Zu diesem Zeitpunkt hatte zwar der Fluss noch nicht seinen höchsten Pegel erreicht, aber es ließ sich bereits ziemlich genau erahnen, wie die Schwemme ausfallen würde. Eine zuverlässige Prognose konnte deshalb verkündet werden, da man an verschiedenen Abschnitten des Flusses Nilmesser (Nilometer) gebaut hatte. Besonders wichtig waren die Nilometer am 1. Katarakt bei Philai und in Elephantine. Es handelte sich um Brunnenkonstruktionen, in denen verschiedene Pegel aufgezeichnet wurden. Zum einen zeigten sie den lokalen Pegel am Katarakt an. Mithilfe eines zweiten Pegels konnte ziemlich genau gemessen werden, welcher Pegelstand in Oberägypten und folglich später auch im Delta zu erwarten war. An den Wänden war die Höhe des Wasserstandes in Ellen angegeben, wobei die niedrigste gültige Höhe mit einem Extraeintrag (*sema*) markiert wurde. Sobald sie erreicht war, schickte man flussabwärts berittene Boten, um entsprechende Nachricht zu senden. Zugleich feierte man das Fest der *Semasia* («das Zeichen ist erreicht»). Münzen zeigen auf ihrer Rückseite dieses Ereignis, zu sehen ist ein Pferd, dessen Reiter, eine Personifikation der *Semasia*, einen Palmzweig in seiner Rechten hält. Vertreter des Pharaos, ptolemäische Könige und später die römischen Statthalter brachten zu Ehren des Flusses Opfer dar, indem sie silberne und goldene Gegenstände in den Fluss warfen. Sobald nilabwärts die geeignete Wasserhöhe erreicht war, durchstach man die entlang des Nils aufgeschütteten Dämme, und das fruchtbringende Wasser ergoss sich über die Felder.

Über die ideale Höhe des Pegelstands schreibt Plinius in seiner Naturgeschichte: «Die rechte Höhe beträgt sechzehn Ellen, ein tieferer Wasserstand bewässert nicht alles, ein höherer ist hinderlich, weil er zu spät abnimmt (...). Mit zwölf Ellen leidet Ägypten Hunger, mit dreizehn immer noch Mangel; vierzehn Ellen bringen Heiterkeit, fünfzehn Sicherheit, sechszehn Jubel» (Plinius, *Naturgeschichte* 5,58). Mit dem idealen Wasserstand von acht Metern war gewährleistet, dass die landwirtschaftlichen Flächen geflutet wurden. Abweichungen von einer oder zwei Ellen nach oben oder unten konnten dramatische Folgen haben. Fiel die Schwemme zu gering aus, drohte eine Hungersnot. Ein höherer Wasserstand konnte zu unberechenbaren Überflutungen und Strömungen führen, die Landstücke einfach wegschwemmten und Ackerland zerstörten. Sobald das Wasser abgeflossen war, schickte daher die zentrale Verwaltung Landvermesser aus, die das bisweilen völlig veränderte Land inspizierten. Eine sehr detaillierte Aufzeichnung und Registrierung des bebaubaren Landes war Grundlage der jährlich festgesetzten Besteuerung. Oft wurden Bauern und Pächter selbst aktiv und zeigten an, dass die Flut ihre Felder nicht erreicht hatte und eine Aussaat im Herbst schwierig oder gar unmöglich sein würde. Auch der Verlust von Land wurde dokumentiert, um eine Steuererleichterung zu erreichen. Dieses Prinzip blieb jahrtausendelang Grundlage der Besteuerung. Noch im 15. Jahrhundert berichtet der Reisende Ibn Battuta, bei 16 Ellen werde die volle Höhe der Grundsteuer fällig.

Der Fluss war zweifellos ein Segen für das Land, aber die Unkalkulierbarkeit der Natur hatte auch etwas sehr Bedrohliches. Dem jährlich wiederkehrenden Unbehagen zu Beginn der Schwemme versuchte man durch eine straff organisierte Verwaltung gerecht zu werden. Seit dem Frühjahr, noch vor der Ernte im April und Mai, wurde darauf geachtet, dass alle dafür zuständigen Bauern und Dorfbewohner sich um Deiche und Kanäle kümmerten, über die

Die goldene Nilelle im Serapeion Alexandrias

das kostbare Nass und der ungemein fruchtbare Schlamm auf die Felder gelangten. Die Anlagen mussten jährlich erneuert und gereinigt werden. Aus einzelnen Papyri erfahren wir, dass die Wartungsarbeiten fünf Tage dauerten und pro Tag und Mann fast vier Kubikmeter Erde bewegt werden mussten. Die unbezahlte Arbeit war hart, weshalb es offenbar häufig zu Arbeitsverweigerung kam. Ein Text berichtet, dass die Kontrolleure von Männern, die sich ihrer Pflicht entzogen, gelegentlich brutal angegriffen und verprügelt wurden. Andere versuchten, sich durch Bestechung oder anderswie von der Fron freizukaufen. Angesichts der Bedeutung der Aufrechterhaltung der Anlagen überrascht es, dass dieses System der Arbeitspflicht nicht irgendwann einmal als staatliche Daseinsvorsorge geregelt wurde, sondern immerhin bis 1889 bestehen blieb.

Die Nilflut galt als göttliches Zeichen. Je nachdem, wie sie ausfiel, ließ sich göttlicher Zorn wie göttliches Wohlwollen daraus ablesen. Der Nil selbst wurde «allerheilig» genannt und verhielt sich wie die Götter, unberechenbar und unstet. Deshalb veranstaltete man für den Fluss, den man als bärtigen Gott zeigte, Feste mit reichen Opfergaben und Prozessionen. Dichter schrieben Hymnen auf den Fluss.

So ist es nur allzu verständlich, dass zu dem Zeitpunkt, da sich die christliche Religion im römischen Weltreich durchsetzte, die Funktionäre des neuen Glaubens den Altgläubigen nicht die Deutungshoheit über das für die Existenz des Landes existentielle Naturgeschehen überlassen konnten. Also hatten die Christen allergrößtes Interesse daran, die goldene Elle aus dem Serapeion zu rauben und sie in ihren Besitz zu bringen. Sie bekannten sich zu dem einen Gott, sangen aber weiter Lieder auf den lebenswichtigen Strom. In einem christlichen Text unter der Überschrift «Der allerheiligste Nil» heißt es: «O Nil, König der Flüsse, reich an Regen, groß von Namen … Steige, Nil, komme herauf diese heiteren sechzehn Ellen.» Was die Christen sich damals wohl nicht so recht klarmachten, war, dass sie mit diesem räuberischen Akt und ihrer neuen Verehrung doch nur die jahrtausendealte, von allen heid-

Orte des Wissens

nischen Herrschern entwickelte und gepflegte Tradition so nachdrücklich wie überhaupt nur möglich bestätigten – und sich damit selbst in die Geschichte dieses seltsamen Ortes einschrieben.

Eine Latrine in Salamis auf Zypern – ein seltsamer Ort der besseren Gesellschaft

35° 11′ 10.26″ nördlicher Breite; 33° 54′ 8.82″ östlicher Länge

Ist eine Latrine als Ort des Wissens denkbar? Man könnte bei Beantwortung dieser Frage an die Lektüreangebote denken, die mitunter auf privaten Toiletten warten und die dort zu verbringende Zeit verkürzen sollen. Aber hier geht es um eine antike Latrine, die als seltsamer Ort vorgestellt werden soll. Als man Ausgrabungen auf dem Gebiet der bedeutendsten Hafenstadt Zyperns, des an der Ostküste gelegenen Salamis, durchführte, drang man tief in eine bis in das 2. Jahrtausend reichende Stadtgeschichte vor, die mit Hilfe der Funde dokumentiert werden konnte. Die wirtschaftliche Blüte von Salamis, die auf ihrer Stellung in einem durch die Jahrtausende gewachsenen Handelsnetzwerk beruhte, setzte sich auch unter römischer Herrschaft fort. War doch die Insel Zypern eine wichtige Drehscheibe des Handels im östlichen Mittelmeer und lag inmitten der Seerouten, die Ägypten, die Levante und Kleinasien mit dem westlichen Mittelmeer verbanden. Der daraus resultierende Wohlstand in Salamis ermöglichte es den Bürgern, sich den damals in reicheren Städten üblichen urbanistischen Luxus zu erlauben und öffentliche Großbauten zu errichten. Dazu gehörte eine schicke Therme, wo man römischer Badekultur frönen, und ein attraktives Gymnasium, wo man Leib und Geist im Sinne griechischer Erziehung kultivieren konnte. Hatte man sich sportlichen Aktivitäten in der Palästra gewidmet – einer Platzanlage im Gymnasium –, so begab man sich zur Körperpflege ins römische Bad.

Eine Latrine in Salamis

271

Als die Archäologen die Palästra ausgruben, entdeckten sie an ihrer Südwestecke eine prachtvolle Latrine. Man hatte sie halbkreisförmig angelegt und an ihrer Rückwand 44 Toilettensitze angebracht, unter denen ein Wasserkanal verlief. Vor den Sitzen gab es einen zweiten Kanal, durch den einst Wasser zur Reinigung floss. Vor den Sitzen erhob sich eine ebenfalls im Halbkreis errichtete Säulengruppe, deren Zwischenräume den Blick zur Palästra freigaben. Bei uns ist solch eine Toilettenarchitektur nicht der Brauch. Daher tat sich auch mancher Archäologe zu Beginn des 20. Jahrhunderts ein wenig schwer, Latrinen wie jene in Salamis zu verstehen. Es finden sich erheiternde Interpretationen der nebeneinander gebauten Sitzlöcher. Mitunter wurden sie als Dampfbäder gedeutet, in denen der Dampf aus den Öffnungen aufgestiegen sein soll. Oder man verstand die nebeneinander gebauten Toiletten als Amphorenhalterungen, die Latrinen demnach als Vorratsräume. Dass das bewunderte römische Imperium, das Verrichten der Notdurft als kollektive Veranstaltung gepflegt haben sollte, war eine ziemliche Herausforderung für das Kultur- und Geschichtsverständnis wilhelminischer oder viktorianischer Gelehrter. Aber ich gestehe, dass ich selbst bei einem Besuch in Leningrad 1982, wo ich eine öffentliche Toilette aufsuchte, etwas verstört war, als ich feststellen musste, dass russische Männer dort nebeneinander auf Toiletten saßen, die nicht durch Kabinenwände voneinander getrennt waren.

Mitunter kann man heute lesen, dass die Latrinen in der Antike Orte eines ungezwungenen Miteinanders, des Austausches und der Diskussion waren. Wahrscheinlich haben sich auch in der Latrine von Salamis die Besucher des Gymnasiums angeregt miteinander unterhalten, über den Unterrichtsstoff im Gymnasium diskutiert und andere an ihrem Wissen teilhaben lassen.

Es mag überraschen, aber die Frage, wer auf antiken Latrinen saß, ist alles andere als trivial – «*in* ist, wer drin ist». Im Römischen Reich hat man bisher rund 150 solcher aufwendigen Sanitäranlagen entdeckt. Mit anderen Worten: Längst nicht überall standen den

Bewohnern antiker Städte solche Räumlichkeiten zur Verfügung. Manch einer, der es sich leisten konnte, erledigte diese Angelegenheiten zuhause. In Pompeii und Ostia beispielsweise hat man eine große Zahl von Haustoiletten ausgegraben. Oft aber gab es gar keinen Extraraum, und die Bewohner benutzten Nachttöpfe und Amphoren. In einer Herberge in Pompeii fand man das Graffito: «Lieber Wirt, wir haben ins Bett gemacht, ... weil Du uns keinen Nachttopf hingestellt hast!» Bei mehrstöckigen Wohnhäusern gab es im Erdgeschoss Sammelstellen, die entweder – wie in Athen – von beauftragten Unternehmern (*koprologoi*, von *kopros*: Scheiße) oder – wie in Rom – von städtischen Arbeitern oder Sklaven gewartet und gereinigt wurden. Ein Gesetz erlaubte es diesen sogenannten *stercorarii* («die zum Kot Gehörigen»), tagsüber mit ihren Wagen den Unrat abzutransportieren, während andere Wagen nicht fahren durften.

Anschluss der Etablissements an die Kanalisation gab es selten. Daher waren die menschlichen Hinterlassenschaften ein im wahrsten Sinne des Wortes alltägliches Problem in den Städten. Gerade die einfacheren Leute verrichteten ihr Geschäft direkt auf der Straße. An Privathäusern Pompeiis kann man häufig Drohungen lesen, die sich gegen diese *cacatores* richten: Ihnen werde Böses widerfahren, denn die Götter werden sie bestrafen. Die allfälligen Verschmutzungen betrafen private wie öffentliche Gebäude gleichermaßen, aber auch Nekropolen wurden häufig als Toiletten zweckentfremdet. In Herculaneum sind an eine Wand konkrete Strafen für diejenigen genannt, die ihren Mist hinterlassen: Kinder müssen Denare bezahlen, Sklaven sollen geprügelt werden.

Dass dieser Aspekt des täglichen Lebens in der Antike nicht nur lästig, sondern auch gefährlich war, wird einem rasch klar, wenn man wiederholt Erlasse findet, die einschärfen, die öffentlichen Wasservorräte besonders vor Kot zu schützen. Verschmutzte Landschaften in der Nähe der Städte waren, wie wir den Quellen entnehmen, ein ständiges Problem. Strabon berichtet, dass im 3. Jahrhundert v. Chr. in Athen das Wasser des Flusses Eridanos wegen der extremen Verschmutzung nicht mehr genutzt werden konnte.

Eine Latrine in Salamis

273

Die Schamschwelle scheint gering gewesen zu sein. Es ist angesichts der beschriebenen Zustände durchaus bemerkenswert, dass Theater, Circus und Stadien nicht mit festen Toiletten versehen waren. Sehr wahrscheinlich wurden dort, wenn Spiele veranstaltet wurden, kurzzeitig entsprechende Anlagen bereitgestellt. Den Urinsammelstellen verdanken wir übrigens eines der bekanntesten Bonmots der Antike: Da im 1. Jahrhundert n. Chr. Kaiser Vespasian sie mit einer Steuer belegte, was sein Sohn Titus unmöglich fand, bewies ihm der alte Pragmatiker, dass *Geld nicht stinkt* (Sueton, *Divus Vespasianus* 23).

Latrinen wie jene in Salamis waren daher ein großer Fortschritt. Aber sie standen eben durchaus nicht der gesamten Bevölkerung zur Verfügung! Es gab nicht nur eine Hierarchie der Latrinen hinsichtlich ihrer architektonischen Gestalt, sondern auch was ihren Nutzerkreis betraf. So hat man beispielsweise in der großen Villa des Kaisers Hadrian bei Tivoli insgesamt 134 Toiletten gezählt. Die kaiserliche Familie und ausgewählte Gäste nutzten Einzelkabinen. Die Latrinen mit vielen Sitzen aber weisen deutlich Unterschiede auf. Sie waren weniger zentral gelegen und eher in Randzonen der riesigen Villa eingerichtet worden. Eine Latrine mit 13 Sitzen etwa war höherem Personal vorbehalten, während eine andere mit 15 Sitzen im Servicetrakt vielen hundert Sklaven als Abort diente. Eine solche soziale Hierarchie der Toiletten von einfachen Räumen bis hin zu Latrinen mit Marmorausstattung von höchster Qualität verdeutlicht etwas sehr Wichtiges: Für sozial Höherstehende war der Anblick rangtieferer Personen beim Toilettengang beleidigend. Hingegen war es für die hohen Herren kein Problem, wenn sie von Untergebenen auf der Latrine gesehen wurden. In den Prachtlatrinen sorgten Sklaven in den Vestibülen dafür, dass ihre Herren ungestört mit ihresgleichen die für sie vorgesehene kollektive Toilettenanlage benutzen und dort kommunizieren konnten. Aufwendige Architekturausstattung und der Umstand, dass die Besucher der Latrinen im öffentlichen Raum Zeit hatten, sich mehrere Stunden mit Körperpflege zu befassen, sind Indizien sozialer Distinktion. Dort traf man

Orte des Wissens

auch die wichtigen Leute, wenn man sich von ihnen eine Gunst verschaffen wollte. Der Dichter Martial beispielsweise weiß von einem Schmarotzer namens Dento, der sich stundenlang in einer Latrine aufhielt, um eine Einladung zu einem Abendessen in besserem Hause zu ergattern.

Auch andernorts lassen sich Latrinen als Spiegel sozialer Differenz beobachten. In Ephesos etwa gab es in den Vedius-Thermen eine Latrine mit Sitzen, die für unterschiedliche Berufsgruppen reserviert waren. Den Geldwechslern, Hanfarbeitern, Leinenwebern, dem Kollegium der Korbflechter und anderen Gruppen waren dort spezielle Toilettensitze zugewiesen, auf denen sie bei entsprechender Gelegenheit zusammensaßen.

Der Archäologe Richard Neudecker hat überzeugend nachgewiesen, dass gerade die besonders prächtig gestalteten Latrinen exklusiv Männern vorbehalten waren, deren Tagesablauf vor allem mit ökonomischen und politischen Tätigkeiten ausgefüllt war. Dies dürfte auch für die Latrine in Salamis gelten. Schließlich war sie wie viele der Prachtlatrinen mit einem Bad und einem Gymnasium verbunden. Diese Einrichtungen suchte eine ausgewählte Personengruppe am späteren Nachmittag nach getaner Arbeit auf, um sich vor dem Abendessen einerseits körperlich zu betätigen und andererseits den Körper gründlich zu reinigen. Die medizinische Fachliteratur der Kaiserzeit enthält zahlreiche Ratschläge, wie und zu welcher Tageszeit am effektivsten der Körper zu entleeren war. Die Beherrschung der Körperfunktionen, die Kontrolle des Stuhlgangs, war ein gesellschaftliches Distinktionsmerkmal. Es fand selbst Eingang in den philosophischen Traktat des Kaisers Mark Aurel, der sich abfällig über Menschen äußert, die ihren Stuhlgang nicht unter Kontrolle haben. Kaiser Claudius erwog gar ein Gesetz, das lautes Furzen in Gegenwart des Kaisers unter Strafe stellen sollte.

In der Prachtlatrine war die angestrengte und hörbare Entleerung hingegen erwünscht. Alle bedeutenden Ärzte der Zeit haben sich dem Thema gewidmet, denn der menschliche Körper wurde als Gefäß von Säften unterschiedlicher Qualität verstanden. So be-

Eine Latrine in Salamis

schäftigte es Ärzte wie Patienten, dass die schlechten Säfte über die Körperöffnungen den Leib verließen. Daher finden sich auch viele Ratschläge und Tipps – etwa wie man zu festen Stuhl durch körperliche Aktivitäten und Abführmittel loswerden könne – in der einschlägigen Literatur. Es ist wiederum eine Latrine in Ephesos, welche solche medizinischen Ratschläge persifliert: «Stampfe mit dem Fuß und schwenke die Faust, rufe laut, huste vom Herzen und schüttele den ganzen Körper, scheiße aus dem Innersten und erfreue deinen Geist, es möge dich dein Bauch nie betrüben, wenn du in mein Gemach eintrittst» steht dort über der Eingangstür. In einer Latrine Ostias finden sich sieben Bildnisse von Philosophen mit Beischriften. Neben einem Bild Solons steht: «Um gut zu kacken, streichelte Solon seinen Bauch.» Neben Thales findet sich der Satz: «Die hart Scheißenden mahnte Thales, fest zu drücken.» Und daneben: «Leise zu furzen, lehrte der listige Chilon.» Ein anderes Graffito lehrt: «Freund, du vergißt das Sprichwort: Kacke gut und scheiß auf die Ärzte.»

Wer immer diese Häuser besuchte und solche Graffiti anbrachte, mit denen antiken Denkern wie Solon und Chilon gedacht wurde, muss über einen gewissen Bildungshintergrund verfügt haben – immerhin gehörten die beiden in der Antike zu den sprichwörtlichen Sieben Weisen. Das bestätigt unsere Beobachtung, dass die antike Latrine sogar ein Ort des Wissens und vor allem aber ein wichtiger, wenn auch für uns seltsam anmutender Ort der sozialen Distinktion war – ein *place to be.*

9.
Orte des Grauens und des Todes

D ie antike Welt war eine Welt voller Gespenster, Geister, Halbtoter, Werwölfe und Vampire. Solche Geister, aber auch Götter oder Heroen konnten plötzlich und unerwartet erscheinen und die Menschen heimsuchen. Da man zudem an ein Weiterleben im Jenseits glaubte, sah man sich beständig von der Wiederkehr der Toten bedroht. Man tat daher bei der Bestattung und der Grabpflege alles, um die Verstorbenen bei Laune zu halten. Dazu gehörten die Einhaltung ritueller Vorschriften und regelmäßige Opfer am Grab. Neben den Wiedergängern aus dem Totenreich gab es zudem viele andere Wesen, die man nicht sehen konnte, von denen man aber schreckliche Geschichten erzählte. Zu ihnen gehörten ganze Schwärme von Dämonen, die des Nachts umherschwirrten, um Schrecken zu verbreiten. Diesen Schrecken bewirkten sie nicht durch ihr Erscheinen selbst, sondern durch die Folgen ihrer Taten. So stellte man sich vor, dass insbesondere Kinder von diesen Wesen bedroht wurden. Den plötzlichen Kindstod lastete man Vampiren und deren nächtlichen Überfällen an.

Die Ammen, so ist zu lesen, erzählten den Kindern entsprechende Schauergeschichten, um sie folgsam zu machen. Zu den unheimlichen Wesen gehörte etwa Lamia. Sie war im Mythos eine der zahllosen Geliebten des Zeus, welche die Rache seiner Gattin Hera zu spüren bekam. Hera tötete ihre mit Zeus gezeugten Kinder, weshalb sich die trauernde Lamia in ein hässliches Monster verwandelte, das von Schlaflosigkeit gequält wurde. Zeus gab ihr daher die Fähigkeit, etwas Ruhe zu finden, indem sie ihre Augen aus dem Kopf nahm – eine grauenvolle Vorstellung. Lamia versuchte, den Verlust der eigenen Kinder zu kompensieren, indem sie selbst ruhelos allen Kindern nach dem Leben trachtete, um sie ihren glücklichen Müttern zu entreißen. Sie tötete sie, indem sie ihr Blut trank und ihr Herz fraß. Aus dieser *einen* Lamia wurde später ein *Schwarm* von Lamien, die Kinder verfolgten; einige der Monster hießen Sybaris, Mormo, Gello und Karko.

In der Bevölkerung war die Vorstellung von Geistern und Gespenstern mit bestimmten Orten verbunden, wo sich diese Schauergestalten aufhielten: Scheidewege, Schluchten, Höhlen, dunkle Wälder und verlassene Türme galten als Heimstätten von Geistern und Gespenstern. Doch das waren ‹nur› imaginierte Orte des Grauens. Daneben existierten auch ganz reale Orte des Grauens, die jedermann besichtigen konnte. Den Platz, wo die Athener und Plataier 490 v. Chr. die Schlacht von Marathon geschlagen und die Perser besiegt hatten, sollte man nur tagsüber besuchen, weil nachts das Wiehern von Pferden und der Kampf von Männern zu hören war. Wer sich aber frevlerisch verhielt und wach blieb, um die Geister zu sehen, trug Schaden davon. Besichtigen konnte man auch Folterinstrumente und Hinrichtungsorte von Tyrannen, die noch zu sehen waren. So zeigte man viele Jahrhunderte auf Sizilien den bronzenen Stier des Tyrannen Phalaris von Akragas (um die Mitte des 6. Jahrhunderts v. Chr.). Er hatte eine Luke, in die Verurteilte in das Innere herabgelassen wurden. Unter dem Bauch des Stieres wurde einst ein Feuer entfacht, sodass die Delinquenten darin qualvoll starben und in ihrer Not so schrien, dass man glaubte, den Stier brüllen zu hören, woran der Tyrann sich ergötzt haben soll, wie es heißt. Auf Kreta wiederum besuchten Bildungsreisende die verfallenen Reste des Palastes von Knossos. Diese verband man mit dem Mythos vom Minotaurus – einem Monster halb Stier, halb Mensch –, dem immer wieder Menschenopfer dargebracht werden mussten. Der Sage nach wurde das Untier von dem athenischen Heroen Theseus in dem Labyrinth des Palastes getötet. Anders wiederum ist das Grauen, von dem antike Geographen im Hinblick auf das heutige Jordanien schrieben, wo es eine Stadt der abgeschnittenen Nasen gegeben haben soll: Angeblich hat dort ein König allen Bewohnern nach einem Aufstand die Nasen abschneiden lassen, um sie für ihr Aufbegehren zu bestrafen. Und von der karischen Stadt Kaunos erzählte man, sie sei die Stadt der leben-

Orte des Grauens und des Todes

den Toten. Die dort grassierende Malaria machte wohl aus den Bürgern hohlwangige Kranke mit fahl grünlicher Hautfarbe.

Nach allem, was wir bisher über die Ortsversessenheit der antiken Zeitgenossen erfahren haben, was wir gelernt haben über ihr Bestreben, den Geschichten, Mythen und ordnenden Konstruktionen von Geschichte einen realen Ort zu geben, überrascht es nicht, dass dies auch für das Grauen gilt. Doch das Grauen hatte sehr verschiedene Facetten. Es konnte reine Fiktion sein, mit denen die antiken Gesellschaften in erfundenen Erzählungen den Zeitgenossen Vorstellungen von Ordnung und Sinn sowie moralische und ethische Werte vermittelten. Es konnten aber auch wirkliche Orte des Grauens sein, in denen man *das Andere* und *den Fremden* wahrnahm und an deren Beispiel das grausame Verhalten anderer Völker studierte. Schließlich gab es sogar Orte, die sich eine Gesellschaft selbst schuf, um zu töten und grauenvolle Gewalttaten zu begehen – Hinrichtungsorte oder Orte der Leichenschändung, wo sich animalische Affekte einer aufgebrachten Menge entladen durften. Wir werden im Folgenden alle diese Ortstypen kennenlernen. Am Anfang steht ein Ort, der exemplarisch verdeutlichen kann, dass selbst Spuk- und Gespenstergeschichten der Kommunikation gemeinschaftlicher Werte dienen können.

Das Gespensterhaus in Athen

Viele erinnern sich heutzutage voller Schauder daran, dass sie sich als Kinder mit pochendem Herzen in verlassene Gebäude wagten, um vor Freunden damit zu prahlen, dass sie keine Angst vor den dort lebenden Gespenstern haben. Ich jedenfalls denke gern an solche jugendlichen Expeditionen ins Geisterreich zurück. Derartige mystische *lost places* haben zurzeit eine große Fangemeinde, die sich im Internet vernetzt hat und von der es zahlreiche Bücher gibt. In den traditionellen Gruselgeschichten des 18. bis 20. Jahrhunderts eines Edgar Allan Poe, Howard Phillips Lovecraft oder Algernon Blackwood gibt es zahlreiche verlassene alte Häuser, in denen das Grauen wohnt.

Diese Bilder stammen aber tatsächlich aus der antiken Literatur, die den Autoren wohlvertraut war. Sie wurden immer wieder als Quelle und Inspiration für viele Motive genutzt, mit denen man Gespenster und Geister beschrieb. Blutsaugende Wesen wie die schon erwähnten Lamien oder die Empusen – weibliche Monster, die ihre Geliebten verzehren – waren Vorbild für die Vampire.

Aber auch andere heutige Gruselmotive sind antiken Texten entlehnt und münden in eine über Jahrtausende bis heute reichende volkstümliche Kultur von Spukgeschichten. Bereits in der Antike, so wird erzählt, habe man Häuser abreißen lassen, da darin Gespenster ihr Unwesen trieben. So soll es beispielsweise in dem Gebäude, in dem der verhasste Kaiser Caligula (37–41) in Rom ermordet wurde, später gespukt haben, weshalb man das Haus zerstörte. Aus Ruinen drangen häufig Geräusche von Untoten, Wiedergängern und Gespenstern. Selbst im Geburtshaus des Kaisers Augustus soll es nicht geheuer gewesen sein. Wer dort unerlaubt übernachtete, bezahlte dies mit dem Besuch grausiger Geistererscheinungen. Der berühmte römische Komödienautor Plautus hat um 200 v. Chr. eine Gespensterkomödie geschrieben: Ein Sklave namens Tranio, der in Abwesenheit seines Herrn, dafür aber mithilfe von dessen Sohn alles verprasst hat, versucht den Herrn nach dessen Rückkehr am Betreten des Hauses zu hindern. Er erzählt ihm, was man in solch einem Falle eben so erzählt – im Haus treibe ein Gespenst sein Unwesen. Lukian – ein Literat und Satiriker aus dem kleinasiatischen Samosata aus dem 2. Jahrhundert n. Chr. – weiß von einem Haus in Korinth, dessen Dach verfallen ist und von dem man berichtet, dass es darin spuken soll. Und auch der kaiserzeitliche Schriftsteller Plutarch – einer der gebildetsten Männer der Antike – weiß natürlich von Gespenstern, die aparterweise in einem verfallenen Bad in Chaironeia in Boiotien mit Ketten klirren.

Das Gespensterhaus in Athen

Einen besonders prominenten Platz unter den antiken Schauer-geschichten aber nimmt ein Geisterhaus in Athen ein, das der jüngere Plinius (etwa 62–113 n. Chr.) in einem Brief an seinen Freund Lucius Licinius Sura, einen führenden Senator seiner Zeit und Vertrauten des Kaisers Trajan, ausführlich beschrieben hat (Plinius, *Briefe* 7,27). Wie er eingangs erwähnt, möchte er mit seinem Freund darüber nachdenken, ob es wirklich Gespenster gibt und ob sie eine eigene Gestalt und Wirksamkeit haben. Oder ob sie nur existieren, weil unsere Furcht diesen eigentlich leeren Gebilden eine echte Gestalt gibt – ein Gedanke, den Stephen King übrigens meisterhaft in seinem Roman *It* umgesetzt hat, wo das Böse immer die Gestalt dessen annimmt, vor dem sich die Kinder je am meisten fürchten.

Plinius betont, dass er selbst an die Existenz von Gespenstern glaube. Dies habe zu tun mit Geschichten, die er für wahr und verlässlich hält. Neben einer Geistererscheinung, die dem Senator Curtius Rufus in der weiblichen Gestalt der Personifizierung Afrikas seine Zukunft treffend vorausgesagt hat, spielt dabei eben jenes Geisterhaus in Athen die Hauptrolle. Es habe sich um ein großes, weitläufiges, aber verrufenes und Verderben bringendes Haus gehandelt. Nachts seien aus dem Haus eigentümliche Geräusche zu vernehmen gewesen. Man habe Eisen klirren und bei genauerem Hinhören das Rasseln von Ketten hören können, das allmählich näher kam. Schließlich erschien ein grausig aussehendes Gespenst in Gestalt eines alten, abgemagerten Mannes, starrend vor Schmutz, mit langem Bart und wirren Haaren. An Händen und Füßen habe er Fesseln getragen, mit denen er jene Geräusche machte. Die Bewohner des Hauses hätten daher aus Angst nicht mehr schlafen können und trostlose, grausige Nächte durchwacht, was sie schließlich krank gemacht und mit wachsender Angst sogar zum Tode geführt habe. Das Gespenst habe sich zwar tagsüber nicht gezeigt, aber den Bewohnern war es in ihrer Phantasie auch tagsüber präsent. Man habe daher das Haus aufgegeben und ganz dem Geist überlassen, zumindest aber versucht, es unter Wert zu vermieten.

Orte des Grauens und des Todes

Der Philosoph Athenodoros von Athen habe die Mietanzeige gelesen. Als ihm der Preis genannt worden sei, habe er Verdacht geschöpft und nachgehakt, weshalb er so niedrig sei. Ihm sei von dem Gespenst berichtet worden, was ihn in dem Beschluss, das Haus zu mieten, nur bestärkt habe. Als Philosoph sei er mit Gefolge eingezogen, wobei er sich im Vorderhaus am Abend ein Lager, ausgestattet mit Lampe, Schreibtafel und Griffel habe einrichten lassen. Er wollte durch geistige Tätigkeit sein Gehirn daran hindern, einem Trugbild aufzusitzen und unbegründete Angst zu erfahren. Als schließlich das Kettenrasseln begonnen habe, habe er sich gezwungen, nicht hinzuhören. Die Geräusche seien aber lauter geworden, und schließlich habe auch Athenodoros die Gestalt gesehen. Sie habe durch eine Geste den Philosophen aufgefordert, ihm zu folgen, was dieser aber ignoriert habe. Daraufhin sei das Gespenst so nah an ihn herangetreten, dass die Ketten unmittelbar über dem Kopf rasselten. Athenodoros sei nun dem Gespenst gefolgt, das ihn in den Hof des Hauses geführt habe, dort aber plötzlich verschwunden sei. Der Philosoph habe die Stelle mit Blättern markiert. Am nächsten Tag habe er dies den Behörden mitgeteilt und darum gebeten, an dieser Stelle zu graben. Tatsächlich fand man menschliche Knochen mit Ketten, die man daraufhin auf Staatskosten beisetzte. Die Manen, die römischen Totengeister, seien dadurch besänftigt worden. Der Spuk in dem Haus sei fortan ausgeblieben.

Wir erfahren in dieser Geschichte einiges über Jenseitsvorstellungen, Bestattungspflicht, die Rolle der öffentlichen Behörden und die philosophische Praxis der Kaiserzeit. Die Geschichte transportiert also vielfältige Informationen und Ordnungsvorstellungen. Plinius vertraut explizit seinen Gewährsmännern, die sich für die Wahrheit der Geschichte verbürgen. Dass er als gebildeter Senator an Gespenster glaubt, wird mit einer biographischen Notiz abgerundet: Einer seiner Freigelassenen und einige seiner Sklaven seien nachts von weiß gekleideten Geistern heimgesucht worden, die ihnen die Haare schoren. Plinius schreibt seinem Freund, dies

Das Gespensterhaus in Athen

deute er als überirdisches Zeichen, dass er unter dem tyrannischen Kaiser Domitian einer Anklage entgangen sei, obwohl schon eine Klageschrift vorgelegen habe. Angeklagte ließen sich nämlich die Haare ungeordnet wachsen. Die geschorenen Sklaven stünden aber für das genaue Gegenteil. Es lässt sich daran sehr gut erkennen, wie die Tradition der Spukgeschichten mit dem politischen Alltag verflochten worden ist.

Mochten Gruselgeschichten über seltsame Häuser der antiken Welt für einen Autor wie Lukian vor allem Belege dafür sein, auf welch niedrigem Niveau sich viele zeitgenössische Philosophen und Literaten bewegten, so können wir doch immerhin mit ihrer Hilfe erkennen, dass anhand dieser Texte immer wieder die grundsätzliche Debatte über Lüge und Wahrheit in der Literatur geführt wurde, worauf der Althistoriker Mischa Meier zutreffend hingewiesen hat. Darüber hinaus berührten sie die wichtige Frage, wie ein Bericht in einer vormodernen Gesellschaft auf seinen Realitätsgehalt geprüft werden konnte – eine ganz grundsätzliche Frage antiker Kommunikation.

Die Gemonische Treppe –
im Schatten Achills

41° 53′ 34.79″ nördlicher Breite; 12° 29′ 4.01″ östlicher Länge

Als der erste römische Princeps Augustus starb (14 n. Chr.), rühmte er sich, er habe eine Stadt aus Backsteinen vorgefunden und eine aus Marmor hinterlassen. Sieht man sich die Baumaßnahmen an, die in seiner Regierungszeit von ihm und Mitgliedern seiner Familie durchgeführt wurden, trifft diese Zuspitzung durchaus das Richtige. Neben verschiedenen Großbauten auf dem Marsfeld, darunter das Pantheon, und vielen erneuerten Tempeln stechen besonders das neue Augustusforum und die Neugestaltung des alten

Orte des Grauens und des Todes

Forum Romanum ins Auge. Das Forum wurde vom ersten Princeps in einen öffentlichen Platz verwandelt, der Repräsentationsort seiner Familie wurde. Der Tempel für den vergöttlichten Caesar mit neuer Rednertribüne, die Ehrenbögen für Augustus selbst, die im Namen seiner Enkel erneuerte Basilica Iulia sowie die wieder aufgebaute Basilica Aemilia, das nun vollendete Senatsgebäude und die unter seinem Stiefsohn und Nachfolger Tiberius erneuerten Tempel für Saturn, Concordia sowie Kastor und Pollux ließen das Forum in glänzender Marmorarchitektur neu erstehen. Das Forum war fortan der Platz, die dynastische Politik des Kaiserhauses in großer Architektur zu spiegeln.

Zur Neugestaltung des Platzes gehörte auch ein angesichts dieser strahlenden Monumentalarchitektur gänzlich irritierender Ort, dessen Beschreibung als ‹seltsam› eigentlich eine ziemliche Untertreibung darstellt: Unmittelbar vor dem Tempel der Concordia führte die einzige befahrbare Straße auf den Kapitolshügel, den *Clivus Capitolinus*, über den die Triumphatoren am Ende des Triumphzuges zum Jupitertempel gelangten, um dort dem obersten Gott zu opfern. Neben dieser Fahrstraße baute Augustus auf der anderen Seite des Concordia-Tempels eine Treppe, die zur Arx, der Burg des Kapitols, hinaufführte. Sie setzte sich im Anstieg fort bis zum Tempel der Iuno Moneta (wo sich eine Münzstätte befand) und wurde von den antiken Zeitgenossen im oberen Teil entsprechend *Gradus Monetae* genannt. Der untere Teil dieser Treppe entspricht ungefähr der heutigen Stufenanlage, die hinter dem Septimius-Severus Bogen auf den Kapitolshügel und die Via di S. Pietro in Carcere führt. Unmittelbar nördlich neben dieser Treppe steht heute die Chiesa di S. Guiseppe dei Falegnami. Sie wurde von der Zunft der Schreiner (*falegnami*) 1540 über der Chiesa di S. Pietro in Carcere errichtet. Diese wiederum war im Mittelalter über den antiken Carcer Mamertinum (oder Tullianum) gebaut – jenem römischen Gefängnis, in dem einer mittelalterlichen Legende zufolge Petrus und Paulus gefangen gehalten worden sein sollen. In dieses Gefängnis warf man in der Antike

Die Gemonische Treppe

nach dem Triumphzug die besiegten Feinde, um sie zu erdrosseln und anschließend ihre Leichen der Menge zu zeigen, bevor man sie in den Tiber warf. Das Gefängnis hatte mehrere Räume, wobei das tiefste Geschoss mit einem runden, feuchten Raum die Hinrichtungsstätte war. Der römische Senator und Historiker Sallust (86–35 v. Chr.) schrieb, dass dieses Verlies «in seiner Verwahrlosung, seiner Dunkelheit und seinem Gestank … einen widerwärtigen Anblick» bot (Sallust, *Verschwörung des Catilina* 55). Dort starben unter anderem der Gallier Vercingetorix, der König Jugurtha, die Mitverschwörer Catilinas und andere prominente Feinde Roms.

Die von Augustus erbaute Treppe *neben* dem Gefängnis diente einem grausigen Zweck, der aus heutiger Sicht gar nicht zur repräsentativen Architektur des Forums zu passen scheint, für antike Zeitgenossen aber nichts Anstößiges hatte. Dort sollten nämlich die Leichen der Hingerichteten gezeigt und geschändet werden. Der Ort trug den Namen *Scalae Gemoniae*, Gemonische Treppe. Verstörend wirkt weniger die Ausstellung der Leichen, sondern vor allem die Aufforderung zur kollektiven Schändung der Toten, die man nach gewaltsamer Entwürdigung mit Fleischerhaken ans Tiberufer zerrte und ins Wasser warf.

Grauenvolle Szenen müssen sich dort vor aller Augen und unter Beteiligung vieler Menschen abgespielt haben. Warum vergriff man sich an den Leichen, malträtierte und zerstückelte sie? Eigentlich betrachtete man in der Antike Leichenschändung als einen unerhörten Akt, der die Regeln der Gemeinschaft verletzte. Die früheste, literarisch meisterhaft als die dem Menschen gesetzten Grenzen überschreitende Tat beschriebene Schändung eines Toten findet sich bekanntlich in der *Ilias*: Achill schändet den Leichnam Hektors. Nachdem schon seine Gefährten mit Lanzen in den toten Körper gestochen hatten, bindet Achill ihn an seinen Streitwagen und schleift ihn um das Grab seines geliebten Freundes Patroklos. Neun Tage lang wird der Leichnam jeden Morgen dreimal um das Grab geschleift, bis es dem alten Priamos gelingt, den Toten bei

Achill auszulösen und zu bestatten. Der Körper Hektors zeigt indes keinerlei Schaden oder Spuren der Verwesung. Der Gott Apoll hatte ihm eine goldene Aigis, eine Art Schutzhaut übergezogen, die Verstümmelung und Auflösung verhinderte. «Jetzt aber liegst du mir taufrisch und wie eben gestorben in den Hallen» (Homer, *Ilias* 24,757 f.), kann daher seine Mutter Hekabe angesichts des unversehrten Toten sagen. Die elftägige Bestattung Hektors schließt die *Ilias* eindrucksvoll ab und setzt einen markanten Schlusspunkt.

Homer lässt keinen Zweifel daran, dass Achill sich mit der vollzogenen Leichenschändung selbst aus der Gemeinschaft aussonderte. Ein eindringliches Bild dafür ist das auf einer Vasendarstellung erhaltene, einsam eingenommene Mahl, während unter dem Lager des Achill – den übrigens Kassandra in Christa Wolfs gleichnamiger Erzählung *Achill das Vieh* nennt – der tote Hektor liegt. Solche literarischen Bilder, welche die Schändung als grauenvollen Akt beschreiben, finden sich häufiger. Herodot erzählt beispielsweise, wie der Perserkönig Kambyses (etwa 558–522 v. Chr.) die Mumie des Pharaos Amasis misshandeln ließ: Man schlug die Mumie, riss ihr die Haare aus, durchbohrte sie und prügelte auf sie «bis zur Ermüdung» ein, um sie schließlich zu verbrennen (Herodot, *Historien* 3,16). Der spartanische König Pausanias – stilisiert als ein Mann von gutgriechischer Gesittung – lehnt es nach der Schlacht bei Plataiai (479 v. Chr.) ab, die Leichen der Perser zu schänden, mit dem Argument, dies zieme sich «wohl mehr für Barbaren als für Griechen; aber auch bei den Barbaren tadeln wir etwas Derartiges» (ebenda 9,79).

Trotz solcher Verurteilung von Leichenschändung war sie zu allen Zeiten üblich. Der assyrische König Assurbanipal etwa rühmt sich im 7. Jahrhundert v. Chr., er habe den Kopf eines Feindes mit einem Messer traktiert, bespuckt und mehrere Tage als Trophäe mit sich herumgetragen. Ein Relief im Palast zeigt das Königspaar beim Mahl, während in einem Baum der Kopf des Verschwörers hängt. Auch den Mitputschisten ging es nicht besser: «Ihr Fleisch zerstückelte ich und ließ es in allen Ländern zum Anschauen her-

Die Gemonische Treppe

umtragen.» Gerade die Zurschaustellung abgeschlagener Köpfe war bis in römische Zeit in antiken Kulturen verbreitet. Wir wissen auch davon, dass Köpfe erschlagener Feinde nach Rom geschickt bzw. Köpfe von Opfern der Proskriptionen der Jahre 82 und 43 v. Chr. an der Rednertribüne des Forums ausgestellt wurden. Selbst Staatsreliefs wie die Trajanssäule zeigen, wie die Soldaten ihrem Kaiser abgeschlagene Köpfe präsentieren.

Man konnte aus einem einfachen Grund nicht von den Toten lassen: Die Leiche war letztlich vor ihrer Verwesung immer noch gewissermaßen ein Double des Feindes. Sein Körper stand für die fortbestehende Anwesenheit des eigentlich infolge des Todes schon Abwesenden – das war offenbar eine echte Zumutung für den Sieger. Auch der Körper als Abbild des Toten musste vernichtet werden. Mit der Schändung der Leiche verfolgt man den Gegner bis ins Totenreich oder verweigert ihm durch die ausgebliebene Bestattung, das Jenseits jemals zu erreichen.

Mit dem Bau der Gemonischen Treppe ist unter den frühen Kaisern Roms eine besondere Form der öffentlichen Inszenierung von Schändung erreicht. Jedem Römer wird gestattet, sich an der Zerstückelung zu beteiligen. Man mag sich nicht vorstellen, wie der Einzelne in der Menge seine Scheu überwand, den Leichnam mit Schlagwerkzeugen oder Messern zu berühren, in das Fleisch zu schneiden, und ebenso wenig, wie der Pöbel in einer johlenden Menge sich wechselseitig bei der Schändung anstachelte. Zugleich wissen wir von Kriegsfotografen unserer Tage, zu welchen Bestialitäten die Menschen auch heute noch im Umgang mit dem toten Feind bereit und in der Lage sind, ohne hier ins Detail zu gehen.

Doch welches Motiv hatten gerade die ersten Kaiser, einen solch grauenvollen Ort ausgerechnet im Herzen der Stadt zu errichten? Es ist vermutet worden, dass die Beteiligung an der Schändung die Bevölkerung dafür entschädigen sollte, dass die Verurteilungen und Gerichtsverfahren gegen Staatsfeinde in den Händen der Monarchen lagen. Die Aufforderung zur Schändung hat sie in der Tat zu Komplizen der Herrscher gemacht, die den neuen

Orte des Grauens und des Todes

Straftatbestand der Majestätsverletzung eingeführt hatten. Indem Bürger die Körper Hingerichteter zurichteten, zeigten sie sich als folgsame Gehilfen des neuen Regimes.

Und es dauerte nicht lange nach Bau der Gemonischen Treppe, bis erste Berichte den Furor der Bevölkerung schildern. Im Jahr 20 n. Chr. wurde der Senator Calpurnius Piso angeklagt, den allseits beliebten Germanicus, ein Mitglied der kaiserlichen Familie, auf einem Feldzug in Syrien vergiftet zu haben. Als die Nachricht vom Tod des Germanicus in Rom eintraf, spielten sich in der Öffentlichkeit Szenen ab, die man mit den Trauerritualen für Diana, Princess of Wales in London vergleichen kann. Auf öffentlichen Plätzen fanden sich die Römer zusammen, um gemeinsam zu trauern, Blumen und Kränze auszulegen. Entsprechend aufgeheizt war die Stimmung in Rom, als die gerichtliche Untersuchung des Todes begann. Während der Prozess noch lief, dem sich Piso schließlich durch Selbstmord entzog, hatten Römer bereits Bildnisse des Angeklagten auf die Gemonische Treppe getragen, um sie zu zertrümmern. Sie wurden stellvertretend für den Senator geschändet. Die Leute hätten ihn, wären sie seiner habhaft geworden, in Stücke gerissen, wie der Biograph Sueton schreibt. Dieses Schicksal erfuhr tatsächlich ein Mann namens Titius Sabinus, der 28 n. Chr. auf der Treppe geschändet wurde. Drei Jahre später wiederholten sich Szenen, in denen wie im Falle Pisos Abbilder der Lebenden die nachmalige Misshandlung der Leichen bereits vorab erfuhren. Als der Prätorianerprafekt Seian unter Tiberius (14–37 n. Chr.) des Hochverrats angeklagt wurde und der Senat im Tempel der Concordia, folglich unmittelbar neben der Gemonischen Treppe, den Fall verhandelte, wurden bereits seine Standbilder auf der Treppe zertrümmert und weggeschleift. Seian habe, so der Bericht des Cassius Dio, sehen sollen, dass man ihm bereits in seinen Bildnissen Schmach antat. Zugleich sollte er beim Betreten des Tempels mit einem Blick zur Treppe auf der rechten Seite des Heiligtums bereits antizipieren, was ihm und seiner Familie nach der Hinrichtung widerfahren sollte (Cassius Dio, *Römische Geschichte* 58,11).

Die Gemonische Treppe

Die Rache der Bürger an dem unbeliebten und machtverses-
senen Präfekten war dann auch entsprechend fürchterlich – auch
in diesem Falle erspare ich uns die Einzelheiten. Drei Tage lang
wurden die Leichen des Seian und seiner Familienmitglieder auf
der Gemonischen Treppe zerstückelt und geschändet, bis man sie
schließlich in den Tiber warf. Doch wehe, wenn sich die Konjunk-
tur der Popularität drehte! Dann konnte sich solch eine Inszenierung von Macht unter Beteiligung des römischen Volkes an diesem
düsteren Ort auch gegen die Herrschenden selbst wenden: Als Kaiser Tiberius starb, forderten Sprechchöre auf dem Forum, man
solle seine Leiche in den Tiber werfen, sie jedoch zuvor auf der
Gemonischen Treppe zur Schändung freigeben. Dies blieb Tiberius
erspart. Doch als im Jahr 69 n. Chr., im sogenannten Vierkaiser-
jahr, der Bürgerkrieg nach dem Tod Neros nach Rom zurückkehrte,
spielten sich schreckliche Szenen an der Treppe ab. Kaiser Vitel-
lius, der sich für einige Monate hatte halten können, bevor die
neue flavische Dynastie unter Vespasian die Macht ergriff, wurde
getötet und seine Leiche auf der Gemonischen Treppe dem Mob
zur Schändung überantwortet. Da lag erstmals die Leiche eines
Monarchen, aller Insignien der Macht beraubt, um nach vollen-
deter Tat in den Tiber geworfen zu werden. Die Ereignisse an der
Treppe hatten zur Folge, dass es in ganz Rom zu Gewaltexzessen
kam und Mitbürger bei Lynchmorden getötet wurden. Erst allmählich kehrte Ruhe ein, als die neue Dynastie die eigene Machtstellung konsolidierte.

Am Beispiel der genannten Fälle lässt sich sehr gut nachvollziehen, was der eigentlich verbotenen Leichenschändung vorausging:
Die betroffenen Personen wurden durch Anklagen, Gerichtsurteile
oder politischen Umsturz aus der Gemeinschaft ausgesondert. Die
Römer kannten einen solchen Vorgang sehr gut aus der griechischen Geschichtsschreibung. Dort wird vielfach berichtet, wie eine
Bürgergemeinde Tyrannen stürzte und ihre Leichname ausgiebig
misshandelte. Diese Gewaltherrscher standen für die komplette
Auflösung gemeinschaftlicher Ordnungen. Ihr Tod und die Schän-

dung ihrer Leichen wurden mithin zum symbolischen Akt für die Sicherung dieser Ordnung. Es ist sehr interessant, dass im Rahmen der Schilderung solcher Gewalttaten antike Begriffe benutzt werden, die aus dem Bereich sakraler Reinigungsriten stammen. Mit der Ermordung des Despoten und der Schändung seiner Leiche wird die Befleckung der Gemeinschaft (*miasma*) aufgehoben.

Die Gemonische Treppe blieb lange ein Ort, an dem der Kaiser, mancher verwegene Bürger der Stadt und Soldaten in blutigen Ritualen ihre politischen Interessen artikulierten. Über Jahrhunderte hinweg wurde sie als Ort des Grauens genutzt und blieb daher bis in die Spätantike als solcher bekannt. So konnte selbst der christliche Dichter Sidonius Apollinaris noch im 5. Jahrhundert n. Chr. dichten, dass man den Fleischerhaken, die Gemonische Treppe und die Schlinge fürchtet.

Entremont – keltische Kopftrophäen

43° 33′ 7.18″ nördlicher Breite; 5° 26′ 21.11″ östlicher Länge

Als römische Truppen am Ende des 2. Jahrhunderts v. Chr. das südliche Gallien angriffen, entdeckten sie in den eroberten Siedlungen Überreste grauenvoller Rituale. Die Legionäre hatten sicherlich schon von verstörenden Schädelkulten gehört, bevor sie in die Orte selbst einrückten und dort mit den düsteren Zeugnissen unmittelbar konfrontiert wurden. Es wird sie ein Schauder ergriffen haben, als sie an jenen seltsamen Ort gelangten, um den es im Folgenden gehen soll. Die Riten, welche die Kelten dort praktiziert hatten, waren jedenfalls so, dass die Römer die dafür errichtete Kultstätte zerstörten und niederbrannten.

Gut 2,5 Kilometer nördlich der Altstadt von Aix-en-Provence befindet sich ein 365 Meter hoher Hügel, dessen West- und Südseite steil abfallen. Auf seiner Kuppe kann man die teilweise ausgegrabenen Reste einer keltischen Siedlung besichtigen, die einst eine Fläche von vier Hektar umfasste. Die Anlage ist eine von mehreren hundert keltischen Siedlungen in der französischen Provence sowie im Languedoc, die man in Anlehnung an römische Autoren *oppida* nennt. Diese kleinen befestigten Höhensiedlungen, die wenige hundert, aber auch mehr als tausend Einwohner haben konnten, waren die typische Siedlungsform der Region. Die vielen *oppida*, von denen bisher nur wenige erforscht sind, belegen die weitreichende Erschließung des Landes durch keltische Siedler. Sie stehen auch für eine beachtliche Infrastruktur, die lange vor der römischen Okkupation bestand. Die Höhensiedlungen wurden seit dem 2. Jahrhundert v. Chr. von den römischen Neugründungen und Siedlerkolonien im Rhonetal abgelöst, die heute Ursprung und alter Kern der großen provenzalischen Städte wie etwa Nîmes, Arles, Aix-en-Provence, Lyon, Orange oder Vienne sind.

Auch das *oppidum* bei Entremont, das seit dem 6. Jahrhundert v. Chr. besiedelt war, wurde 124/3 v. Chr. von den Römern zerstört, und an seine Stelle trat 122 v. Chr. in Sichtweite die Neugründung Aquae Sextiae Salluviorum, das heutige Aix-en-Provence. Der Ort wurde das neue administrative Zentrum der in der Region beheimateten Salluvier, eines keltischen Stammes. Die fortan blühende Römerstadt lag wie zuvor das *oppidum* unweit der bedeutenden Fernstraße Via Domitia, die nördlich der Stadt durch Südfrankreich nach Spanien führte und am bereits beschriebenen Siegesmal des Pompeius vorbeiführte.

Die Bewohner des *oppidum* Entremont wurden 124/3 v. Chr. sicherlich getötet oder in die Sklaverei verkauft. Jedenfalls blieb die keltische Siedlung fortan unbewohnt. Zu Beginn des 19. Jahrhunderts wurde der Ort wiederentdeckt, als erstmals skulptierte Steine auftauchten, die als einheimische, vorrömische Kunst interpretiert wurden. Die systematische Erforschung setzte erst nach dem 2. Weltkrieg ein, nachdem deutsche Soldaten 1943 auf dem Hügel eine Militärstation eingerichtet hatten. Beim Bau einer Zisterne hatten sie weitere Skulpturen gefunden, die auf Veranlassung von

Orte des Grauens und des Todes

Graf Wolff Metternich und in Kooperation mit dem französischen Gelehrten Fernand Benoit in das Museum von Aix-en-Provence gelangten. Letzterer begann, gemeinsam mit dem Archäologen Robert Ambard 1946 den Ort auszugraben. Rund ein Siebtel der ursprünglichen Fläche wurde im Zuge dessen erschlossen. Das Siedlungsbild ist bemerkenswert. Die Häuser wurden in einem regelmäßigen Straßennetz angelegt und wirken uniform. Schon die Ausgräber führten dieses sehr geordnete Bild auf den Einfluss der griechischen Urbanistik zurück, die seit der Gründung von Massilia (Marseille) um 600 v. Chr. in nur 30 Kilometer Entfernung in der Region nicht zu übersehen war. Massilia selbst errichtete entlang der Côte d'Azur Handelskontore, die – wie etwa in dem kleinen Ort Olbia – die zentrale Siedlungsplanung im regelmäßigen Straßennetz zu erkennen geben. Aus den Schriftquellen wie den archäologischen Funden können wir ableiten, dass die griechischen Siedler und ihre keltischen Nachbarn in engem Kontakt standen. Insbesondere der griechische Wein war bei den Kelten äußerst beliebt und wurde gegen keltische Waren wie etwa Metallgüter oder Getreide gehandelt. Diese Kontakte können auch die keltischen Gemeinschaften in ihrer Binnenorganisation beeinflusst haben. Jedenfalls spricht die Architektur von Haus und Befestigung in Entremont dafür, dass komplexe Planungs- und Bauprozesse hinter dem Stadtbild stehen, die in den älteren *oppida* noch fehlen.

Diese Hellenisierung der Kelten fand jedoch an einem grausigen Ritual ihre Grenze, von der der antike Autor Diodor erzählt. Wie er berichtet, schlugen die Kelten gefallenen Feinden die Köpfe ab und hängten sie an den Hals ihrer Pferde. Nach der Heimkehr zogen sie mit den Köpfen unter Siegesgesängen durch ihren Ort und nagelten schließlich die Schädel an ihre Türpfosten, als hätten sie Wild erlegt. Die Köpfe berühmter Feinde balsamierten sie ein und hoben sie in kleinen Truhen sorgfältig auf.

In Entremont hat man wie an anderen keltischen Siedlungen archäologische Zeugnisse für diese abgeschlagenen Köpfe, die sogenannten *têtes coupées*, entdeckt. So wurde direkt an der Stadtmauer der älteren Siedlung ein etwa 20 mal 5,5 Meter großer Saal gefunden, in dem sich Pfeiler fanden, die im Flachrelief abgeschlagene Köpfe zeigen oder runde Öffnungen besaßen, in denen man echte Schädel einsetzen konnte. Ferner kamen 15 menschliche Schädel zutage, wobei man in dreien von ihnen noch drei Eisennägel zur Befestigung fand. Neben einer ganzen Reihe von Statuen im Schneidersitz sowie einem Reiterstandbild fand sich eine Großplastik, zu der eine zusammenhängende Gruppe von Steinschädeln und ein Schädel gehörten, auf dessen Oberseite sich noch die Reste einer rechten Hand zeigten, die ihn einst gehalten hat. Die Fragmente erlauben die Rekonstruktion einer Sitzstatue eines Kelten, der in seinem Schoß vier Schädel und links wie rechts daneben auf beiden Beinen zwei weitere Schädel mit seinen Händen festhielt. Stolz präsentierte er mithin die Trophäen von sechs Männern, die er getötet hatte.

Neben solchen bildlichen Darstellungen der *têtes coupées* entdeckte man nicht nur die schon erwähnten menschlichen Schädel, die noch Nägel trugen, sondern auch solche mit künstlich erweiterten Schädelbasen – sie lassen darauf schließen, dass man diese Köpfe auf Pfählen aufsteckte und sie dauerhaft in der Öffentlichkeit zeigte. Derartige Funde machte man in verschiedenen keltischen *oppida* der Provence. Einen geradezu spektakulären indirekten Hinweis auf diesen Schädelkult lieferten die Ausgrabungen in einem keltischen Heiligtum bei Ribemont-sur-Ancre, das nordöstlich von Amiens im Norden Frankreichs liegt. Dort wurden in einem Teil einer kultischen Anlage auf 35 Quadratmetern 300 Waffen und rund 20 000 Knochen von bis zu 140 männlichen Individuen im Alter zwischen 15 bis etwa 45 Jahren gefunden. Ein Teil der Arm- und Beinknochen wurde zu einer Konstruktion gruppiert, mit der man das Areal umgrenzte. Außerhalb dieser Einrichtung konnte anhand von Knochensplittern der Platz identifiziert werden, an dem die Leichen zerteilt worden waren. Daneben gab es eine weitere Anlage, in der sich nochmals rund 30 000 Knochen fanden, darunter auch Tierknochen und Trinkgefäße. Insgesamt lassen sich in der offenbar

Orte des Grauens und des Todes

zu sakralen Zwecken dienenden Anlage die Überreste von rund 1000 Männern nachweisen. Die Deutung solcher Befunde ist schwierig, aber im Fall von Ribemont liegt die Interpretation auf der Hand. Die archäologischen Funde zeigen, dass die Knochen dort ganz überwiegend um 260 v. Chr. niedergelegt wurden. Es dürfte sich angesichts der großen Zahl von Menschen um die Körper von Kriegern gehandelt haben, die wohl alle in einer Schlacht ums Leben gekommen sind. Auffällig ist, dass es kaum Schädelfunde gibt. Sehr wahrscheinlich hat man also den Leichen den Kopf abgetrennt. Offenbar wurden an diesem düsteren Ort zunächst die getöteten Feinde ausgestellt, nach Fortschreiten der Verwesung zerstückelt und die Knochen oft noch im Verbund in das Innere der Anlage gebracht. Die Tierknochen und Trinkgefäße in einem Teil der Anlage lassen darauf schließen, dass die Sieger dort im Angesicht ihrer bezwungenen Gegner tafelten und opferten. Es lässt sich zudem erkennen, dass einzelne Leichen auf spezielle Weise behandelt und verbrannt wurden, um sie den Göttern darzubringen. Auch für die Gefallenen aus den eigenen Reihen hat man an diesem Platz Leichenfeiern veranstaltet. Eine Knochengruppe lässt nämlich erkennen, dass diese Toten auf andere Weise als die Masse der Gegner bestattet worden sind. Der ganze Platz nahm demnach die Leichen der Gefallenen sowie die Waffen, Wagen und Pferdekadaver einer größeren Schlacht auf. Vermutlich hat sich das Geschehen nicht allzu weit entfernt von diesem Ort zugetragen. Wie spätere Einbauten eines Tempels und die Aufstellung eines Altars erkennen lassen, war der Platz einer Gottheit geweiht, der man die Überreste der Besiegten opferte.

Für viele Wochen muss Verwesungsgeruch über dem flachen Tal der Ancre gelegen haben. Die Sieger selbst nahmen offenbar die rund eintausend Köpfe der Feinde mit, um sie stolz am Eingang ihrer Häuser zu präsentieren. In einem Tempel bei Gournay-sur-Aronde praktizierte man jenen Brauch, den wir nun schon kennen, nämlich die Schädel der getöteten Feinde dort anzunageln. Auch in

Entremont

Entremont und in anderen *oppida* dürfte nach den erfolgreichen Kämpfen der süßliche Geruch von verrottendem Fleisch den Erfolg der Krieger verbreitet haben. Was uns heute anwidert, kündete in einer Gemeinschaft, in der das Kriegerethos an erster Stelle stand, vom Ruhm der Männer.

Für rund 300 Jahre war dieser Schädelkult in den keltischen Siedlungen üblich und verbreitet. In einzelnen Heiligtümern wie dem bereits erwähnten bei Gournay wurden die Schädel sorgfältig präpariert, indem die Schädeldecke geöffnet und das Gehirn entfernt wurde. Der Saal in Entremont blieb bis zur Zerstörung der Stadt Zentrum dieses Schädelkultes. Mit Grauen erzählten sich die Römer davon, dass einem ihrer Heerführer ein schreckliches Schicksal widerfuhr. Nachdem man den römischen Prätor Postumius im Jahr 216 v. Chr. getötet hatte, wurde sein Schädel mit Blattgold überzogen und als Trinkgefäß benutzt (Livius, *Römische Geschichte* 23,24,11).

Wenn auch die Römer seit dem 2. Jahrhundert v. Chr. dazu beitrugen, dass diese Rituale in den von ihnen kontrollierten Gebieten allmählich an ein Ende gelangten, so möchte ich nicht dahingehend missverstanden werden, dass ich den Römern eine zivilisiertere Form der Kriegsführung attestieren wollte. Insbesondere die völkermörderischen Massaker, die Caesar während seines Gallischen Krieges seinen Soldaten befahl, bezeugen hinreichend, dass ein Gegner des anderen wert war. Der brutalen Kriegsgewalt des römischen Generalissimus fielen mehr als eine Million Gallier unterschiedlicher Stämme zum Opfer.

Orte des Grauens und des Todes

Anchiale – das Grab des Sardanapal

36° 48′ 4.30″ nördlicher Breite; 34° 36′ 14.84″ östlicher Länge

Seit die Gallier im Jahr 387 v. Chr. Rom erobert hatten, erzählte man sich dort immer wieder von diesen schreckenverbreitenden Kriegern. Die Angst vor gerade diesen ‹Wilden› (*metus gallicus*) ließ die Römer bisweilen richtig panisch auf Nachrichten reagieren, dass Kelten in den Norden der italischen Halbinsel eingefallen seien und sich erneut Rom nähern könnten. Man opferte angesichts solcher Gefahren sogar gallische Ehepaare in Rom, indem man sie lebendig begrub. Die Kelten selbst stellte man sich als große Männer vor, die eine wilde Haartracht, Kriegsbemalung und entsetzliches Kriegsgeschrei kennzeichneten. Caesar erzählt in seinem Werk über den Gallischen Krieg, dass seine Soldaten mitunter voller Angst in ihren Zelten saßen und versuchten, sich unter allerlei Vorwänden vom Kriegsschauplatz zu entfernen. Doch gelang es ihm immer wieder, die Männer für die Schlacht zu rüsten und ihnen Mut zu machen.

Farbig ausgemalte Schreckensbilder der Feinde sind selbstverständlich nicht sehr motivierend. Deshalb gehört es bis heute zur Kriegstaktik, den Soldaten die Defizite der Gegner vor Augen zu führen, um ihnen ein Gefühl der eigenen Überlegenheit zu vermitteln. Seit den Erfolgen der Griechen in den Perserkriegen, den gewonnenen Schlachten bei Marathon und Salamis, zeichneten die Griechen ihre Gegner im Osten als Sklavenseelen, die unter der Herrschaft von Königen standen – also keine freien Männer wie die griechischen Polisbürger seien. Diese Könige aber seien verweichlicht, genusssüchtig und äußerst grausam gegenüber ihren Untertanen wie auch ihren Widersachern. Schreckliche Hinrichtungsarten wie Pfählen und Häuten oder Verstümmelungen durch das Abschneiden von Körperteilen wie Nase, Ohren, Lippen oder Zunge seien bei ihnen an der Tagesordnung. Die solcherart bedrohten und gedemütigten Untertanen seien daher schwache Gegner, denen die griechischen Soldaten überlegen seien.

Die überwältigenden Erfolge Alexanders des Großen schienen dieses Bild zu bestätigen. In atemberaubender Geschwindigkeit war sein aus vielen zehntausend Soldaten und vielen tausend Pferden bestehendes Heer von Westen kommend durch Kleinasien gezogen, nachdem die erste Schlacht gegen die Perser nahe der Meerenge am Fluss Granikos (334 v. Chr.) gewonnen war. Das Heer des Makedonen erreichte schließlich die große fruchtbare Ebene des flachen Kilikiens, heute an der Grenze zwischen der Türkei und Syrien gelegen. Dort fand man in dieser äußerst reichen Gegend um die heutige türkische Stadt Mersin ausgezeichnete Bedingungen, die Pferde zu versorgen und die Soldaten zu verpflegen. Der Tross ließ sich nahe der antiken Orte Tarsos und Anchiale nieder, bevor es weiterging.

Dieses Anchiale ist ein seltsamer Ort, von dem eigentlich nichts in Erfahrung zu bringen ist – abgesehen von dem Zwischenstopp Alexanders. Wir werden aber gleich sehen, dass wir seine Erwähnung im Rahmen des großen Feldzuges besonderen Phantasien der Zeitgenossen verdanken. Der Ort muss irgendwo nahe Mersin gelegen haben. Ein Kandidat für die Lokalisierung von Anchiale ist ein kleiner Hügel mit Namen Yumuktepe – 1,5 Kilometer nordwestlich des Stadtzentrums von Mersin. Der Hügel ist heute mit Bäumen bepflanzt, aber das Wäldchen ist durch einen Zaun abgesperrt und als Ausgrabungsstätte vor unliebsamen Besuchern geschützt. Der Grabungsplatz ist sehr bedeutend, da sich dort viele Siedlungsschichten bis in die Zeit um 6500 v. Chr. verfolgen lassen. Aus den Grabungsberichten geht nicht klar hervor, wie lange der Platz in der Antike besiedelt war, aber sicher ist, dass die Besiedlung zumindest bis ins 5. Jahrhundert v. Chr. anhielt, bevor die Hafenstadt Zephyrion als Nachfolgerin von Anchiale am Meer gegründet wurde. Erst im Mittelalter entstand ein neuer kleiner Ort auf dem inzwischen verlassenen Hügelchen.

So können wir auch nicht sagen, wie das Städtchen aussah, als

Alexander der Große daselbst angeblich sein Lager aufschlug, und ob es zu seiner Zeit überhaupt noch bewohnt war. Der Ort ist mysteriös – und wird es vor allem durch eine Geschichte, die man den Soldaten und Offizieren Alexanders erzählte. Zwei Offiziere des Heeres haben diese Geschichte aufgeschrieben, sodass sie von späteren Autoren aufgegriffen und weitererzählt werden konnte: Nahe der Stadtmauer von Anchiale soll einst das Grabmal des letzten assyrischen Königs Sardanapal gestanden haben. Darauf sei der König in orientalischem Gewand als Statue zu sehen gewesen, wobei er mit den Fingern eine Bewegung andeutet, die als verächtliches Schnippen oder Beifallklatschen gedeutet wurde. Auf der Figur habe man eine Grabinschrift lesen können, aus der hervorgegangen sei, dass er Anchiale und Tarsos an einem Tag gegründet habe. Ferner soll sich der König darauf gerühmt haben: «Und nur das, was ich aß, meine Späße und was mir die Liebe viel an Vergnügen bot, das bleibt allein übrig und ist das Wichtigste.» In leicht abweichenden Versionen, die andere Autoren überliefern, wird der Vorübergehende aufgefordert, Essen, Trinken und Sex zu genießen, weil anderes nicht wichtig sei.

Das Grab bündelte demnach in Bild und Text, was die dort lagernden griechischen und makedonischen Soldaten Alexanders ohnehin bereits mit dem Namen Sardanapal verbanden. Schon im 5. Jahrhundert v. Chr. war dieser Herrscher offenbar ein bekanntes Beispiel für einen König, der sich vor allem dem Genuss hingab und auf derart dramatische Weise seine Regierungsgeschäfte vernachlässigte, dass mit ihm seine Hauptstadt Ninive fiel und das assyrische Reich unterging. Der griechische Arzt Ktesias hat dieses Bild kurz nach 400 v. Chr. weiter ausgemalt, und spätere Autoren haben ihm immer kräftigere Farben verliehen. Sardanapal habe sich mit seinen Frauen zurückgezogen und sich selbst als Frau gekleidet. Er habe sich nach Frauenart die Haut geweißt, die Augen stark geschminkt und mit den Frauen zusammen Purpurwolle gekämmt. So erschien er wie das Abbild eines Transvestiten, der einzig dem Genuss verpflichtet war. Er sei von beiden Geschlechtern angezogen worden und habe nur die edelsten sowie anregendsten Speisen und Getränke verlangt. Schwelgerei, Haltlosigkeit und grenzenlose Wollust haben aber schließlich zu einem Aufstand eines medischen Offiziers geführt. In der Folge wurden Ninive und der Palast belagert. Sardanapal gab Befehl, einen gigantischen Scheiterhaufen aus seinen Schätzen und Luxusgütern aufzubauen, die er mit in den Tod nehmen wollte, um nicht in die Hände der Feinde zu fallen. Ebenso sollten auch seine Sexpartnerinnen mit in den Tod gehen. Dieses Massaker an den Frauen hat Eugène Delacroix (1798–1863) in seinem berühmten Gemälde *Der Tod des Sardanapal* (1827) im Pariser Salon gezeigt.

Das Grab bei Anchiale war also nicht nur eindrucksvolles, sondern auch ein überzeitlich wirkmächtiges Zeugnis dieser Geschichten um das Sinnbild eines orientalischen Despoten, der in seiner Verblendung einen grausigen Selbstmord beging und dabei auch die Menschen seiner Umgebung mit in den Tod riss. Es ist leicht vorzustellen, dass die Offiziere und Soldaten im Lager Alexanders sich mit blühender Phantasie die Orgien des Sardanapal im assyrischen Palast ausmalten. Die Nachricht vom Grabmal mag diese Phantasien weiter beflügelt haben. Und die dabei entstandenen Bilder sind letztlich bis in die Neuzeit weitergesponnen und um neue Motive bereichert worden. Der verweichlichte orientalische König wurde zum Urbild der Verkommenheit wie der Grausamkeit aller Despoten. Daher konnten schon in der Antike Herrscher wie Nero als Sardanapal bezeichnet werden. Und es ist schließlich der Senator Cassius Dio, der im 3. Jahrhundert n. Chr. den aus Syrien stammenden Kaiser Elagabal als Sardanapal zeichnete und sich redlich Mühe gab, dessen angebliche Sexorgien wie Grausamkeiten zu schildern. Diese Imaginationen wurden im 4. Jahrhundert erweitert und etwa im 19. Jahrhundert von Lawrence Alma-Tadema aufgegriffen, der eindrucksvoll jene Szene abbildet, in der Elagabal seine Gäste bei einer Orgie unter herabfallenden Rosenblättern erstickt. Auch die Schöpfer von Drama und Musiktheater nahmen sich dieser Geschichten an. Besonders interessant ist die Tragödie

Sardanapal aus der Feder von Lord Byron, die er Goethe widmete. Sein Sardanapal ist Abbild des Autors selbst, der zwar ein lasterhaftes Leben führt, aber diese Genüsse auch verdient, da er sich vorbildlich um die Untertanen sorgt und kümmert.

Die Erzählungen im Lager bei Anchiale haben freilich eine Besonderheit. Sie sollten zwar den umlaufenden Geschichten über Sardanapal einen greifbaren Ort in Form des Grabes mit Bild und Inschrift geben. Das Grab aber war wie die Person des Sardanapal selbst reine Erfindung! Tatsächlich hat es nie ein Grab des Sardanapal bei Anchiale gegeben. Und vielleicht eignete sich gerade ein seit mehr als hundert Jahren verlassener Ort wie die Siedlung auf dem Yumuktepe besonders gut, eine solche Geschichte zu erfinden, die man mit zahllosen Facetten ausstatten konnte. Die unterschiedlichen Versionen der angeblichen Inschrift wie des Bildes lassen sich jedenfalls ebenso wenig erklären wie der angebliche Aufstellungsort oder die angeblichen Gründungen der beiden Städte durch einen Sardanapal. Alle Versuche, den Namen Sardanapal mit einem historischen und aus Keilschrifttexten bekannten assyrischen König zu verbinden, sind gescheitert. Am ehesten ist die Figur als Summe verschiedener Geschichten über unterschiedliche Könige zu verstehen, die in seiner Person gebündelt wurden. Auch der Ursprung der Geschichte ist nicht zu rekonstruieren. Haben Einheimische sie mit assyrischen Stelen oder Statuen in Verbindung gebracht, die irgendwo zu sehen waren und deren Darstellung eines betenden Herrschers sie missverstanden? Wir erfahren aus Keilschrifttexten, dass der assyrische König Sanherib die aufständische Gegend, wo Anchiale und Tarsos lagen, im Jahr 696 v. Chr. erneut unterwarf. Hat er seine Herrschaft mit Monumenten markiert? Haben die nach Zephyrion (südwestlich des heutigen Adana in der Türkei) umgesiedelten Bewohner der alten Siedlung von Anchiale solche Geschichten verbreitet? Haben sich die Historiographen Alexanders die Autopsie des Monuments während des Feldzugs einfach ausgedacht? Ein Anknüpfungspunkt mag gewesen sein, dass über die angebliche Grabinschrift und die

Anchiale

darin thematisierte Genusssucht schon vor dem Alexanderzug ohne nähere Lokalisierung berichtet wurde. Schon Aristoteles kennt eine Version und schreibt, wie Cicero überliefert, ein solcher Text passe besser auf das Grab eines Rindes als auf das Grab eines Königs. Doch ist diese Nachricht des Philosophen vor dem Alexanderzug oder danach entstanden? Es ist gut denkbar, dass Aristoteles die Nachricht von seinem Schüler Kallisthenes erst nach dessen Rückkehr vom Alexanderzug erhielt.

All diese Fragen, insbesondere jene, wie das Grab mit Anchiale verbunden wurde, können wir nicht beantworten. Das in nachchristlicher Zeit blühende Tarsos hat jedenfalls die angebliche Gründung durch Sardanapal nie erwähnt. Von Anchiale ist in der Literatur überhaupt nur die Rede, wenn das erfundene Grab erwähnt wird. Das fiktive Grab bei Anchiale ist daher vor allem von Interesse, wenn man sich die Erfindung und Rezeption des Urbildes eines orientalischen Despoten vergegenwärtigen möchte. Ausgehend von den frühen Bildern lässt sich sehr gut verfolgen, wie diese Personifikation aller Laster über Fressen, Saufen und Sexorgien hinaus zum Inbegriff ausgesuchter Grausamkeiten wurde. Die Autoren wurden nicht müde, sich immer neue Gewalttaten und schier unglaubliche Quälereien, Foltern und Mordszenen auszudenken, die man diesem Monster auf dem Herrscherthron zuschreiben konnte.

Die Geschichte um die Grabinschrift hat noch eine andere bemerkenswerte Seite: Vor rund 20 Jahren wurde in Ostlykien, westlich der türkischen Stadt Kumluca und südlich von Antalya in den Bergen das Grab eines lokalen Dynasten, eines lykischen Lokalfürsten, entdeckt. Dieses in den Felsen eingemeißelte Fassadengrab zeigt neben einem Relief mit Totenmahl auch eine Inschrift. Dort ließ kurz nach 400 v. Chr. der Grabherr Apollonios folgenden Text einmeißeln: «Ich wirkte gerecht, ich hatte ein angenehmes Leben, wie immer ich lebte mit Essen, Trinken und Sex. Geh und sei gegrüßt!» Lange vor den Berichten über die angebliche Grabinschrift des Sardanapal entstand also bereits eine sehr ähnliche Inschrift.

In der Publikation hat ihr Entdecker eindrucksvoll gezeigt, dass dieser Einheimische sich nicht als Anhänger eines Sardanapal verstand. Er stellte sich wie sein Vater, der den Namen Hellaphilos (der Griechenfreund) trug, als hellenisierter Fürst vielmehr in eine ältere und in seiner Zeit sehr lebendige griechische Tradition, nach der Tugendhaftigkeit (*arete*) und Genuss (*hedone*) sehr wohl vorbildlich miteinander zu vereinbaren waren. Eine Generation zuvor war mit dem Begriff der *tryphe*, mit dem man Luxus und Schwelgerei verband, ein neues Lebensziel in Texten wie Grabinschriften eingeführt worden. Immer wieder werden die Leser der Grabinschriften aufgefordert, ein genussreiches Leben zu führen. Auch Apollonios war stolz darauf, nicht nur als Lokalherrscher gerecht gewesen zu sein, sondern auch im Kreise seiner Freunde bei Symposien (Gelagen) ordentlich gefeiert zu haben.

In der Figur des Sardanapal hatte man das Gegenbild entworfen: Einseitige Genusssucht, die einherging mit der Vernachlässigung aller Pflichten eines Königs. Das war es, was die Soldaten Alexanders im Osten anzutreffen erwarteten. Im Lager bei Anchiale haben sie sich diese Welt des Orients vielleicht nur besonders eindringlich vor ihr geistiges Auge gestellt. Diese Negativ-Vision würde auch gut erklären, weshalb wenig später die Entscheidung Alexanders unter seinen Gefolgsleuten solchen Unmut hervorrief, nach dem endgültigen Sieg über Dareios nicht nur dem Perserkönig auf den Thron zu folgen, sondern auch seine äußere Erscheinung und seinen Habitus zu übernehmen. Den eigenen König in persischem Ornat zu sehen, muss die Makedonen angesichts der Geschichten über Sardanapal gewaltig irritiert haben. Mag die Grabstätte eines fiktiven Herrschers auch per se als ein seltsamer Ort erscheinen, so zeigt sich doch einmal mehr, wie wirkmächtig solche Stätten und die Geschichten sein konnten, die sich um sie rankten.

10.
Die Enden der Welt

W as einen Anfang hat, hat selbstverständlich auch ein Ende. So schließt sich allmählich der im ersten Kapitel begonnene Kreis, den wir auf unserem Weg entlang seltsamer Orte der Antike abgeschritten sind. Wie die Menschen im Altertum Anfänge und Mittelpunkte konstruierten, so erdachten sie auch Grenzen und Randzonen der Welt – und damit zugleich jene Orte, die für die Enden der Erde wie für das Ende des eigenen Lebens standen. Wenn wir sie aufsuchen, begegnen wir erneut der Verbindung von physisch erfahrbaren Räumen und einer von diesen realen Orten abgehobenen mythischen, eben erdachten Geographie. Dies gilt bereits für die im 7. Jahrhundert v. Chr. entstandene *Odyssee* des Homer. Der Seefahrer berührt auf seinen Irrfahrten viele reale Orte und Landschaften, von denen die Hörer des Epos bereits gehört oder die sie gar selbst schon gesehen hatten. Doch Odysseus reiste auch an Plätze, die erfunden waren – Erfindungen, dank derer die Welt des Epos wundersam und phantastisch erschien und deren Besonderheiten geeignet waren, Hochspannung beim Hörer zu erzeugen. Auf seinen beschwerlichen Reisen erreichte Odysseus – wie einst der Halbgott Herakles – eines der Enden der Welt. Dabei handelt es sich um die Meerenge bei Gibraltar, wo man in der Antike die sogenannten Säulen des Herakles lokalisierte. Jenseits dieses Ortes stellten sich die Zeitgenossen einen Ozean vor, der voller Ungeheuer und zahlloser Gefahren und demnach nicht zu befahren war.

Herakles hatte im Rahmen seiner zwölf Heldentaten nicht nur schreckliche Monster besiegt, sondern dabei auch einen Raum durchquert, den nur Helden bereisen können. Man erzählte sich sogar, er habe den Kerberos, den dreiköpfigen Wachhund der Unterwelt, auf die Erde entführt, habe Amazonen und Kentauren besiegt – mithin Fabelwesen jenseits der Zivilisation im Kampf

Die Enden der Welt

überwunden. Die Orte seiner Heldentaten erstrecken sich über Tausende von Kilometern vom Atlantischen Ozean bis nach Indien, von Asien bis nach Skythien und bis in die Tiefen der Unterwelt, spielen also in Regionen, wo man von Beginn an die Grenzen der Welt lokalisierte. So war Herakles an die Enden der Welt gelangt, wie frühe Karten sie zeigten. Die ältesten Darstellungen bieten eine runde Scheibe, in der mit Europa, Libyen (= Afrika) und Asien bekannte Landstriche lagen. Die Erde wurde kreisförmig eingefasst vom Okeanos, dem großen Weltmeer, das eine unüberwindliche Grenze darstellte. Vorbilder für diese Sicht der Geographie kann man in Mesopotamien finden. So zeigt die babylonische Weltkarte, wie sie uns auf einer Tontafel erhalten geblieben ist, Babylon als Mittelpunkt des bewohnten Landes, das vom bitteren Fluss (*marratu*) umströmt wird. Aber schon der Vater der Geschichtsschreibung, Herodot, belächelte ein solches Weltbild. Wusste man doch zu seiner Zeit bereits, dass nicht das Meer die Länder begrenzte. Herodot hält die Konstruktion eines Okeanos für unbewiesen und spricht hingegen davon, dass im Süden wie im Osten irgendwann unbewohnte, wüste Länder beginnen, die das Ende der Welt markieren. Das hätten Reisende und Weltkundige glaubhaft berichtet.

Erstmals erscheint in seinem Werk der Begriff der *Oikumene*. Er bezeichnet die bewohnte, aber auch schlicht die bekannte, eben ‹unsere› Welt. Jenseits dieser Welt siedelte man seit der Frühzeit Ungeheuer und legendäre Völkerschaften an, deren Sitten und Gebräuche im Guten wie im Schlechten Gegenbilder zur eigenen Lebenswelt boten. Offenbar konnte man sich nicht einfach einen leeren Raum vorstellen, weshalb man sich sowohl im Atlantik als auch jenseits der bekannten Welt Ungeheuer wie riesige Schlangen oder Drachen vorstellte. Diese Annahme hat übrigens lange überdauert – noch die Karten der frühen Neuzeit zeigen kunstreich gestaltete wilde Bestien und unbekannte Länder. Sie alle zeugen von der Furcht vor leeren Regionen, welche die Kartographen phantasievoll füllten – aber sie verraten auch etwas von der Bewunde-

Die Enden der Welt

rung, die man jenen Männern entgegenbrachte, die als Abenteurer, Entdecker und Conquistadoren solchen Gefahren trotzten und die Wirtschaft der europäischen Imperialisten am Laufen hielten. Diesen Typus, den es vor gar nichts grauste, gab es auch schon in der Antike. Ein Mann namens Skylax von Karyanda etwa erkundete im 5. Jahrhundert v. Chr. im Auftrag des persischen Großkönigs Dareios Indien. Ein anderer Seefahrer – der Karthager Hanno – passierte in demselben Jahrhundert die Straße von Gibraltar und fuhr südwärts die afrikanische Küste entlang ungefähr bis auf die Höhe des heutigen Sierra Leone. Er kümmerte sich nicht um die Erzählungen von Seeungeheuern und schrecklichen Wesen. Ungefähr zur gleichen Zeit gab der Perser Sataspes, den Xerxes auf eine afrikanische Reise geschickt hatte, aber nach Monaten ängstlich auf und kehrte zurück. Zu Herodots Zeiten erzählte man jedoch bereits von Umsegelungen Afrikas, welche den Persern und Phöniziern gelungen sein sollen.

All diese Abenteurer bedienten mit ihren Beschreibungen die Erwartungen des Publikums. Es ging ihnen nicht darum, die lebhaften Phantasien ihrer Zeitgenossen durch reale Bilder zu ersetzen oder Mythen durch Erfahrungsberichte zu entzaubern. Sie bestätigten vielmehr die alten fantastischen Erzählungen und reicherten sie sogar durch neue Geschichten an. So erzählte Hanno, er habe auf seiner Afrikareise nicht nur Ungeheuer, sondern nachts unheimliche Musik gehört und Flüsse aus Feuer und einen Berg gesehen, der in der Dunkelheit immer in Flammen stand. Skylax wiederum berichtete von indischen Fabelwesen und fremdartigen Kreaturen, an deren Existenz man noch in römischer Zeit glaubte.

Die Abenteurer erzählten von langen, schier endlosen Fahrten, die den Lesern angesichts ihrer schon bei kurzen Bootspassagen ausgestandenen Ängste als wahre Heldentaten erschienen. Doch wie verhielt es sich bei solchen Fahrten mit Raum und Zeit? Kalkulierbare, messbare Zeit gab es nur in der eigenen Lebenswelt. Wollte man an das Ende der Welt gelangen, war die Dauer der Reise ungewiss. Die Enden der Welt lagen unfassbar fern. Ebenso fern wie das Leben im Jenseits. Nicht zufällig inszenierte man daher in allen antiken Kulturen die Bestattung als Reise in eine ferne Unterwelt. Diese lokalisierte man etwa jenseits des Okeanos oder unter dem Erdboden in den unbekannten Tiefen der Erde, dem düsteren Hades, und schließlich im Himmel, ja gar auf dem Mond. Die Eingänge zur Unterwelt markierten so ebenfalls ein Ende der Welt, greifbar im Tod des Menschen.

Machen wir uns also zum Abschluss auf an die Enden der Welt und besuchen dort seltsame Plätze, die von ganz besonders seltsamen Imaginationen künden! Die erste Station auf dieser Wegstrecke ist ein Ort, den Alexander der Große schuf, um selbst ein Ende der Welt zu markieren. Damit wollte er zeigen, dass er selbst noch die mythischen Helden und gar die Götter, die einst die Enden erreicht und erkundet hatten, mit seinen Taten übertreffen konnte. Dabei wird deutlich, dass die mythische Geographie zugleich einen sehr realen Platz in politischer Repräsentation und militärischer Planung einnehmen konnte. Mythos traf Empirie.

Alexandria Eschate – Stadtgründung am Rande der Welt

40° 16′ 40.81″ nördlicher Breite; 69° 38′ 27.66″ östlicher Länge

Wer nach jenem seltsamen Ort sucht, den Alexander der Große geschaffen hat, muss sich weit aus dem Kulturkreis der griechisch-römischen Welt hinaus und ins zentralasiatische Tadschikistan begeben, und zwar in die nördlich des Hindukusch gelegene Stadt Chudschand. Diese Stadt unserer Tage liegt am Fluss Syrdarja, dem antiken Jaxartes, im Ferghanatal. Einst war sie ein wichtiger Handelsort an der Seidenstraße. Der Fluss ist heute zu einem kleinen See gestaut, der Bewässerung und Trinkwasserversorgung der Region sichert. Vermutlich existierte in dieser vielfach gleichermaßen unwirtlichen wie trockenen Bergregion Tadschikistans schon in der Antike eine kleine Oase, die an einer wichtigen Verkehrsachse lag. In der Antike gehörte die Gegend zum Perserreich und war der nördlichste Punkt, an dem die Perser eine Festung zum Schutz ihres Reiches gebaut hatten. Jene trug, wenn man dem kaiserzeitlichen Alexanderhistoriker Arrian glauben darf, den Namen Kyropolis – Stadt des Kyros.

Es ist unklar, welche Informationen Alexander den Großen bewogen, sich rund zwei Jahre in dieser Region nördlich des Hindukusch aufzuhalten, bevor er nach Süden und Südosten Richtung Indien weiterzog. Vermutlich wusste er von persischen Eroberungen um Samarkand und den Tälern nördlich des Hindukusch. Jedenfalls nutzte er diesen Aufenthalt, um gegen die ansässigen Skythen zu kämpfen und zugleich – wie so oft auf seinem Eroberungszug – eine Stadt mit seinem Namen zu gründen. Diese lag laut Arrian in einer Gegend, die geeignet war, «eine große Stadt entstehen zu lassen» (Arrian, *Alexanderzug* 4,1,3–4), von der aus sich die Region gegen die Skythen verteidigen ließ.

Alexander nannte die Stadt am Jaxartes Alexandria *Eschate*, ‹das äußerste Alexandria›. Mit diesem Namen gab er unmissverständlich zu verstehen, dass dort nach vielen anderen Stadtgründungen ein imaginiertes *Ende der Welt* lag. Unter den *eschatiai*, den fernen Gebieten, verstand man nämlich im 4. Jahrhundert v. Chr. jene Gegenden, welche die Oikumene – den bekannten Kulturraum – umschlossen. Sie waren eine Art Grenzsaum, aus dem die Menschen laut Herodot gerade solche Dinge bezogen, die äußerst rar und begehrt waren. Die *eschatiai* stellten ein neues räumliches Konzept dar, die Enden der Welt inhaltlich zu füllen und zugleich die jenseits gelegenen Gebiete von der Oikumene, von ‹unserer bewohnten Welt›, abzusondern. Dort lag, wie der Geograph Pomponius Mela 43/44 n. Chr. schrieb, der «Anfang einer zweiten Welt» (Mela, *Erdbeschreibung* 3,70).

Über Alexandria Eschate ist, abgesehen von den Berichten der antiken Historiker, wenig in Erfahrung zu bringen. Archäologen haben an der Burg von Chudschand Ausgrabungen vorgenommen und immerhin anhand der materiellen Funde zeigen können, dass es nicht nur eine persische Besiedlung gab, sondern auch Überreste aus hellenistischer Zeit – jener Zeit nach dem Tod Alexanders. Die makedonischen Soldaten und griechischen Söldner, die Alexander in seiner Neugründung am Ende der Welt laut Arrian gemeinsam mit Einheimischen ansiedelte, haben sich offenbar mit ihrem Los abgefunden und versucht, das Beste aus der Situation in der fremdartigen Umgebung zu machen.

Es mag sein, dass Alexander ihnen vor Augen stellte, dass sie mit dem Ausbau der Stadt zugleich Teil eines großen Plans wurden. Alexander versuchte nämlich, als ein ‹neuer Kyros› zu erscheinen und den legendären persischen Eroberer des 6. Jahrhunderts v. Chr. noch zu übertreffen. Mit der Zerstörung von Kyropolis und der Neugründung von Alexandria Eschate wurde der Raum nördlich des Hindukusch symbolisch neu besetzt. Neben Alexandria Eschate entstanden die mit Soldaten bevölkerten Kolonien Alexandria in Areia (Herat), das kaukasische Alexandria, Alexandria am Oxus und Alexandropolis (Kandahar), die ebenfalls dazu dienen sollten, diese abgelegenen Regionen zu kontrollieren. Dieses Gebiet, Baktrien genannt, wurde später Teil des Seleukidenreiches, jenem Nachfolgereich des Alexanderreiches, das sein Zentrum in Syrien und Mesopotamien hatte. Um 250 v. Chr. entstand gar ein eigenständiges griechisch-baktrisches Königreich.

Es ist nicht ganz leicht, sich vorzustellen, wie Männer aus der Welt der Ägäis und Makedoniens versuchten, in solch abgelegenen Regionen Fuß zu fassen. Da kaum die exakte Lage von Alexandria Eschate zu bestimmen ist, geschweige denn die Stadt zu erforschen wäre, muss man sich in Nachbarorten und anderen Gründungen griechischer Siedler an diesen Enden der Welt umsehen. So kann man versuchen zu erfassen, welche Impulse von den Ansiedlungen der Soldaten in die Region ausgingen, aber auch umgekehrt, welche sie selbst erfahren haben.

Ein kurzer Blick auf zwei andere Gründungen aus dieser Zeit

können die Veränderungen erhellen, die sich wohl in jenem äußersten Alexandria zugetragen haben mögen. Der eine dieser Orte wurde im Laufe der Jahrtausende zu dem uns bekannten Khandahar in Afghanistan – Alexandria in Arachosia –, der andere lag bei dem heutigen Ai Khanoum, ebenfalls in Afghanistan, und wurde einst auf Geheiß von Seleukos I. gegründet, einem der alten Generäle Alexanders des Großen. Es zeigt sich, dass Architekturen der ansässigen Kulturen und der neuen Herren einander durchdrangen. So konnte beispielsweise ein Tempel, der ganz und gar lokaler Bautradition entsprach, zur neuen Heimstatt des griechischen Zeus werden. In Ai Khanum zeigt sich aber beispielsweise auch neben der Übernahme lokaler Architektur, wie Makedonen und Griechen ihre speziellen Lebensformen und ihre Identität im Stadtbild markierten. Dazu gehörten etwa das örtliche Theater und das Gymnasium, das griechischer Sitte entsprechend unter dem Schutz von Herakles und Hermes stand. Dieses Theater ist übrigens das östlichste bekannte Theater jenseits des Euphrat. Die in Ai Khanum aufgeführten Tragödien und Komödien hielten für die Neusiedler die Erinnerung an die griechische Kultur wach. Die bei den Ausgrabungen gefundenen Steininschriften und mit Tinte auf Scherben geschriebenen Verwaltungstexte wie Quittungen und Abrechnungen belegen darüber hinaus, dass man bis zur Zerstörung der Stadt durch von Norden einfallende Nomadenstämme im Jahr 145 v. Chr. an der griechischen Sprache festhielt. In einem Heroon fand sich zudem eine Steininschrift mit Maximen, die ein Mann namens Klearchos aus Delphi mitgebracht hatte. Es handelte sich um rund 150 Anweisungen, die einst, wie es in dem Text heißt, die Sieben Weisen dem Apollon in Delphi gewidmet haben sollen. Die kurzen Sprüche enthielten moralische Maximen für das häusliche wie öffentliche Leben (beispielsweise «Nimm eine Frau!», «Weise deine Frau an!», «Ehre deine Eltern!», «Nichts im Übermaß!»). Die eigene griechische Kulturtradition wurde verlässlicher Anker und Orientierungspunkt, um in solch seltsamen Orten die eigene Identität zu wahren.

Die Enden der Welt

Verbreitete sich auf diese Weise westliches Denken im Osten, so dürften Makedonen und Griechen in ihrer neuen Heimat ihrerseits aber durchaus auch mit östlicher Spiritualität und Religion in Kontakt gekommen sein. Dies gilt umso mehr, als im 3. Jahrhundert v. Chr. einer der mächtigsten indischen Herrscher seiner Zeit – Ashoka aus der Dynastie der Maurya – sich um die Verbreitung buddhistischer Lehren bemühte, nachdem er selbst zunächst als Gewaltherrscher Krieg und Not über die Welt gebracht hatte. Als er seinen Sinneswandel erfahren hatte, schickte er sogar Gesandtschaften in den Westen, die dort den Buddhismus bekannt machen sollten. Wir wissen aber nichts Sicheres über den Erfolg dieser Missionsreisen. Doch zu den Orten, in denen der König seine Maximen in zum Teil gleichlautenden, unterschiedlich langen Texten verschiedener Sprachen und Schriften verbreitete, gehört auch das eben erwähnte Alexandria in Arachosia. Dort fanden sich zwei Felsinschriften, in denen Ashoka den Siedlern seine Leitlinien nahebrachte, in ihrer lokal gesprochenen Sprache. Es handelt sich um eine griechisch-aramäische Bilingue (zweisprachige Inschrift) und eine rein griechische Inschrift. Seine Ethik (*dhamma*) ist im Griechischen mit Gottesfurcht (*eusebeia*) übersetzt und sollte auch in der Stadt der Griechen befolgt werden. Doch letztlich ist einzig für Alexandria am Nil später eine kleine buddhistische Gemeinschaft überliefert. Immerhin ist es vorstellbar, dass der Buddhismus auch in den Gründungen Alexanders Erfolg hatte, zumal diese Religion gerade die einfache einheimische Bevölkerung anzog.

Wenn wir uns nun aus dem «äußersten Alexandria» verabschieden, bleibt uns der Eindruck von einer ebenso lebendigen wie rätselhaft west-östlich durchwobenen Kultur. Auch wenn dort weder Monster noch Dämonen wohnten, war doch an dem entlegenen Ende des untergegangenen Alexanderreichs eine seltsame Mischwelt entstanden.

Alexandria Eschate

Thule – die Insel im Nordmeer

Als die Soldaten Alexanders des Großen am Flusse Hyphasis ihrem König die Gefolgschaft verweigerten, der noch weiter nach Osten hatte vorstoßen wollen, taten sie den Schriftstellern späterer Epochen einen großen Gefallen. Wovon man nichts weiß, kann man trefflich phantasieren, und so konnten die Autoren bis weit in die Kaiserzeit und letztlich sogar darüber hinaus bis in die Zeit der Renaissance die alten Wundergeschichten über Indien weiterspinnen. Unter ihnen tat sich zunächst Megasthenes hervor, der als Gesandter von Antiochos I. Soter (281–261) das indische Mauryareich bereiste und in seinem Werk *Indika* wunderliche Geschichten erzählte, die in spätere Werke wie die Geographien des Strabon und des Arrian eingingen. Die jüngeren Autoren haben zwar regelmäßig betont, dass Megasthenes nicht zu trauen sei. Dennoch wiederholten sie dessen Berichte über Inder, die sich zum Schlafen in ihre eigenen riesigen Ohren kuscheln, nur einen großen Fuß besitzen, mit dem sie sich vor der Sonne schützen können, winzig klein sind oder anstelle von Nasen nur kleine Luftlöcher im Gesicht haben.

Das Ende des Alexanderzugs im Osten ließ nicht nur bis in die Frühe Neuzeit hinein Raum für Phantasien über all solche Wunderwesen. Die Rückkehr des Königs weckte natürlich auch Vorstellungen darüber, dass es jenseits des angenommenen Endes der Welt und ungeachtet der Inszenierung vom Erreichen dieser Grenze durch Alexander wohl doch etwas geben müsse. In Hellenismus und Kaiserzeit finden sich entsprechend viele Hinweise, dass es neben der Oikumene, neben dem *orbis terrarum* (Erdkreis), wie die Römer die bewohnte und bekannte Welt nannten, noch eine andere Welt gebe. Die Expansion der Römer förderte solche Vorstellungen, weshalb im 1. Jahrhundert v. Chr. und der römischen Kaiserzeit in Literatur und Dichtung derartige geographische Modelle mit Alexander verbunden wurden. Alexander habe, so etwa der römische Dichter Lukan, geplant, mit seinen Truppen den Ozean zu überqueren und in den Westen wie in den weiten Süden Afrikas bis zu den Nilquellen zu ziehen. Nur der frühe Tod habe diese Pläne verhindert (Lukan, *Bürgerkriege* 10,36–41). In dieser Epoche, in der späten Republik und der frühen Kaiserzeit, entstand zudem ein fiktiver Brief des Aristoteles an seinen Schüler Alexander, in dem der Lehrer aus der Vogelperspektive die Erde beschreibt. Jenseits der großen Insel der Oikumene, die im Atlantik liege, gebe es weitere Inseln, andere *oikumenai*, bewohnte Welten, die ebenfalls von Wasser umspült seien. Sie heißen in dem Text *antiporthmoi*, was sinngemäß übersetzt «auf der anderen Seite der Schiffspassage» heißt. Diese anderen Welten seien demnach durchaus mit dem Schiff zu erreichen.

Andere Autoren sahen nun die Römer selbst in der Pflicht, diese fernen Regionen und die andere Welt zu unterwerfen, um die Mission Alexanders zu erfüllen. Als Caesar von Gallien nach Britannien übersetzte, wurde diese Fahrt über den Ärmelkanal als Überschreiten des Okeanos gedeutet, und als später Kaiser Claudius dort tatsächlich eine Provinz Britannia einrichtete, jubelte ein Autor: «Der Ozean, die Grenzen der Welt, sind nicht länger die Grenzen unseres Reiches» (*Anthologia Latina* 419,4). Dabei galt Britannien lange als mysteriöse Gegenwelt – gerade so wie das Nordmeer insgesamt. Als Germanicus im Jahr 16 n. Chr. in der Nordsee seine Flotte verlor, beschrieb der Dichter Pedo Albinovanus dies als Drama an den Enden der Welt. Die Römer seien an das Ende aller Dinge und die letzten Ufer gelangt, wo Seeungeheuer einen grausigen Tod ankündigten. Tacitus schrieb später, Reisende, die aus der Ferne des Nordmeeres und seiner Inseln zurückgekommen seien, hätten von Wundern (*miracula*) erzählt, von Seeungeheuern, Wirbelwinden und Mischwesen aus Mensch und Tier (Tacitus, *Germania* 2,24,6).

Berichte von mysteriösen Inseln an den Enden der Welt finden sich vielfach in der geographischen Literatur. Seeleute berichteten angeblich von Abenteuern, die sie auf solchen Trauminseln jen-

Thule

seits der Oikumene erlebt hatten. Dort hatten sie – so heißt es – seltsame Wesen gesehen, waren monströsen Ungeheuern begegnet, oder unheimliche Kräfte hatten sie an der Weiterfahrt gehindert. Solche Geschichten ähneln einem Kapitel in dem wunderbaren Kinderbuch *Die dreizehneinhalb Leben des Käpt'n Blaubär* von Walter Moers. Darin landet der reisende Bär auf der Feinschmeckerinsel. Sie bietet ihm wie das Schlaraffenland alle Köstlichkeiten, ohne dass er sich überhaupt bewegen muss. Jeder Wunsch nach einer bestimmten Speise wird prompt an Ort und Stelle erfüllt, mit dem Ergebnis, dass der Bär fetter und fetter wird. Und schließlich lüftet sich das Geheimnis der Insel. Es handelt sich bei dem Eiland um eine riesige fleischfressende Pflanze, die nur darauf wartet, dass das Opfer das nötige Fressgewicht erreicht hat. In höchster Gefahr kann der auf diese Weise gemästete Blaubär gerade soeben noch dem drohenden Tod entrinnen.

In der Antike wurden viele solcher Geschichten erzählt, wobei die zeitgenössischen Reiseberichte reichlich Stoff für Märchen über Trauminseln boten. Sie wurden im Atlantik, im Indischen Ozean, aber auch im Nordmeer lokalisiert. Dabei werden Erzählungen über tatsächlich existierende Inseln oft mit fiktiven Berichten vermengt, sodass es heute wie schon für die antiken Leser sehr schwierig ist, Wahres von Erfundenem zu unterscheiden. In den Vorstellungen antiker Geographie vermengten sich nahezu unentwirrbar immer wieder empirische mit mythischen Räumen.

Dies gilt auch für eine Insel mit Namen Thule, die im Nordmeer gelegen haben soll. Gerade für den nördlichen Ozean gab es ein viel zitiertes Referenzwerk. Es handelt sich dabei um den Reisebericht eines Mannes aus Massilia, dem heutigen Marseille, der sich im 4. Jahrhundert v. Chr. aufmachte, um das Nordmeer zu erkunden. Dieser Gelehrte namens Pytheas steht stellvertretend für antike Abenteurer, die wissenschaftliche Interessen der Geographie und Astronomie mit wirtschaftlichen Interessen verbanden und ferne Handelswege erkundeten. Pytheas war vor allem an den Zinninseln, mit denen Britannien und benachbarte Inseln gemeint

Die Enden der Welt

waren, wie an der Erkundung des Bernsteinhandels interessiert. Beide Rohstoffe waren heiß begehrt und nur zu bekommen, wenn man den Fernhandel kannte und Händler anziehen konnte.

Seinem Bericht verdankten die antiken Leser die Kenntnis eben jener Insel, die Pytheas Thule nannte. Da es sich bei diesem Eiland laut Pytheas um die letzte erreichbare Insel im Nordmeer handelte, die er kaum südlich des «geronnenen Meeres», dem ewigen Eismeer lokalisierte, galt Thule fortan als das nördlichste Ende der Welt. Die Römer nannten dieses Ende *ultima Thule* (das *äußerste Thule*), das in Antike, Spätantike und Mittelalter mit zahlreichen Sagen umwoben wurde. Die geologische Wissenschaft benutzt übrigens noch heute diesen Begriff, um den nördlichsten Landpunkt südlich des Nordpols zu markieren. Da das Eismeer infolge der sich entwickelnden Klimakatastrophe durch Abschmelzen immer neue Stücke Festland im Norden freigibt, wandert auch der Name immer weiter in den Norden, wobei das jeweils aktuelle *Ultima Thule* mit der Jahreszahl seiner Entdeckung gekennzeichnet wird. Das heutige, von einem amerikanischen Expeditionsteam entdeckte *Ultima Thule 2008* liegt rund 20 Kilometer östlich des Kap Morris Jesup, dem nördlichsten Landpunkt Grönlands, und damit gerade mal noch 705 Kilometer südlich des Nordpols.

Pytheas war auf seiner Reise so spektakulär weit in den Norden vorgestoßen, dass der Geograph Strabon ihm keinen Glauben schenken mochte und heftige Kritik an seinem Bericht *Über den Ozean* äußerte, darin jener seiner Ansicht nach «größtenteils Lügen erzählt» (Strabon, *Geographie* 2,4,5). Eine Reihe moderner Wissenschaftler bewertet die erhaltenen Fragmente seines Buches, die sich in Form von Zitaten bei anderen Autoren erhalten haben, jedoch positiver. Pytheas war – dies ist auch Strabon nicht entgangen – ein äußerst gewissenhafter Geograph, der zudem eine für die Antike sehr genaue Messtechnik zur Bestimmung der Breitengrade entwickelt hatte. Aus diesem Grund war er bei Eratosthenes von Kyrene (3. Jahrhundert v. Chr.) und anderen bedeutenden Geographen wie Mathematikern der Antike sehr angesehen, die

Thule

angesichts der gewissenhaften Maßangaben keinen Zweifel an dieser Fernreise hatten und die Berechnungen des Pytheas übernahmen. Da er mehrmals den Breitengrad bestimmte, was nur zur Sommer- und Wintersonnenwende möglich war, dauerte seine Reise in den Norden mit Sicherheit mehrere Jahre.

Pytheas war von Massilia auf dem Landweg zum Atlantik aufgebrochen und dann die Küste nordwärts nach Britannien gefahren, wobei er auf seiner Reise bei Schiffen an Bord ging, die er in den jeweiligen Häfen vorfand. Er studierte zunächst den Zinnabbau und -handel im Südwesten Britanniens, dem heutigen Cornwall, um anschließend seine Expedition fortzusetzen. Nach Erkundung des Festlandes fuhr er entlang der Westküste Richtung Norden, passierte Irland sowie zahlreiche Inseln, wobei er immer wieder Erkundungen an Land vornahm und verschiedentlich die Breitengrade bestimmte, um die Entfernung nach Massilia zu ermitteln. Schließlich erreichte er die Orkney-Inseln, wo er nicht nur astronomische Beobachtungen zum lokalen Sonnenlauf notierte, sondern auch bei den Einheimischen Informationen über die lokale Seefahrt einholte. Die Menschen, die dort lebten, waren es auch, die ihm von einer Insel namens Thule erzählten, die sechs Tagesreisen entfernt liege (Strabon, *Geographie* 4,5,5). Zur Zeit der Sommersonnenwende gehe dort die Sonne nicht unter, zur Wintersonnenwende gehe sie nicht auf (Strabon, *Geographie* 2,5,8). An vielen Tagen des Jahres lege sie sich nur wenige Stunden «schlafen», um rasch wieder am Himmel zu erscheinen – eine gute Beschreibung jener Tage vor und nach der Sommersonnenwende, wenn die Sonne tatsächlich nur kurz hinter dem Horizont verschwindet und weiterhin dämmriges Licht verbreitet. Einheimische hätten ihm genau die Stelle gezeigt, wo sich die Sonne zur Ruhe begebe. Nicht weit entfernt beginne das «geronnene Meer» und auf der Insel selbst gebe es Teile im Meer, die «kochen/leben». Es gebe sogar eine Gegend, in der Himmel, Erde und Meer nicht voneinander getrennt seien, «sondern nur ein Gemisch aus diesen bestehe, einer Meereslunge ähnlich, in welcher Erde und Meer

und alles in der Schwebe gehalten wird» (Strabon, *Geographie* 2,4,1).
Das scheint im wahrsten Sinne des Wortes eine ziemlich neblige
Angelegenheit gewesen zu sein, und diese Beschreibung klingt tat-
sächlich nach dem Ende der Welt.

Insbesondere der letzte Passus mochte das Problem aufwerfen,
dass man die Insel vielleicht gar nicht betreten könne und sie
eigentlich unbewohnbar sein müsse. Welchen Ort hatte Pytheas
da vor Augen? Ja, hatte er *überhaupt* einen existierenden Ort vor
Augen? Hat er die Insel selbst gesehen oder gibt er nur wieder,
was ihm die Bewohner der Orkney-Inseln erzählten? Es ist viel
gerätselt worden, wo das von Pytheas gelegene Thule zu lokalisieren sei. Eine Reihe moderner Gelehrter plädiert für eine Gleichsetzung mit Island, da einige der beschriebenen Naturerscheinungen sehr gut zu den Geysiren und Vulkanen der Insel passten.
Auch die Nordküste Norwegens ist wegen der nautischen Verhältnisse in der Nordsee und im Atlantik sowie des Verlaufes des
Golfstromes ins Spiel gebracht worden. Insbesondere die nor-
wegische Insel Smøla wurde als möglicher Kandidat genannt.

Doch – sind solche Lokalisierungen überhaupt möglich? Die Römer glaubten, bei Thule handele es sich um die Shetlandinseln. Zumindest berichtete Tacitus, sein Schwiegervater Agricola habe Britannien umsegelt und die Orkney-Inseln erreicht. Thule habe man
von dort aus nur gesehen, da man wegen des Winterbeginns nicht
habe weiterfahren können und das Meer um Thule dickflüssig sei
(Tacitus, *Agricola* 10). Außer Pytheas hat sich offenbar kein antiker
Seemann und Entdecker je auf den Weg ins Nordmeer gemacht, um
Thule zu besuchen. Strabon bestritt daher rundweg die Existenz der
Insel und lokalisierte das Ende der Welt «viel südlicher». Die nördlich von Britannien gelegenen Inseln seien bewohnt «von völlig
wilden Menschen, die elend leben wegen der Kälte, deshalb glaube
ich, dass dort die Grenze anzusetzen ist» (Strabon, *Geographie* 2,4,8).

Die erhaltenen Fragmente des Pytheas ließen in der Antike und
eigentlich bis heute keine sichere und überzeugende Lokalisierung
zu, da sie viel zu vage und unklar sind. Kein moderner Lokalisie-

Thule

rungsvorschlag kann alle Beschreibungen des Pytheas widerspruchslos miteinander verbinden. Die Bezeichnung bei Vergil als *ultima Thule* und die Beschreibung des Meeres in der Nähe der Insel bei Strabon und Tacitus als zähe Masse, die eine Seefahrt unmöglich mache, signalisierten denn auch dem antiken Zeitgenossen, dass man von konkreten Lokalisierungsversuchen vielleicht besser absehen sollte.

Tatsächlich entsprechen die Angaben anderen Texten, mit denen die Enden der Welt beschrieben werden. So steht Thule in der Literatur für ein Ende der Welt, mit dem die Vorstellung der Unerreichbarkeit fest verbunden bleiben sollte. Gleichwohl ist es bis heute faszinierend, sich einen antiken Menschen aus dem sonnigen Massilia auf dem frostigen Island vorzustellen. Aber wir kommen der Realität wohl näher, wenn wir das Thule des Pytheas – was immer er tatsächlich gesehen haben mag – zu jenen seltsamen Orten rechnen, die in die Gesellschaft anderer mythischer Orte gehören, die wir in diesem Buch bereits kennengelernt haben. Es ist einer der Orte, die aus sich heraus für die Wirkmacht wunderlicher Beschreibungen, abenteuerlicher Berichte und wilder Phantasien stehen. Das muss andere nicht hindern, ihnen einen Platz in der Realität zuweisen zu wollen – wie auch dem sagenumwobenen Atlantis. Ausgenommen von allen realen Lokalisierungsversuchen bleibt heute einzig die Insel der Seligen, das Elysium, für das sich die Dichter seit den Tagen eines Homer und eines Hesiod (um 700 v. Chr.) interessieren.

Tore zum Hades

Mit dem Jenseits verband man viele Geschichten, in denen das Wesen der Totenwelt beschrieben wurde. Ein paar der wichtigsten seien zunächst kurz vorgestellt, um eine Vorstellung davon zu gewinnen, wie die Alten über die dunkle Seite des Jenseits dachten.

Zu den bekanntesten Mythen gehörte jener vom Schicksal der Persephone. Sie wurde vom Herrscher der Unterwelt, Hades, beim Blumenpflücken von einer Wiese entführt und musste ihn heiraten. Ihre Mutter, die Fruchtbarkeitsgöttin Demeter, wurde vom Verlust ihrer Tochter so tief getroffen, dass als Folge ihrer Trauer weder Früchte noch Getreide mehr wachsen konnten. Angesichts der Hungersnot, die daraufhin ausbrach, griff Zeus, der Vater der Persephone, ein und schickte Hermes in die Unterwelt, um Hades zu überreden, Persephone freizulassen. Dieser willigte ein, gab seiner Gattin aber Granatapfelkerne zu essen – ein Zauber, mit dem er sie dauerhaft an die Unterwelt band. So verbrachte Persephone fortan zwar einen Teil des Jahres, nämlich vier Monate, bei ihrem Gatten Hades in der Unterwelt, konnte aber acht Monate bei ihrer Mutter zubringen: Im Herbst steigt Persephone in die Unterwelt hinab, und Demeter beginnt zu trauern. Das Wachstum endigt, die Bäume verlieren ihre Blätter, die Aussaat erfolgt und die Wintermonate beginnen. Wenn Persephone nach vier Monaten im Frühling zurückkehrt, beginnt alles neu zu sprießen, da die Freude ihrer Mutter sich unmittelbar in der Natur zeigt. Entsprechend diesem Mythos wurden in der Antike vielerorts Feste für die Ankunft der Persephone gefeiert.

Diese Sage spiegelt demnach den Jahreslauf und die Zyklen der Landwirtschaft. Sie wurde im Laufe der Jahrhunderte wie alle alten Geschichten durch immer weitere Aspekte angereichert.

Ein anderer Unterweltmythos, der große Bekanntheit und Verbreitung in der Antike erfuhr, war die Geschichte von Orpheus und Eurydike. Orpheus galt als der beste Sänger, der mit seinem Gesang alle Menschen betören und selbst die Naturgewalten bändigen konnte. Seine geliebte Eurydike starb durch einen Schlangenbiss, als sie vor der drohenden Vergewaltigung durch Aristaios, einen Sohn Apollons, flüchtete. In seinem Schmerz über den Verlust stieg Orpheus in die Unterwelt hinab. Dort erlaubten Hades und Persephone, dass Eurydike ihrem Gatten zurück auf die Erde folgen dürfe – doch nur unter der Bedingung, dass sich Orpheus nicht umdrehen würde, bis sie die Oberfläche erreicht hätten. Da der Sänger aber die Schritte seiner Gattin nicht hörte, wandte er sich um und verlor sie dadurch für immer. Herakles, Odysseus oder etwa Aeneas sind weitere prominente Figuren der Dichtung, die das Reich der Schatten und ihrer Vorfahren besuchten – von ihnen kursierten in der Antike eine ganze Anzahl dramatischer Geschichten über Reisen an das Ende der menschlichen Welt.

Doch erzählten die Zeitgenossen sich nicht nur diese Geschichten, sondern stellten sich auch vor, wie sie selbst nach ihrem Tod das Jenseits erreichen würden, aber in irgendeiner Form doch auch Teil der diesseitigen Welt in den Nekropolen, den Städten der Toten, blieben. In den Bestattungsritualen ist sehr gut zu erkennen, dass die Lebenden die Gräber so anlegten und den Grabkult so organisierten, dass die Toten an bestimmten Tagen mit Opfergaben versorgt werden konnten. Die Menschen gingen davon aus, dass die Seelen der Verstorbenen weiter existierten, und wenn man die entsprechenden Rituale bei der Bestattung nicht beachtete oder Opferversprechen nicht hielt, so konnten sie auch zurückkehren und Rache nehmen. So gibt es eine ganze Anzahl von Geschichten über böse Geister der Toten, welche die Lebenden heimsuchten. Besonders ruhelos aber stellte man sich die Seelen jener Toten vor, denen eine Bestattung gänzlich verwehrt blieb.

Da überrascht es nicht, dass die Zeitgenossen auch Tore zur Unterwelt kannten, die sie in verschiedenen Landschaften Italiens, Griechenlands, Kleinasiens und Mesopotamiens lokalisierten. Diese Orte weisen mehrere Gemeinsamkeiten in der Beschreibung auf. Vor allem mussten sie unheimlich und beängstigend sein. Da man sich die Unterwelt als Ort des Schreckens vorstellte, galten insbesondere gefährliche Sumpf- und Moorgegenden sowie finstere Höhlen und Schluchten als Zugänge zum Jenseits. Auch Flussquellen und unterirdische Flüsse gehören seit alters zu den Hadestoren. Schon im neuassyrischen Reich hielten die Zeitgenossen unter den Königen Tiglatpilesar I. (1114–1077 v. Chr.) bzw. Salmanassar III. (858–824 v. Chr.) beispielsweise die Tigrisquelle für ein

Die Enden der Welt

Tor zum Jenseits. Der Fluss schien am Taurus einer spektakulären Bergschlucht zu entspringen, nachdem er einen natürlichen unterirdischen Felskanal passiert hatte. Die Schlucht selbst sowie über dem unterirdischen Kanal liegende Höhlen regten die Phantasie der Lebenden an. Die in zwei Schluchten angebrachten assyrischen Königsinschriften und Reliefs belegen, dass der Herrscher jenen, die den Ort besuchten, zeigen wollte, dass seine Herrschaftsansprüche bis an das Ende der diesseitigen Welt reichten. Welche Bedeutung es hatte, dass an diesem Ort die Inschriften für Salmanassar III. angebracht worden waren, zeigt eine Bronzetür in Imgur-Enlil – ein Ort im Nordirak unweit von Mossul, der heute Balāwāt heißt. Sie zeigt zwei Reliefstreifen, auf denen der Besuch und das Einmeißeln der Texte detailliert wiedergegeben werden.

Auch die Griechen kannten Unterwelttore, aus denen Flüsse entsprangen. Zu ihnen gehört beispielsweise der Acheron in Nordwestgriechenland, der neben Styx, Kokytos, Phlegethon und Lethe zu den Unterweltflüssen zählte. Die Styx markiert die Grenze von Oberwelt und Hades; der Sage nach setzt dort der Fährmann Charon die Toten in die Unterwelt über, wie beispielsweise Platon erzählt.

Beliebte Einstiegsorte in die Unterwelt waren in der Vorstellung der Alten aber auch Höhlen und solche Gegenden, wo giftige Gase aus der Erde aufstiegen – man erkannte sie unschwer daran, dass dort Tiere verendeten. Ein solcher Platz war beispielsweise eine Höhle in der kleinasiatischen Stadt Hierapolis. Antike Autoren berichten, dass Vögel starben, wenn man sie in diese Höhle hineinfliegen ließ. Nur die Priester der großen Göttin, der Kybele, haben die Höhle betreten können, ohne an den Gasen Schaden zu nehmen. Tatsächlich haben vor einigen Jahren italienische Ausgräber an dieser Stelle eine Tür gefunden, auf deren Türsturz eine griechische Inschrift die Höhle als Tor zur Unterwelt erklärt.

Einen ähnlichen Ort kannten die Römer bei Puteoli. Dort lag in einer vulkanisch sehr aktiven Gegend der sogenannte Averner See; die Landschaft nennt man die Phlegräischen Felder. Der Geograph

Strabon berichtet, dass die Ufer des Sees früher von einer «wilden undurchdringlichen Bewaldung hoher Bäume» bedeckt gewesen sei, «sodass sie die Bucht in unheimliche Schatten hüllten» (Strabon, *Geographie* 5,4,5) – ein idealer Platz, um sich ein Tor zum Hades zu imaginieren. Der römische Dichter Vergil (70–19 v. Chr.) beschreibt den See eindringlich als Tor zur Unterwelt, in dessen Nähe Vögel tot vom Himmel fielen – was angesichts der giftigen Gase, die dort mitunter aufsteigen, nicht weiter überrascht. Der Sage nach, die Vergil in seiner *Aeneis* überliefert, begab sich der römische Ahnherr Aeneas zu dem See, um dort in die Unterwelt hinabzusteigen, die der Poet detailliert beschreibt. Im Jenseits besucht er seine verstorbenen Verwandten, um Rat von ihnen einzuholen (Vergil, *Aeneis* 6). Dieser See ist auch heute nicht unbedingt ein *place to be*: An seine düstere mythische Vorgeschichte erinnerten 2010 einige Zeitungen, als der Lago d'Averno in den Besitz eines Golfclubs kam, dem enge Verbindungen zur Mafia nachgesagt wurden. Die Polizei beschlagnahmte kurzerhand den kompletten See samt Clubanlage. Man kann sich anhand dieses Beispiels sehr schön den Doppelsinn des Wortes Unterwelt vor Augen führen.

Neben solchen natürlichen Orten, die als Naturerscheinung unheimlich und unergründlich waren, lokalisierten die antiken Zeitgenossen die Tore zum Hades auch in der Nähe von Heiligtümern von Göttern, die mythischer Tradition zufolge im Hades wohnten – wie beispielsweise der Gott der Unterwelt Pluton – oder die Unterwelt besucht hatten wie einst Dionysos. Besonders prominent waren Heiligtümer für Demeter, insbesondere Orte, an denen ihre Tochter Persephone verehrt wurde. So gab es nahe der im Innern Siziliens gelegenen Stadt Enna einen See, in den Hades Persephone verschleppt haben soll. Doch auch bei Syrakus auf Sizilien gab es einen solchen Ort – die sogenannte Kyanequelle, die ‹blaue Quelle› –, an dem ebenfalls der Raub der Unglücklichen lokalisiert und deshalb jährlich ein Fest gefeiert wurde. Dass an so vielen Orten, die in Verbindung mit Persephone gebracht wurden, so viele Tore oder Eingänge zum Hades lokalisiert werden konnten, korrespondiert

Die Enden der Welt

mit den mythischen Erzählungen über Demeter. Berichteten doch die antiken Autoren, Demeter habe ihre Tochter auf der ganzen Welt gesucht, besonders auf Sizilien, wo der Ätna und andere vulkanische Phänomene ohnehin auf eine direkte Verbindung zur Unterwelt deuteten. Außerdem habe die verzweifelte Mutter jenen Menschen, denen sie bei ihrer Suche begegnete und von denen sie Verehrung erfuhr, das Getreide geschenkt und somit die Ernährung aller gesichert – eine Gnade, die es allenthalben geraten erscheinen ließ, das heilbringende Wirken der Göttin doch auch möglichst nah an der eigenen Heimstatt zu verorten.

Einen besonders prominenten Platz nahm in dieser Tradition das Mysterienheiligtum der Demeter in Eleusis ein – ein Ort, der nahe bei Athen liegt. Diese griechische Stadt erhielt, so geht die Sage, gleich nach den Bewohnern Siziliens als erste Stadt des griechischen Mutterlandes von der Göttin Getreide. Die Feste zu ihren Ehren waren zugleich Feste, in deren Verlauf Neulinge in die Mysterien eingeweiht wurden. Es war einer jener Kulte, die Hoffnung auf Wiedergeburt und gar Unsterblichkeit verhießen, was in einer Welt, in der die Menschen ungleich mehr als heute in unseren Breiten beständig existentiell gefährdet waren, ganz besonders attraktiv schien. Doch der Weg in die Geheimnisse war verbunden mit bedrohlich anmutenden Ritualen, bei denen Todeserfahrung im Dunkeln und Wiederkehr ins Leben durch Lichtinstallationen mittels Feuer inszeniert wurden. In Eleusis gab es nicht nur bedeutende Kultbauten wie das Telesterion, in dem die Initiation der Mysten stattfand. Am Rande des Heiligtums lag auch eine Höhle, die man sich als Eingang zum Hades vorstellte. In dieser Höhle fanden Archäologen eine aus der Felswand geschlagene Sitzstufe, die sie als jenen ‹traurigen Stein› (*agelastos petra*) identifizierten, von dem antike Texte sprechen. Angeblich hat dort einst Demeter gesessen und voller Trauer auf die Rückkehr ihrer Tochter gewartet.

Pausanias erwähnt in seiner Beschreibung Griechenlands in der Nähe des Demeterheiligtums noch ein weiteres Tor zum Hades. Es lag am Flusse Kephisos und wurde Erineos (‹alter Feigenbaum›)

Tore zum Hades

genannt. Dort soll einst Theseus, der mythische Gründer Athens, den Riesen Prokrustes getötet haben, der Reisende überfiel und in seinem für Menschen zu großen Bett zu Tode quälte, indem er sie durch das Zertrümmern der Gliedmaßen streckte.

Wir können an diesen sich überlagernden Schichten der Mythen von Demeter, Persephone und Theseus erkennen, wie reale Landschaften und die Überlieferung von Sagen ineinanderflossen oder auch nebeneinander existierten. Die Vorstellung von einem Tor zum Hades entsprach der Erfahrung der Endlichkeit menschlicher Existenz und bediente zugleich die Vorstellungen von einem Leben nach dem Tod als dem Ende des physischen Lebens im menschlichen Körper. Diesen wie auch allen anderen Erzählungen von den Enden der Welt wohnten rationale oder empirische Elemente inne. Sie wurden in der Konstruktion der Geschichte mit mythischen Elementen verwoben – beide waren den Zeitgenossen gleichermaßen präsent. Wir sollten auch nicht erwarten, dass es stets vorrangig um ein Glaubensgeschehen und um konsistente Jenseitsvorstellungen ging. Es ging auch den Menschen in der Antike nicht zuletzt um gute Erzählung und damit um gute Unterhaltung.

Daher überrascht es auch nicht, dass es natürlich schon in der Antike Autoren gab, die sich sehr kritisch und ablehnend über diese Topographien und Konstruktionen von den Enden der Welt äußerten. Philosophen wie Epikur (etwa 340–270 v. Chr.) oder die Kyniker (seit dem 5. Jahrhundert v. Chr.) ließen überhaupt keinen Zweifel daran, dass ihrer Ansicht nach mit dem Tod alles zu Ende sei und der Mensch danach ins Nichts verschwinde. Die Vorstellungen vom Jenseits hielten sie für leeres Gerede. Aufgabe der Philosophie sei es mithin, dem Menschen die Angst vor diesem Nichts, das nichts Bedrohliches habe, zu nehmen. Strabon betont in seiner *Geographie* immer wieder, dass die Vorstellungen von Jenseitstoren «Fabeln» seien (Strabon, *Geographie* 5,4,5). Zu den Kritikern der Idee von Toren zum Hades gehörte auch Lukian, der eine satirische Schrift über den Ablauf der Bestattungsrituale und die Vorbereitung des Toten auf die Reise in die Unterwelt verfasste. So belustigte er sich über den Charons-Groschen, den man den Toten zur Bezahlung des Fährmannes Charon mit ins Grab gab oder dem Leichnam in den Mund legte – ohne dieses Geld, so Lukian, könnten die Verstorbenen doch einfach bei den Lebenden bleiben und müssten, da der Fährmann ohne Ticket die Passage verweigern würde, nicht all die ausgedachten Qualen in der Unterwelt erleiden. Und der römische Dichter Lukrez erläutert in einem Kapitel ‹Über den Avernersee› in seiner Schrift *Über die Natur der Dinge* (6,737 ff.), dass die Vorstellungen, der See sei ein Zugang zum Hades, kindlichem Aberglauben entspringen. Es handele sich schlicht um einen Ort, an dem Gase aufsteigen, die im Innern der Erde produziert werden – mehr nicht. Solche Orte gebe es häufig: «Drum soll niemand vermeinen, in diesen Gegenden wäre etwa die Pforte zum Orcus, und unterirdische Götter schleppten hier an des Acheron Strand die Seelen der Toten» (6,762–64). Doch auch wenn diese Texte eindrücklich belegen, dass Volksglaube, mythische Erzählungen und rationale Erklärungen empirischer Phänomene in der Antike nebeneinander bestehen konnten, so waren doch die Plätze, um die jene Geschichten von den Unterweltseingängen kreisen, ganz sicher für viele Zeitgenossen seltsame Orte.

Das Heilige Vorgebirge – letzter Fels am Atlantik

37° 1′ 22.49″ nördlicher Breite; 8° 59′ 44.08″ westlicher Länge

Nachdem der Geograph Strabon in seiner Vorrede die Prinzipien seiner Darstellung erklärt hat, beginnt er seinen geographischen Überblick mit der Iberischen Halbinsel. Sein Beginn soll für uns der Endpunkt unserer Reise durch die antike Welt sein. Sie führt uns an den westlichsten Punkt Europas, das heutige Cabo de São Vicente bei Sagres in Portugal. Sein Name leitet sich von dem Heiligen Vinzenz von Saragossa her, dessen Körper im Jahr 304 n. Chr. an dieser Stelle angespült worden sein soll. Ein Leuchtturm markiert dort ein gefährliches Kap – ein beliebtes Ziel von Touristen, die an der Algarve Urlaub machen. Auf dem Parkplatz bietet ein Imbisswagen die «Ultima Salsicha Antes da América» an, die letzte Bratwurst vor Amerika. Der Ort wirkt unwirtlich, da in der rauen Atlantikluft nur eine sehr spärliche Vegetation gedeiht.

Für Strabon und seine Zeitgenossen war dieser Platz, das Heilige Vorgebirge, «der westlichste Punkt nicht nur Europas, sondern der ganzen bewohnten Welt, (...) das Ende der Oikumene» (Strabon, *Geographie* 3,1,4). Artemidor von Ephesos, ein Geograph der hellenistischen Zeit, hat diesen Ort besucht. Er berichtet, dass an dieser Stelle ein Heraklesheiligtum, von dem in der älteren antiken Literatur die Rede ist, nicht existiere. Stattdessen würden die Einheimischen an vielen Stellen drei oder vier Steine zusammenlegen, «die von den Besuchern, nachdem sie eine Trankspende dargebracht haben, nach einem althergebrachten Brauch gedreht und umgedreht würden» (ebenda). Man dürfe weder opfern noch sich nachts dort aufhalten, da in der Nacht die Götter selbst an diesen Ort kämen. In der Nähe gebe es aber ein Dorf, wo die Besucher Herberge fänden. Die Bewohner der Gegend, die diesen alten Steinkult pflegten, nennen die Griechen Kyneten, vielleicht in Anlehnung an die Form eines Keiles (*cuneus*), welche die Halbinsel hat.

Nach antiken Vorstellungen stand man dort also tatsächlich am Ende der Welt – vor dem Betrachter lag der große Atlantische Ozean, den man nicht befahren sollte. Antike Autoren wie Aristoteles beschreiben ihn als seichtes und schlammiges Meer, das nicht für die Seefahrt tauge. Diese dubiose Angabe war immerhin der Grund, weshalb der Philosoph Platon gerade in diesem Meer seine Geschichte von Atlantis spielen ließ. Atlantis – größer als Asien und Libyen zusammen – soll als Kontinent einst dort im Meer versunken sein und wurde so zum Sinnbild dafür, dass an dieser Stelle die Zivilisation endete.

Die Enden der Welt

Tatsächlich beschreibt der karthagische Seemann Himilko, der um 500 v. Chr. den Atlantik erkundet hat, klebrige Wasserpflanzen und Seeungeheuer. Auch ist er Zeuge für die Schwierigkeiten, die es mit sich bringt, dieses Meer zu befahren. Da die Karthager jedoch seit dem 9./8. Jahrhundert v. Chr. an der Westküste Afrikas Handelskontore eingerichtet hatten und den aus Britannien nach Süden verlaufenden Zinnhandel kontrollierten, haben schon antike Zeitgenossen vermutet, dass die Karthager durch solche Schauergeschichten wohl nur ihre Kontrolle der Seefahrt in dieser Gegend und damit ihr eigenes Handelsmonopol sichern wollten. Sie hätten, wie Strabon schreibt, den Seeweg zu ihren Pfründen geheim halten wollen (Strabon, *Geographie* 3,5,11).

Dabei scheinen sie sehr erfolgreich gewesen zu sein, denn die Meerenge bei Gibraltar galt seit der archaischen Zeit als das westliche Ende der Welt. Deshalb konnten die Erzählungen über Herakles den Helden auch dorthin führen. Eine dieser Geschichten spielt nämlich genau am westlichsten Rand der Welt. Der Vetter des Herakles, der König Eurystheus von Mykene, hatte ihm die Aufgabe gestellt, dem dreileibigen Monster Geryoneūs die Rinder zu rauben. Der Dichter Hesiod (um 700 v. Chr.) siedelt diesen Mythos auf der Insel Erytheia an, die er auf der anderen Seite des Ozeans lokalisiert. Die späteren Autoren berichten, Herakles sei nach Tartessos gekommen, einer Handelsstadt unweit des heutigen Cádiz, und habe dort an den Grenzen Afrikas und Europas zwei Säulen aufgestellt.

Diese berühmten Säulen des Herakles, von denen laut Strabon nichts mehr zu sehen sei und die von anderen Autoren mit großen Landmarken bei Gibraltar gleichgesetzt wurden, markieren eben jenes Ende der Welt, das der Held dort erreicht hatte. Seit dem 5. Jahrhundert v. Chr. ist dieses westliche Ende der Welt in der griechischen Literatur sehr präsent. Herodot kennt diese Säulen als geographische Markierung, und der Dichter Pindar sieht in ihnen gar ein Bild für das Äußerste, was ein Mensch erreichen kann. So spricht er in einer seiner *Olympischen Oden* von dem Athleten Theron, der mit seinem Sieg das «äußerste Ziel» erreicht habe: «Mit dem Ruhm reicht er von zuhause bis Herakles' Säulen nun hin. Noch weiter dürfen Weise wie Unweise nicht gehen. Nicht folge ich dem, der dies tut. Töricht wäre ich» (Pindar, *Oden* 4,42–45).

Die Vorstellung der Griechen, dass die Säulen des Herakles eigentlich unpassierbar waren und das Ende der Welt markierten, wurde herausgefordert, als nicht lange vor 300 v. Chr. Pytheas seine Schrift über den Ozean veröffentlichte und plötzlich den Blick für das Nordmeer öffnete. Als die Römer 201 v. Chr. den Zweiten Punischen Krieg gegen Karthago gewannen, fiel zugleich das Handelsmonopol der Karthager im Süden und Westen der Iberischen Halbinsel. Fortan stand Schiffsfahrten durch die Meerengen und entlang der Atlantikküste Richtung Norden nichts mehr im Wege. So rückte nun auch die Region jenseits des Okeanos, des einstigen Grenzstromes der Oikumene, in den Blick. Das geographische Bild der Welt war in Zeiten des Hellenismus zudem durch die Erfahrungen im Rahmen des Alexanderfeldzugs ins Wanken geraten. Man hatte gehört, dass der Makedone und seine Soldaten auch in Indien Denkmäler des Herakles und des Gottes Dionysos gesehen hätten. Auch dort im fernen Osten habe es Säulen des Herakles gegeben. Und in der römischen Kaiserzeit hält der Geschichtsschreiber Tacitus in seinem Werk über Germanien fest, dass auch an der Nordsee solche Säulen des Herakles gestanden haben sollen (Tacitus, *Germania* 34,1–2).

Herakles hatte demnach im Osten, Westen und Norden die Enden der Welt erreicht, die man in der geographischen Literatur beschrieb. Und so stellten sich die Zeitgenossen vor, der Halbgott habe alle diese Stellen mit Monumenten gekennzeichnet. Da es dieses Monument freilich nicht in Wirklichkeit gab, finden sich viele antike Irritationen und Spekulationen darüber, wo diese Enden genau gelegen haben sollen. Strabon hat verschiedene Varianten in seiner *Geographie* diskutiert und überliefert. Insbesondere die Stadt Gadeira, der antike Vorläufer von Cádiz, nahm für sich in Anspruch, dass die Säulen dort zu lokalisieren seien. Strabon bezweifelt allerdings, dass Gadeira mit den Säulen etwas zu tun habe, da die Lage

Die Enden der Welt

der Stadt an einer großen buchtenreichen Küste eigentlich dagegensspreche, ein geographisches Ende zu markieren. Er betont, dass es vielmehr sehr gut vorstellbar sei, dass einst wirkliche Säulen an den Meerengen gestanden hätten, denn solche Markierungen seien vielfach belegt. So habe auch Alexander einst Altäre am indischen Ende der Welt errichtet, da man ihm dort von ehemaligen, am Ende des 4. Jahrhunderts v. Chr. aber bereits zerfallenen Markierungen des Herakles erzählte. Wenn aber die Zeit solche Grenzmarken zerstört habe – so Strabon weiter – und die «von Menschenhand verfertigten Merkzeichen» verschwunden seien, dann gehe der Name auf die Örtlichkeiten über, welche die Meeresstraße im Süden der Iberischen Halbinsel kennzeichnen (Strabon, *Geographie* 3,5,6). Dies seien Berge, Inseln und Vorgebirge, welche die Form von Säulen haben.

Am Rande sei bemerkt, dass ungeachtet dieser antiken Überlegungen sich ungebrochen die Behauptung hält, Gadeira sei von Herakles gegründet worden. Das Stadtwappen von Cádiz trägt noch heute den Schriftzug *Hercules Fundator Gadium Dominatorque* = Herkules, Gründer und Herrscher von Cádiz.

Auf Gibraltar findet sich ein konkurrierendes Monument, *The Pillars of Hercules*, mit dem auch das heutige Gibraltar seine Gründung durch Herakles für sich reklamiert. Herakles habe die Insel geschaffen, und zwar als Altar, Eingang zum Hades und Markierung des Endes der bekannten Welt.

Das Heilige Vorgebirge war in der Antike jedenfalls ein markanter topographischer Ort, dessen grundsätzliche Bedeutung für die Zeitgenossen unstrittig war. Daran ändert auch nichts, dass wir heute wissen, dass der westlichste Punkt Europas am Cabo da Roca bei Lissabon liegt. Mit ihrem westlichen Ende der Welt, verbanden viele Zeitgenossen Strabons aber noch etwas anderes, das diesen Ort zu einem wirklich seltsamen Platz machte. Diese Vorstellung – ein so schönes Bild – soll am Ende dieses Kapitels wie des ganzen Buches stehen. Es findet sich bei dem Philosophen Epikur, aber auch bei dem Dichter Iuvenal, dem Historiker Tacitus und noch einigen anderen. Sie alle berichteten, dass viele Menschen glaub-

Das Heilige Vorgebirge

331

ten, die Sonne sei dort am westlichen Ende der Welt bei ihrem Untergang besonders groß. Vor allem aber höre man dort, wenn die Sonne untergehe, ein Geräusch, als ob das Meer bei ihrem Versinken in der Tiefe zische.

Epilog

Über den zahlreichen realen wie erfundenen Orten, die wir kennengelernt haben, liegt ein luftiges Netz mythischer Erzählungen, die sich um fiktive Räume ranken. Doch diese Räume sind nicht abstrakt und fern der Erfahrungswelt, sondern vielmehr unauflöslich mit ihr verbunden – zudem nicht wenige von ihnen geradezu unentwirrbar miteinander verflochten. Selten lassen sich klare räumliche Strukturen beschreiben; Kausalketten verweigern ihre Rekonstruktion oder stehen gar ihrer Existenz entgegen. Aus moderner Perspektive wirkt vieles chaotisch und unverständlich. Aber das ist eben die moderne Perspektive – eingenommen aus dem Bemühen, alles zu ordnen, und angetrieben von aufgeklärter Selbstgewissheit und Selbstüberschätzung, dass alles zu verstehen sei und auch erklärt werden müsse. Wir haben aber auf unserer Rundreise auch immer wieder gesehen, dass man selbst heute noch fiktive antike Orte nicht aufgeben mag und weiter nach ihnen sucht, weil man die mit ihnen verbundenen Geschichten nicht verlieren möchte. Das gilt beispielsweise für den Hängenden Garten in Babylon, aber nicht zuletzt auch für Atlantis, für das beinahe alle Jahre wieder irgendjemand einen neuen Ort zur Lokalisierung vorschlägt.

Die Menschen in der Antike ordneten diese für uns unüberschaubare Welt, indem sie versuchten, in Mythen, gelehrten Rekonstruktionen und literarischen Texten ihre Geschichte überzeugend, verständlich und konsensfähig zu erzählen. Der Versuch, diese Erzählungen dafür zu nutzen, die antike Welt im strengen Sinne zu ordnen und rational zu durchdringen, scheint mir ein fehlgeleitetes Bemühen. So wie die Alten versucht haben, sich ihrer eigenen Welt mit diesen Geschichten anzunähern, so sollten auch wir es mit einer respektvollen Annäherung an eine im Letzten nicht fassbare Welt versuchen. Wir wissen einfach viel zu wenig über sie, um sie wirklich zu begreifen. Der Versuch, es allzu genau wissen zu wollen, würde unweigerlich in ungenauen Resultaten münden. Auch mein Rundgang durch die seltsamen Orte ist daher nur eine solche Annäherung. Wenn es gelungen sein sollte, die in diesem Buch beschriebenen Orte meinen Leserinnen und Lesern näherzubringen und in ihnen eine Ahnung von der faszinierenden Fremdheit der antiken Welt und ihrer ebenso rätselhaften wie vielfältigen Kultur- und Mentalitätsgeschichte zu wecken, so habe ich mein gestecktes Ziel erreicht.

Unser eigener Erfahrungsraum und unsere individuelle, aus zeitgenössischem Erleben gespeiste Neugier bilden einen wichtigen Antrieb, sich dem Ungewöhnlichen, ja dem Verstörenden aus längst vergangenen Zeiten zu stellen. Umgekehrt mag die Begegnung mit den seltsamen Orten der Antike und die Auseinandersetzung mit dem, was sich dort zugetragen hat, vielleicht auch dazu anregen, mit einem wachen Blick durch unsere eigene Welt zu gehen und dem Ungewöhnlichen, ja Absurden nachzuspüren, das uns heute allenthalben umgibt. Und dann wird uns vielleicht klar, dass eines fernen Tages andere Betrachter auch viele unserer Orte sehr seltsam finden könnten.

Literatur

Zitierte deutsche Übersetzungen antiker Texte

Appian = Appian von Alexandria, Römische Geschichte. Erster und zweiter Teil, übers. von O. Veh, Stuttgart 1987/1989.

Apuleius = Der goldene Esel. Metamorphosen libri XI, hrsg. und übers. von E. Brandt/W. Ehlers, Düsseldorf/Zürich 1998.

Artemidorus = Artemidorus von Daldis, Das Traumbuch, übers., erl. und mit einem Nachw. von K. Brackertz, Zürich/München 1979.

Cassius Dio = Cassius Dio, Römische Geschichte, Bd. 1–5, übers. von O. Veh, Düsseldorf 2007.

Cicero = Marcus Tullius Cicero, Sämtliche Reden, eingel., übers. und erläutert von M. Fuhrmann, Düsseldorf/Zürich 2000.

Diodor = Diodoros Siculus, Griechische Weltgeschichte, übers. von G. Wirth und O. Veh, eingel. und komm. v. T. Nothers, Stuttgart 1992.

Herodot = Herodot, Historien I/II, hrsg. von Josef Feix, München/Zürich [4]1988.

Homer, Odyssee = Homer, Odyssee, hrsg. W. Schadewaldt, Hamburg 2004.

Homer, Ilias = Homer, Ilias. Neue Übertragung von W. Schadewaldt, Frankfurt a. M. 1975.

Juvenal = Juvenal, Satiren, hrsg., übers. und mit Anmerkungen versehen von J. Adamietz, München/Zürich 1993.

Livius = T. Livius, Römische Geschichte, hrsg. von H. J. Hillen/J. Feix, Bd. 1–11/2, Darmstadt u. a. 1980–1987.

Lucrez = Titus Lucretius Carus, De rerum natura, hrsg. von K. Büchner, Stuttgart 2005.

Lukan = M. Annaeus Lucanus, Bellum civile, hrsg. und übers. von W. Ehlers, Darmstadt 1978.

Lukian = Lukian, Hauptwerke, hrsg. und übers. von K. Mras, München [2]1980.

Ovid, Fasti = Publius Ovidius Naso, Fasti. Festkalender Roms, hrsg. und übers. von W. Gerlach, München 1960.

Ovid, Metamorphosen = Publius Ovidius Naso, Metamorphosen, in deutsche Hexameter übertragen von E. Rösch, hrsg. von N. Holzberg, Zürich/Düsseldorf, 1996.

Literatur

Pausanias = Pausanias, Reisen in Griechenland I–III, übers. von E. Meyer, hrsg. von F. Eckstein, Zürich/München 1986.

Philogelos = Philogelos, Der Lachfreund, von Hierokles und Philagrios, hrsg. von A. Thierfelder, München 1968.

Platon = Platon, Der Staat, übers. von R. Rufener, Einführung, Erläuterungen, Inhaltsübersicht und Literaturhinweise von T. A. Szlezák, Düsseldorf/Zürich 2000.

Plinius, Naturgeschichte = C. Plinius Secundus d. Ä., Naturkunde, hrsg. von R. König in Zusammenarbeit mit G. Winkler, Darmstadt 1975 ff.

Plinius, Briefe = C. Plinius Caecilius Secundus, Epistularum libri decem. Briefe, übers. und hrsg. von H. Kasten, München 1968.

Plutarch = Plutarch, Große Griechen und Römer, eingel. und übers. von K. Ziegler, Zürich/Stuttgart 1955 ff.

Strabon = Strabons Geographika, mit Übersetzung und Kommentar, hrsg. von S. Radt, Bd. 1–10, Göttingen 2002–2011.

Sueton = C. Suetonius Tranquillus, Die Kaiserviten. De Vita Caesarum – Berühmte Männer. De Viris Illustribus, hrsg. und übers. von H. Martinet, Stuttgart 1991.

Tacitus, Annalen = P. Cornelius Tacitus, Annalen, hrsg. von E. Heller, mit einer Einführung von M. Fuhrmann, Darmstadt 1992.

Tacitus, Agricola/Germania = P. Cornelius Tacitus, Agricola. Germania, hrsg., übers. u. erläut. von A. Städele, Düsseldorf/Zürich [2]2001.

Vergil = Vergil, Aeneis, hrsg. von M. und J. Götte, mit einem Nachwort von B. Kytzler, Düsseldorf/Zürich 2002.

Danksagung

Ich möchte abschließend jenen Dank sagen, die eine erste, umfangreichere Fassung gelesen, sich auf die bunte Bilderwelt eingelassen und, von dem farbigen Reigen inspiriert, weitergedacht und Anregungen gegeben haben:

Alexander Free, Henry Heitman-Gordon, Michael Hochgeschwender, Jens-Uwe Krause, Paul Otting, Karen Radner und – mit erfrischender Außenperspektive – Viola Muraro. Stefan von der Lahr war als Lektor wieder einmal nicht zu übertreffen! Und Andrea Morgan begleitete gewohnt umsichtig und gelassen die Drucklegung.

Wien
Donau
Drau
Save
Donau
KARPATEN
Wolga

Schwarzes Meer

Ionopolis
PONTOS
ARMENIEN
Vansee

THRAKIEN
Konstantinopel
Haly
Hattuša
KLEINASIEN
KOMMAGENE
Nemrud Daği
Tigris
MESOPOTAMIEN

Pompeii
Olymp
Hisarlık/
Troia
Lemnos
Skepsis
Atarneus
Pergamon
Mazaka
Ninive

EPIRUS
Korfu
Delphi
Chios
Athen
Akademie Platons
Gespensterhaus
Anchiale
Euphrat

Kephallenia
Helike
Peloponnes
Kap Tainaron
Thera
Rhodos
LYKIEN
Olympos
Zypern
Salamis
LIBANON
SYRIEN
Apameia
am Axios
Syrische Wüste

Syrakus
Kreta

Mittelmeer

Jerusalem

CYRENE
Alexandria
Grab der Kleopatra
Nilelle
Festpavillon
Sinai

Saqqara
ÄGYPTEN

Antinoopolis
Östliche
Wüste
Nil

Medinet Habu
Wadi
Hammamet
Theben/Luxor

UNTER-
NUBIEN

Nubische Wüste

OBERNUBIEN
Rotes
Meer

SUDAN

0   200   400   600 km